迈向
绿色发展之路

环境规制与新能源革命

王　艳◎著

APPROACH TO GREEN DEVELOPMENT

Environmental Regulation and New Energy Revolution

本书为教育部人文社会科学研究规划基金项目"环境规制推动中国经济高质量发展的机制分析与政策构建"（项目编号：19YJA790085）研究成果。

经济管理出版社
ECONOMY & MANAGEMENT PUBLISHING HOUSE

图书在版编目（CIP）数据

迈向绿色发展之路：环境规制与新能源革命/王艳著 . —北京：经济管理出版社，2021.7
ISBN 978 - 7 - 5096 - 8115 - 2

Ⅰ.①迈…　Ⅱ.①王…　Ⅲ.①能源发展—研究—中国②绿色经济—经济发展—研究—中国　Ⅳ.①F426.2②F124.5

中国版本图书馆 CIP 数据核字（2021）第 135901 号

组稿编辑：王光艳
责任编辑：李红贤
责任印制：黄章平
责任校对：张晓燕

出版发行：经济管理出版社
　　　　　（北京市海淀区北蜂窝 8 号中雅大厦 A 座 11 层　100038）
网　　址：www. E - mp. com. cn
电　　话：（010）51915602
印　　刷：唐山昊达印刷有限公司
经　　销：新华书店
开　　本：720mm × 1000mm/16
印　　张：20.5
字　　数：386 千字
版　　次：2021 年 9 月第 1 版　　2021 年 9 月第 1 次印刷
书　　号：ISBN 978 - 7 - 5096 - 8115 - 2
定　　价：78.00 元

序

 历时三百年的工业文明以人类征服自然为主要特征，工业化浪潮在促进全球经济增长的同时，也带来了一系列严重的生态环境问题，这表明以资源消耗、生态破坏为特征的工业文明走到了尽头，如何在大力发展经济的同时妥善处理人与自然之间的关系，实现人类社会的可持续发展，成为世界各国广泛关注的问题。于是，一种新的文明形态——生态文明应运而生。如果说农业文明是"黄色文明"，工业文明是"黑色文明"，那么生态文明就是"绿色文明"，绿色发展是生态文明的具体化。

 改革开放以来，中国传统的粗放型经济增长方式依托总量优势带来了快速的经济增长，同时，高能耗、高污染等问题影响和制约了中国经济社会的可持续发展，空气质量堪忧，雾霾现象多地频现，严重影响人们的生活和生命健康，成为中国人民最为关注的大事之一。而当前中国的经济已由高速增长阶段转向高质量发展阶段，正处于结构转型升级、新旧动能转换的关键时期，加快经济发展的绿色转型已经成为我国经济的改革共识。经济绿色转型要求以节约资源和保护环境为导向，是指经济发展要逐步迈向"劳动生产率提高、污染排放减少、资源能耗下降、可持续发展能力增强"的一个过程。既然环境问题成为当前关注的主要问题，绿色转型成为经济改革的共识，那么就需要研究环境保护与绿色发展同经济质量增长之间的关系，研究绿色转型的发展现状。

 党的十九届五中全会提出，推动绿色发展，促进人与自然和谐共生。要求坚持"绿水青山就是金山银山"的理念，坚持尊重自然、顺应自然、保护自然，坚持节约优先、保护优先、自然恢复为主，守住自然生态安全边界，构建生态文明体系，促进经济社会发展全面绿色转型，建设人与自然和谐共生的现代化。中国走绿色发展之路，是符合时代大势的正确选择。作为世界上最大的发展中国家，中国倡导绿色发展理念，对于国际社会有正面示范效应。在绿色发展的基础上追求经济的高质量发展，不仅是中国经济追求的主题，也是世界经济普遍追求的主题。2020年十九届五中全会报告中强调，必须坚定不移贯彻"创新、协调、绿色、开放、共享"的五大发展理念，"生态文明实现新的进步"成为"十四五"时期中国经济社会发展的主要目标之一。时代的发展对研究能源、环境和经济发展质量等问题提出了新的需求。

西安理工大学经济与管理学院王艳副教授是我的博士生，攻读博士学位期间，曾在我的指导下围绕公共经济与政策展开研究，近年来围绕环境政策绩效、新能源产业发展、环境规制与经济高质量发展等问题展开研究以及实践探索，为陕西省及相关地市政府部门提供了大量决策咨询服务，最终形成了这本《迈向绿色发展之路：环境规制与新能源革命》，即将由经济管理出版社出版。通读该书稿后，认为该书稿有以下特点：第一，围绕区域经济增长、绿色发展、节能减排、新能源产业发展等近年来的热门问题，对相关理论基础及国内外发展情况进行了较为全面的梳理。第二，对绿色经济增长的理论范式进行了研究。目前经济学界一般用全要素生产率近似替代技术进步或技术创新，这种做法不能够全面衡量经济增长质量，本书第三部分基于 Kumbhakar 的全要素生产率分解模型，将绿色全要素生产率分解为技术进步、技术效率、规模效率和配置效率，可以更好地从理论上分析绿色全要素生产率增长的动因。第三，实证检验了不同类型环境规制工具对中国整体及各地区绿色全要素生产率的影响效果，进而有针对性地提出了相应的政策主张，为引导今后环境规制改革方向、优化环境规制组合和资源的有效配置提供了一定的借鉴，从而借助环境规制来持续推进绿色全要素生产率的增长，实现经济发展的绿色转型。第四，理论结合实际，关注新能源产业发展中的热点问题，对西北区域风电、光伏等产业发展中的电价、补贴等问题进行了较为深入的研究，这些研究成果将会对西北区域乃至全国的风电、光伏产业发展提供借鉴。

当然，这本书中还有不少问题需要深入研究，希望她能够在环境规制、新能源革命等领域再接再厉。同时，看到我的学生一步步成长起来，有了自己的团队，我感到十分欣慰，也期待着他们不断努力，取得更加丰硕的研究成果。是以为序。

西北大学经济学教授，博士生导师

任保平　谨序

2021 年 7 月 31 日

前　言

　　世界银行在其《2020 年的中国》研究报告中写道："在过去的 20 年中，中国经济的快速增长、城市化和工业化，使中国加入了世界上空气污染和水污染严重的国家之列，环境污染给社会和经济发展带来巨大的代价，如果不改善人们生存的物质环境，实现中国雄心勃勃的增长目标也只是空洞的胜利"。的确，改革开放以来，中国经济长达四十余年的高速增长令世界瞩目，但是，与"经济增长奇迹"同样令人瞩目的，还有与之而来严峻的生态与环境问题。中国巨大的人口基数、特有的以煤、油传统能源为主的能源结构，以及正在加速的工业化进程，都对环境和资源构成了超乎寻常的压力，使中国面临着严峻的环境保护和可持续发展问题。尤其是当前中国经济发展已由高速增长阶段转向高质量发展阶段，处于结构转型升级、新旧动能转换的关键时期，加大环境治理力度、加快新能源革命、推进经济发展的绿色转型，已经成为中国下一步经济改革的社会性共识。

　　然而，过去人们所熟悉的传统行政手段不少已经失去了效用，新的符合市场经济体制的政策工具和经济手段还需不断补充和完善，有些政策工具的执行还缺乏相应的制度基础，必需的理论基础也还显得薄弱，迫切需要进行积极的探索和实践。近些年，为了解决环境、生态、能源结构转型问题，从中央到地方各级政府出台了一系列规制与政策，这些政策的出台对于推动中国社会经济走上绿色发展之路、全面实现经济高质量发展具有重要理论意义与现实意义。

　　当今世界，绿色发展已经成为一个重要趋势，许多国家把发展绿色产业作为推动经济结构调整的重要举措，突出绿色的理念和内涵。绿色发展与可持续发展在思想上是一脉相承的，既是对可持续发展的继承，又是可持续发展中国化的理论创新，也是中国特色社会主义应对全球生态环境恶化客观现实的重大理论贡献。在绿色发展理念的推动下，中国能源革命不断向纵深推进，正在推进能源绿色转型发展，谱写能源高质量发展的新篇章。目前世界经济已从数量时代转向质量时代，中国经济也是如此。面对这样一个全新的理论问题，我的博士生导师任保平教授带领着他的科研团队，围绕经济转型、经济高质量发展问题进行了长期且深入的探索，在经济增长质量这一研究领域取得了丰硕的成果，我也非常荣幸地参与了其中一些问题的研究，在导师的指导下进行更多的尝试和探索。近几年，我逐渐将研究方向聚焦在绿色发展上，重点围绕新能源产业发展、生态保护等问题，并尝试从这些领域拓展经济高质量发展的理论创新与实践探索，期间取得了一些研究成果，为企业及相关地市政府部门提供了大量决策咨询服务，这些工作都为本书的写作打下了坚实的基础。《迈向绿色发展之路：环境规制与新能源革命》一书就是在导师的鼓励和指导下，提出构思、撰写大纲，并在近些年的研究基础上总结、提炼而成的。

本书分为四个部分，第一部分为理论基础，包含第1、第2章，介绍了本书的写作背景、意义以及相关理论；第二部分围绕环境规制问题展开分析，包含第3、第4章，主要探讨了环境规制对绿色全要素生产率，进而对经济增长质量所产生的影响；第三部分围绕新能源革命展开讨论，包含第5、第6、第7章，主要探讨了新能源产业发展及其发展中的相关政策问题，对现行风能和光伏发电成本、定价与补贴等政策进行深入研究，以西北区域为例对当前新能源产业政策效果进行了分析和评价，对风力发电项目成本核算问题进行了详细的分析；第四部分是结论与展望，主要是针对本书的研究结论提出相应的对策建议，并对未来研究的方向进行展望。

环境保护与可持续发展是当今世界追求的目标，新能源革命与经济高质量发展是当今中国实现绿色发展亟待解决的问题，能在这一领域尝试性地做一些工作，是一件很荣幸的事情，我将不断进行探索。由于时间仓促，加之本人水平有限，书中难免有不足之处，敬请各位同行与读者批评指正。

王　艳

2021 年 4 月于西安理工大学曲江校区

目 录

第一部分　理论基础

第二部分　环境规制

第四部分 结论与展望

第一部分

理论基础

❶
绪　论

1.1　研究背景与意义

改革开放以来，中国传统的粗放型经济增长方式依托总量优势带来了经济的快速增长，但却不可避免地造成大量的自然资源消耗和环境污染排放，影响和制约了中国未来经济社会的可持续发展，也出现了诸如投入要素浪费、经济效率不高、环境污染严重等问题。与此同时，在 2018 年最新出炉的全球环境绩效指数（EPI）排名中，中国于 180 个参评国家和地区中位列第 120 名，空气质量排名倒数第四，环境情况显然不容乐观，多地频繁出现的雾霾现象更是严重影响到人们的生活和生命健康，成为中国人民最为关注的大事。

党的十九大报告中明确提出了要坚持人与自然和谐共生，实行最严格的生态环境保护制度，形成绿色的发展方式和生活方式。这表明我国政府认识到粗放型经济增长方式的不可持续性，致力于环境污染治理和实现经济的高质量增长。2017 年党的十九大报告对中国经济做出新的重大判断，即中国经济已由高速增长阶段转向高质量发展阶段，正处于结构转型升级、新旧动能转换的关键时期，加快经济发展的绿色转型已经成为我国经济的改革共识。报告强调，必须坚定不移贯彻"创新、协调、绿色、开放、共享"五大发展理念，建立健全绿色低碳、循环发展的现代经济体系。经济绿色转型要求以节约资源和保护环境为导向，是指经济发展逐步迈向"劳动生产率提高、污染排放减少、资源能耗下降、可持续发展能力增强"的过程，从经济学内涵上来讲，本质上是绿色全要素生产率的持续改善（温湖炜、周凤秀，2019）。因此，绿色全要素生产率成为新常态下实施资源与环境硬约束的必然要求，如何提高绿色全要素生产率对经济增长的贡献，成为中国继续提高经济增长质量、实现绿色发展的当务之急（蔡乌赶、周小亮，

2017；朱金鹤、王雅莉，2018）。同时，随着环境保护的压力越来越大，制定和实施新能源发展战略也成为当务之急。在提高传统化石能源利用效率的同时，也应积极发展可再生能源和其他形式的能源，尽可能使用更多的清洁能源来代替传统化石能源。在众多清洁能源中，风电作为典型的清洁能源具有明显的技术经济性，虽然大规模风能、光伏发电是世界性难题，但与发达国家相比，我国西北地区的风能、光伏发电消纳问题更为突出。西北地区弃风、弃光现象日益突出，在一定程度上暴露了我国能源发展、建设和运行中的结构性矛盾。总体而言，我国目前在环境保护与污染治理方面所面临最为突出的矛盾在于发展经济与改善环境之间难以兼顾。

面对目前中国经济发展遇到的巨大矛盾，我国未来经济要实现长期高效的发展，有必要对相关问题进行研究。在此背景下，本书重点对以下问题进行相关研究：环境规制是否能提升我国经济增长质量？环境规制能否以及如何促进中国绿色全要素生产率的提升，达到环境污染治理？新能源产业如何更有效地发展？如何降低新能源的成本？财政补助对新能源产业绩效影响如何？

本书第3章至第7章是主体内容，第3章从宏观整体层面考虑，研究环境规制对绿色全要素生产率的影响；第5、第6、第7章从新能源企业角度考虑，结合企业的成本、定价以及政府补贴对企业的影响进行分析，为能源企业发展提出一定的建议。结合这五章的研究内容，本书分别从理论意义和现实意义两个层面去分析。

1.1.1 理论意义

首先，本书完善与丰富了环境规制影响绿色全要素生产率的相关理论。本书结合不同类型环境规制工具的特点，分别提出行政型、市场型和公众参与型环境规制对绿色全要素生产率的影响假说。通过实证分析探究环境规制与绿色全要素生产率其他构成部分之间的关系，能更好地探讨环境规制作用于绿色全要素生产率的具体动因，完善与丰富相关理论。此外，目前经济学界一般用全要素生产率近似替代技术进步或技术创新，这种做法不能够全面衡量经济增长质量，本书第3章基于Kumbhakar的全要素生产率分解模型，将绿色全要素生产率分解为技术进步、技术效率、规模效率和配置效率，可以更好地从理论上分析绿色全要素生产率增长的动因。

其次，本书对环境政策的实施效果对地区环境污染和区域的经济增长质量的影响做了进一步探究和验证。本书对已有文献进行梳理后，发现环境规制对经济增长质量的影响尚无定论，根据不同的理论，环境规制对于企业来说既是成本，也可能是刺激其创新的动机，当前阶段环境规制对各地区经济增长质量的作用效果需要通过实证检验去证明，本书便对此问题进行了探究。

最后，本书通过对风能和光伏发电成本、定价与补贴政策的分析，明确适合西北地区风能和光伏发电成本、定价和补贴相关联的机制，为政府完善新能源补贴政策、实施有效的行业监管提供基本理论及方法。

1.1.2　现实意义

首先，目前我国环境规制的政策体系较为单一且不够完善，而且许多全国统一执行的环境规制工具在部分地区并没有对当地的经济发展质量起到改善作用。针对这一问题，本书在测算得到中国整体及东部、中部、西部地区的绿色全要素生产率相关数据的基础上，将环境规制工具分为行政型、市场型和公众参与型三种类型，实证检验了不同类型环境规制工具对中国整体及各地区绿色全要素生产率的影响效果，进而有针对性地提出了相应的政策主张，为引导今后环境规制改革方向、优化环境规制组合和资源的有效配置提供了一定的借鉴，从而借助环境规制来持续推进绿色全要素生产率的增长，实现经济发展的绿色转型。

其次，当下中国经济发展进入增速受限而急需实现集约发展以促进经济质量提高的新阶段，本书对有效地进行环境规制，进而推动中国经济走向更高质量的发展阶段具有重要的现实意义。同时，本书还为进一步制定人才教育制度、环境保护策略提供合适建议，以实现人才优质培养，环境和经济协调发展。

最后，通过对风能和光伏发电产业补贴绩效的研究，明确国家补贴的切实效果及各投资主体在补贴政策下的行为方式，从而可以对政策法规的不足进行完善，确保风能和光伏发电行业的健康运营，探索补贴的有效途径。同时，以一个具体风力发电项目为案例，对我国目前风电项目的成本核算进行研究，分析风力发电成本的影响因素，促使企业认清现阶段的发展难题，从而调整发展方向，为企业未来的发展奠定基础。

1.2　国内外研究综述

通过查阅已有的涉及环境规制、新能源补贴政策、风能和光伏发电成本等内容的文献，并对其进行整理归纳，试图厘清研究脉络，发现最新的研究进展。本书的文献综述从以下几个部分展开：

1.2.1 国外研究现状

1.2.1.1 环境规制相关研究

环境问题在很多时候不能够通过市场机制得到有效解决，必须通过政府来制定一系列的环境规制政策对利益体进行调节，从而保证环境与经济协调发展（Callan & Thomas，1996）。国外学者对环境规制的研究涉及诸多方面，以下仅对环境规制的工具及测度相关文献进行简单回顾。

Tietenberg（1998）将环境规制政策工具按照发展时间的先后顺序分为三类，依次是命令控制型、市场型和自愿型。第一种是命令控制型环境规制工具，主要由政府颁布环境相关的法律法规及标准，这种工具应用广泛、效果明显，最早由美国、日本和欧洲国家使用，目前发展较为成熟。该类型的环境规制工具中使用最广泛的有设立环境污染排放标准、限制企业污染物排放浓度与体积等措施。第二种是市场型环境规制工具，这种工具主要依靠市场调节机制来激励企业自觉参与到环境污染治理中来（Gilbert，2010）。常见的市场型规制工具有排污费、排污许可交易、环保技术创新和财政补贴等。此类工具相比于命令控制型工具有时能带来意想不到的效果，而且规制成本更低（Copeland & Taylor，2013）。第三种是自愿型环境规制工具，这种工具被 Khanna 等（1997）称作环境规制的"第三次浪潮"，其作用的发挥是建立在信息公开和公众参与的基础上的，包括环境信访、资源协议、生态标签等方式。Becker 等（2013）以及 Meidinger 和 Boyer（2014）指出，美国环保部门环保执法工作的很大一部分依赖于私人环保诉讼。Arimura 等（2008）认为，环境绩效白皮书的颁布有利于提高自然资源的利用效率，改善环境质量。

对于环境规制的测度，国外学者的研究中主要从以下四个方面选取环境规制指标：①成本类指标，最常见的是污染减排成本指标，该指标是针对美国产业层面的减排成本指标，且数据较易获取，关于美国环境规制的相关研究多采用此类数据，但不适用于跨国比较（Baldwin，2009；Kalt，1988）；②投入类指标，常见的投入类指标有与环境保护相关的财政支出和环境污染治理投资等（Leiter et al.，2011；Naso，2017）；③绩效类指标，主要包括污染物的排放量、单位工业产值碳排放量等指标，通过环境治理绩效侧面反映环境规制产生的效果，以及经媒体报道的污染检查次数（Alpay et al.，2010）等；④指数类综合指标，Walter 和 Ugelow（1979）最早将其作为环境规制的测度指标，此后该类指标由于考虑全面、包含范围广的特点被学者们广泛使用。

1.2.1.2 补贴政策相关研究

补贴是一个古老而复杂的概念。补贴（Subsidium，有援助、补助之意）的研究始于庇古，他提出，由于外部性的因素使资源不能达到帕累托效率最优，因此，政府进行干预是调节效率的重要方式，政府干预的手段可以从投入与产出两个对象出发，进行限制或者补贴。

随着研究的不断深入，对补贴理论的分析分为了两个主要的派系。一些学者认为补贴有其经济合理性，应予以支持。例如，凯恩斯主义学派的代表人物凯恩斯（1936）认为，进行政府干预主要是解决市场失灵条件下的资源错配；公共选择学派的布坎南分析了规则和制度对经济的影响，对政府的角色认定是公共产品的提供者，应及时对公共产品进行维护与补充；新贸易理论从比较优势出发，分析了补贴对于产业比较优势产生的重要作用，因此认为需要对特定产业进行扶持以增加该产业对外的比较优势，促进产品出口。然而，另外一些学者对此提出了异议，他们认为补贴缺乏经济合理性，主张取消政策干预。新古典主义卢卡斯的演绎逻辑归纳出"市场失灵"和"政府失灵"都是可能发生的，因此政策干预并不是万能的。

对于新能源政策的经验，国外很多国家十分重视政策和法律的制定和实施，在可再生能源发展的初期就制定了多套政策和法律，以辅助可再生能源产业的健康发展，其成功的经验值得我们借鉴。这些成功的经验包括上网电价政策、促进融资政策和激励政策等。Solangi 等（2011）利用大样本对世界主要光伏发电国家如美国、中国、加拿大、西班牙等的政策进行了对比及总结研究，结果表明，电价补贴政策对推动光伏发电发展有重要作用。Furkan Dince（2011）则认为，项目的投资会对光伏发电产生影响，因此，他提出了要加大投资力度和创新融资方式的相关建议。

对于新能源补贴的发展趋势，国外大多数学者认为应该逐步取消新能源补贴，使新能源能够参与市场竞争，发挥市场机制的调节作用。Alexander Ritschel 和 Greg P Smestad（2003）根据加利福尼亚电力市场放松监管的实例进行分析，认为放松监管后政府干预措施如政府补贴不能影响电力市场价格，为电力消费者揭开了价格信号的真实面纱，从而提高了节能减排的效率。他们还认为，作为能源行业的一份子，新能源也应该逐步跟上能源改革的步伐，实现完全市场竞争。在此基础上，也有学者进一步研究了补贴逐步取消的条件，如可率先取消小规模的分布式光伏系统等。Federica Cucchiella 等（2016）利用意大利的案例分析了如果分布式光伏系统没有补贴会带来什么样的经济和环境结果，敏感性分析和基于替代方案环境评价的结果表明，小规模的分布式光伏系统可以在没有补贴的条件下实现可持续能源结构的转变。

通过上述分析可以看出，国外已经有不少国家在新能源发展等方面取得了一定的成绩，这些成绩是基于国家对产业的支持政策（如各种补贴），这些补贴总结起来主要有以下几类：在投资方面的补贴、在市场培育方面的补贴、对技术进步的补贴和各种税收优惠。学者也对每种补贴方式的适用条件进行了实证研究，这给予我国在政策使用方面的一些借鉴。尽管国外学者在新能源补贴的未来发展趋势上达成了较大的一致，认为随着产业的发展补贴需要逐步取消，但是什么时候补贴可以取消，学者们还没有达成共识。同时，学者认为对于补贴效率的研究是必要的，这可以为我们以后的公共政策管理提供相应的借鉴与依据。

1.2.1.3 全生命周期成本管理

20世纪70年代，西方国家运用全生命周期成本理论进行军费管理，并取得不小的成效，为国家国防建设做出卓越贡献。近些年，随着电力行业经营环境的日益复杂，各国将全生命周期成本管理的理论与可持续发展、绿色能源相结合，逐步向发电项目的分析和决策进行推广。但在电力行业，全生命周期成本管理的研究和应用并不广泛，目前也仅在瑞典、美国等较少的发达国家有这方面的研究，而且基本以输配电线路项目和核电项目为主。

Canova、Profumo和Tartaglia（2001）提出一种适应于工业应用和民用的电力装置的全生命周期成本方法，将此方法作为设计标准应用于发电企业，有利于节约能源。Steen（2005）认为，随着对可持续发展的要求越来越高，在全生命周期成本中加入环境保护的因素，有助于构建针对环境保护成本计算的研究。Nilsson和Bertling（2007）认为，风电行业的巨大增长主要源于不断增长的市场需求和大型风力涡轮机的发展，将全生命周期成本应用于风力涡轮机的维护管理，有助于提高风机设备的可靠性和风电项目管理的有效性。Laura和Vicente（2014）提出一种评估海上浮动风电场成本结构的方法，将全生命周期分成六个阶段：定义、设计、制造、安装、开发和拆除，对每个阶段进行成本的细化，可以细分成不同的子成本。Li、Peng和Sun（2014）对风力发电进行了长期的成本分析，并将其竞争力与不可再生的发电技术进行比较，认为未来三十年风电成本将低于煤炭发电成本，如果考虑碳排放和环境外部性的成本，风力发电将成为电网容量扩张的竞争性选择。Zakeri和Syri（2015）分析了公共事业规模电力存储系统的全生命周期成本，为成本要素（资本成本、运营和维护成本、重置成本）提供完善后的数据库；另外还分析了电能存储所产生的全生命周期成本，采用蒙特卡罗方法来考虑不确定性，证明不同存储系统的经济性有三种主要应用：大容量储能、频率调节和支持服务。Lagaros、Karlaftis和Paida（2015）对全生命周期成本的概念进行了分析，认为其可以作为一种评估工具，通过考察塞浦路斯的特定风电场，根据风机设备数量和位置的不同、风势大小的不同，对不同项目的全生命周期成本进行研究和评估，建立基于全生命周期成本理论的成本估算模型。Mangan等（2016）对装机容量为400kV的风电项目规划进行了全生命周期成本的评估，从全局化的视角对其进行系统性的分析和研究。

1.2.2 国内研究现状

1.2.2.1 环境规制工具的研究

我国学者对环境规制工具的研究多集中于命令控制型和市场型，而对于自愿型环境规制工具研究较少。马士国（2008）从多方面对比分析了命令控制型与市场型这两种环境规制工具的作用，发现具有激励作用的市场型规制工具更有发展空间。孙玉霞和刘燕红（2015）比较了征收环境税和发放污染许可证这两种市场型环境规制工具，指出这两种方式都可以达到预定的污染控制水平，但它们并非互相替代，而是适用于不同的条件，需协调配合、协同作用才可发挥最佳效果。黄清煌和高明（2016）采用基于非期望产出的 SBM – DDF 模型进行实证检验，认为地区企业节能减排的效率与所采用的环境规制工具的类型有关，其中命令控制型和公众参与型环境规制对节能减排效率的影响呈倒"U"型结构，而市场激励型环境规制的影响呈"U"型结构。谢荣辉（2017）得出环境规制在短期内对中国工业生产率影响为负，但在长期内具有实现环境保护和竞争力提升"双赢"的可能性的结论，并进一步提出中国未来在进行环境规制工具的设计时，应首要考虑其对技术创新的激励作用。

1.2.2.2 绿色全要素生产率相关研究

传统的全要素生产率在测算时通常只考虑资本与劳动投入要素，但是自然界可以为生产活动提供的能源数量和环境自我净化能力是有限的，再加上目前可持续发展和环境污染现象的严峻性，使用传统的全要素生产率对经济增长质量进行评价与经济实际发展情况不符。为此，学者们将资源与环境因素引入传统全要素生产率的测算框架，得到绿色全要素生产率，绿色全要素生产率在测度上既有传统全要素生产率的特点，又因环境指标的不同以及在实证模型中的位置不同而拥有其特色。

一些学者最初将环境污染排放按照生产活动中的投入变量来处理，如将环境污染排放当作未支付投入与传统的资本、劳动力投入共同构建生产函数模型，从而测得绿色全要素生产率的值。陈诗一（2009）对于为何将环境污染看作投入要素作出了如下解释：污染属于自然环境，污染最初是由生产活动造成的，污染排放增加的同时也意味着经济生产活动过程中资本的创造，能够带来经济总量的提高。然而，某种程度上污染对经济增长产生的正向推动并不是无限制的，当资源消耗的部分超过污染带来的社会资本的增加部分时，经济处于一种低水平和不可持续性发展的状态。匡远凤等（2012）采用生产率指数与随机前沿相结合的方法，为得到具有绿色含义的生产效率和全要素生产率，也将环境污染排放看作未支付的投入来纳入分析框架。随后一些学者提出了不同的看法，他们认为污染排放是期望产出的副产品，应该归入非期望产出，不能看作投入，并且采用方向性距离函数来建立生产模型，将生产过程中产生的污染物排放视为"非期望产出"来纳入测算体系，从而得到绿色全要素生产率。例如，李小胜等（2012）将 CO_2 作为"非期望产出"来测算环境全要素生产率。涂正革（2008）在测算全国整体及各地区工业行业的全要素生产率时，创建非参数前沿分析模型，并将工业生产中的 SO_2 污染物排放作为"坏"产出引入模型。

然而，单一的污染物排放指标并不能全面衡量环境污染情况，王兵等（2015）在全要素生产率的测算体系中将 CO_2 和 SO_2 作为非期望产出纳入生产函数，比较分析了中国整体及东部、中部、西部地区的绿色全要素生产率。吕康娟等（2017）基于 DEA – Malmquist 指数法，以工业"三废"作为非期望产出，测算纳入非期望产出前后的中国制造业的全要素生产率，并进行对比分析。直接将环境污染变量视为非期望产出或与资本、劳动力共同纳入生产投入指标构建经济增长核算方程的做法虽然简便易操作，但缺乏严格的理论依据，谌莹和张捷（2016）利用随机前沿方法，在将能源消耗引入生产投入要素的基础上，还考虑到污染物排放在现实中可能会对生产过程造成随机冲击，产生无效生产，使产出水平无法达到前沿水平，因而将环境污染排放纳入技术无效方程，由此测算得出绿色全要素生产率。

1.2.2.3　关于环境规制与经济增长关系的研究

由于环境污染日益凸显，发达国家陆续实施环境规制政策，越来越多的研究表明，环境规制是保护生态环境的一项重要手段。此后，有关环境规制与经济增长的关系的经验研究也逐渐成为研究的主流（熊艳，2011；宋马林和王舒鸿，2013；李胜兰等，2014；吴明琴等，2016）。然而，现有关于环境规制对经济增长影响方面的研究仍存在三种不同的主要观点：

（1）环境规制对经济发展有一定的抑制作用。很长一段时间内"遵循成本说"占据了学术主导地位，众多学者为验证"遵循成本"理论，从多个角度对其进行了实证检验。其基本观点为政府通过实施环境规制政策，额外增加了企业经营成本，从而降低企业的整体效益。而且，企业为保护环境会增加对于污染控制的支出，从而挤占企业的其他投资成本，加大企业的负担，降低企业对未来经济的预期，对宏观经济产生负面影响。武晓利（2017）认为，从长期来看，政府的环境规制能够有效改善生态环境，但却会抑制宏观经济的发展。

（2）环境规制会促进经济发展。"创新补偿理论"认为，严格的环境规制能够有效地改善生态环境和人们的身体健康，促进人力资本积累，并加快企业进行技术创新的步伐，从而提高企业的生产效率，促进产业升级及经济发展。不过，实现"波特假说"需有两个前提:一是要有可变的、动态的资源配置、技术和消费需求;二是要设计合理的环境规制的工具。封福育(2014)利用中国2007—2012年的省级面板数据构建包含环保部门和生产部门的经济增长模型,实证检验了环境规制提升了我国经济增长速度。毕睿罡等(2018)基于2005—2012年245个地级市面板数据的实证研究发现,地方官员在晋升激励下会以牺牲当地经济增长为代价来完成节能减排任务,一个城市单位GDP煤耗每上升1个标准差,将会使当地GDP下降8亿元,且环保压力对当地经济的负面效应会随着时间推移不断加强。

(3)环境规制对经济发展的影响具有不确定性。"不确定观点"认为环境规制对经济增长的效应不是绝对的,既有可能促进也有可能抑制,取决于环境规制的作用主体和规制政策的时效性等(李强和王琰,2019)。沈能和刘凤朝(2012)分别从国家和地区两个层面进行研究,认为环境规制和技术创新之间存在显著的"U"型关系,只有当环境规制强度超过一定门槛值时,企业的"创新补偿"才能实现。李阳等(2014)从长短期的角度研究了环境规制与技术创新之间的关系,认为从长期来讲环境规制对技术创新有明显的促进作用,而技术创新长期会提升企业的发展,进而促进整个社会的经济增长。谢荣辉(2017)通过研究得出,环境规制在短期内对绿色生产率的直接影响为负,但在长期内具有实现环境保护与竞争力提升"双赢"的可能性。

前述研究多考虑了环境规制与经济增长数量的关系。就经济增长质量而言,少数学者也尝试进行了研究。陈诗一和陈科登(2018)用人均实际GDP衡量城市经济发展的质量,探究了雾霾污染、政府治理与经济高质量发展的关系。陈玉龙和石慧(2017)以工业绿色全要素生产率表征工业经济增长质量,研究得到环境规制强度对其的影响并非单调递增的,而是存在一定的"拐点"或"区间"。

1.2.2.4 关于人力资本与经济增长关系的研究

人力资本的理论伴随着经济增长理论的发展而发展。Batabyal和Amitrajeet(2013)认为,人力资本是推动经济发展最活跃的因素之一。因此,人力资本理论自被提出以来就一直受到学术界的关注。人力资本与经济增长密不可分,人力资本可以通过多种多样的方式直接或间接地影响经济增长,具体表现为消费、生产、储蓄和投资等,正因为这些因素在各个地区都是各异的,从而间接造成地区经济发展不平衡。

学者们对人力资本影响经济增长的相关关系也做了大量的研究和探讨。通过资源投资和干中学可以积累人力资本,通过提高劳动技能可以促进经济增长。人力资本通过学习、吸收先进的生产技术来促进创新和产业升级,间接促进经济增长。王士红(2017)认为,人力资本是经济发展的重要动力,从古典经济增长模型到新经济增长模型，学者都认为人力资本可以干扰经济增长。

人力资本作为经济增长不可缺少的因素之一，其知识替代效应和外部效应可以促进科技创新，并对物质资本因素的下降趋势起到阻碍作用，从而实现经济的可持续增长。人力资本的知识替代效应是指人力资本要素的增加可以在一定程度上弥补劳动要素减少和物质资源稀缺对经济增长的不利影响，以保持经济的可持续发展。增加人力资本投资，如增加教育投资和企业培训，可以提高劳动者的素质和生产率，也就是说，掌握生产知识和技术更多的劳动者的生产效率更高，从而减少单一平均成本；同时，人力资本投资的增加可以促进经济增长方式转变。所以，为了提高劳动者的素质和促使技术进步，必须要促进人力资本的积累。魏下海和李树培（2009）认为，人力资本投入对区域经济增长的影响存在"门槛效应"，人力资本投入在低门槛区间内作为要素投入的影响较小，而一旦达到或超过特定的门槛值时，人力资本作为要素投入就会有较大的影响。

事实上，人力资本对经济增长的实际影响不仅取决于人力资本现实存量，还取决于人力资本的质量。教育是衡量人力资本质量的一个重要因素。教育支出对经济增长的影响是研究人力资本与经济增长关系的关键点，很多学者通过实证分析得出了教育支出对促进经济发展发挥了重要作用的结论。Jorgenson 等（2003）发现，美国政府在 1997—2000 年增加信息技术和高等教育的投资是提升其经济增长的主要措施。教育对落后国家赶超发达国家具有重要作用，也决定了人力资本的质量水平。

虽然目前大多数学者认同人力资本会对经济增长产生积极的影响，但还有一些学者提出相反的观点。Mestieri 等（2017）认为，人力资本会通过某些方式引起经济衰退，如加剧社会不平等、提升失业率等。在某些情况下，人力资本对经济增长并没有显著的促进作用，如根据欧盟失业率和经济增长的统计数据可知（用高等教育人口占比作为人力资本替代变量），当西班牙等国家的人力资本水平较高时，国内的失业率也几乎达到了其历史的最高水平，经济并没有出现预想中的增长情况，反而一直下降，甚至衰退。

无论人力资本对经济增长的影响是正面的还是负面的，都可以肯定，人力资本对经济增长发挥作用时会影响社会环境、经济环境、生态环境等。

1.2.2.5 对于新能源发电补贴的研究

战略性新兴产业能够促进地区经济发展、降低能源强度、加快技术推广和产业结构升级，对于是否应该对新兴产业进行补贴，不同学者提出了不同的看法。

一方面，我国部分学者首先对风能和光伏等新能源产业的发展阶段进行了研究，认为现阶段新能源产业发展还处于初期，技术创新外部性等问题比较严重，因此应该给予相应的补贴。例如，栗宝卿（2010）提出了新能源产业发展初期的财政、税收政策目标是为了加快可再生电力能源产品进入市场，进而促进市场化进程的发展。奚烨（2014）基于产业生命周期理论认为我国新能源发电还处于开发与技术示范阶段，对产业链高端的整机设计等核心技术尚未掌握，行业的发展需要借助外力推动，也就是说，需要政府的激励政策来对行业内的部分企业进行扶持，进而解决由技术创新外部性产生的市场失灵问题。另一方面，一些学者也提出了不同的意见，他们从政府失灵的角度谈起，认为给予风能和光伏发电补贴会造成市场资源配置的错乱，从而影响产业发展。例如，姜达洋（2014）、戚聿东等（2016）认为，尽管现有的新能源产业补贴动机具有一定的合理性，但是依据并不十分充足。他们认为保护新兴产业的本质是规避竞争，避免扭曲市场配置资源，但没有充分的证据证明政府干预比市场自发配置效率高；基于国家产业战略考虑，违背比较优势的产业发展即使在政府的补贴下也难以使企业收入和发达国家持平，只有产出流的折现值超过补贴流的折现值，政府干预溢出效应才有意义。

关于是否要进行补贴，前提是我们应充分了解我国发展现状以及现行政策到底存在哪些方面的缺陷。对此，我国学者对新能源补贴资金的分摊方式、补贴机制、补贴政策体系和补贴未来发展方向等问题进行了详细的阐述和分析。

补贴政策应该倾向于产业链发展最为薄弱的环节，并符合产业发展的规律。然而，根据学者的研究，我国风能和光伏发电补贴政策过度集中，在薄弱的销售环节缺乏相应的机制。例如，吴昱和边永民（2013）从产业链的角度出发，指出我国光伏发展中补贴过度集中于生产环节，缺乏对消费环节的补贴，从而造成了产能无法消纳的情况。何代欣（2014）指出，我国补贴政策不能和产业的发展程度相协调，如在风能发展的过程中，补贴政策供给充足而产业自身发展水平较低。曾鸣和段金辉（2015）在其文章中提到，我国新能源补贴机制存在两大不足，即补贴水平不均衡和补贴模式不合理。补贴水平不均衡体现在产业之间和补贴对象两个方面：我国对光伏等新能源发电的补贴水平较高，对消费者的补贴过少而对投资者的补贴过多；补贴模式不合理体现在按发电量获取补贴给资金不充裕的民营企业带来了更大的融资压力。

对于补贴对象，学者们的观点较为一致，认为风能和光伏发电的补贴应该调整为激励原始创新和培育市场两个方面，而不是现在的价格和投资两方面。李琼慧和王彩霞（2015）认为，补贴应该从单纯的扩大规模转变为着力于激励技术创新以实现较低发电成本。肖兴志和王伊攀（2014）、周亚虹和蒲余路（2015）认为，政府补助新能源产业容易扭曲企业的投资决策而造成产能过剩，因而"十三五"期间政府对新能源的补贴方向应该调整为激励原始创新和需求培育。除此之外，我国学者还发现了风能和光伏发电补贴政策的另一大问题是缺乏整体性。丁芸（2016）在对我国新能源补贴政策要点进行归纳后认为，我国现行的新能源财政体系缺乏整体性，这体现在补贴政策不能做到与时俱进、因地制宜、全面涵盖和对接战略规划，补贴政策存在的"缺位"和"越位"更加体现了建立全面系统性补贴体系的重要性。

此外，我国学者还从企业角度分析新能源补贴政策对企业绩效的影响，但研究后发现，补贴的效果并不理想。这表现在以下几个方面：首先，新能源产业政策不能有效促进投资。唐安宝和李凤云（2016）利用 109 家新能源上市公司 2011—2015 年的数据进行了补贴效率的计算，结果表明，政府补贴能够在部分程度上抵消融资约束对企业投资率的负向影响，因而还存在投资不足现象。其次，补贴也没能起到促进企业成长的作用。魏志华、吴育辉等（2015）发现，寻租能够帮助上市公司得到更多的财政补贴，但财政补贴对于公司成长没有太大的帮助。彭中文、文亚辉等（2015）将企业进行细分后认为，政府补贴总体上是不利于企业绩效的，但是对非国有企业来说存在部分正向影响。那么，补贴效率明显的是技术创新补贴在推动技术创新方面起到的巨大作用。陆国庆、王舟等（2014）研究发现，战略性新兴产业的创新补贴对于企业产出绩效是显著的。范云轩（2015）将创新补贴进一步细分为普遍性补贴和针对性补贴，研究发现，普遍性创新补贴相比于针对性创新补贴在推动企业创新和企业产出绩效方面更胜一等。

通过上述分析，我国学者对于国外成功的经验根据国情进行了修改和修正，使之更契合我国的实际情况并取得较大的成绩。但随着产业发展逐步暴露出来补贴机制、补贴资金来源等问题，学者们对此进行了细致的分析。部分学者对于补贴的合理性提出了质疑，认为我国补贴的理由不那么充分，但这并没有得到全部学者的认可。除了这些质疑，大多数的学者还希望分析哪些因素会影响现行的补贴政策绩效，从而来修正我国新能源补贴政策，使之能更好地促进新能源产业的发展。

1.2.2.6 全生命周期成本管理

我国对于全生命周期成本的研究和应用起步较晚，20 世纪 80 年代我国才开始引入全生命周期成本理论。我国对于该理论的发展大致分为三步：一是引进、消化、吸收；二是对理论研究逐渐深入，并推行开展；三是加大力度全面推广理论的发展。

1987 年，全生命周期成本理论首次被引入国内，与此同时成立全生命周期成本专业委员会，委员会自开办以来，多次开展学术会议、举办讲习班，专门负责对理论技术的宣传与推广，为该理论在国内的研究发展奠定了坚实基础，做出了积极贡献。经过多年的探索与改进，直到 21 世纪全生命周期成本理论的研究才出现起色，取得一定成就。之后，丁士昭教授首次提出全生命周期成本管理的思想，从建设项目全过程角度出发，研究全生命周期成本在项目决策的应用路径。

上海市电力公司开展关于全生命周期成本管理的研究，通过试点研究和多种形式的培训、宣传，建立该理论计算模型和管理示范。李欣（2011）提出一种基于全生命周期成本管理的发电设备维修决策优化的新方案，对设备的维修与经济寿命之间的关系进行研究，用成本现值分析法，评价维修决策的经济性。通过案例分析可如实反映该方法对于发电设备维修方案的经济性，为今后制订维修计划提供理论依据。杨凡等（2012）从全生命周期角度建立风电项目从设计、建造、施工、运行维护到废弃等各重要阶段的成本模型，以华能东营河口风电场一期项目工程为例分析全生命周期成本，认为项目初始投资控制和运行维护阶段是整个项目周期管理的重点和关键，为企业管理及相关政策制定提供建议。袁岩（2015）基于新型全生命周期成本管理原则，结合产业信息化等先进手段，合理规划和使用全生命周期项目的成本控制，可以从最大程度上控制电网项目建设的全生命周期费用，使成本控制达到最优。于治军（2016）对风电项目的全生命周期成本管理进行研究，认为控制风电场运营维护成本的重点在于制订科学合理的设备维修计划，同时可以通过延长风电机组运行时间提高风电场的经济性，但这样会使风电机组的运行风险增加，提高维修成本，因此应在运行成本和经济性的基础上合理做出判断。

1.2.3 文献述评

综上所述，针对环境规制与绿色全要素生产率等问题进行研究的成果是丰富的，但存在几个问题：第一，环境规制经济效应的相关文献中，多采用单一指标或者一个综合指数来衡量环境规制的强度，而没有考虑到不同类型环境规制工具作用效果的差别及该作用是否存在地区差异性。第二，在测算绿色全要素生产率时关于绿色问题的处理上存在争议和主观性，若将环境污染变量作为投入变量与资本、劳动力和能源消费共同构建经济增长核算方程，则与实际生产过程不符；若将环境污染变量作为非期望产出，则可能会出现不可行解等问题。两种做法都缺乏严格的理论依据，也没有将生产过程中产生的随机误差包括进去。另外，不同的学者在环境污染变量的选择上也存在差别。第三，对环境规制与全要素生产率组成部分的研究大多止步于环境规制对技术进步、技术效率的影响，根据Kumbhakar 和 Lovell（2000）的做法，全要素生产率可以进一步分解为技术进步、技术效率变化、规模效率变化、配置效率变化四部分。环境规制和全要素生产率的其他构成部分之间到底存在什么样的关系？少有文献对这一内容进行具体分析。基于以上的不足，有必要进行进一步的研究。

对于补贴政策，我国当前针对更大范围的战略性新兴产业和新能源产业的效率研究较多，针对具体的风能和光伏发电补贴政策的效率研究较少。另外，研究多从微观企业的角度入手，发掘补贴在企业成长、创新等方面的巨大作用，缺乏补贴在促进产业发展阶段、资源利用率、环境保护等方面效率的分析。此外，在研究补贴政策的有效性时，多以单一产出指标进行，而这并不符合经济与环境绩效的实际情况。

对于风电的成本控制问题，我国对于风电全生命周期成本的问题研究起步较晚，参与研究的学者并不是很多，很少有学者对我国风电成本的估算进行系统的分析和研究，已形成的有关成本估算的模型较为传统，仍需进一步改进。不少学者是基于理论研究构建出环境成本的计量模型，但这些模型的通用性较差，大多是针对某一问题或行业而构建。我国对于电力生产外部成本的定量研究较少，可能存在的问题是目前对于生态价值、环境损害的评估资料较为缺乏。

鉴于以上情况，本书拟参考谌莹、张捷（2016）和王留鑫等（2019）的做法，采用随机前沿方法，将能源消耗和环境污染排放纳入全要素生产率测算体系，测得绿色全要素生产率的值及其分解项，探究绿色全要素生产率增长的内部结构与动因。同时，结合补贴政策对西北地区风能、光伏发电企业绩效进行实证研究，探索适合我国新能源产业的补贴政策。此外，通过调研已有的研究成果，适当选取和补充现有的数据，以 H 风电场为例，初步对风电的完全成本进行分析。

1.3　研究内容

本书的研究内容主要包括以下四个方面：

一是对环境规制与经济增长之间的关系、风能和光伏发电的成本控制和补贴政策理论知识的构建。一方面，从环境规制与经济增长的理论出发，探讨了人力资本视角下环境规制对区域经济增长质量的理论机理和研究方法，将环境规制分为行政型、市场型和公众参与型三类，构建环境规制影响绿色全要素生产率的理论分析框架。另一方面，以西北区域风能和光伏发电企业绩效为例，分析了补贴政策的影响，构建了西北地区风能和光伏发电企业绩效测算体系。此外，对风能和光伏发电的成本进行划分，基于全生命周期理论和外部性理论，建立风电项目完全成本核算模型。

二是对环境规制和补贴政策、绿色能源的成本与企业绩效之间的关系进行实证检验。对于环境规制与绿色生产要素之间的关系，本书采用 2003—2016 年的省际面板数据，测度全国及东部、中部、西部地区的绿色全要素生产率及其分解项，利用面板回归模型实证检验了三类环境规制对绿色全要素生产率的影响，并对实证结果进行对比分析。对于经济质量与环境规制之间的联系，本书采用 2004—2016 年的省际面板数据构建并测度了区域经济增长质量的指标体系，同时利用面板回归模型和门槛回归模型实证检验了人力资本视角下全国及东部、中部、西部地区环境规制对经济增长质量的影响。对于新能源产业光伏发电的成本，本书运用资本资产定价模型确定光伏发电产业的基准收益率，继而构建集中式并网光伏发电上网电价的合理测算模型，为我国集中式并网光伏发电上网电价的合理制定提供理论依据。

三是环境规制、经济增长、补贴政策、新能源成本之间的关系。本书通过相关的研究发现，从宏观层面看，环境规制与绿色全要素生产率之间存在非线性关系，不同类型的环境规制工具促进绿色全要素生产率增长的动力来源不同。从地区之间看，全国和东部、中部、西部地区的经济增长质量都在波动中呈现上升趋势。全国和东部地区的环境规制对经济增长质量有正向促进作用，中部、西部地区的促进作用不显著。此外，新能源发电面临投资成本高、运行维护费用高等问题，但政府补贴的滞后性给企业经营带来一定负面影响；同时，电价补贴政策和税收优惠政策对西北地区风能和光伏发电企业绩效具有正向促进作用。

四是对于经济实现绿色发展的有关建议。一方面，实行差异化的环境规制政策；优化环境规制工具组合；完善环境规制政策体系；鼓励企业绿色技术创新，适度增加教育投资和培训。另一方面，对于新能源的发展，要继续通过技术创新降低新能源发电的投资成本，建立基于市场评价的补贴机制，降低政府补贴对企业投资的扭曲，引导新能源发电的有序发展；优化风电项目成本管理，推动我国风电项目管理的可持续性发展。

1.4　研究方法

本书在研究过程中主要采用了以下五种方法：

1.4.1　文献研究法

文献研究法主要是通过查阅和整理与研究内容相关的国内外文献、新闻资讯、期刊论文、书籍资料等，梳理已有的相关研究，进一步确立本书的研究目的与研究思路。本书收集了大量的与环境规制、新能源产业政策等相关的文献，进行了详细的文献梳理，并对其进行整理归纳，发现最新的研究进展，然后借鉴最新的相关理论、实证方法和指标框架，试图在进行文献统计和分析的基础上，进一步了解与本书研究相关问题并试图对这些问题做出本质性的归纳和概括。

1.4.2　实证分析法

实证分析法是探索事物的基本规律的研究方法，主要是将客观世界的主要因素进行提取，分析各因素之间的普遍联系。本书在第 3 章首先通过建立随机前沿超越对数生产函数模型以及 Kumbhakar 的全要素生产率分解模型，对中国整体及东部、中部、西部地区的绿色全要素生产率进行测算及分解。在测得相关数据的基础上，采用面板回归计量模型，以全国及东部、中部、西部地区的数据为样本，分别对行政型、市场型和公众参与型三种环境规制与绿色全要素生产率及其分解项之间的关系进行实证检验。本书第 6 章建立了补贴政策对风能和光伏发电产业经济与环境绩效影响的实证分析模型，以分析补贴政策对风能和光伏发电产业经济与环境绩效的促进作用，发现补贴政策的影响基本规律。

1.4.3　比较分析法

比较分析法包括时间上的比较与不同样本主体之间的比较，是通过对比分析以对研究主体的特征及规律有更深入的认识。本书第 3 章运用比较分析法将中国全部省份按照东部、中部、西部地理区位划分，比较分析了中国整体及东部、中部、西部地区绿色全要素生产率的变动及其增长的动因。此外，考虑到不同类型环境规制工具的功能性不同，还分别对中国整体及各区域行政型、市场型和公众参与型三种环境规制与绿色全要素生产率之间的关系进行实证检验，以便于后文提出更有针对性的对策建议。

1.4.4　案例分析法

案例分析法是对有代表性的事物进行深入的研究从而获得对整体认知的一种方法。本书第 7 章利用案例分析法，以 H 风电场项目为例，对风电项目全生命周期成本估算模型进行分析，并进行具体的度电成本的计算，分析风电成本的项目优势，用实际数据证明完全成本核算模型的科学性。

1.4.5　Python 爬虫的方法

本书第 4 章用 Python 爬虫的方法对政府工作报告进行分词处理，并从政府工作报告中提取与环境规制政策相关的词汇，计算其占比频率，以此构建第 4 章分研究的关键指标——环境规制强度。

1.5　创新之处

本书相对于现有文献以及研究内容，主要有以下三个创新点：

一是研究视角的创新。当前关于环境规制对经济增长数量的影响的文献很多，但关于环境规制对经济增长质量影响的文献很少，且研究大多从技术创新、企业成本等角度出发，未考虑人力资本的视角。本书在研究环境规制对经济增长质量的影响时，基于人力资本的视角，探讨环境规制对区域经济增长质量的影响，为这类研究提供了一个新的分析视角。

二是研究方法的创新。当前政府在治理环境污染时往往是多管齐下，现有研究多选取某一个方面的环境指标来测度环境规制，这样一来无法反映环境规制的全貌，二来环境规制的治理效果其实很难区分是哪种政策影响的。本书在第 4 章中用 Python 爬虫的方法从政府工作报告中提取与环境规制政策相关的词汇，以此构建了环境规制政策力度指标，既可以反映政府环境规制的全貌，又可以有效缓解内生性问题。

三是研究内容的创新。本书在研究环境规制与中国经济质量增长之间的问题时，用中国省级面板数据实证检验了全国及东部、中部、西部地区的人力资本门槛效应对环境规制影响区域经济增长质量的传导机制。所得结论也是符合我国的实际情况的，为我国进一步制定人才教育制度、环境保护策略提供合适建议，以实现人才优质培养，环境和经济协调发展。同时，在研究环境规制与绿色全要素生产率之间的问题上，现有研究多采用一个综合变量来反映环境规制的强度，本书考虑到不同类型环境规制工具的优势与适用情况不同，将环境规制细化为行政型、市场型和公众参与型三种，对不同类型环境规制与绿色全要素生产率可能存在的非线性关系进行理论论证和实证检验。

❷
概念界定和理论基础

2.1 概念界定

2.1.1 环境规制

已有文献对"规制"一词的最早界定为"政府管制",即借助政府的强制性及市场机制的自由性而达到社会管理和调节的一种方式。紧接着,规制的概念随着相关研究的不断深入得到完善与扩展,比较著名的有日本经济学家植草益(1992)的观点,他指出规制的目的是达到社会公平,主要通过政府公共机构在特定方面对社会参与主体的行为进行限制。而丹尼尔·F. 史普博(1999)认为,规制特指政府机关所采取的,针对市场经济参与者所制定的一系列直接或间接的干预政策。王俊豪(2001)在以往学者对规制概念界定的基础上进行分析归纳,概括出规制的三个特点:①规制的制定者和实施者是政府的相关部门;②规制的作用对象为市场经济活动的参与者;③规制能够产生作用建立在政府部门颁布相应法律法规及排放标准等并强制企业执行的基础上。规制通常划分为公共规制和私人规制,环境规制则属于公共规制的范畴。

公共规制一般包括经济性规制和社会性规制。经济性规制涉及经济主体的经济行为,具体包括市场商品的数量、价格、质量以及进口和出口。而社会性规制与社会主体的日常生活行为相关,这里包括消费者的食品安全、环境卫生等。环境规制属于社会性规制。政府规制的具体分类如表2-1所示。

在对规制的概念有一定认识之后,接下来阐述环境规制的概念,其最早被当作政府限制环境资源使用者行为的一种行政手段。企业在利用环境资源进行生产活动的过程中会造成环境污染的负外部性影响,企业生产过程中的生产成本往往低于社会成本。为了保持经济和环境的均衡发展，政府必须使用行政手段进行调节，使人们在生产或消费的过程中将外部成本考虑在内，从而使他们的行为达到社会最优化的组合，但这个过程中市场与企业没有自主权，也不发挥作用。后来，随着环境规制问题研究的深入，学者们对环境规制有了一个更全面的认识，在考虑经济因素的情境下开始采用市场手段来解决环境问题，故排污费、企业补贴、环境税等市场手段被考虑在内。

表 2-1　政府规制的具体分类

类别	目的	具体内容
经济性规制	限制虚假信息	公开企业相关信息
	限制垄断	依据相关法律约束企业不当行为
社会性规制	保护环境	制定环境保护相关法律法规，防止企业对环境的过度破坏
	保护环境质量	依照消费者权益保护的相关法律对企业的不正当销售及制假行为进行规范

　　本书所涉及的环境规制，是指政府制定环境污染治理相关政策法规和污染排放标准，并主要借助政府干预的强制性和市场机制的调节功能对社会经济主体的生产活动进行限制，引导生产主体向着更少消耗、更少排放的目标发展，同时鼓励公众自觉、自愿参与到环境保护与监督当中的一系列政府管理活动，目的是维护生态环境与经济发展的和谐，实现绿色的、可持续的经济增长。

2.1.2　绿色全要素生产率

　　生产率是用来衡量生产过程的一个重要指标，一般意义上的生产率是指生产过程中各种投入要素如人力、物力、财力的有效利用程度，即投入与实际产出的比值。当研究对象为一个国家或地区的宏观经济状况时，所求的生产率即为该国家或地区在特定时间内各种生产投入要素之和转变为实际产出的效率。生产率状况包含的信息较多，这里包括自然资源的利用效率、人力资源的配置水平、新技术的应用程度、现行政策制度对生产活动的影响等。学者对生产率的研究多涉及生产要素与测算方法，生产率的分类也是基于这两个方面：一是根据生产投入要素的种类分为劳动生产率、资本生产率等；二是依据生产要素的数量分为单要素生产率、多要素生产率和总要素生产率。

　　"全要素生产率"这一概念最早由美国经济学家 Solow（1957）提出，他认为，全要素生产率是指全部生产要素带来的产出中，去除劳动、资本与土地要素带来的产出量增加后剩余的部分，由于土地要素在生产过程中的投入变动情况较小，学者们在实证研究中一般将其忽略不计。可以这么说，全要素生产率中总产出的变化不能够用某一种投入要素或所有可计量投入要素变化的总和来衡量，而是在全部生产要素共同作用的前提下，由技术进步、技术创新及规模经济等带来产出变化的结果。全要素生产率可以识别经济增长类型是以投入要素增长为主的投入型增长，还是以技术进步和技术效率提高为主的效率型增长；是衡量经济增长质量的重要指标，还是政府评价地区可持续发展能力、制定相应政策的依据。

近年来，粗放型的经济增长方式在通过总量优势带来经济快速增长的同时，不可避免地伴随着大量的能源消耗与环境污染，严重影响和制约了未来经济的可持续发展。传统全要素生产率的测算只考虑了资本和劳动力的投入，与可持续发展息息相关的能源因素和环境因素往往被忽略，这样计算出来的全要素生产率难以准确度量我国经济的发展水平。Mohtadi（1996）最早将能源消耗与环境因素引入全要素生产率的测算体系中，赋予其"绿色"的内涵，这引发了学术界关于深入认识绿色全要素生产率的各种探索（Ahmed，2012；Chen & Golley，2014）。国内学者王兵等（2010）认为，在中国的可持续发展中，贯彻绿色发展理念必须将资源和环境约束纳入测度范围。

通过参考绿色全要素生产率（GTFP）的相关研究可以发现，已有学者对绿色全要素生产率的定义是有差别的，即在测算绿色全要素生产率时关于绿色问题的处理存在一定的争议和主观性。在这里，本书采用的是谌莹、张捷（2016）和王留鑫等（2019）对绿色全要素生产率的定义和测算方法，即在测算全要素生产率时考虑能源的不可持续性和环境污染排放，在现实中对生产过程造成的随机冲击这两个因素，使其具有绿色含义，由此称为绿色全要素生产率。

2.1.3 区域经济增长质量

目前学术界已达成共识的是，经济增长不仅包括传统意义上的经济规模的扩张，还涵盖了经济质量的提高，是两者的统一。

18 世纪以来，有关国民财富增长的问题中已经开始包含经济增长的雏形。有关经济增长的定义，1981 年阿瑟·刘易斯（W. Arthur Lewis）在《经济增长理论》一书中将经济增长定义为"一国人均产出的增长"。西蒙·库兹涅茨（Simon Kuznets）在 1989 年把经济增长定义为"人均或每个劳动者平均产量的持续增长"。概括而言，早期对经济增长的理解就是指产量的增长，即一定时期内一个国家生产人民所需要的商品和劳务的生产能力的扩大，也指一定时期内商品和劳务的实际增加。

巴罗（Barro，2002）指出，经济增长数量取决于人均 GDP 增长率和投资占

GDP 的份额。目前学者们主要以实际国内生产总值、人均国内生产总值或者行业的发展水平作为衡量经济增长的指标。

关于区域经济增长质量的内涵，现有研究主要从两个方面进行界定：一种是狭义的经济增长质量，以效率作为经济增长质量的替代变量；另一种是广义的经济增长质量，认为经济增长质量是一个多维度的概念，不能仅仅用效率替代。

有关狭义的区域经济增长质量，部分学者认为社会效益或者经济效率即为经济增长质量。顾海兵（1997）认为，研究经济增长质量需要在事前分析预测、事后研究总结，并且认为中国经济增长质量等同于经济社会效益。沈坤荣（1998）认为，经济增长质量是宏观经济学内的经济效率，即进行经济活动所消耗和使用的要素投入与经济活动总成果之间的比较。王利等（1999）用经济增长有效性的经济效率来衡量经济增长质量。刘亚建（2002）也将经济增长质量视为效率的同义语，将单位经济增长率中资金物质投入作为判断标准。武义青（1995）将经济增长质量理解为生产效率。王积业（2000）则将经济增长质量的提高认为是生产要素积累和经济效率提高共同作用的结果。肖欢明（2014）认为，经济增长质量等于扣除经济系统对自然资源的消耗及对环境的破坏之后的资源配置效率。大多数的学者更认可把全要素生产率作为经济增长质量的重要判断依据，因为全要素生产率不仅可以反映要素投入，还反映了技术进步、制度变革、结构演化等非投入要素。

通常而言，广义的区域经济增长质量指一个地区一定时期内国民经济在增长的效率、结构和稳定性，国民经济素质、福利变化与成果分配，以及资源环境代价等方面的优劣程度，侧重反映经济体在经济方面的优劣变化。经济增长质量是从经济内在的性质上来反映经济的增长。提高经济增长质量的主要问题是实现资源的有效配置，然而全要素生产率的增长无法保证资源的有效配置。钞小静和任保平（2011）基于经济增长与经济发展的区别与联系，将经济增长质量界定为经济增长的结构、经济增长的稳定性、福利变化与成果分配及资源利用和生态环境代价四个维度。彭德芬（2002）则认为，经济增长质量是在经济数量增加的过程中经济、环境、社会等表现出的不同程度的进步与退步。任保平和钞小静（2007）则将经济增长质量认为是经济结构、经济福利分配性、经济增长的可持续性、经济增长潜力、社会福利等方面的综合结果。任保平（2012）认为，经济增长质量的提高是经济效率、经济结构、分配制度、经济创新共同作用的结果，经济增长质量的提高必须要坚持以人为本的原则。何兴邦（2018）从经济增长效率、产业结构升级、经济发展稳定性、绿色发展、福利改善与收入分配公平六个维度构建地区经济增长质量指标体系。

综上分析，自经济增长质量首次提出后，由于内涵的广泛性，众多学者对于经济增长质量存在着各种各样的理解。首先，将经济增长质量的提高狭隘地等同于经济数量的增加。其次，将经济增长质量的提高等同于经济效率的提高。最后，随着经济的发展，对经济增长质量研究的进一步深入，经济学者对于经济增长质量的理解进一步加深，经济增长质量的内涵不仅包括了经济数量的增加和经济规模的扩大，还包括了经济结构、社会制度、经济潜力等方面。因此，本书认为，经济增长质量提高归根结底就是为了追求人民生活质量的提高，应该涵盖经济增长的效率、结构、稳定性、福利变化与成果分配和生态环境代价等维度。

2.1.4 人力资本

Marshall（1965）认为，在所有的投资中，最有价值的是对人本身的投资。"人力资本"的概念最早由美国的经济学家欧文·费雪（Owen Fisher）在其所著的《资本的性质与收入》中提出，但一直没有引起太大的关注，直到 1960 年，这一概念才因西奥多·舒尔茨（Theodore Schulz）在美国经济学联合会年会所做的关于"人力资本投资"的演说而被主流经济学接受。舒尔茨（Schulz）提出把人看作一种资本，认为人力资本不仅应包含健康，还应包含"边干边学"、正式教育和迁移等方面。1964 年，贝克尔（Becker）对"人力资本"的含义做了更为详细的说明。20 世纪 80 年代后期，罗默（Romer）和卢卡斯（Lucas）的新增长理论最重要的贡献是将人力资本等内生技术变化因素引入了经济增长模式中，同时，将舒尔茨（Schulz）的人力资本和索洛的技术进步结合起来，视人力资本积累为经济长期增长的决定性因素，并使之内生化、具体化为个人的、专业化的人力资本，认为因正规教育、培训、在职学习等而形成的人力资本才是经济增长的真正源泉。其后，国内外学者在定义"人力资本"时，基本是在贝克尔提出的定义上做更细致的扩充和说明，但本质都强调人力资本是人在后天通过学校学习、家庭教育和职业培训中获得知识或者技能，这种知识或技能投资通过劳动力市场的工资决定其价值，是对未来有益的一种投资，具有长期性。如 Thurow（1970）认为，人力资本为个人的生产技术、才能和知识。

人力资本同其他生产要素一样都是一国经济发展必不可少的要素投入。但是在生产力发展的不同阶段，人力资本与其他生产要素在生产中所起到的作用将会明显不同。总的来说，在社会生产力发展的初期，一国产出中物质资本和劳动力的贡献率较大，此时人力资本存量水平较低；但随着人口转变与生产力水平的不断提高，劳动力数量的减少以及物质资本投资回报呈现递减的趋势，此时，人力资本存量的增加或将成为一国社会经济发展的关键因素。人力资本要素要在现实的生产活动中发挥作用，必须以人作为载体。物质生产要素与劳动者相结合才能生产出社会日常生活所需的物质资料。较高的劳动者素质会制造出更高质量的劳动产品，即人力资本的积累能够直接改善和提高物质资本生产的效果。此外，一个国家如果想开发利用更多的潜在资源，则必须具备懂得相关开发知识和掌握相关技术的人才。

人力资本投资的形式有多种，主要包括：学校教育、在职培训、"干中学"、医疗保健、迁移和流动、就业信息获取以及生育等。然而，从宏观视角来看，最易观察到的人力资本为教育水平的提升，这也是一般实证分析中，以教育指标表征人力资本的原因。王金营（2001）定义人力资本是由通过投资形成凝结在人身体内的知识、能力、健康等所构成的，能够物化于商品和服务，增加商品和服务的效应，并以此获得收益的价值。陈建军和杨飞（2014）认为，人力资本异质性的概念应该是指不同群体的人力资本存在技术、教育程度、社会地位的差异，不同区域的人力资本存在数量、质量、结构上的差异。因此，本书对人力资本的定义也是遵循主流看法，认为人力资本不是与生俱来的，很大一部分是后天投资和学习而来的。

2.1.5　集中式并网光伏发电

光伏发电（PV）是将太阳能转化为电能的一种技术，通过在半导体材料上产生光伏效应而实现。光伏发电具有环保可再生的特点，因此它属于可再生能源发电。光伏发电又可以根据是否连接大电网的特点分为离网光伏发电和并网光伏发电。

离网光伏发电是所发电能供自身使用而不接连大电网的一种光伏发电，适用于电网建设不足、难以进行电网输配电力或者输配电力不稳定的地区。离网光伏发电系统在常规光伏发电系统组成部分的基础上又增加了蓄电池，白天光照充足的时候，该系统由太阳能转化的电能可以储存在蓄电池组中，用于光照不足、无法进行光伏发电的时期对自身提供电力支持。我们平时见到的太阳能路灯就是离网光伏发电的一个例子。

并网光伏发电是通过光伏效应产生电力后，将所发电力上网，再通过输配电网供用户使用的发电方式，因此并网光伏发电成为我国与火力、水力等相同的供电方式。并网光伏发电又根据建设地点和发电目标的不同，分为分布式并网光伏发电和集中式并网光伏发电。

分布式并网光伏发电又称为屋顶分布式光伏，主要参考三个因素来进行界定：并网电压、消纳情况以及装机容量。综合国家电网以及能源局对分布式光伏的定义，分布式光伏主要指所发电量在其所在变电区内消纳，10kV 以下电压等级接入且并网规模不超过 6MW，或者 35kV（东北电网 66kV）以下电压等级接入，并网规模不超过 20MW 的光伏电站。建设地点主要是在城乡居民住宅楼或企业大楼的屋顶，所发电力主要供自己使用，自己使用剩余的电力可以输送到电网，由供电公司进行保障收购。

集中式并网光伏发电就是我们常见的地面光伏发电站，它与火电站和水电站一样，都是将电站所发电能输送给输配电网，电网公司则负责将电力统一调度供应给各类消费主体。集中式并网光伏是将光伏系统集中建设而成的光伏发电站，因而其占地面积较大，通过与高压输电网进行并联，输送电力后进行降压，再供给用户使用。集中式光伏电站的建设主要包括初始建设成本以及后期的运维费用，该电站的寿命期多为25年左右。我国的光伏电站主要建设在西北地区的戈壁滩和沙漠、滩涂、盐碱地等无法耕种使用的土地上，一般一个建成的光伏电站的装机容量有几十兆瓦、上百兆瓦的规模，同时，光伏发电站因其大规模集中建设而具有规模经济效应，并且考虑到边际成本递减，光伏发电随着运营周期的延长，发电成本会有很明显的降低。目前，我国的并网光伏发电主要是地面光伏电站。本书所分析的光伏发电均为集中式并网光伏。

由此可见，集中式并网光伏发电是光伏发电的一种形式，二者关系如图2-1所示。

$$\text{光伏发电}\begin{cases}\text{并网光伏发电}\begin{cases}\text{分布式并网光伏}\\\text{集中式并网光伏}\end{cases}\\\text{离网光伏发电}\end{cases}$$

图2-1　光伏发电与集中式并网光伏发电概念界定

2.1.6　上网电价

目前我国按照电力生产经营的环节把电价分为上网电价、输配电价和销售电价三个部分。

上网电价即发电上网电价，是指发电企业与购电方进行上网电能结算的价格。上网电能的计量点通常是在发、输电资产的产权分界处或发电厂出口，属于供给侧的电价。上网电价一般按照标杆电价确定。标杆电价是由政府价格主管部门在某省份或地区根据发电项目经济寿命周期，按照合理补偿成本、合理确定收益和依法计入税金的原则核定的统一电价标准。其中，发电成本为社会平均成本；合理收益以资本金内部收益率为指标，按长期国债利率加一定百分点核定。需指出的是，通过政府招标确定上网电价的，按招标确定的电价执行。此外，在建立区域竞争性电力市场并实行竞价上网后，参与竞争的发电机组主要实行两部制上网电价。其中，容量电价由政府价格主管部门制定，电量电价由市场竞争形成，容量电价逐步过渡到由市场竞争确定，但风电、地热等新能源和可再生能源企业暂不参与市场竞争，电量由电网企业按政府定价或招标价格优先购买。

根据不同的电源结构或者不同类型能源发电的技术和特点，上网电价可以分为火电上网电价、水电上网电价、风电上网电价、核电上网电价、太阳能上网电价、生物质能发电上网电价等类别，通常风力、太阳能等可再生能源上网电价要高出火电等常规能源上网电价。

2.1.7 补贴政策的概念

根据补贴政策的定义和补贴政策形式的分类，本书认为风能和光伏发电补贴政策是指能够影响到风能和光伏发电成本及电价的政策，通过对相关文献的梳理，风能和光伏发电的电价补贴政策、税收优惠、贴息贷款、研发支持及补助五项政策都属于补贴政策的范畴。贴息贷款的补贴方式主要用于风能和光伏发电的投资阶段，适用于产业发展初期，现阶段我国已取消了对风能和光伏发电的贴息贷款政策；研发支持在风能和光伏发电中主要集中在设备技术更新方面，在发电环节的技术创新较少，根据调研可知，大部分企业并没有得到这部分补贴；补助是政府给予企业的资助，具有不可预测性。因此，本书主要研究的风能和光伏发电补贴政策是指电价补贴政策和税收优惠政策。

风能和光伏发电的电价补贴政策主要是上网电价补贴，政策设立的初衷主要有两点：首先是现阶段风能和光伏发电的技术要求、生产设备成本比较高，尤其是相比于广泛发展的燃煤发电来说，风能和光伏发电的成本居高不下，在电力市场不能形成有效的竞争。因此，对风能和光伏发电进行电价补贴，以促使技术发展，降低发电成本。其次是考虑到环境的正外部性，对风能和光伏发电企业的环境收益进行补偿，以促使发电方式的转变。

风能和光伏发电的税收优惠政策在西北地区包括了增值税优惠和所得税优惠两种形式。现阶段的增值税主要进行抵免设备购置，所得税优惠是减免政策。通过减免风能和光伏发电企业的税费，可以使企业将这部分优惠进行设备更新、技术研发和其他活动，减少了企业的成本。

上述两种风能和光伏发电补贴政策对于风能和光伏发电产生了不同的影响，本书对其进行了比较分析，如表 2 - 2 所示。

表 2 - 2　电价补贴和税收优惠两种政策工具的比较

	电价补贴	税收优惠
补贴环节	生产阶段	市场投入阶段
反应速度	迅速、直接	滞后

续表

	电价补贴	税收优惠
作用机理	事前激励	事后激励
政策效应	降低企业生产成本	降低企业经营成本
优点	降低生产成本，形成竞争优势	减少了政府干预的影响，寻租行为发生比较困难
缺点	投资决策扭曲	不适用经营绩效不良企业；补贴数值难以观察，政策评价困难

2.2　理论基础

2.2.1　公共产品理论

大卫·休谟（David Hume）最早提出了公共物品理论，他认为一些对每一个人都有利的事情，却无法由个人来完成，只能依靠集体行动完成。公共物品是指一个人对某种物品或劳务的消费并没有减少其他人消费或者享受利益，如国防、无线电广播等。物品根据非排他性和非竞争性可分为公共物品和私人物品，环境资源具有典型公共物品的性质。公共物品具有消费的非排他性和不可分性。非排他性是指没有付过钱的人也能享受利益；不可分性是指一个人的消费不会减少别人可消费的数量。首先，环境资源具有非排他性，如水、空气等往往很难划分为私人产权，即使能够划分，产权界定成本也将是巨大的；其次，环境资源也部分地具有非竞争性，因为环境具有一定的自我净化能力，当环境污染物排放量在一定限度内时，对环境资源的使用就是非竞争性的。因为公共物品消费的不可分性和非排他性，每个人都希望在别人贡献的基础上"搭便车"，最后的贡献不足以提供有效数量的公共物品。在社会发展的初期阶段，环境污染并没有超出大自然自我过滤与修复的能力，所以人类并没有对环境给予过多重视。如今，人类对环境的破坏远远超过其自身的承载能力，导致大自然将这种负面影响反馈到人类社会发展中，尤其对经济发展造成很大障碍。

不可否认，在配置资源方面，公共物品的配置效率要明显低于私人物品。环境作为公共物品被过度使用的主要原因是产权不能界定。例如，由于空气、水资源等产权不能确定，吸烟者污染空气、企业随意排放污水，而他们却不需要为污染承担任何责任。环境资源的非竞争性和非排他性必然导致环境资源被滥用，导致"公地悲剧",市场机制在环境资源配置中不能自发起作用,故需要政府进行干预。

2.2.2　市场失灵理论

所谓市场失灵,是指由于市场机制的某些障碍所造成的对资源配置缺乏效率的状态。造成市场失灵的主要原因有外部性、公共品、有限理性、信息不对称、产权不明晰。当市场对资源配置失去效率时,就需要政府来对资源进行配置,以"看得见的手"取代"看不见的手",尽管政府有时也是失灵的。

市场失灵最重要的三个因素是不完全竞争、外部性、公共物品。不完全竞争包括完全垄断、垄断竞争、寡头垄断三种市场组织形式,它们与完全竞争的市场条件不同,不完全竞争的市场结构不能由市场供求形成均衡价格,资源无法自然而然地在产业间和产业内的企业间进行合理配置,在这种市场结构下无法实现资源最优配置和福利最大化。从市场结构的角度出发,分析产业内部企业间的资源配置是否合理是产业发展过程中需要重点研究的一个问题。在我国产业结构演变历程中,一些产业存在高度垄断现象,如石油、电信等,政府如何运用管制手段,实行有效政策措施应对这类市场结构,引导社会资源有效配置,对于提高我国产业的生产效率和竞争力、提升经济增长质量具有重要作用。

2.2.3　项目投资决策理论

投资分为经营支出和资本支出。适应当年生产经营的需要,主要由当年产品销售收入补偿的支出,称为经营支出。所以,经营支出一般只影响当年的现金收支和盈亏。

适应今后生产经营上的远期需求,如固定资产的增加、厂房的修建、设备大修等方面,都需要资本支出。由于资本支出金额大、影响的持续期长,故也称为长期投资或资本性投资。资本支出的特点在于,它在支出发生的当期一般不可能直接转化为本期费用、全部由本期销售收入补偿,而是在未来若干期内连续分次转化为各期费用,分批补偿回收。在尚未完全收回投资之前,资本投资的合理存在形式必然是资产项目。在高新技术条件下,企业发生的资本支出或进行资本性投资,尤其是在制造系统、计算机辅助设计和计算机辅助工程等信息密集技术上的投资,会使企业具备设计和生产小批量顾客化产品的能力。

为衡量和比较投资项目可行性并据以进行方案决策,需利用项目投资决策评价指标来进行量化评价,由一系列量化指标综合反映项目的投资效益、投入产出关系等情况。按是否考虑资金的时间价值进行分类,项目投资决策评价指标体系分类如图 2-2 所示。

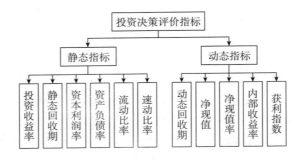

图 2－2　投资决策评价指标体系

静态指标包括投资利税率、资本利润率、年平均投资报酬率、投资收益率、静态投资回收期、资产负债率、流动比率、速动比率和借款偿还期等。投资收益率计算公式为：

$$ROI = \frac{EBIT}{TI} \times 100\%$$

式中，ROI 表示投资收益率；$EBIT$ 表示息税前利润或年平均利润；TI 表示项目总投资。

项目资本金利润率（ROE）表示项目资本金的盈利水平，是指项目建设完工后运营期间的年净利润或运营期内年平均净利润与项目资本金的比率，计算公式为：

$$ROE = \frac{NP}{EC} \times 100\%$$

投资回收期是指收回全部投资总额所需要的时间。回收期长的方案投资者往往不考虑。

静态指标计算简便，不足的是这类指标忽视了资金具有时间价值的重要性。因此，需借助动态评价指标对项目进行全面的考评。

动态指标充分考虑了货币时间的价值。动态投资回收期是指以按设定折现率或行业基准收益率折现计算的经营净现金流量补偿原始投资现值所需要的全部时间。动态投资回收期一般只计算包括建设期的回收期（记作 PP'），满足以下关系：

$$\sum_{t=0}^{PP'} \frac{NCF_t}{(1 + i_c)} = \sum_{t=0}^{PP'} \left[NCF_t \cdot (P/F, i_c, t) \right] = 0$$

若动态投资回收期小于基准投资回收期，说明项目或方案可以在要求的时间内收回成本，项目可行；反之，则项目不可行。

净现值（NPV）是指项目周期内各年净现金流折现后的累计之和。

$$NPV = \sum_{t=0}^{n} \frac{NCF_t}{(1 + i_c)^t} = \sum_{t=0}^{n} \left[NCF_t \cdot (P/F, i_c, t) \right]$$

净现值指标是投资决策评价指标中最重要的指标之一，其计算形式又与净现值率、内部收益率的计算有关。当 $NPV \geqslant 0$ 时，说明一个投资方案的报酬率高于贴现率（资金成本或预期报酬率），该项目是可行的；相反，则说明该项目不可行。其原因是：当 $NPV < 0$ 时，它表明与投资资本市场相比，项目产生了损失（机会损失）；它产生的收益率小于同等风险水平下在资本市场上所获得的收益率；它不能产生足够的现金流量去偿还投资项目所发生的费用。

对于资本支出项目，即长期投资来说，由于其影响时间长、需要投入的资金多，一笔资金投入一个项目后，要经过较长时间才能逐渐收回，投资所得的利益也要在长时期内逐渐收回，因此，资本支出的合理运用是使企业未来保持良好经营状态和盈利能力的关键。但是，在分析、评价资本支出项目方案的经济效益与可行性时，一般不采用计算当年经营收入与支出的利润指标，而是对各方案的现金流入量和流出量进行预测，即正确地估计"现金流量"，采用未来现金流量的评价方法。另外，资本支出项目还要考虑货币的时间价值（The Time Value of Money），计算货币时间价值的依据是资本成本和投资的风险价值。因此，对于长期投资项目而言，评价时应选用动态评价指标。

2. 2. 4 政府规制理论

政府与市场是配置资源的两种基本机制。从亚当·斯密的自由市场经济到凯恩斯的国家干预主义，再到主张恢复自由市场经济和强有力个人主义刺激的以弗里德曼和施蒂格勒为代表的新自由主义，又到目前出现的以斯蒂格利茨为代表的再度强调政府干预的新国家干预主义，管制与竞争以及在政策的选择上呈现出一种交替更迭的特征。这种变换对电力工业市场化改革的推进具有理论指导意义，并直接影响电价的形成机制，具有指向标作用。

市场在资源配置过程中起主导作用，然而，市场不是万能的，市场经济并不是完美无缺的。由于某些局限性和干扰，市场机制在一些领域不能有效地发挥作用，导致资源配置缺乏效率，这种现象被称为市场失灵，而这些局限性和干扰主要体现在不完全竞争的存在、信息不充分的存在、外部性的存在以及公共产品的存在。

既然市场机制的作用不像理论上所说的那样完善，那么当市场失灵时，政府应主动出来治理市场的失灵，导致市场失灵的每一个因素都暗含着政府在市场经济中的潜在作用，这就形成了管制对市场的替代。管制主要包括经济性管制和社会性管制两大部分。其中，经济性管制是管制经济理论最核心的内容，是指在自然垄断领域（其典型产业包括电信、电力、铁路运输、管道燃气和自来水供应等具有物理网络的自然垄断产业）和存在严重信息不对称的领域（其典型产业主要是金融保险业），为了防止发生资源配置低效和确保利用者的公平利用，政府或管制机构用法律权限，通过许可和认可等手段，对企业的进入和退出、价格、服务的数量和质量、投资、财务会计等有关行为加以管制，它以某个具体产业为主要研究对象，旨在确保资源配置的同时，确保服务供给的公平性。社会性管制则是以确保国民生命安全、防止灾害、防止公害和保护环境为目的的管制。与经济性管制不同的是，社会性管制不是以特定产业为研究对象，而是围绕如何达到一定的社会目标，实行跨产业、全方位的管制。这种管制大多是与对付经济活动中发生的外部性，特别是"外部不经济"、提供"公共性物品、准公共性物品"有关的政策。从某种意义上讲，政府管制行为本身就是一种政治行为，因为任何一种政府管制政策的制定与实施都体现着各级政府的政治倾向，一定程度上包含着政治因素。管制的中心任务是分析说明"谁是管制的受益者，谁是管制的受害者，管制会采取什么样的形式，以及管制对资源分配的影响"。

政府在面对市场失灵时可以采取一系列手段或政策，如价格管制政策、消费政策、产业政策、分配政策等微观政策，以及财政政策、货币政策、人力政策、收入政策等宏观政策。通过微观政策，政府可以维护市场秩序，实现市场的有效竞争；通过宏观政策，政府可以增加社会公共产品的生产，限制和克服经济的负外部性，创造良好的社会经济环境。事实上，许多企业包括民营企业都希望政府进行管制，他们可以利用政府的权力限制竞争对手。在众多的管制政策和内容中，最核心的是进入管制与价格管制，它们对产业的发展具有重要影响。

价格管制是指在自然垄断和存在信息不对称的领域，政府或管制机构为了保证资源的有效配置和服务的公平供给，对产品价格进行调控和制约，以限制垄断企业制定垄断价格的行为。电能是人们生活的必需品，虽然与消费者直接接触的是终端销售电价，但从发电到输电、配电再到售电，每个环节成本的变动都会在终端销售电价中体现出来。因此，政府不但要对具有自然垄断性质的输配电环节加强监管，还要对逐步放开的发电和售电环节进行价格核准与指导，从而防止电力企业垄断定价使消费者遭受利益损失。价格管制将成为政府对电力工业进行管制的最为核心的内容。

对于电力工业来说，市场结构管制和环境管制也显得尤为重要。电力工业市场结构管制是指通过重组和调整市场结构，把原有的垄断性市场结构改造为竞争性市场结构，以使电力工业形成有效竞争的格局，提高电力工业的经济效益；电力工业的环境管制主要是针对电力生产的负外部性问题，政府要通过一定的激励机制，促使发电企业加强对控制环境污染的投资，同时，政府要以一定的优惠政策，鼓励发电企业使用污染较少、资源可以再生的非矿物燃料。

2.2.5 产业保护理论

德国经济学家李斯特对产业保护理论进行的论述引起了学者们共同的关注，尤其是其利用国际贸易的基本案例进行的生动分析为产业保护理论提供了研究方向，其认为对于产业进行扶持和保护是有条件的，即当一个产业正处于发展的初期，国内外缺乏竞争，而且产业内的企业规模和数量还比较小的时候，政府就需要通过政策等给予产业支持，提高产业的竞争力，最终使其可以具有比较优势并可在海外市场交易。

学者在该理论的启发下，对其他产业也进行了分析，认为该理论可以推广至其他不进行国际贸易交易的产业，在这种情况下，对产业进行扶持和保护主要的目的是规避竞争。就风能和光伏发电产业来说，与市场上燃煤发电相比，其量产较低，企业还处于初期的创业阶段，产品在价格等方面还没有形成较大的优势，但是产业的发展潜力较大，对社会的影响远高于其经济价值的产生，因此需要政府进行产业保护。风能和光伏发电现阶段的产业保护方式体现在国家规定对产能的全额消费及对产品价格的补贴和税收优惠两个方面，除此之外，地方政府还在企业审批等方面开创了"绿色通道"。

2.2.6 补贴政策的效应理论

外部性使风能和光伏发电在市场中无法形成最优帕累托效率，因此政府的经济干预就是解决该问题的首要思路。通常情况下，政府会采取制定法律和规定、政府采购和财政补贴三种手段来对产业发展进行介入。其中，政府采购主要是指由政府出资来完成风能和光伏发电项目的建设和运营，也可以是政府出资同社会资本一起进行项目投资；财政补贴手段是指政府利用多项政策工具为企业提供资金支持的方式。

就风能和光伏发电补贴政策来说，作为弥补"市场失灵"的重要经济手段，其主要的功能包含以下几个方面：

（1）优化电力结构，提升能源安全。燃煤发电作为我国主要的发电方式，占到了社会总发电的70%，造成了我国对于化石燃料的较大依赖，对于国家能源安全提出了不小的挑战。对风能和光伏发电进行补贴，能够促进风能和光伏发电的大力发展，实现2050年风能发电总体发展占全社会发电的15%的重要目标，大幅提升我国新能源发电占总发电的比例，优化电力结构，实现能源安全升级。

（2）缩小风能和光伏发电区域之间的差异。我国风能和光能资源分布不均，各地在政府财力和人力等条件方面也存在较大差异。补贴政策的实施首先会加速资源优势比较明显的区域发展风能和光伏发电，而其他区域则会处于观望状态。面对这种情况，我国在风能和光伏发电补贴政策的设置上考虑了资源的差异，这样就能尽可能地缩小区域因资源属性而造成的发展不平衡，区域之间的公共服务能实现最大均等化发展。

（3）将社会投资向风能和光伏发电倾斜。在市场经济条件下，资本倾向于收益较高的产业，资源的配置呈现了一定的倾向性，燃煤发电技术和成本优势造成了社会资源的主流，风能和光伏发电不能与之形成竞争。而对社会资源配置出现不协调，政府采取补贴政策会使社会资本逐步投入风能和光伏发电产业，社会资源配置得到优化。

风能和光伏发电补贴政策要想实现上述功能，主要是通过抑制负外部性和鼓励正外部性。抑制负外部性的做法是向社会征收环境税费，尤其是向燃煤发电企业征收环境税费，将环境污染的负外部性一部分转化成燃煤发电企业的内部成本，另外将征收的税费用于对风能和光伏发电的补贴，如我国现阶段实行的新能源附加费的征收。鼓励正外部性是对风能和光伏发电进行价格补贴或者减免相应的税费，把企业外部绩效内化成收益。

任何政策都不能仅停留在实施结果，而应对政策进行实施效果的分析，风能和光伏发电补贴政策也一样，需要对补贴政策的效应进行分析，研究补贴政策能否对产业的发展起到推动作用。产业的发展是一个企业良性经营的结果，因此可以通过观察补贴政策在企业中的实际作用来分析风能和光伏发电补贴政策的效应。分析内容可以包括政策的影响范围、政策的持续性、成本绩效情况等方面。

第二部分

环境规制

❸
环境规制对绿色全要素
生产率的影响分析

为了更好地提高绿色全要素生产率，提升经济增长质量，本章通过对环境规制进行划分，采用2003—2006年的面板数据，对东部、中部、西部地区的绿色全要素生产率进行测量，实证检验和分析两者之间的关系，具体的研究主要从以下五个部分展开：

3.1　环境规制影响绿色全要素生产率的作用机制

环境规制主要通过环境成本和技术创新来对绿色全要素生产率产生影响，环境规制影响绿色全要素生产率的作用机制如图3-1所示。

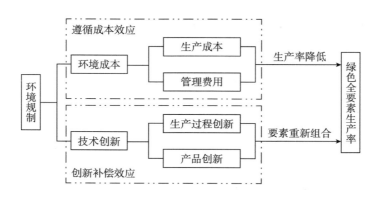

图3-1　环境规制影响绿色全要素生产率的作用机制

首先，对于环境成本途径而言，最具代表性的观点是"遵循成本说"，即环境规制直接增加了市场经济主体应对环境问题的费用支出，企业生产率和利润率降低，从而不利于绿色全要素生产率的增长。环境规制对环境成本产生的影响主要体现为企业生产成本的提高和管理费用的提高两个方面。一方面，就企业生产成本而言，环境规制对其造成的影响体现在企业生产过程中的不同阶段。在企业进行生产活动的前期，环境规制对企业生产成本的提高主要表现在固定成本和可变成本两个方面。固定成本是指企业为达到环境规制要求的排污目标或治理任务而在生产前所做的准备工作，如企业重新选址的投入、购买更加节能的生产设备及处理污染物的排污设备等；可变成本是指企业用于原材料购买方面的成本支出，企业将选择购买更加清洁的原材料，将生产所造成的环境污染的外部性成本内化到生产材料当中，此时生产投入要素中的环境要素价格某种程度上可以反映真实的环境成本。在企业生产过程中，企业会因生产过程造成的污染排放支付相应的费用或购买污染排放许可证，这也是一笔支出，而排污税及污染排放权交易等行为并不属于生产性投资，只会增加企业生产过程中的投入，在短期内并不会给企业带来回报性的收益。还有一些企业在短时间内无法通过现有技术水平达到环境政策规定的污染排放标准，只能选择购买节能减排设备来控制污染物排放量，从而挤占企业生产投入或其他营利性投资，增加企业机会成本。生产结束后，处理生产活动中产生的环境污染物排放以及修复对环境造成的破坏也进一步增加了企业成本。另一方面，环境规制增加了企业的管理成本，为了达到环境相关政策的要求，企业的管理人员会在环境污染治理和人力资本提升方面投入更多的精力，容易放松对企业其他方面的管理，而且企业通过教育引导来提升工作人员的环境理念，其管理成本也相应提高，从而挤占了原本用于生产投入的支出，降低了企业利润率与潜在生产率。

结合以上分析来看，环境规制会给企业带来更多的环境成本支出，这里主要包括生产活动中的生产成本和管理成本，从而挤占了企业用于购买生产要素的资金，降低了企业生产率和利润率，不利于所在地区绿色全要素生产率的增长。

其次，对于技术创新途径而言，最具代表性的观点是"创新补偿说"，即严格的环境规制有可能激励企业投入更多的资金用于绿色技术的研发，并带来先进的经营管理方式，在提高生产效益的同时改善环境质量，进而提高绿色全要素生产率。具体而言，随着政府环境相关政策及标准的制定与实施，企业生产成本和治污成本增加，现有技术水平无法维持甚至远低于原有利益。此时企业基于"理性经济人"的角度并且出于长远发展的考虑，会主动通过技术创新来提高自身竞争力；至于那些积极性不高的企业，面对政府部分环境政策和生产技术标准、污染排放标准等的强制执行，为了符合要求也不得不改进现有生产技术水平。企业的技术创新主要包括生产过程的创新与产品创新两个方面。一方面，在生产过程中，知识和技术具有正向溢出效应，促使企业生产要素重新配置，原本用于污染物处理的成本排除或降低，而且，技术创新还可以优化升级工艺流程，提高设备生产率并缩短交易流程，降低单位产品和中间环节的资源消耗，从而增强企业的竞争力，促进企业的良性发展。另一方面，环境规制政策的实施会加强社会公众对环境污染治理事件的关注，引导公众偏好环保清洁型产品，从而激励企业在生产过程中融入环保理念，研发更加清洁的新型产品，减少污染物的排放，加强企业的绿色竞争力。此外，近年来政府对环境污染治理的重视程度提高，通过出台一系列财政、税收优惠、绿色补贴等相关措施来支持新型绿色产业的发展，这将降低企业进行技术创新的成本，达到激励传统企业通过技术创新实现绿色转型的目的，从而提高了企业的生产效益以及环境污染治理效率，最终推动了绿色全要素生产率的提升。

但是，环境规制条件下企业进行的创新主要指的是绿色技术创新，企业也可能为了达到政策规定的较高的环境标准而一味地增加绿色技术方面的研发投入，忽略了其他方面的技术创新，不利于资源的合理配置，而且容易使企业形成不良的技术创新路径依赖，再加上企业技术创新的成本较高，且具有一定的风险性，在短期内难以为企业带来较高收益，这些都不利于当地绿色全要素生产率的提升。因此，环境规制通过技术创新对绿色全要素生产率产生的影响不确定。

3.2   环境规制影响绿色全要素生产率的研究假设

由环境规制影响绿色全要素生产率的作用机制分析可知，环境规制主要通过环境成本和技术创新对绿色全要素生产率产生影响，且该影响正负效应并存，故环境规制对绿色全要素生产率的作用效果是不确定的，需要结合具体情况及各种效应产生的大小进行判断。国内外学者对环境规制与绿色全要素生产率之间的关系进行了较为全面的研究，但这些研究通常不区分不同的规制类型，而是将环境规制视为一个整体，以一个综合变量笼统地反映环境规制强度。随着越来越多的学者开始对环境规制的作用持审慎态度，认为环境规制作用的发挥与规制类型及监管强度有关，有关环境规制类型与效果的实证分析也日益细化。不同类型环境规制工具对全要素生产率的作用机制和作用效果存在较大差异，主流经济学从环境规制效果的角度出发，通过理论论证了市场型环境规制相比于命令控制型环境规制能够更好地发挥环境污染治理的作用。Weitzman（1974）最早证明了当企业预期边际减污成本曲线比预期边际减污收益曲线陡峭时，企业采用以税收为主的市场型环境规制工具比单独采用命令控制型规制工具取得的效果好。Milliman 和 Prince（2005）发现，排污收费或排污权交易许可证等市场激励型环境规制相比于政府颁布环境法案或设立环境标准而言，更能有效倒逼企业进行绿色清洁技术的创新。国内对此内容的探讨起步较晚，从不同类型环境规制工具对全要素生产率产生的作用效果来看，大多数学者表示命令控制型环境规制的作用非常有限，对技术创新经济绩效和生态绩效的影响都不显著（马富萍等，2011；占佳、李秀香，2015；彭星、李斌，2016）。但申晨等（2017）在相关理论分析的基础上，检验得出命令控制型环境规制与中国工业绿色全要素生产率的变化表现为"U"型结构的结论。张江雪等（2015）则认为，某地区命令控制型环境规制的实行明显正向推动当地绿色全要素生产率。短期来看，市场激励型环境规制不利于企业技术创新，但这种抑制效果会随时间推移逐渐减弱并转而促进技术创新，而且这种激励作用是长期有效的，能够更大程度地推动产业升级（占佳、李秀香，2015；申晨等，2017；韩晶等，2014）。也有学者认为，市场激励型环境规制虽然可以促进企业自主进行技术革新与进步，并降低企业政策执行成本，但面对复杂的环境问题时不如政府管制型规制工具能够在短时间内起到明确和显著的规制效果（曾冰等，2016；王班班、齐绍洲，2016）。关于公众参与型环境规制的效果，彭星和李斌（2016）发现，自愿意识型环境规制可明显促进工业绿色转型；张江雪等（2015）则通过实证分析证明公众参与型环境规制对绿色全要素生产率的作用并不显著；而占佳等（2015）则提出短时间内公众参与型环境规制明显有利于技术创新，但长期来看这种正向作用不存在甚至会抑制创新。还有一些研究将环境规制工具分为费用型和投资型两类进行探讨，发现费用型环境规制通过显著增加企业环境成本，在短期内能有效促进企业污染减排和环境治理，但长期来看效果并不可观；投资型环境规制的长期实施可激励企业进行技术引进与创新，但需要借助市场机制相关的环境规制工具的配合，而且政府投资力度需要限定在一个合理的范围内。所以说，环境规制对绿色全要素生产率的作用效果不能一概而论，这与规制工具的选择有关。

环境规制政策对绿色全要素生产率的作用效果不仅会受到环境规制类型的影响，其监管强度的不同也可能带来不同的政策效应，环境规制的强度并非越高越好，它对绿色全要素生产率的影响可能具有非线性结构（陈玉龙、石慧，2017）。已有研究中关于环境规制强度的衡量方式有：①环境规制法律政策的颁布数量；②依照基于市场机制对企业征收的排污费金额来衡量；③用地区人均生产总值衡量环境规制强度。环境规制的强度并非越高越好，只有当该强度结合地区状况处在一个"适当"的范围内时，才能通过优化升级工业结构来提高地区全要素生产率。蔡乌赶和周小亮（2017）从规制分类的视角出发，将环境规制工具分为命令控制型、市场型和自愿型，基于全国整体实证检验三种环境规制与绿色全要素生产率的关系，结果显示，命令控制型规制工具对绿色全要素生产率的作用不显著，市场型规制工具对绿色全要素生产率的影响呈倒"U"型结构，而自愿型规制工具对绿色全要素生产率的影响呈"U"型。刘和旺、郑世林与左文婷（2016）首先对市场激励型环境规制影响绿色全要素生产率的相关理论进行分析，其次通过实证证明了二者变化之间表现为倒"U"型结构。

综合以上分析可知，环境规制对全要素生产率的作用不单单是正的"创新补偿效应"或负的"遵循成本效应"，其最终影响与环境规制工具的类型及规制强度有关。虽然国内外学者们已经在对比各类环境规制的影响，也注意到了环境规制强度与绿色全要素生产率的非线性关系，但将二者结合起来加以分析的并不多。因此，本书基于已有研究，将环境规制工具划分为行政型、市场型和公众参与型三类来分析，并与环境规制强度结合起来，验证不同类型、不同强度的环境规制对中国绿色全要素生产率的影响。接下来，在前文关于环境规制对绿色全要素生产率作用机制分析的基础上，通过归纳分析每种类型环境规制的特点及其影响绿色全要素生产率的相关研究，来尝试提出相关假设。

3.2.1 行政型环境规制影响绿色全要素生产率的研究假设

行政型环境规制工具是环境污染治理的传统手段，指政府机构为了达到环境规制的目的而建立环境保护相关的法律法规，强制生产厂商必须达到一定的污染排放标准和技术标准，从而使企业将生产过程中造成的环境污染成本内部化。该类型环境规制具有很强的针对性，改善环境质量、减少污染排放的目的明确，在解决某类复杂的环境问题方面效果显著。但行政型环境规制政策的制定与政策实施效果监督的成本过高，而且被规制企业出于维护自身利益而逃避规制的动机，可能会对政府官员进行金钱诱惑、引诱及收买，导致政策执行过程产生障碍，执行效率低下，政府规制失灵。再加上行政型环境规制政策的制定没有考虑到企业的差异性，不同规模性质的企业为达到同一个环境标准所需的环境治理成本是不同的，企业对此没有自由选择的权利，只能机械地遵守规定，这反而对地区的经济效益产生消极作用。

行政型环境规制工具对企业具有强制性，而且能够在政府的监督下立即开展，在进行规制的初期容易产生立竿见影的效果，合理的行政型环境规制强度在短期内可缓解能源消耗和污染排放，有利于绿色全要素生产率迅速得到改善（黄清煌、高明，2016）。然而，随着行政型环境规制强度的不断提高，不光政府的监管要求变高、执行成本变大，过高的环境标准还会给企业带来较大的成本负担，当企业执行强制型环境规制的成本高于边际收益时，会产生资源配置无效，对绿色全要素生产率产生负面影响；此外，行政型环境规制工具往往通过制定统一标准强制企业执行，故无法充分发挥最大减排效应，对企业技术创新的激励较小，而且过分的行政命令和过高的规制强度可能使企业产生逆反心理，同样不利于地区绿色全要素生产率的增长。王喜平、刘哲（2018）还提到，过强的行政型环境规制干预强度容易诱发官员腐败勾结行为并由此产生利益共同体，从而导致市场经济的正常运行受到干扰，政府规制执行效率低下，相应的绿色全要素生产率便会降低。弓媛媛（2018）通过面板回归分析发现，行政型环境规制对绿色经济效率的作用效果具有滞后性，二者之间的关系符合倒"U"型结构。杨朝均等（2018）发现，"三同时"制度的实施对绿色技术创新的影响在西部地区呈显著的倒"U"型。综上所述，提出以下假设：

H1：行政型环境规制对绿色全要素生产率的影响呈倒"U"型结构。

3.2.2　市场型环境规制影响绿色全要素生产率的研究假设

市场型环境规制政策是基于"污染者付费"原则，以市场为基础，利用市场机制引导、调节经济主体的行为。该类型环境规制通过给予企业充分的自主权来激励企业反思自己的生产行为，积极寻找利益最大化条件下的技术水平和污染排放程度。目前，中国使用的市场型环境规制政策有排污费征收、排污权交易、环境税、财政补贴等。其中，排污费征收在我国各省份应用广泛，是市场型环境规制的主要工具（潘勤华等，2016）。

市场型环境规制强度由弱变强的过程中，适度合理的规制强度有利于促使企业发挥其主观能动性，企业倾向于结合自身状况在成本和收益之间充分权衡，并基于利益最大化的原则决策生产过程中的最优生产技术水平、生产要素投入量和污染排放量，促使自身生产效率和利润率达到最优值。这样不仅有效地限制了企业生产过程中产生的污染物总量，还在一定程度上激励企业进行绿色技术创新，有利于企业自觉进行节能减排（申晨等，2017）。随着市场型环境规制强度的进一步加强，即当企业创新补偿效应大于规制成本时，这些企业开始倾向于将缴纳污染排放的资金用于技术引进、吸收与创新，从而提高资源利用效率，倾向于生产更多的清洁型产品，这样更有利于绿色全要素生产率的提升（查建平，2015）。目前，市场型环境规制在我国大多数地区的环境污染治理中都发挥了重要的作用，而且在适度范围内规制强度的增加有利于借助市场机制来倒逼企业通过加大绿色技术创新、改进生产工艺来提高生产效益，进一步提升当地的绿色全要素生产率。但是，市场型环境规制的强度并不是越大越好，一旦超出边界，则"成本效应"凸显，企业加强绿色技术创新难以弥补环境规制力度增强所带来的成本损失，进而导致企业生产率下降（翟丽等，2018）。而且，从长远来看，在信息不对称的情况下，政府并不能确切地知道每个厂商施加的外部成本（Golusin et al.，2013），过高的排污费征收及财政补贴等措施，非但不能有效消除外部性，反而可能通过"税收转嫁机制"将"庇古税"传导给环境污染的最终受害者（Bovenberg，1998），造成"外部性扩散"，不利于企业的长远发展。此时的市场型环境规制政策反而失去了基于市场机制的调节功能，不利于绿色全要素生产率的提高。杨朝均等（2018）发现，环境排污制度对绿色技术创新的影响在中部地区呈显著的倒"U"型。综上所述，提出以下假设：

H2：市场型环境规制对绿色全要素生产率的影响呈倒"U"型结构。

3.2.3 公众参与型环境规制影响绿色全要素生产率的研究假设

公众参与型环境规制是通过社会道德、社会舆论、宣传教育等措施引导公众积极参与到环境污染治理活动当中，对企业是否达到规定的排污标准和污染治理效果起到监督作用，从而推动环境保护相关法律法规得到更严格的执行。此类规制工具的核心是公众参与，且这种行为通常不具有强制性，公众可以通过多种渠道参与到环境污染治理过程当中，但其作用效果的发挥需要借助政府部门政策措施的强制执行且具有一定的时滞性，后续法律法规与环境标准的调整也至关重要。

公众的日常生活与环境紧密相关，环境污染会给公众的生活质量和社会活动造成直接影响，甚至带来个人财产的损失，因此公众有动力参与到环境相关事务中来，公众为促进环境污染治理而投入的一系列行为从某种程度上可以作为政府与市场机制的弥补（曾婧婧、胡锦绣，2015）。在公众参与型环境规制实施的早期阶段，由于公众的环保意识较弱，参与环境污染治理的积极性不高且参与水平参差不齐，再加上环境信息公开度低、公民意见反馈不及时等的限制，并未对企业的生产过程起到约束作用，企业非但没有因为公众的监督反思传统生产方式带来的大量能源消耗与污染物排放，反而有可能轻视公众参与型规制工具所能产生的效果，容易对绿色全要素生产率产生负向作用（弓媛媛，2018）。随着环境污染问题的日益突出，人们开始认识到环境状况与人类生存质量、财产价值及可持续发展息息相关，这使人们有动力积极参与环境事件。随着公众参与力度的加强，人们向政府及网络媒体举报那些危害自身生存环境及权利的企业不良污染行为越来越及时，面对愈加频繁及强烈的公众监督行为和社会舆论传播，企业迫于压力不得不主动寻求技术创新使生产行为绿色化，从而在提高生产效率的同时减少污染物排放，这有利于绿色全要素生产率的提升（刘新民等，2016）。Campbell（2007）发现，企业在非政府组织的严格监督下，倾向于主动采取一系列改善环境污染的措施，以带来更好的环境绩效。蔡乌赶、周小亮（2017）也认为，公众参与型环境规制在到达一定强度之后才能有效提高绿色全要素生产率，并进一步证实企业自愿承担相应责任，承诺达到更高的环境绩效，在短期内可能带来较高的环境成本支出，不利于绿色全要素生产率的提高。从长期来看，随着社会公众共同参与环境监督，呼吁环境清洁型产品程度的加强，企业将主动通过绿色产品认证、环境管理等方式寻求公众的认可，在市场上树立良好的绿色形象，从而提高自身竞争力与市场占有率，这对于地区整体的绿色全要素生产率具有正向作用。综上所述，提出以下假设：

H3：公众参与型环境规制对绿色全要素生产率的影响呈正"U"型结构。

3.3　绿色全要素生产率的测算与分析

本节通过建立随机前沿超越对数生产函数模型以及 Kumbhakar 的全要素生产率分解模型，基于中国 30 个省份 2003—2016 年的数据，测算中国整体及东部、中部、西部地区的绿色全要素生产率及其分解项，以探寻绿色全要素生产率增长的本质。

3.3.1　绿色全要素生产率模型的设定

已有文献主要通过两种方法来构建生产前沿边界，即非参数的数据包络分析法（DEA）和有参数的随机前沿分析法（SFA）。本节拟采用 SFA 对全要素生产率进行测算，该方法与 DEA 方法比较具有以下优点：①SFA 的误差项采用复合误差结构，包括技术无效率项和随机误差项，而 DEA 没有考虑到随机因素对生产率造成的影响，将实际生产与生产前沿的差距单纯地归结为技术非效率，这与实际情况不符；②SFA 可以通过一步法同时测算出效率值及效率的影响因素，而 DEA 只能采用两步法，两步法的准确性较低；③SFA 方法具有统计特性，可以对随机前沿模型的参数值及生产函数的设定进行检验，而 DEA 不具有这样的性质；④SFA 测算得到的效率值是绝对效率，不同决策单元之间可以进行比较分析，而 DEA 测算得出的效率值为相对效率，单元效率值之间不能进行比较分析（张德钢、陆远权，2017）。

3.3.1.1　随机前沿生产模型

（1）随机前沿模型的设定。本节采用有参数的随机前沿分析法，将随机前沿模型的基本形式定义如下：

$$Y_{it} = f(x_{it}, \beta) \exp(v_{it} - u_{it}) \tag{3-1}$$

式中，i 代表省份，t 代表时间，Y 为产出，$f(x_{it}, \beta)$ 用来描述生产前沿水平，x 是指生产过程中的投入要素，β 为参数系数。$(v_{it} - u_{it})$ 表示复合误差项，v_{it} 与 u_{it} 相互独立，其中 v_{it} 为随机误差项，服从正态分布 $N(0, \sigma_v^2)$，是指外界因素给生产过程带来的随机冲击；u_{it} 为技术无效率项，在这里先假定 u_{it} 的分布为截断正态分布 $N(0, \sigma_v^2)$，假设合理与否会在后面做出相关检验。技术效率 TE_{it} = $\exp(-u_{it})$，若 $u_{it} > 0$，则表示生产过程中会产生技术无效。

令 $\sigma^2 = \sigma_v^2 + \sigma_u^2$，$\gamma = \sigma_u^2 / \sigma_v^2 + \sigma_u^2 (0 \leq \gamma \leq 1)$，$\gamma$ 的值是指模型复合误差项 $(v_{it} - u_{it})$ 中 u_{it} 的占比，若 γ 接近于 1，表示 u_{it} 占复合误差项的主要部分，即生产过程中实际产出与前沿产出的差距主要是由技术无效造成的；当 γ 接近 0 时，说明复合误差结构中随机误差项占主要比例，生产过程带来的差距主要来自一些外部不可控状况产生的随机干扰；当 $\gamma > 0$ 且显著时，有必要在测算得到技术效率值的同时进一步分析技术效率项的影响因素。

在实际生产活动中，环境污染相关因素纳入生产方程中的操作方法具有一定的争议和主观性，考虑到环境污染可能会造成生产过程中的技术无效，进而对全要素生产率产生影响，这里参考谌莹、张捷（2016）和王留鑫等（2019）对环境变量的处理方法，利用随机前沿模型将环境污染相关因素纳入技术无效率项，具体沿用 Battese 和 Coelli（1995）提出的模型。技术无效回归方程为：

$$u_{it} = \delta_0 + \delta_i Z_{it} \tag{3-2}$$

其中，δ_0 为常数项，Z_{it} 是指技术无效率项的影响因素，δ_i 为影响因素的待估计参数。当 δ_i 为正时，表示该因素抑制技术效率的提升；当 δ_i 为负时，表示该因素促进技术效率的提升。

（2）生产函数的设定。早期的古典经济学家把劳动力和资本看作影响经济产出的主要因素，自然资源往往被认为能够相互替代或被其他生产要素所替代，这与生产过程中需投入大量不可再生资源的实际情况不符。2016 年，中国的能源消费总量占到全球能源消费总量的 23%，是全球最大的可再生能源消费国，大量的能源消耗带来了严重的环境污染和气候变化问题。因此，能源消耗已经成为中国经济发展研究中不可忽视的一个重要因素，本节将能源（E）和资本（K）、劳动力（L）共同作为投入要素构建三要素生产函数 $Y = f(K, L, E)$。

相较于柯布—道格拉斯生产函数（C-D 生产函数）形式，超越对数生产函数具有易估计性和包容性，对生产过程的描述更加准确。此外，考虑到投入要素之间的替代效应、技术进步是否中性以及技术进步这三个因素都要在模型中体现，本节选取超越对数生产函数的时变形式：

$$\ln y_{it} = \ln f[x_{it}(t), t] + (v_{it} - u_{it}) = \beta_0 + \beta_l \ln L_{it} + \beta_k \ln K_{it} + \beta_e \ln E_{it} + \beta_t t + \beta_{kl} \ln K_{it}$$

$$\ln L_{it} + \beta_{ke}\ln K_{it}\ln E_{it} + \beta_{le}\ln L_{it}\ln E_{it} + \beta_{kle}\ln K_{it}\ln L_{it}\ln E_{it} + \beta_{kt}t\ln K_{it} + \beta_{lt}t\ln L_{it} +$$

$$\beta_{et}t\ln E_{it} + \beta_{t2}t^2 + \beta_{l2}\ln^2 L_{it} + \beta_{k2}\ln^2 K_{it} + \beta_{e2}\ln^2 E_{it} + v_{it} - u_{it} \qquad (3-3)$$

本节基于式（3-3）所设定的生产函数来测算绿色全要素生产率的值，在此，有必要结合本书中绿色全要素生产率的定义，对测算中涉及的能源消耗和环境污染相关因素在模型中的设定做简单的解释，这有助于理解全文的逻辑。前面已经提及，已有学者对绿色全要素生产率的定义是有差别的，即在测算绿色全要素生产率时关于绿色问题的处理存在一定的争议和主观性。考虑到能源投入可以与资本、劳动力共同构成生产要素，在生产过程中创造价值，且污染物排放在现实中可能会对生产过程造成随机冲击，产生生产无效，使产出水平无法达到前沿水平，因而可以将环境污染排放纳入技术无效方程。这是将能源消耗和污染物排放纳入随机前沿分析框架后得到的生产率称为绿色全要素生产率的逻辑和理论依据。这里与谌莹、张捷（2016）和王留鑫等（2019）对于能源和环境污染因素的处理方法保持一致，故技术效率模型设定如下：

$$u_{it} = \delta_0 + \delta_1 eff_{it} + \delta_2 flue_{it} + \delta_3 solid_{it} \qquad (3-4)$$

（3）模型的假设。在建立随机前沿函数的过程中，选取形式较为复杂的超越对数生产函数模型，模型形式是否恰当直接关系到结论的正确与否。因此，本节还需要通过一系列假设来检验随机前沿超越对数生产函数设定的合理性，假定：

1）$H_0 : \beta_{k2} = \beta_{l2} = \beta_{e2} = \beta_{t2} = \beta_{kl} = \beta_{ke} = \beta_{el} = \beta_{kle} = \beta_{kt} = \beta_{lt} = \beta_{et} = 0$，即生产函数中所有的交互项和平方项系数都为零，若假设成立，则使用 C - D 生产函数即可，无须使用超越对数形式。

2）$H_0 : \beta_t = \beta_{t2} = \beta_{kt} = \beta_{lt} = \beta_{et} = 0$，检验技术与时间 t 之间是否存在相关性，原假设模型中所有和时间有关的变量系数都为零，即不存在技术进步。

3）$H_0 : \gamma = \mu = \eta = 0$，检验是否存在技术无效率，检验的方法是直接采用最小二乘法（OLS）进行估计，若假设成立，则不存在技术无效率项，模型中的误差是指由随机扰动项产生的随机误差。

4）$H_0 : \beta_{kt} = \beta_{lt} = \beta_{et} = 0$，检验技术非中性，这里假定时间和三种要素的交互项系数都为零，技术进步非希克斯中性。

以上四个假定均采用广义似然比来检验，即通过统计量 λ 的值来判断，计算方法为 $\lambda = -2[L(H_0) - L(H_1)]$，其中，$L(H_0)$、$L(H_1)$ 是指前文所建立的模型在原假设 H_0 和备择假设 H_1 的条件下分别估算得到的对数似然值，λ 服从 χ^2 分布，自由度为受约束变量的个数。当 λ 大于临界值时，拒绝原假设 H_0；当 λ 小于临界值时，接受原假设 H_0；当原假设为 $\lambda = 0$ 时，λ 服从混合卡方分布。

（4）一步法与两步法。早期随机前沿模型测算技术效率及其影响因素的实证研究分两步进行：第一步是对前沿生产函数部分进行极大似然估计，得到各个解释变量的系数；第二步是在测算出的技术效率值的基础上建立回归方程组，实证检验外生变量对技术无效率项的影响。但是，这种做法有一定的局限性和缺陷，采用两步法进行测算的前提是外生变量与生产投入要素是不相关的，否则在第一步随机前沿生产函数中遗漏相关变量得到的技术效率的值是有偏的，如果技术效率的估计值有偏，将会导致第二步外生变量对其的估计值也有偏。此外，随机前沿生产模型中生产效率的值会受到外生变量的影响而发生变化，但该模型在设定时往往假定各单元无效率的分布相同，这就产生了矛盾。相比之下，一步法能够避免这些问题，它将技术无效率项直接纳入测算体系进行极大似然回归（张德钢、陆远权，2017）。Wang Hung 和 Schmidt（2002）通过蒙特卡罗模拟方法验证得出一步法优于两步法，因此，本节利用极大似然估计法，采用一步法回归估计，以便得到更加准确的结论。

3.3.1.2 全要素生产率增长的分解模型

根据 Solow（1957）的思想，产出的增长扣除投入增长之外的部分就是全要素生产率的增长，在他看来，全要素生产率可以等同于技术进步，因而并没有对其构成进行细分研究。Kumbhakar（2000）将全要素生产率的增长进一步分解为四种变化因素：前沿技术进步（ΔTP）、技术效率变化（ΔTE）、规模效率变化（ΔSE）和配置效率变化（ΔAE），这为深入研究经济增长的方式提供了一条新途径。本部分基于前沿生产函数的定义并结合 Kumbhakar 的思路，将全要素生产率分解为以下四部分。

（1）前沿技术进步率。前沿技术是指位于生产前沿面上的投入与产出的对应关系，用来表示在生产活动中投入要素能够带来最大产出时所拥有的技术水平。前沿技术进步率是指在投入要素不变的情况下产出随时间的变化率，它反映的是前沿技术水平的进步程度。

$$\Delta TP = \frac{\partial \ln f[x_{it}(t),\ t]}{\partial t} \tag{3-5}$$

（2）技术效率变化率。该指标用来表示前沿技术水平的实际应用效率，即在前沿技术水平不变的情况下，相同投入要素和技术水平下的实际产出与前沿产出之比随时间的变化情况。技术效率变化率的公式为：

$$\Delta TE = \frac{d\ln\left\{\dfrac{f[x_{it}(t),\ t] \times \exp(v_{it} - u_{it})}{f[x_{it}(t),\ t] \times \exp(v_{it})}\right\}}{dt} = -\frac{du_{it}}{dt} \tag{3-6}$$

其中，$TE = -u$。

（3）规模效率变化率。规模效率是指随着生产规模的扩大，要素投入的增加所对应的产出的变化情况，分为规模效率递增、递减和不变三种情况。具体的计算公式为：

$$\Delta SE = (E-1)\sum_j \frac{E_j}{E} \times \dot{x}_j \tag{3-7}$$

式中，$\dot{x}_j$ 为要素投入的变化率；$E=\sum_j E_j = E_l + E_k + E_e$，表示要素整体规模弹性；$E_j$（$j=l$，$k$，$e$）分别表示资本、劳动力和能耗的产出弹性。

（4）配置效率变化率。配置效率变化率用来描述生产活动在既定的前沿技术水平下，投入要素结构改善对全要素生产率产生的正向作用。配置效率变化率的测度依据为：

$$\Delta AE = \sum_j \left[\left(\frac{E_j}{E} - S_j \right) \times \dot{x}_j \right] \tag{3-8}$$

式中，$\frac{E_j}{E}$ 表示某要素的产出弹性占比；S_j 表示要素在单位成本中的占比。当 $\frac{E_j}{E} - S_j$ 的值为正时，说明要素配置效率得到了改善。

将前文所设定的生产函数的具体形式依照式（3-5）~式（3-8）进行测算，得到：

前沿技术进步率：

$$\Delta TP = \beta_t + \beta_{lt}\ln L_{it} + \beta_{kt}\ln K_{it} + \beta_{et}\ln E_{it} + 2\beta_{t2}t \tag{3-9}$$

技术效率变化率：

$$\Delta TE = \frac{TE_{it}}{TE_{it-1}} - 1 \tag{3-10}$$

规模效率变化率：

$$\Delta SE = (f_l + f_k + f_e - 1) \times \left(\frac{f_l}{f_l + f_k + f_e} \times \dot{L} + \frac{f_k}{f_l + f_k + f_e} \times \dot{K} + \frac{f_e}{f_l + f_k + f_e} \times \dot{E} \right)$$

$$\tag{3-11}$$

其中，根据式（3-3）可得：

$$f_l = \frac{\partial f}{\partial l} = \beta_l + \beta_{el}\ln E_{it} + \beta_{lk}\ln K_{it} + \beta_{elk}\ln E_{it}\ln K_{it} + \beta_{lt}t + 2\beta_{l2}\ln L_{it} \tag{3-12}$$

$$f_k = \frac{\partial f}{\partial k} = \beta_k + \beta_{ek}\ln E_{it} + \beta_{lk}\ln L_{it} + \beta_{elk}\ln E_{it}\ln L_{it} + \beta_{kt}t + 2\beta_{k2}\ln K_{it} \tag{3-13}$$

$$f_e = \frac{\partial f}{\partial e} = \beta_e + \beta_{el}\ln L_{it} + \beta_{ek}\ln K_{it} + \beta_{elk}\ln L_{it}\ln K_{it} + \beta_{et}t + 2\beta_{e2}\ln E_{it} \tag{3-14}$$

配置效率变化率：

$$\Delta AE = \left(\frac{f_l}{f_l + f_k + f_e} - \frac{L}{L + K + E} \right) \times \dot{L} + \left(\frac{f_k}{f_l + f_k + f_e} - \frac{K}{L + K + E} \right) \times \dot{K} +$$

$$\left(\frac{f_e}{f_l + f_k + f_e} - \frac{E}{L + K + E} \right) \times \dot{E} \tag{3-15}$$

3.3.2 指标选择与数据说明

本书选取除西藏自治区外全国 30 个省份为样本，由于本章所涉及的工业废水排放和工业废气排放两个指标的数据统计口径于 2016 年发生变化，与往年无法比较，同时鉴于我国对环境规制数据的全面统计起步较晚，故将样本区间取为 2003—2015 年。此外，还需要说明的是，本书实证分析所涉及的东部、中部和西部地区的划分是参考《中国统计年鉴》中对三大区域的界定，而且考虑到统计年鉴中西藏地区的数据缺失较多，所以在实证分析中将西藏自治区剔除不考虑。

依据所构建的随机前沿模型，将 K、L、E 作为投入变量，GDP 作为产出变量，环境污染变量作为技术无效率的影响因素。接下来对所选取的指标及各指标的数据来源进行简单说明。

3.3.2.1 投入产出指标

（1）指标选取的原则。指标的选取是实证分析的关键，本书在选取指标时需遵循以下几项原则，使实证分析的结果更具有说服力。

一是科学性原则。对绿色全要素生产率的测算要有一定的科学依据且与当地经济发展特点相适应，从而使测算结果更加准确。这里具体包括对绿色全要素生产率的科学认识、对指标数据的科学处理以及测算模型建立的科学性等。

二是真实性原则。实证研究的目的是根据统计数据分析发现问题，从而提出相关建议，只有保证指标及数据选取的真实性，才能提出客观有效的建议。因此，在实证分析之前，要充分借鉴以往学者的研究，避免个人主观性，选取具有代表性的指标，保证实证结果的真实可靠。

三是可操作性原则。在选取指标时，应尽量避免因生产要素投入指标数目过多而产生的测算效率相对偏低的问题，选取适当的指标数目，同时保证选取指标数据的可得性和合理性。

四是可比性原则。为了更方便地对所测得的数据进行比较分析，全要素生产率测算体系中的任何一个指标，在随机前沿模型中都应该保证其数据获取口径、单位及时间跨度的一致性。

（2）投入产出指标。投入产出指标及其数据来源介绍如下：

产出变量（Y）：这里采用《中国统计年鉴》中各省份地区生产总值（GDP）

来衡量，具体数据采用商品零售价格指数换算为 2003 年的基期水平。

资本存量（K）：通过参考国内外已有研究中对该指标的估算方法，选取了应用广泛且较为成熟的永续盘存法，估算公式为：

$$K_t = I_t/P_t + (1-\sigma)K_{t-1} \qquad\qquad (3-16)$$

其中，K_t 为第 t 期的资本存量，P_t 为固定资产的投资价格指数，I_t 为第 t 期的名义投资量，σ 为折旧率，这几个指标的度量是测算资本存量的关键。已有学者多采用永续盘存法对中国整体及区域层面的资本存量进行测算，如单豪杰（2008）在已有研究的基础上重新测算得到我国及各区域的资本存量，为后续学者研究地区经济发展提供了客观准确的数据支撑。本书在此借鉴单豪杰（2008）的估计结果，即通过永续盘存法，在假定 10.96% 的资本折旧率条件下，将数据拓展到 2015 年，并根据相应的固定资产投资价格指数全部折算为 2003 年的价格水平。

劳动力（L）：劳动力指标采用中国各省份的从业人员数量，考虑到劳动力数据和资本存量数据具有相同单位时，更容易在绿色全要素生产率的测算及分解中衡量各要素成本所占的比例，因此，本书参考谌莹和张捷（2016）的做法，利用历年各省份的职工平均工资数据将劳动力投入换算为金额单位，职工平均工资的数据采用消费者物价指数以 2003 年为基期进行平减处理，数据来源于《中国统计年鉴》。

能源（E）：该指标采取《中国能源统计年鉴》中各省份的能源消耗总量来衡量。

3.3.2.2 技术无效指标

（1）环境污染因素的引入方法。在计算绿色全要素生产率的过程中，必须考虑环境污染因素，已有研究主要从以下两个不同的思路将环境因素纳入生产率的分析框架：一种思路是将环境污染因素作为生产过程中的投入要素；另一种思路是将环境污染变量当作企业生产活动所造成的"坏"产出。

Pittman（1981）等学者最早将环境污染治理的相关成本作为生产过程中的投入要素进行考虑。Hailu 和 Veeman（2000）以加拿大造纸行业 1959—1994 年的数据为样本，将环境污染当作投入要素来测算企业生产率，这种做法的前提是生产过程中的可预期产出和生产投入要素可以进行自由处置，故为了减少环境污染这一非预期性产出，需要增加生产过程中的投入要素或者以减少一部分预期产出作为代价。Murty 和 Russell（2012）为研究德国制造业的生产效益，将环保投资与能源消耗视为投入纳入生产函数，发现能源消耗并没有促进生产率的增长，而环保投资的增长对生产率具有正向推动作用。然而，将以"坏"产出度量的环境因素作为生产函数中的投入要素，并不符合物质守恒的原理。

Färe 等（1985）提出了另一种方法，将生产过程中的产出分为"好"产出与"坏"产出，这里的"坏"产出指的便是环境污染物排放等具有弱可处置性的变量。值得一提的是，Färe 等在 2007 年为测算美国燃煤发电厂的全要素生产率，以资本、就业量、能源消耗作为投入要素，发电量、SO_2 和 NO_x 排放作为产出，构建了可以区分"好"产出与"坏"产出的环境方向距离函数，并与传统的环境生产函数测度的结果进行对比，结果发现，两种方法测算出的结果存在较大差异，相比之下环境方向距离函数对生产过程的描述更具有优势。越来越多的学者开始采用环境方向距离函数并将其与 DEA 方法结合起来测算全要素生产率的值，这里的大多数做法是将环境污染相关因素作为非期望产出纳入测算体系。这种做法操作简便，但缺乏严格的理论依据，而且没有考虑到随机误差可能带来的影响。

  本书使用随机前沿方法测算我国绿色全要素生产率，相较于 DEA 方法一个最大的优势是可以考虑随机误差带来的影响。由于随机前沿方法适合于多投入、单产出的模型，且直接将环境污染变量和资本、劳动力等共同作为生产投入要素纳入模型的做法并不具有严谨的理论依据，又考虑到已有学者在测算绿色全要素生产率时对于环境因素的处理存在一定的争议和主观性，因此本书借鉴绿色全要素生产率的已有研究，采用谌莹、张捷（2016）和王留鑫等（2019）的做法，通过构建一个简便可行的环境污染指标体系，将其作为技术无效率的影响因素纳入随机前沿分析框架进行处理。

  （2）指标选择。在技术无效的影响因素上，即对环境污染指标的选取，已有文献大多采用单一的环境污染物排放指标来衡量，如 SO_2、CO_2 排放等指标。使用单一的环境污染指标很难全面衡量某一地区实际的环境污染程度，故应该在能满足数据可获得性的前提下，将各种环境污染排放指标纳入同一框架进行综合考虑。本书选取各省份工业废水（*eff*）、废气（*flue*）和固体废弃物（*solid*）三类污染物指标，具体数据出自各年《中国环境统计年鉴》。此外，在随机前沿模型中的技术无效率方程中，当纳入多个技术无效率项的影响因素时，两步法的模型拟合效果可能优于一步法，但本书的无效率项考虑工业废水、废气和固体废弃物对技术无效率项的影响，解释变量较少，一步法是适用的。因此，技术无效的模型为：

$$u_{it} = \delta_0 + \delta_1 \ln eff_{it} + \delta_2 \ln flue_{it} + \delta_3 \ln solid_{it} \tag{3-17}$$

  其中，δ_1、δ_2、δ_3 分别表示相应的环境污染指标对技术效率的影响程度。当其估计值为正时，表示该指标对技术效率具有抑制作用；若估计值为负，表示该指标促进技术效率的提升。

3.3.3 随机前沿模型估计

3.3.3.1 模型设定形式的检验

为确保模型的正确性，基于广义似然比检验对模型中的参数进行假设检验，从检验结果来看，所有的原假设都被拒绝（见表 3 - 1），因此，本书可采用 3.2.1 中所定义的随机前沿生产模型。

表 3 - 1 模型的假设检验结果

原假设	$L（H_0）$	λ	临界值	检验结果
$H_0: \beta_{k2}=\beta_{l2}=\beta_{e2}=\beta_{i2}=\beta_{kl}=\beta_{ke}=\beta_{el}$ $=\beta_{kle}=\beta_{kt}=\beta_{lt}=\beta_{et}=0$	168.87	156.92	24.72	拒绝
$H_0: \beta_t=\beta_{t2}=\beta_{kt}=\beta_{lt}=\beta_{et}=0$	163.85	166.96	15.09	拒绝
$H_0: \gamma=\mu=\eta=0$	225.68	43.3	15.09	拒绝
$H_0: \beta_{kt}=\beta_{lt}=\beta_{et}=0$	190.35	113.96	11.34	拒绝

注：无约束的对数似然值 $L（H_1）$ =247.33，临界值的显著性水平为 1%。

3.3.3.2 参数估计结果

在确定了随机前沿超越对数生产函数后，在 Stata14.0 软件中使用 sfpanel 命令对前沿生产模型式（3 - 3）和效率函数模型式（3 - 4）进行一步极大似然估计，估计结果如表 3 - 2 所示。

表 3 - 2 随机前沿生产函数及技术无效方程估计结果

生产效率方程估计					
变量	系数	标准差	变量	系数	标准差
$\ln k$	2.1941 ***	0.2707	$\ln k^2$	0.2736 ***	0.0772
$\ln l$	0.9737 ***	0.2163	$\ln l^2$	- 0.0535	0.0384
$\ln e$	- 1.3368 ***	0.1667	$\ln e^2$	0.2188 ***	0.0646
t	0.1381 ***	0.0219	t^2	0.0026 ***	0.0009
$\ln kl$	0.0763	0.0837	常数项	1.3657 ***	0.483
$\ln ke$	0.1205	0.1245			
$\ln le$	- 0.3393 ***	0.0743			
$\ln tk$	0.0304 **	0.0137			
$\ln tl$	0.0319 ***	0.0077			

续表

生产效率方程估计					
变量	系数	标准差	变量	系数	标准差
ln*te*	− 0. 0343 ***	0. 0121			
ln*kle*	0. 0238 ***	0. 0066			
技术无效方程估计					
变量	系数	标准差	变量	系数	标准差
ln*eff*	− 0. 0163	0. 0181	sigma_ *u*	0. 4379 **	0. 1872
ln*flue*	0. 1811 ***	0. 0309	sigma_ *v*	0. 1356 ***	0. 0062
ln*solid*	0. 0819 ***	0. 1645	γ	0. 9125	
常数项	0. 1032 ***	0. 0297	Log*likelihood*	247. 3323	

注: * 、 ** 和 *** 分别指 10% 、5% 和 1% 的显著性水平，γ 表示技术无效率项在复合误差结构中的占比。

从表 3 - 2 可以看出，γ 值为 0. 9125，接近于 1，说明模型中的技术无效率项客观存在，使用随机前沿分析方法比较合适，而且从表中各参数的估计结果可以看出模型取得了较好的回归效果，表明所建立的生产函数具有合理性。具体来看，资本、劳动力和能源消耗的系数均通过了 1% 的显著性水平，分别为 2. 1941、0. 9737 和 − 1. 3368。其中，资本和劳动力的系数为正，表明其对经济增长具有正向影响，但劳动力的贡献相对较弱。需要注意的是，能源消耗的一次项系数为负值，但二次项系数为正值，即 0. 2188，且在 1% 的水平下显著，这说明能源消耗与经济增长呈现"U"型关系。时间变量及平方项的系数显著为正，说明存在外生的技术进步且有加速趋势。资本、劳动力和能源消耗的交互项的值在 1% 的水平下显著为正，值为 0. 0238，对经济增长具有促进作用。劳动力与能源消耗之间的交互项系数的值为 − 0. 3393，且在 1% 的水平下显著，说明这两个指标之间具有一定的替代关系。此外，环境污染相关指标的回归系数是以技术无效率项作为解释变量得到的估计结果，从回归结果看，工业废气和固体废弃物的排放均造成了技术无效，而且前者的作用更显著，工业废气的排放每提高 1% ，造成技术无效增加 18. 11% ，从而不利于经济的增长。工业废水排放这一指标的系数为 − 0. 0163，但统计检验不显著。

3. 3. 4　绿色全要素生产率的变动与分解

本节基于所测得的数据，对全国整体及东部、中部、西部地区的绿色全要素生产率及分解项进行归纳总结和对比分析，以便更好地理解绿色全要素生产率增长的动因。

3.3.4.1 绿色全要素生产率的变动

为进行对比分析，本部分分别测算了全国及东部、中部、西部三个地区的绿色全要素生产率变动率，结果如表3-3所示。

表3-3 全国及各区域 *GTFP* 增长率

年份	东部地区	中部地区	西部地区	全国
2004	0.0690	0.0412	0.0477	0.0538
2005	0.0746	0.0598	0.0530	0.0627
2006	0.0228	0.0485	0.0103	0.0251
2007	0.1115	0.0703	0.0309	0.0710
2008	0.1054	0.0811	0.0856	0.0917
2009	0.1064	0.0821	0.1026	0.0985
2010	0.1033	0.0930	0.1118	0.1036
2011	0.0840	0.0781	0.0847	0.0827
2012	0.0927	0.0890	0.0902	0.0908
2013	0.1064	0.0690	0.0964	0.0927
2014	0.0778	0.0896	0.1000	0.0891
2015	0.1081	0.0908	0.1129	0.1053
平均	0.0885	0.0744	0.0772	0.0806

为了更直观地观察中国整体及东部、中部、西部地区的绿色全要素生产率的变动趋势，将表3-3中的数据绘制成折线图（见图3-2），进一步比较分析。

总体来看，中国的 *GTFP* 平均增长率从2004年的0.0538上升到2015年的0.1053，表明该指标在这12年间实现了一定的增长。从变化趋势上看，除2006年 *GTFP* 增长率大幅下降外，2007—2010年和2011—2015年均大致呈上升阶段，这是因为我国政府在"十一五"和"十二五"期间，将企业节能减排作为强制性措施，并强化政府环境污染治理的责任，致力于颁布一系列环境保护相关措施来改善环境绩效，减少环境污染排放所造成的生产无效。

从区域角度来看，尽管经济发展的起点有很大不同，但东部、中部和西部地区的绿色全要素生产率都实现了较快增长，平均增长率分别为8.85%、7.44%和7.72%，其中东部地区的增长速度最快，中部地区的增长速度在三大地区中最慢，且中部和西部地区的增长速度均低于全国水平。屈小娥和席瑶（2012）对此现象做出了解释，改革开放以来，中部地区为实现经济增长率先发展重工业，但

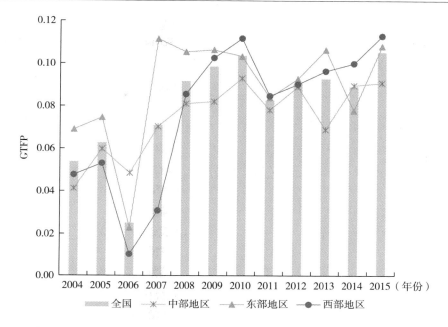

图3-2　2004—2015年全国及各区域GTFP增长率

该地区人力资本、管理水平以及生产技术有限，且对环境资源的保护及对环境破坏者的惩戒力度都较为宽松，中部地区开始出现以牺牲环境来换取经济总量快速增长的行为，这种经济增长方式是低水平的、不可持续的。西部地区的能源富足，发展潜力巨大，随着"西部大开发"等战略的实施以及后发优势的凸显，对发达地区已呈赶超趋势，但该地区以传统的粗放型的经济增长方式为主，在经济总量快速增长的同时不可避免地带来自然资源的大量消耗和环境污染物的排放，导致绿色全要素生产率的表现不佳。此外，各地区的GTFP在2006年都出现显著下降，这与2006年股市动荡、原油价格上涨、国内出口企业受创等宏观经济形势恶化有关，随后三大区域的GTFP增长率差距逐渐缩小，且近年来，中部和西部地区的GTFP增长率均有赶超东部地区的趋势。

3.3.4.2　绿色全要素生产率的分解

通过测度绿色全要素生产率分解项的值可以进一步探寻其增长的动因。全国及各区域绿色全要素生产率及分解部分的值如表3-4所示，受篇幅所限，只给出部分年份的数值。

接下来依据所测得的数据，将绿色全要素生产率的构成部分TE、TP、SE、AE的变动趋势分别绘制成折线图进行比较分析（见图3-3至图3-6）。

表 3-4　全国及各区域 GTFP 分解

区域		2004 年	2006 年	2008 年	2010 年	2012 年	2014 年	2015 年	平均
东部地区	$\Delta GTFP$	0.0690	0.0228	0.1054	0.1033	0.0927	0.0778	0.1081	0.0885
	ΔTP	0.0362	0.0431	0.0492	0.0569	0.0654	0.0691	0.0691	0.0548
	ΔTE	0.0307	0.0321	0.0330	0.0326	0.0187	0.0147	0.0199	0.0254
	ΔSE	-0.0045	-0.0017	-0.0015	0.0008	-0.0013	-0.0026	-0.0025	-0.0016
	ΔAE	0.0066	-0.0508	0.0248	0.0131	0.0100	-0.0034	0.0217	0.0099
中部地区	$\Delta GTFP$	0.0412	0.0485	0.0811	0.0930	0.0890	0.0896	0.0908	0.0744
	ΔTP	0.0177	0.0253	0.0352	0.0461	0.0538	0.0629	0.0668	0.0425
	ΔTE	0.0233	0.0235	0.0409	0.0456	0.0303	0.0279	0.0276	0.0314
	ΔSE	0.0040	0.0041	0.0031	0.0027	0.0028	-0.0015	-0.0025	0.0027
	ΔAE	-0.0037	-0.0043	0.0018	-0.0014	0.0021	0.0004	-0.0011	-0.0022
西部地区	$\Delta GTFP$	0.0477	0.0103	0.0856	0.1118	0.0902	0.1000	0.1129	0.0772
	ΔTP	0.0062	0.0119	0.0186	0.0273	0.0354	0.0447	0.0492	0.0259
	ΔTE	0.0192	0.0233	0.0314	0.0446	0.0252	0.0237	0.0342	0.0276
	ΔSE	0.0141	0.0066	0.0084	0.0105	0.0111	0.0076	0.0041	0.0097
	ΔAE	0.0082	-0.0315	0.0272	0.0294	0.0186	0.0239	0.0254	0.0139
全国	$\Delta GTFP$	0.0538	0.0251	0.0917	0.1036	0.0908	0.0891	0.1053	0.0806
	ΔTP	0.0202	0.0269	0.0342	0.0432	0.0513	0.0585	0.0612	0.0409
	ΔTE	0.0245	0.0266	0.0345	0.0404	0.0242	0.0215	0.0272	0.0278
	ΔSE	0.0046	0.0029	0.0034	0.0049	0.0044	0.0014	0.0000	0.0037
	ΔAE	0.0044	-0.0313	0.0196	0.0152	0.0110	0.0076	0.0170	0.0082

　　图 3-3 是 2004—2015 年东部、中部和西部地区的技术效率项（TE）的变化率。在考察的区间内，中部地区 TE 增长率在大多数年份都是最高的；东部地区 TE 增长率在 2004—2009 年高于全国平均水平，2009 年之后低于全国平均水平，且 TE 增长率呈下降趋势；西部地区 TE 增长率变动情况与东部地区相反，2004—2009 年低于全国平均水平，2009 年之后高于全国平均水平。

　　如图 3-4 所示，东部、中部和西部地区的技术进步（TP）的增长率具有持续上升的趋势，但区域间有较大落差，分布呈阶梯形式，东部最高，中部次之，西部最低。这与刘瑞翔（2013）得出的结论一致，他认为东部沿海地区的经济发达，技术水平往往靠近生产前沿或直接位于前沿面上，因此其生产率的提高很大一部分表现为前沿面向前的移动，即技术进步，而中部、西部等欠发达地区由于技术进步的内生能力不足，只能依靠技术引进和简单模仿进行生产，其生产率的提高更多表现为技术效率的改善。

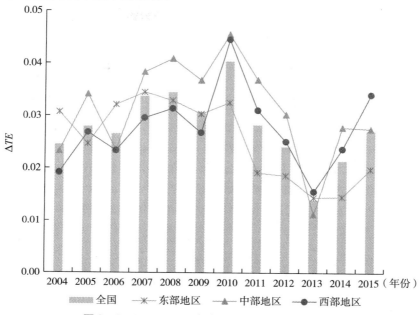

图 3-3 **2004—2015 年全国及各区域 TE 增长率**

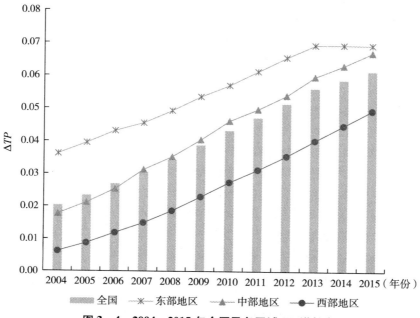

图 3-4 **2004—2015 年全国及各区域 TP 增长率**

如图 3-5 所示，东部、中部和西部地区规模效率（SE）的增长率呈西部、中部、东部递减的特征，东部地区 SE 平均增长率为 -0.16%，大多数年份表现为规模不经济，这意味着规模报酬收益逐年减少，可能的原因是东部地区在生产过程中投入大量的资本、劳动力等要素，一味依赖生产要素的增长来推动经济发展，结果导致要素的规模不经济；中部、西部地区规模效率的变化表现为较强的正效应，平均增长率分别为 0.27% 和 0.97%，说明这两个区域都还处于规模经济阶段，而西部地区的规模效率增长率又普遍大于中部地区，说明西部地区在规模效率方面优势明显，是弥补与其他区域全要素生产率增长差异的主要因素。

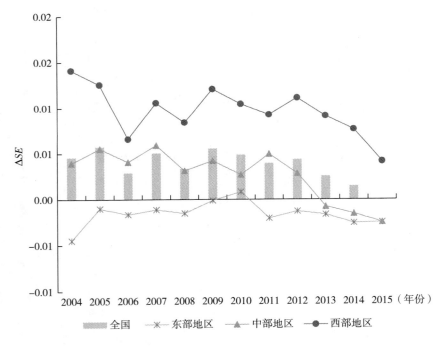

图 3-5　2004—2015 年全国及各区域 SE 增长率

很多学者在研究全要素生产率的分解时都忽略了要素配置效率（AE）的变化，本书在全要素生产率的分解模型中，将要素的配置效率考虑在内，而且通过数据测算发现，该变量在样本期间呈现持续而明显的波动，其对绿色全要素生产率产生的影响不可忽视。如图 3-6 所示，东部、中部和西部地区配置效率的平均增长率分别为 0.99%、-0.22% 和 1.39%，东部和西部地区均超过了全国平均水平，中部地区的配置效率增长率在多数年份为负值。

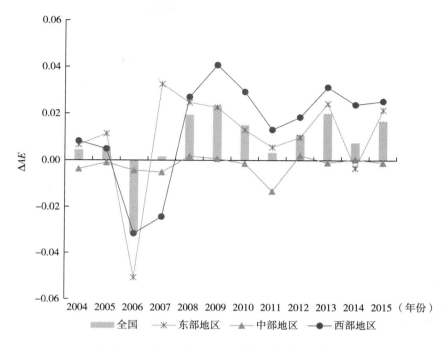

图 3 – 6   2004—2015 年全国及各区域 AE 增长率

总体来看，各区域绿色全要素生产率的增长率均表现为上升趋势，增长速度由高到低依次为东部、西部、中部，且各地区的绿色全要素生产率增长来源存在差异。东部地区具有明显的技术进步优势，技术进步的变化是该地区绿色全要素生产率增长的主要动因；技术效率增长率对 GTFP 增长的贡献较大，但与中部、西部地区相比不具有优势；而规模效率变化率是阻碍该地区 GTFP 增长的重要原因。中部地区的技术效率增长率最高，对该地区 GTFP 增长的贡献也最大，中部地区的 GTFP 增长率之所以最低，与其在分析期间配置效率表现为负增长有关。西部地区的技术进步增长率和技术效率增长率是 GTFP 增长的主要动因，但相比于其他区域这两个因素的优势较小，但该地区规模效率变化率和配置效率变化率都表现为较强的正效应。从全国的 GTFP 增长率及其分解项的数据分析可以看出，技术进步是 GTFP 增长的长期稳定来源，平均每年以 4.09% 的速度增长；技术效率也表现为较强的正效应，平均增长率为 2.78%；规模效率和配置效率的变化在总体上对 GTFP 的增加具有正向作用，但作用并不明显。

3.4 环境规制影响绿色全要素生产率的实证研究

本部分在前文理论分析与所提假设的基础上，结合绿色全要素生产率的测度结果，以除西藏自治区外全国 30 个省份 2004—2015 年的面板数据为样本，建立面板回归模型，分别检验行政型、市场型和公众参与型环境规制工具对绿色全要素生产率及分解项的作用效果，对所提假设进行验证，并进一步探寻环境规制是通过绿色全要素生产率的哪一部分来促进绿色全要素生产率的增长。此外，本部分还对全国整体层面和东部、中部、西部三大区域层面的回归结果进行了对比分析，以便于更好地选择与地区经济发展相匹配的环境规制工具。

3.4.1 面板回归模型的设定

3.4.1.1 面板数据的基本模型

面板数据同时考虑到了时间和截面空间两个维度，用来描述观测整体中的多个组别在一定的时间序列内的变化情况。自 Mundlak（1961）、Balestra 和 Nerlove（1966）把面板数据模型引入经济计量学以来，该方法受到了学者们的重点关注，它不仅可以提供样本内个体行为信息及动态变化，还可以体现个体之间的差异，有利于对个体行为做更加精确的描述。而且，观测值的增多增加了数据的自由度，降低了变量间的共线性，提高了模型参数估计的准确性。本章是以中国 30 个省份 2004—2015 年的数据为样本，数据符合面板数据模型的要求，面板回归模型的基本定义为：

$$y_{it} = \alpha + \beta x_{it} + \mu_{it}, \quad i = 1, 2, \cdots, N; \quad t = 1, 2, \cdots, T \qquad (3-18)$$

式中，i 表示横截面数量；t 表示时间；y_{it} 是指被解释变量在横截面 i 和时间 t 上的数值；x_{it} 为 $K \times 1$ 阶解释变量向量，包括 K 个可观察的解释变量；β 是 $K \times 1$ 阶解释变量的系数向量；μ_{it} 为误差项。

3.4.1.2 计量模型的设定

根据前文理论分析可知，环境规制对绿色全要素生产率的影响可能并非简单的线性关系，为了检验行政型、市场型和公众参与型这三种环境规制对绿色全要素生产率的非线性影响假说，在计量模型中引入环境规制的二次项进行检验。此外，本书还选取了其他可能影响绿色全要素生产率的相关指标添加到模型当中。为了消除异方差，提高模型的准确度，在构建模型时对变量进行了对数化处理，具体计量模型为：

模型一：

$$\ln GTFP_{it} = \alpha_0 + \beta_1 \ln ER_{jit} + \beta_2 \ln (ER_{jit})^2 + \beta_3 \ln ur_{it} + \beta_4 \ln is_{it} + \beta_5 \ln fdi_{it} + \beta_6 \ln ag_{it} + \varepsilon_{it}$$
$$(3-19)$$

式中，绿色全要素生产率（$\ln GTFP$）为被解释变量，ER_j 代表行政型环境规制（eer）、市场型环境规制（mer）和公众参与型环境规制（per）。其他变量有城市化水平（ur）、产业结构（is）、外商直接投资（fdi）和经济发展水平（ag）。i 和 t 分别表示省份和年份，β_1、β_2、β_3、β_4、β_5、β_6 为待估计参数，α_0 表示常数项，ε_{it} 为随机误差项。

为检验环境规制促进绿色全要素生产率增长的动力来源，本节除了构造环境规制影响绿色全要素生产率的计量模型外，还构造了环境规制影响绿色全要素生产率分解项的计量模型。绿色全要素生产率进一步分解为技术进步（TP）、技术效率（TE）、配置效率（SE）和规模效率（AE），故以绿色全要素生产率的四个分解项作为被解释变量，分别构建回归方程：

模型二：

$$\ln TP_{it} = \alpha_0 + \beta_1 \ln ER_{jit} + \beta_2 \ln (ER_{jit})^2 + \beta_3 \ln ur_{it} + \beta_4 \ln is_{it} + \beta_5 \ln fdi_{it} + \beta_6 \ln ag_{it} + \varepsilon_{it}$$
$$(3-20)$$

模型三：

$$\ln TE_{it} = \alpha_0 + \beta_1 \ln ER_{jit} + \beta_2 \ln (ER_{jit})^2 + \beta_3 \ln ur_{it} + \beta_4 \ln is_{it} + \beta_5 \ln fdi_{it} + \beta_6 \ln ag_{it} + \varepsilon_{it}$$
$$(3-21)$$

模型四：

$$\ln SE_{it} = \alpha_0 + \beta_1 \ln ER_{jit} + \beta_2 \ln (ER_{jit})^2 + \beta_3 \ln ur_{it} + \beta_4 \ln is_{it} + \beta_5 \ln fdi_{it} + \beta_6 \ln ag_{it} + \varepsilon_{it}$$
$$(3-22)$$

模型五：

$$\ln AE_{it} = \alpha_0 + \beta_1 \ln ER_{jit} + \beta_2 \ln (ER_{jit})^2 + \beta_3 \ln ur_{it} + \beta_4 \ln is_{it} + \beta_5 \ln fdi_{it} + \beta_6 \ln ag_{it} + \varepsilon_{it}$$
$$(3-23)$$

式（3-18）到式（3-23）中，$\ln GTFP$ 及其分解项 $\ln TP$、$\ln TE$、$\ln SE$、$\ln AE$ 的具体数值均在上一部分测算得到。此外，考虑到中国各区域在经济发展、资源禀赋、污染排放和环境规制政策等方面存在的巨大差异，有必要在以上模型的基础上，按照全国以及东部、中部、西部地区的子样本分别进行估计。

3.4.2　指标选取与数据说明

根据实证分析的目的以及计量模型的设定，本部分将所涉及的变量主要分为被解释变量、主要解释变量和控制变量三类，下面对相关指标选取及数据来源做简要的说明。

3.4.2.1　指标选取

（1）被解释变量。被解释变量为 GTFP 及分解项 TP、TE、SE、AE。本章不仅要检验环境规制对绿色全要素生产率的影响，而且还要检验环境规制对绿色全要素生产率分解项的影响，探求环境规制主要通过绿色全要素生产率构成部分的哪一项来促进绿色全要素生产率的增长。所有变量均采用随机前沿超越对数生产函数模型及 Kumbhakar 分解模型计算获得。

（2）主要解释变量。环境规制强度指标是主要解释变量，且本章的重点在于讨论不同类型环境规制工具对绿色全要素生产率的影响。

一是行政型环境规制（eer）。行政型规制政策是指通过行政命令来约束企业生产排放过程中的标准和技术，中国目前使用的行政型规制政策包括"三同时"制度、污染物排放标准、限期治理关停、环境影响评价制度等。环境相关法律法规和设定的排污标准等很难进行量化和衡量，而实际污染治理投入的相关数据可得性较强，可以代表中国行政型环境规制政策的方式和强度（潘勤华等，2016）。鉴于此，本章沿用韩晶等（2014）、武建新和胡建辉（2018）的思路，采用中国各省份政府的实际污染治理投入与地区生产总值的比值来衡量，即（实际污染治理投入/GDP）×1000。这里的实际污染治理投入由三部分组成，即工业污染治理投资、建设项目"三同时"环保投资以及废水和废气的污染治理设施运行费用。

二是市场型环境规制（mer）。中国常见的此类工具主要有排污费、排污补贴和排污许可证。排污费征收是基于"谁污染，谁付费"的原则，企业根据自己产生的污染物密度或总量支付相应的费用；排污补贴是指政府通过税收减免、引进绿色技术等行为降低企业进行环境治污的成本；排污许可证交易需建立在完善的市场机制之上，即市场中的经济主体对各自所拥有的固定的污染物排放总量自发进行交换调整的行为。鉴于中国目前的市场机制并不完善，排污补贴和排污许可证交易这两种环境规制工具不能发挥应有的效果，且排污费征收在我国实行时间较长，制度实行程序完善，故本章选取各省份的排污费收入总额衡量市场型环境规制。

三是公众参与型环境规制（per）。公众参与型环境规制不具有强制性，是公众或企业自发参与环境保护和监督的行为。当代社会，人们开始逐渐意识到自然环境与生活质量和个人财产息息相关，通过公共渠道表达自己环境利益诉求的积极性越来越高。但相关法律法规还不完善，公众向政府反馈环境诉求的渠道也比较单一，目前仅包括环境投诉、环境信访等方式。环境投诉相较于环境信访而言其数据具有稳定性差、不完整等缺点，故本章采用每万人环境信访来信数衡量公众参与型环境规制。

（3）控制变量。在进行环境规制对绿色全要素生产率影响的实证研究时，为了保证实证结果的可靠性，还需要考虑其他会对绿色全要素生产率产生影响的因素。本章在借鉴相关学者研究的基础上，从技术创新水平、产业结构、外商投资和经济发展水平四个方面来选取对绿色全要素生产率产生影响的控制变量指标。

城市化水平（ur）：城市化是用来描述人口向城镇转移的程度，这一过程带来了资本、劳动力等生产要素由农村流入城市地区，向非农产业集聚的现象。李佛关和郎永建（2016）提出，城市化可以推动中国经济的可持续发展，对各地区绿色全要素生产率的提高具有正向作用。具体来讲，城市化对绿色全要素生产率的作用可以体现在以下几个方面：首先，城市为创新的发展提供了条件，城市化水平的提高使绿色生产工艺和知识产生溢出效应，带来外部性经济，促进全要素生产率的增长；其次，城市化带来的资源集聚可以降低共享成本并带动投资需求，产生规模经济，并通过提高生产技术、创新管理方式等进一步优化资源配置，从而带来全要素生产率的增长；最后，城市化在影响地区经济发展的同时对环境质量也产生一定的作用。显然，城市化水平是影响绿色全要素生产率的重要因素，本章在这里采用城市化这一指标，即城镇人口与总人口的比值来衡量各地区的城市化发展水平。

产业结构（is）：地区产业结构的优化升级主要体现为资本、劳动力等要素的重新配置，即从生产率低、污染严重的产业逐渐转移到技术创新为主、生产率高的清洁型产业，在这一过程中，不光提高了地区的产业集中度，带来技术溢出效应，还实现了资源的优化配置和环境整体质量的改善，这有利于当地绿色全要素生产率的增长。刘赢时等（2018）选取 260 个城市的样本数据进行实证研究，证明产业结构升级对绿色全要素生产率的正向影响。不难看出，产业结构是影响绿色全要素生产率的重要变量，故本章选取该指标作为控制变量纳入模型当中，以往学者多采用我国第二、第三产业的从业人数或产业增加值等指标来度量产业结构，故本章选择第三产业增加值与第二产业增加值之比这一指标来衡量该地区的产业结构发展水平。

外商直接投资（fdi）：随着经济全球化的发展，我国各地区外商投资的规模加大，而外商投资对其进入国家或地区的全要素生产率产生的影响具有不确定性，既有积极影响，又有消极影响。一方面，外商投资可能为某个地区引进前沿的制造技术、人力资本等，从而产生技术溢出效应，企业竞争力提高，有利于该地区的全要素生产率增长。另一方面，不可避免地存在一些外资企业出于逃避较高规制成本的目的而进入某个地区，此时引入的外资企业并不能带来先进的技术、管理和产品，也无法促进当地产业升级及生产技术革新，从而不利于该地区全要素生产率的增加。由此可以看出，外商投资是影响绿色全要素生产率的重要因素，在具体测度上，本章采用大多数学者的思路，即用各省份的外商直接投资额占 GDP 的比重来衡量，用 fdi 表示。

经济发展水平（ag）：一般来说，经济发展水平较高的地区产业结构较为稳定，更注重居民的生活质量，且地方政府及企业有足够的资金去引进绿色工艺或进行一系列的创新研发，这些都对全要素生产率的增长产生正面影响。而经济发展水平较低的地区，其经济增长多建立在自然资源的大量消耗和对环境的破坏之上，落后的经济水平限制了企业通过引进新技术和新产品来提高经济效益和改善环境质量的行为，从而不利于绿色全要素生产率的提高。显然，经济发展水平也是影响全要素生产率的重要因素，本章参照胡建辉（2016）的做法将这一指标作为控制变量引入模型，具体数值以人均地区生产总值（ag）来衡量。

3.4.2.2 数据说明

本部分重点研究不同类型环境规制对中国整体及不同区域绿色全要素生产率的影响，考虑到环境规制相关数据的可获得性，研究采用 2004—2015 年全国（除西藏自治区）以及东部、中部、西部地区的面板数据。其中，绿色全要素生产率及其分解项的值运用前文所测得的数据，环境规制相关数据来源于 2005—2016 年的《中国环境年鉴》，控制变量数据则来源于《中国统计年鉴》。

在进行实证检验前，首先对涉及的各个变量进行描述性统计分析，表 3 - 5 即为各变量自然对数的描述性统计结果。

表 3 - 5　变量描述性统计

变量	全国				东部地区			
	均值	标准差	最小值	最大值	均值	标准差	最小值	最大值
lngtfp	2.087	0.589	- 0.511	2.773	2.180	0.614	- 0.415	2.773
lntp	0.286	1.313	- 5.206	1.745	0.398	1.299	- 4.446	1.745
lnte	1.698	1.236	- 6.502	4.422	1.677	1.025	- 0.914	3.564
lnse	0.695	0.936	- 5.086	2.534	0.389	1.115	- 5.086	1.633
lnae	0.836	0.991	- 3.598	2.511	0.954	0.666	- 1.032	2.128
lneer	4.785	0.431	3.689	6.050	4.726	0.379	3.689	5.730
lnmer	1.397	0.751	- 1.793	3.828	1.011	0.826	- 1.793	2.320
lnper	6.976	1.290	0.693	9.014	7.013	1.141	3.738	8.872

变量	全国				东部地区			
	均值	标准差	最小值	最大值	均值	标准差	最小值	最大值
lnur	8.895	1.612	4.248	12.506	9.878	1.575	5.298	12.506
lnis	4.475	0.344	3.906	6.000	4.619	0.470	4.029	6.000
lnfdi	1.308	0.852	-0.422	4.318	2.148	0.690	0.611	4.318
lnagdp	9.978	0.673	8.298	11.744	10.539	0.580	9.206	11.744

变量	中部地区				西部地区			
	均值	标准差	最小值	最大值	均值	标准差	最小值	最大值
lngtfp	2.007	0.535	-0.105	2.541	2.044	0.635	-0.511	2.706
lntp	0.333	1.169	-3.783	1.657	-0.731	1.494	-5.207	1.439
lnte	1.738	1.069	-2.076	4.014	1.683	1.511	-6.502	4.422
lnse	0.605	0.718	-3.598	2.244	0.962	0.813	-1.342	2.534
lnae	0.184	1.129	-1.032	2.428	1.225	0.716	-2.004	2.511
lneer	4.675	0.411	3.936	5.602	4.924	0.458	3.944	6.050
lnmer	1.542	0.664	0.437	3.828	1.679	0.545	0.301	3.071
lnper	7.539	0.887	3.951	8.991	6.529	1.502	0.693	9.014
lnur	8.888	1.019	7.064	10.986	7.916	1.394	4.248	11.081
lnis	4.335	0.215	3.906	5.072	4.433	0.184	4.014	4.897
lnfdi	0.955	0.375	0.391	1.975	0.725	0.518	-0.422	2.024
lnagdp	9.738	0.427	8.863	10.549	9.593	0.514	8.298	10.849

可以看出，绿色全要素生产率增长率（GTFP）的均值在东部地区最大，达到2.180；中部地区最小，为2.007。技术进步率（TP）的均值在东部地区和中部地区较高，分别为0.398和0.333，超过全国平均水平，而西部地区的均值未达到全国平均水平。技术效率变化率（TE）的全国平均值为1.698，中部地区最高，达到1.738，东部和西部地区的数值较为接近，且均低于全国平均水平。规模效率变化率（SE）的值西部地区远高于东部和中部地区，拉动效应使东部和中部地区均未达到全国平均水平。配置效率变化率（AE）的全国平均值为0.836；西部地区最高，达到1.225；中部地区最低，为0.184。环境污染治理投资总额占GDP的比重（eer）西部地区最高，为4.924，东部和中部地区均未达

到全国平均水平。排污费占 GDP 的比重（*mer*）中部和西部地区远高于东部地区，分别为 1.542 和 1.679，拉动效应使东部地区该值不及全国平均水平。人均公民环境信访来信总数（*per*）在中部地区最高，为 7.539；西部地区为 6.529，明显拉低了全国平均水平。东部地区的城市化水平（*ur*）优势较大，达到 9.878，远高于中部和西部地区；中部和西部地区的城市化水平均未达到全国平均水平，且西部地区最低，为 7.916。第三产业增加值与第二产业增加值的比值（*is*）全国平均为 4.475；东部地区最高，达到 4.619；中部和西部地区的数值较为接近，中部地区最低，为 4.335。外商直接投资占 GDP 的比重（*fdi*）东部地区为 2.148，远高于全国平均水平；中部和西部地区均未达到全国平均水平；西部地区最低，为 0.725。人均 GDP 东部地区最高，为 10.539；中部和西部地区均未达到全国平均水平；西部地区最低，为 9.593。

3.4.3　相关检验

在进行面板模型回归时，需要先对数据进行相关检验，只有当检验结果适宜后，才可以对模型进行估计。

3.4.3.1　数据平稳性检验

对面板数据进行平稳性检验是为了确保回归结果的有效性，防止变量之间的伪回归现象。因为非平稳的时间序列数据之间即使不存在相关联系，也可能具有一致的变化趋势，如果将这一步忽略，直接采用原数据进行回归分析，很有可能会出现伪回归的现象，得出的结论也不会稳健。因此，一般采用单位根检验的方法在面板数据回归分析之前进行判别。

单位根检验的方法根据截面序列是否包含单位根主要分为两大类：一类是指截面序列包含单位根的 LLC 统计量和 Breitung 统计量；另一类是截面序列不包含单位根的 ADF - Fisher 统计量、IPS 统计量和 PP - Fisher 统计量（吴振信等，2012）。此外，单位根检验具有三类假定条件，分别是只具有截距项、同时具有截距项和趋势性、没有截距项和趋势项。本章选用 LLC 统计量和 PP - Fisher 统计量进行单位根检验，表 3 - 6 和表 3 - 7 给出了两种检验方法在三类假定条件下各变量的检验结果。

表 3 - 6 为各变量原数据的单位根检验结果，可以看出，一些变量的 P 值并未通过平稳性检验，故无法拒绝原假设，变量存在单位根，原值序列整体为非平稳序列。表 3 - 7 是将原值序列进行一阶差分后再检验得到的结果，大部分变量的 P 值都通过了 1% 的显著性检验，只有少数变量在 5% 的水平下显著，故能够拒绝存在单位根的原假设，原序列在一阶差分后是平稳的，各变量为一阶单整。

表 3 - 6　面板单位根检验（原值序列）

变量	截距项		截距项和趋势项		无截距项和无趋势项	
	LLC 同根假设	PP 异根假设	LLC 同根假设	PP 异根假设	LLC 同根假设	PP 异根假设
ln*gtfp*	- 11. 345	187. 376	- 15. 892	202. 150	0. 235	46. 392
	(0. 000)	(0. 000)	(0. 000)	(0. 000)	(0. 593)	(0. 901)
ln*tp*	- 2. 095	28. 299	- 6. 119	79. 228	8. 510	3. 527
	(0. 018)	(1. 000)	(0. 000)	(0. 049)	(1. 000)	(1. 000)
ln*te*	- 4. 456	78. 767	- 8. 112	95. 974	1. 778	28. 488
	(0. 00)	(0. 053)	(0. 000)	(0. 002)	(0. 962)	(1. 000)
ln*se*	- 5. 020	56. 521	- 2. 998	51. 030	- 3. 693	93. 831
	(0. 00)	(0. 604)	(0. 001)	(0. 789)	(0. 000)	(0. 003)
ln*ae*	1. 298	39. 759	- 6. 166	140. 958	- 4. 716	106. 044
	(0. 903)	(0. 980)	(0. 000)	(0. 000)	(0. 000)	(0. 000)
ln*eer*	- 6. 010	85. 556	- 6. 821	88. 475	0. 272	31. 833
	(0. 000)	(0. 017)	(0. 000)	(0. 010)	(0. 607)	(0. 999)
ln*mer*	3. 165	29. 139	- 5. 775	181. 165	- 9. 160	163. 231
	(0. 999)	(0. 999)	(0. 000)	(0. 000)	(0. 000)	(0. 000)
ln*per*	- 7. 985	144. 730	- 10. 396	123. 196	- 4. 390	75. 059
	(0. 000)	(0. 000)	(0. 000)	(0. 000)	(0. 000)	(0. 091)
(ln*eer*) ^2	- 6. 272	86. 207	- 7. 095	87. 380	- 0. 116	32. 833
	(0. 000)	(0. 015)	(0. 000)	(0. 012)	(0. 454)	(0. 998)
(ln*mer*) ^2	- 3. 537	41. 071	- 6. 217	166. 596	- 11. 299	161. 947
	(0. 000)	(0. 971)	(0. 000)	(0. 000)	(0. 000)	(0. 000)
(ln*per*) ^2	- 8. 847	147. 955	- 12. 968	125. 802	- 4. 986	86. 538
	(0. 000)	(0. 000)	(0. 000)	(0. 000)	(0. 000)	(0. 014)
ln*ur*	0. 815	34. 515	- 8. 200	100. 587	24. 438	0. 098
	(0. 792)	(0. 997)	(0. 000)	(0. 001)	(1. 000)	(1. 000)
ln*is*	6. 452	30. 695	1. 701	19. 507	6. 454	20. 182
	(1. 000)	(0. 999)	(0. 956)	(1. 000)	(1. 000)	(1. 000)

续表

变量	截距项		截距项和趋势项		无截距项和无趋势项	
	LLC 同根假设	PP 异根假设	LLC 同根假设	PP 异根假设	LLC 同根假设	PP 异根假设
lnfdi	−5.134	46.778	2.246	21.361	−2.037	96.725
	(0.000)	(0.894)	(0.988)	(1.000)	(0.021)	(0.002)
ln$agdp$	−6.272	86.207	−7.095	87.380	−0.116	32.833
	(0.000)	(0.015)	(0.000)	(0.012)	(0.454)	(0.998)

注：括号内数值为 P 值。

表 3−7 面板单位根检验（一阶差分序列）

变量	截距项		截距项和趋势项		无截距项和无趋势项	
	LLC 同根假设	PP 异根假设	LLC 同根假设	PP 异根假设	LLC 同根假设	PP 异根假设
ln$gtfp$	−22.600	362.657	−21.345	310.628	−23.723	454.809
	(0.000)	(0.000)	(0.000)	(0.000)	(0.000)	(0.000)
lntp	−16.370	276.956	−13.874	220.838	−14.955	293.032
	(0.000)	(0.000)	(0.000)	(0.000)	(0.000)	(0.000)
lnte	−17.012	282.493	−14.642	238.666	−19.118	386.244
	(0.000)	(0.000)	(0.000)	(0.000)	(0.000)	(0.000)
lnse	−12.082	195.463	−15.176	212.207	−14.800	278.337
	(0.000)	(0.000)	(0.000)	(0.000)	(0.000)	(0.000)
lnae	−11.498	241.652	−10.127	269.288	−13.805	280.940
	(0.000)	(0.000)	(0.000)	(0.000)	(0.000)	(0.000)
lneer	−15.802	278.859	−14.798	237.375	−19.146	391.612
	(0.000)	(0.000)	(0.000)	(0.000)	(0.000)	(0.000)
lnmer	−11.150	267.750	−10.374	247.563	−11.232	246.054
	(0.000)	(0.000)	(0.000)	(0.000)	(0.000)	(0.000)
lnper	−19.168	307.444	−21.883	275.416	−20.268	397.028
	(0.000)	(0.000)	(0.000)	(0.000)	(0.000)	(0.000)
(lneer)^2	−16.010	281.246	−14.782	237.458	−19.241	394.912
	(0.000)	(0.000)	(0.000)	(0.000)	(0.000)	(0.000)

续表

变量	截距项		截距项和趋势项		无截距项和无趋势项	
	LLC 同根假设	PP 异根假设	LLC 同根假设	PP 异根假设	LLC 同根假设	PP 异根假设
(lnmer)^2	-13.298	269.308	-14.635	255.637	-13.659	265.531
	(0.000)	(0.000)	(0.000)	(0.000)	(0.000)	(0.000)
(lnper)^2	-19.771	306.965	-23.446	280.291	-20.656	401.109
	(0.000)	(0.000)	(0.000)	(0.000)	(0.000)	(0.000)
lnur	-16.229	266.504	-16.106	330.126	-4.576	86.953
	(0.000)	(0.000)	(0.000)	(0.000)	(0.000)	(0.013)
lnis	-5.272	84.309	-15.264	193.322	-6.074	153.812
	(0.000)	(0.021)	(0.000)	(0.000)	(0.000)	(0.000)
lnfdi	-3.999	81.257	-5.801	97.659	-9.195	174.180
	(0.000)	(0.035)	(0.000)	(0.002)	(0.000)	(0.000)
lnagdp	-16.010	281.246	-14.782	237.458	-19.241	394.912
	(0.000)	(0.000)	(0.000)	(0.000)	(0.000)	(0.000)

注：括号内数值为 P 值。

3.4.3.2 面板回归模型检验

在对面板数据进行回归分析之前，往往需要判断所采用的模型的类型，在这里引入 F 检验和 Hausman 检验两种方法。F 检验用来判断应建立混合模型还是个体固定效应模型，若检验结果符合原假设，则应建立混合模型；若检验结果符合备择假设，则应建立个体固定效应模型。进一步地，用 Hausman 检验来证明模型类别适合个体随机效应还是个体固定效应，若检验结果符合原假设，则为个体随机效应模型；若检验结果符合备择假设，则为个体固定效应模型。

表 3 - 8 是行政型环境规制影响绿色全要素生产率及分解项相关模型的检验结果，各个模型中 F 检验统计量的 P 值均小于 0.05，且 Hausman 检验统计量的 P 值至少在 10% 的水平下显著，故拒绝原假设，认为建立的个体固定效应模型是合适的。此外，本节是以全国及东部、中部和西部地区的面板数据为样本，不需要从总体中进行随机抽样，这进一步证明了采取个体固定效应模型比随机效应模型更合适。

表 3 - 9 是市场型环境规制影响绿色全要素生产率及分解项相关模型的检验

结果，各个模型中 F 检验统计量的 P 值均小于 0.05，且 Hausman 检验统计量的 P 值至少在 10% 的水平下显著，故拒绝原假设，认为建立的个体固定效应模型是合适的。

表 3 - 8　面板模型类型判别（行政型环境规制）

		全国	东部地区	中部地区	西部地区
模型一	F 检验	2.06	2.24	1.63	2.4
	统计量（P 值）	(0.0017)	(0.0222)	(0.0425)	(0.0146)
	Hausman 检验	16.05	17.31	12，26	10.55
	统计量（P 值）	(0.0247)	(0.0082)	(0.0925)	(0.0024)
	判断结果	个体固定效应	个体固定效应	个体固定效应	个体固定效应
模型二	F 检验	26.15	8.14	23.25	40.14
	统计量（P 值）	(0.0000)	(0.0000)	(0.0000)	(0.0000)
	Hausman 检验	37.18	18	58.76	29.96
	统计量（P 值）	(0.0000)	(0.0120)	(0.0000)	(0.0010)
	判断结果	个体固定效应	个体固定效应	个体固定效应	个体固定效应
模型三	F 检验	5.96	6.06	2	2.37
	统计量（P 值）	(0.0000)	(0.0000)	(0.0668)	(0.0144)
	Hausman 检验	13.08	12.68	12.77	12.96
	统计量（P 值）	(0.0702)	(0.0802)	(0.0468)	(0.0730)
	判断结果	个体固定效应	个体固定效应	个体固定效应	个体固定效应
模型四	F 检验	6.79	3.26	6.46	13.45
	统计量（P 值）	(0.0000)	(0.0021)	(0.0005)	(0.0000)
	Hausman 检验	34.39	19.15	17.86	17.71
	统计量（P 值）	(0.0000)	(0.0003)	(0.0066)	(0.0070)
	判断结果	个体固定效应	个体固定效应	个体固定效应	个体固定效应
模型五	F 检验	1.57	1.88	3.64	11.31
	统计量（P 值）	(0.0391)	(0.0469)	(0.0230)	(0.0240)
	Hausman 检验	15.88	7.96	4.61	18.97
	统计量（P 值）	(0.0150)	(0.0238)	(0.0989)	(0.0140)
	判断结果	个体固定效应	个体固定效应	个体固定效应	个体固定效应

注：括号内数值为 P 值。

表 3-9 面板模型类型判别（市场型环境规制）

		全国	东部地区	中部地区	西部地区
模型一	F 检验	2.04	2.87	2.54	1.93
	统计量（P 值）	(0.0027)	(0.0038)	(0.0325)	(0.0520)
	Hausman 检验	15.92	6.69	11.21	7.12
	统计量（P 值）	(0.0142)	(0.0501)	(0.0925)	(0.0098)
	判断结果	个体固定效应	个体固定效应	个体固定效应	个体固定效应
模型二	F 检验	18.91	5.36	13.86	45.66
	统计量（P 值）	(0.0000)	(0.0000)	(0.0000)	(0.0000)
	Hausman 检验	67.9	18.55	38.7	16.78
	统计量（P 值）	(0.0000)	(0.0097)	(0.0000)	(0.0189)
	判断结果	个体固定效应	个体固定效应	个体固定效应	个体固定效应
模型三	F 检验	6.61	7.3	3.08	2.79
	统计量（P 值）	(0.0000)	(0.0000)	(0.0068)	(0.0043)
	Hausman 检验	24.25	9.33	6.89	13.31
	统计量（P 值）	(0.0005)	(0.0560)	(0.0325)	(0.0383)
	判断结果	个体固定效应	个体固定效应	个体固定效应	个体固定效应
模型四	F 检验	5.2	2.09	5.31	9.99
	统计量（P 值）	(0.0000)	(0.0400)	(0.0016)	(0.0002)
	Hausman 检验	39.2	12.25	16.57	16.8
	统计量（P 值）	(0.0000)	(0.0928)	(0.0110)	(0.0101)
	判断结果	个体固定效应	个体固定效应	个体固定效应	个体固定效应
模型五	F 检验	1.69	1.82	2.9	2.06
	统计量（P 值）	(0.0194)	(0.0053)	(0.0465)	(0.0500)
	Hausman 检验	5.6	8.96	4.8	2.8
	统计量（P 值）	(0.0468)	(0.0838)	(0.0989)	(0.0336)
	判断结果	个体固定效应	个体固定效应	个体固定效应	个体固定效应

注：括号内数值为 P 值。

表 3-10 是公众参与型环境规制影响绿色全要素生产率及分解项相关模型的检验结果，各个模型中 F 检验统计量的 P 值均小于 0.05，且 Hausman 检验统计量的 P 值至少在 10% 水平下显著，故拒绝原假设，认为建立的个体固定效应模型是合适的。

表 3-10　面板模型类型判别（公众参与型环境规制）

		全国	东部地区	中部地区	西部地区
模型一	F 检验	1.77	1.61	2.26	1.89
	统计量（P 值）	(0.0114)	(0.0157)	(0.0825)	(0.0574)
	Hausman 检验	16.62	13	5.47	11.58
	统计量（P 值）	(0.0200)	(0.0431)	(0.0856)	(0.0721)
	判断结果	个体固定效应	个体固定效应	个体固定效应	个体固定效应
模型二	F 检验	25.18	9.08	16.07	41.34
	统计量（P 值）	(0.0000)	(0.0000)	(0.0000)	(0.0000)
	Hausman 检验	36.26	19.4	39.95	20.12
	统计量（P 值）	(0.0000)	(0.0070)	(0.0000)	(0.0019)
	判断结果	个体固定效应	个体固定效应	个体固定效应	个体固定效应
模型三	F 检验	6.57	5.06	2.69	3.22
	统计量（P 值）	(0.0000)	(0.0000)	(0.0160)	(0.0012)
	Hausman 检验	19.14	22.35	15.7	18.49
	统计量（P 值）	(0.0077)	(0.0022)	(0.0154)	(0.0100)
	判断结果	个体固定效应	个体固定效应	个体固定效应	个体固定效应
模型四	F 检验	5.68	3.07	5.69	10.16
	统计量（P 值）	(0.0000)	(0.0034)	(0.0011)	(0.0001)
	Hausman 检验	214.83	93.56	52.88	65.94
	统计量（P 值）	(0.0000)	(0.0000)	(0.0000)	(0.0000)
	判断结果	个体固定效应	个体固定效应	个体固定效应	个体固定效应
模型五	F 检验	1.68	1.79	1.59	1.85
	统计量（P 值）	(0.0214)	(0.0679)	(0.0610)	(0.0834)
	Hausman 检验	14.77	17.52	12.81	14.81
	统计量（P 值）	(0.0885)	(0.0377)	(0.0902)	(0.0690)
	判断结果	个体固定效应	个体固定效应	个体固定效应	个体固定效应

注：括号内数值为 P 值。

3.5　实证结果分析

本部分采用 Stata14.0 软件进行实证分析，对提出的研究假设进行检验。这里需要说明的是，本章提出的行政型、市场型和公众参与型环境规制与绿色全要素生产率具有"U"型关系的假设，是基于全国整体分析得到的一般性假设，故以全样本数据得到的结果验证假设的正确与否。但考虑到中国不同地区的资源禀赋、产业结构和发展阶段存在差别，环境规制对绿色全要素生产率的影响可能在"U"型结构上具有不同特征，因此有必要在对全国整体分析的基础上进一步考察所提假设在东部、中部和西部地区是否得到验证。

具体内容按照环境规制的类型分为三部分：第一部分将行政型环境规制作为主要解释变量，第二部分将市场型环境规制作为主要解释变量，第三部分将公众参与型环境规制作为主要解释变量。被解释变量除了绿色全要素生产率外，还有四个分解指标，旨在进一步探究环境规制影响绿色全要素生产率的动力来源。

3.5.1 行政型环境规制影响绿色全要素生产率的检验结果

表 3 - 11、表 3 - 12、表 3 - 13 和表 3 - 14 分别对应全国、东部、中部和西部地区行政型环境规制对绿色全要素生产率及其分解项的估计结果。

表 3 - 11　行政型环境规制对 GTFP 及分解项的影响（全国）

变量	全国				
	lngtfp	lntp	lnte	lnse	lnae
lneer	1.0891 **	0.4360	1.1064 ***	- 0.2726	0.8475 ***
	(0.511)	(0.274)	(0.277)	(0.263)	(0.169)
lneer^2	- 0.1718 *	- 1.0093 **	- 0.1558 ***	0.0476 *	- 0.1888 ***
	(0.095)	(0.412)	(0.053)	(0.026)	(0.040)
lnur	- 0.1966 **	0.6270 ***	- 0.2855 ***	0.2068 **	- 0.2347 **
	(0.083)	(0.192)	(0.096)	(0.082)	(0.091)
lnis	- 0.3989 *	0.7373	- 0.7473 ***	- 0.0136	1.1218 ***
	(0.218)	(0.490)	(0.288)	(0.198)	(0.222)
lnfdi	0.0265	- 0.8302 ***	0.4082 ***	0.0863	- 0.2821 ***
	(0.100)	(0.271)	(0.109)	(0.085)	(0.094)
lnagdp	- 0.3536 **	1.3909 ***	- 0.7815 ***	- 0.7373 ***	- 0.1464
	(0.167)	(0.464)	(0.191)	(0.175)	(0.178)

变量	全国				
	lngtfp	lntp	lnte	lnse	lnae
Constant	− 0. 8320 *	− 26. 2232 ***	0. 3790 **	1. 6445 *	− 4. 1139 ***
	(0. 462)	(3. 914)	(0. 158)	(0. 956)	(1. 495)
样本数	360	360	360	360	360

注：表中括号内的数值为标准差，*、**、*** 分别表示在10%、5%和1%的水平下显著。表3 – 12 至表3 – 19 同此注。

基于全国整体，行政型环境规制对绿色全要素生产率的影响一次项系数显著为正，二次项系数显著为负，本章所提假设 H1 得到验证，即行政型环境规制对绿色全要素生产率的影响呈倒"U"型结构，用绿色全要素生产率对行政型环境规制，即对实际污染治理投资占 GDP 的比重求一阶偏导，得到：$\frac{\partial \ln te_{it}}{\partial \ln eer^2_{it}} 1.089 -$ 0. 172$\ln eer_{it}$，令其值为 0，得到 $\ln eer_{it} = 3.170$，即环境污染治理投资占 GDP 的比重为23.80%时，曲线达到拐点。在拐点前，行政型环境规制强度的提高对绿色全要素生产率的增长具有正向作用，且增加的速度逐步减缓；在拐点后，行政型环境规制强度的提高表现为对绿色全要素生产率的负向作用，而且降低的速度加快。从样本数据看，全国各省份均未达到拐点后状态，行政型环境规制对绿色全要素生产率的增长具有促进作用。可能的原因是政府环境污染治理投资总额在很大程度上承担了企业环境污染治理方面的成本，在降低企业负担的同时也保证了企业环境改善行为的实践。此外，该环境规制对技术效率和配置效率的影响也均呈倒"U"型结构。对于技术效率的变化，拐点为 $\ln eer_{it} = 3.551$，即环境污染治理投资占 GDP 的比重为34.84%时，曲线到达拐点。从样本数据看，全国各省份均未达到拐点后状态，行政型环境规制对技术效率的增长具有促进作用。对于配置效率，当 $\ln eer_{it} = 2.244$，即实际污染治理投资占 GDP 的比重为9.43%时，曲线到达拐点，全国各省份均未到达拐点，表现为行政型环境规制对配置效率具有促进作用。因此，行政型环境规制对绿色全要素生产率增长的促进作用主要来自对技术效率和配置效率的提高。

关于影响绿色全要素生产率的其他变量，人均地区生产总值对绿色全要素生产率、技术效率和规模效率的影响显著为负，这与预期存在较大出入，但其对技术进步具有显著促进作用，表现为人均地区生产总值每增长 1%，能推动技术进步增长 1.39%。城市化水平对绿色全要素生产率的增长具有抑制作用，且这种抑制作用主要体现在对技术效率和配置效率的影响上，但对技术效率和规模效率的增长表现为正向推动作用。产业结构对绿色全要素生产率的作用效果为负，主要表现为对技术效率变化的抑制，但可以显著改善配置效率。外商直接投资对绿色全要素生产率及规模效率的作用不明显，但其对技术效率的推动作用与对技术进步、配置效率的抑制作用均显著。

表 3 – 12　行政型环境规制对 GTFP 及分解项的影响（东部地区）

变量	东部地区				
	lngtfp	lntp	lnte	lnse	lnae
lneer	0.6465	− 0.1604	0.6703 **	− 0.9551	0.9157 ***
	(0.679)	(0.297)	(0.279)	(0.609)	(0.241)
lneer^2	− 0.0346	− 0.5574	− 0.1058 *	0.1327 **	− 0.1911 ***
	(0.063)	(0.473)	(0.056)	(0.054)	(0.067)
lnur	− 0.0033	0.8730 ***	− 0.2600 **	0.3196 **	− 0.2592
	(0.140)	(0.210)	(0.125)	(0.138)	(0.222)
lnis	− 0.0922	0.6159	− 0.2589	0.6821	1.8033 ***
	(0.281)	(0.465)	(0.329)	(0.485)	(0.473)
lnfdi	− 0.0596	− 0.8619 **	− 0.1259	− 0.0370	− 0.1451
	(0.186)	(0.344)	(0.168)	(0.162)	(0.213)
lnagdp	− 0.8392 ***	1.5773 ***	− 1.0397 ***	− 1.5007 ***	− 0.3092
	(0.287)	(0.496)	(0.264)	(0.307)	(0.444)
Constant	3.8241	− 27.9436 ***	5.4494 **	9.7573 ***	− 3.1236
	(2.371)	(4.306)	(2.198)	(2.407)	(3.494)
样本数	132	132	132	132	132

在东部地区，行政型环境规制对绿色全要素生产率增长的作用效果并不显著，但对技术效率和配置效率的变化具有显著作用。由行政型环境规制的一次项和二次项系数可知，该环境规制对技术效率和配置效率变化的影响呈倒 "U"型。对于技术效率，当 $lneer_{it} = 3.160$，即实际污染治理投资占 GDP 的比重为 23.58% 时，曲线到达拐点，在拐点之后，技术效率的增长随着实际污染治理投资占比的提高而降低，东部地区省份均未达到拐点后状态。对于配置效率，当 $lneer_{it} = 2.397$，即实际污染治理投资占 GDP 的比重为 10.99% 时，曲线到达拐点，东部地区均未达到拐点后状态，这表明东部地区的行政型环境规制对技术效率与配置效率的改善具有显著促进作用。此外，城市化水平、外商直接投资和产业结构对绿色全要素生产率的作用效果并不明显，技术创新对东部地区的技术进

步和规模效率的改善具有显著促进作用，产业结构的优化有助于改善配置效率，外商投资则抑制了技术进步。

表 3-13　行政型环境规制对 GTFP 及分解项的影响（中部地区）

变量	中部地区				
	lngtfp	lntp	lnte	lnse	lnae
lneer	2.9953 **	0.5016	2.2569 *	0.7298	-0.7751
	(1.495)	(0.853)	(1.347)	(0.971)	(1.383)
lneer²	-0.5140 **	-0.1656	-0.4215 *	-0.0449	0.1170
	(0.251)	(0.990)	(0.233)	(0.099)	(0.141)
lnur	0.1934	0.6136	0.1696	0.4708 ***	-0.3670 ***
	(0.312)	(0.471)	(0.228)	(0.163)	(0.131)
lnis	-1.3210 *	-2.7957 **	-1.9754 ***	-0.0944	0.7768 **
	(0.726)	(1.130)	(0.619)	(0.286)	(0.334)
lnfdi	0.6888	-0.1007	0.3970	0.1588	0.0906
	(0.477)	(0.577)	(0.369)	(0.232)	(0.208)
lnagdp	-0.1730	3.2137 ***	-0.7053	-1.6161 ***	-0.1968
	(0.659)	(0.965)	(0.434)	(0.385)	(0.244)
Constant	-15.4083 **	-46.1562 ***	-6.6309	5.0303 *	2.8072
	(6.477)	(10.945)	(5.649)	(2.906)	(3.417)
样本数	96	96	96	96	96

在中部地区，行政型环境规制对绿色全要素生产率和技术效率的变化具有显著作用，且作用效果均呈倒"U"型结构。对于绿色全要素生产率的增长，当 $lneer_{it}$ = 2.909，即实际污染治理投资占 GDP 的比重为 18.33% 时，曲线到达拐点，在拐点之后，绿色全要素生产率的增长随着实际污染治理投资占比的提高而降低，中部地区省份均未达到拐点后的状态，这表明中部地区政府的实际污染治理投资强度处在一个合理的范围内，对该地区绿色全要素生产率的提升具有正向作用，故中部地区行政型环境规制对绿色全要素生产率的影响同样符合假设 H1。对于技术效率，当 $lneer_{it}$ = 2.669，即实际污染治理投资占 GDP 的比重为 14.43% 时，曲线到达拐点，中部地区均未达到拐点后状态，该地区的行政型环境规制对技术效率的提高具有显著促进作用。因此，中部地区主要依赖环境规制对技术效率的提高来推动绿色全要素生产率的增长。此外，以绿色全要素生产率作为被解释变量时，该地区城市化水平、外商直接投资和人均地区生产总值的系数均不显

著，且产业结构的优化不利于绿色全要素生产率的增长。

表 3 – 14　行政型环境规制对 GTFP 及分解项的影响（西部地区）

变量	西部地区				
	lngtfp	lntp	lnte	lnse	lnae
lneer	1. 4128 **	3. 0945 ***	1. 2483 **	0. 6395 **	0. 6896 ***
	(0. 559)	(0. 851)	(0. 603)	(0. 258)	(0. 246)
lneer²	− 0. 2331 **	− 3. 1254 ***	− 0. 1994	− 0. 1695 **	− 0. 2005 ***
	(0. 106)	(0. 981)	(0. 138)	(0. 066)	(0. 068)
lnur	− 0. 3616 ***	− 0. 2682	− 0. 2711	0. 0711	− 0. 2226 ***
	(0. 119)	(0. 341)	(0. 226)	(0. 120)	(0. 078)
lnis	0. 5598	1. 8253	− 0. 8832	0. 4085 *	1. 4136 ***
	(0. 538)	(1. 192)	(0. 981)	(0. 226)	(0. 365)
lnfdi	0. 1845	1. 4236 *	0. 6963 **	0. 3919 ***	0. 0661
	(0. 198)	(0. 778)	(0. 306)	(0. 102)	(0. 126)
lnagdp	0. 0471	− 0. 7708	− 0. 7187	− 0. 0986	0. 4083 **
	(0. 307)	(1. 283)	(0. 564)	(0. 270)	(0. 205)
Constant	− 5. 8323 *	− 10. 9164	− 1. 5654	− 4. 8750 ***	− 8. 6974 ***
	(3. 367)	(9. 450)	(5. 603)	(1. 844)	(2. 166)
样本数	132	132	132	132	132

在西部地区，行政型环境规制与绿色全要素生产率、技术进步、规模效率和配置效率的变化均具有显著相关性，且该影响均呈倒"U"型。假设 H1 在西部地区也符合，即行政型环境规制对绿色全要素生产率的影响呈倒"U"型。关于绿色全要素生产率的增长，行政型环境规制作用的拐点为 $lneer_{it} = 3.030$，即实际污染治理投资占 GDP 的比重为 20.71%；行政型环境规制作用于规模效率变化的拐点为 $lneer_{it} = 1.886$，即实际污染治理投资占 GDP 的比重为 6.60%；该环境规制作用于配置效率变化的拐点为 $lneer_{it} = 1.720$，即实际污染治理投资占 GDP 的比重为 5.58%。从样本数据来看，西部地区各省份的实际污染治理投资强度均未到达拐点，即行政型环境规制对绿色全要素生产率、规模效率和配置效率的增长表现为显著促进作用。行政型环境规制影响技术进步增长的倒"U"型拐点，当 $lneer_{it} = 0.495$，即当实际污染治理投资占 GDP 的比重超过 1.64% 时，技术进步的增长率随着实际污染治理投资占比的提高而降低。从样本数据来看，内蒙古自治区、宁夏回族自治区、新疆维吾尔自治区和甘肃省均达到拐点后状态，这表明

行政型环境规制在这些省份对技术进步具有显著负向作用。此外，行政型环境规制对技术效率增长的影响系数为 1.248，表现为实际污染治理投资占 GDP 的比重每增长 1%，能推动技术效率增长约 1.25%。因此在西部地区，行政型环境规制对绿色全要素生产率的增长具有促进作用，且这种促进作用主要来自行政型环境规制对技术效率、规模效率和配置效率增长的推动，但其对技术进步的发展存在抑制作用。

3.5.2　市场型环境规制影响绿色全要素生产率的检验结果

表 3 - 15、表 3 - 16 和表 3 - 17 分别对应全国、东部和中部地区市场型环境规制对绿色全要素生产率及其分解项的估计结果。

表 3 - 15　市场型环境规制对 GTFP 及分解项的影响（全国）

变量	全国				
	lngtfp	lntp	lnte	lnse	lnae
lnmer	0.3032 *	- 3.1416 ***	1.9991 *	- 2.0031 ***	4.3025 ***
	(0.179)	(1.064)	(1.057)	(0.717)	(0.990)
lnmer^2	- 0.0037 *	- 0.3030 **	- 0.0805	0.0996 ***	- 0.2317 ***
	(0.002)	(0.119)	(0.053)	(0.035)	(0.049)
lnur	- 0.2006 *	0.6649 ***	- 0.2052	0.2305 ***	0.0933
	(0.112)	(0.135)	(0.150)	(0.076)	(0.131)
lnis	- 0.5593 **	- 0.1412	- 1.0240 ***	- 0.0043	0.7739 ***
	(0.264)	(0.489)	(0.336)	(0.204)	(0.241)
lnfdi	- 0.0932	- 0.6791 ***	0.2618 **	0.0013	- 0.2495 **
	(0.095)	(0.229)	(0.120)	(0.083)	(0.100)
lnagdp	- 0.0283	0.9762 **	- 0.2911	- 0.5955 ***	- 0.0879
	(0.157)	(0.382)	(0.207)	(0.154)	(0.186)
Constant	- 3.0801 **	- 27.7390 ***	- 10.7890 *	9.9109 **	- 22.7217 ***
	(1.566)	(3.640)	(5.872)	(3.887)	(5.390)
样本数	360	360	360	360	360

基于全国整体数据发现，市场型环境规制对绿色全要素生产率的影响一次项系数显著为正，二次项系数显著为负，本章所提假设 H2 得到验证，即市场型环境规制对绿色全要素生产率的影响呈倒"U"型，拐点为 $lnmer_{it}=40.923$，从样

本数据来看，全国各省份排污费收入总额远未达到拐点后状态，这表明市场型环境规制对绿色全要素生产率的提高具有促进作用。观察市场型环境规制对绿色全要素生产率分解项的影响可以发现，其对技术进步的影响系数为 − 3.142，在 1% 的水平下显著，表明市场型环境规制对技术进步具有抑制作用。市场型环境规制对技术效率的增长具有显著促进作用，系数为 1.999。需要注意的是，对于规模效率的变化，市场型环境规制的一次项系数显著为负，二次项系数显著为正，说明排污费与规模效率增长呈 "U" 型关系。当 $\ln mer_{it} = 10.056$ 即排污费收入总额达到 23289 万元时，曲线到达拐点。在拐点前，排污费收入与规模效率的变化负相关，此时排污费的征收强度较低，这也意味着企业对自己生产活动中造成的环境破坏支付的成本较低，由此仍倾向于依赖生产要素过度投入带来的经济快速增长，而缺乏通过绿色技术创新提高生产率的动力，从而导致企业生产的边际产出降低，生产要素投入不具备规模效率。随着排污费不断提高，并跨过了 23289 万元这个拐点，即位于 "U" 型曲线的右侧时，高额排污费的征收会倒逼企业进行绿色技术引进和技术研发活动，从而在提高生产率的同时改善环境质量，进一步提高绿色全要素生产率。从样本数据来看，除青海省外，其余省份均达到拐点后状态，这表明市场型环境规制促进规模效率的提高。市场型环境规制对配置效率增长的影响呈倒 "U" 型结构，当 $\ln mer_{it} = 9.285$，即排污费收入总额达到 10771 万元时，曲线到达拐点，在拐点之后，配置效率的增长率随着排污费总额的提高而降低，全国各省份市场型环境规制目前均跨过拐点，表现为对配置效率的提高具有抑制作用。因此在全国整体，市场型环境规制对绿色全要素生产率的增长具有促进作用，且这种促进作用主要依赖于市场型环境规制对技术效率和规模效率的提高，但其对技术进步与配置效率的提高具有抑制作用。

表 3 – 16　市场型环境规制对 GTFP 及分解项的影响（东部地区）

变量	东部地区				
	lngtfp	lntp	lnte	lnse	lnae
lnmer	0.7960 ***	− 2.8759 ***	0.7984	− 5.3056 ***	5.9080 ***
	(0.308)	(0.939)	(1.218)	(1.565)	(1.628)
lnmer²	− 0.0185 *	− 0.2796 ***	− 0.0095	0.2643 ***	− 0.2787 ***
	(0.011)	(0.103)	(0.057)	(0.073)	(0.077)
lnur	− 0.1990	0.7106 ***	− 0.4592 **	0.3746 **	− 0.3193
	(0.213)	(0.111)	(0.224)	(0.149)	(0.319)

续表

变量	东部地区				
	lngtfp	lntp	lnte	lnse	lnae
lnis	−0.1721	−0.0976	−0.3212	0.4345	1.5201 ***
	(0.380)	(0.417)	(0.397)	(0.539)	(0.522)
lnfdi	−0.0779	−0.6467 ***	−0.2841 *	−0.0244	−0.1012
	(0.171)	(0.220)	(0.163)	(0.158)	(0.208)
lnagdp	−0.6071 **	0.9524 ***	−0.4274	−1.2059 ***	−0.1051
	(0.304)	(0.368)	(0.293)	(0.303)	(0.422)
Constant	−0.7621	−27.5919 ***	−1.0903	30.9182 ***	−31.0886 ***
	(3.240)	(3.286)	(6.585)	(7.872)	(9.104)
样本数	132	132	132	132	132

表3−17 市场型环境规制对 GTFP 及分解项的影响（中部地区）

变量	中部地区				
	lngtfp	lntp	lnte	lnse	lnae
lnmer	1.0359 *	18.6976 *	2.3846	−8.2393 **	6.7836
	(0.609)	(10.057)	(9.417)	(3.396)	(6.100)
lnmer^2	−0.0095	2.4794 *	−0.0845 *	0.3935 **	−0.3080 *
	(0.018)	(1.429)	(0.049)	(0.153)	(0.184)
lnur	−0.1969	1.2506 ***	−0.1255	0.3110 ***	−0.2062
	(0.321)	(0.285)	(0.227)	(0.107)	(0.127)
lnis	−1.9108 **	−3.0512 ***	−2.1059 ***	0.4389	0.8115 **
	(0.781)	(0.972)	(0.620)	(0.306)	(0.341)
lnfdi	0.7504	−0.8192	0.4345	−0.4384 **	0.2816
	(0.555)	(0.596)	(0.472)	(0.204)	(0.233)
lnagdp	−0.0680	4.5027 ***	−0.7353 *	−0.8723 ***	−0.2266
	(0.658)	(1.013)	(0.437)	(0.234)	(0.254)
Constant	−11.2110 *	−27.4987	−11.3340	45.3008 **	−36.7426
	(5.956)	(18.099)	(50.212)	(18.657)	(32.274)
样本数	96	96	96	96	96

在东部地区，市场型环境规制对绿色全要素生产率和配置效率的增长具有显著作用，且该影响均呈倒"U"型，假设 H2 在东部地区也符合，即市场型环境

规制对绿色全要素生产率的影响呈倒"U"型。对于绿色全要素生产率的增长，市场型环境规制影响作用的拐点为 $\ln mer_{it} = 21.514$，即当排污费收入总额达到约22亿元时，曲线到达拐点，从东部地区的样本数据来看，各省份排污费收入总额远未达到拐点状态，这表明东部地区的市场型环境规制对绿色全要素生产率的增长具有显著促进作用。这是由于东部沿海地区经济发达，市场化程度高，基于市场机制的排污费征收政策更容易发挥作用。对于配置效率的增长，拐点为 $\ln mer_{it} = 10.599$，即当排污费收入总额达到约40103万元时，曲线到达拐点，东部地区各省份均达到拐点后状态，说明市场型环境规制不利于该地区配置效率的改善。市场型环境规制对技术进步具有显著的抑制作用，表现为排污费收入每增加1%，技术进步降低2.88%。该环境规制对规模效率增长的影响呈"U"型，拐点为 $\ln mer_{it} = 10.036$，即排污费收入总额达到约22833万元，从样本数据来看，东部地区各省份均达到拐点后状态，即市场型环境规制对规模效率的提高具有促进作用。因此，在东部地区，市场型环境规制对绿色全要素生产率的增长具有促进作用，这种促进作用主要来自市场型环境规制对规模效率的提高，但其对技术进步与配置效率的提高具有抑制作用，且对于技术效率的影响并不明显。

在中部地区，市场型环境规制对绿色全要素生产率的增长具有显著促进作用，表现为排污费收入每增长1%，能推动绿色全要素生产率增长1.04%。与全国整体和东部地区不同的是，市场型环境规制在该地区对技术进步具有正向影响，而且影响系数较大，为18.698，在10%的水平下显著。对于规模效率的变化，市场型环境规制的一次项系数显著为负，二次项系数显著为正，说明排污费与规模效率增长呈"U"型关系，拐点为 $\ln mer_{it} = 10.469$，即排污费收入总额达到约35202万元，从样本数据来看，中部地区各省份均达到拐点后状态，即市场型环境规制对规模效率的提高具有促进作用。市场型环境规制对技术效率与配置效率变化的作用并不明显。因此，在中部地区，市场型环境规制对绿色全要素生产率的增长具有促进作用，且这种促进作用主要来源于该环境规制对技术进步与规模效率的提高，但其对技术效率与配置效率变化的影响并不明显。

在西部地区，市场型环境规制对绿色全要素生产率的增长及其分解项的作用不明显，故这里不再列出面板模型回归结果。造成这种现象的原因可能是西部地区的经济水平不高，第二、第三产业起步较晚，且资本与技术受到一定限制，随着"西部大开发"等战略的实施，一些高耗能、高污染的制造业及重化工业率先得到发展，对于这些企业而言，特别是工业企业，其用于排污费征收的成本远不及环境污染治理所产生的成本，企业出于利润最大化的原则，更愿意选择缴纳排污费而不是通过改进工艺、进行绿色技术研发等行为来改善环境质量，一些企业甚至占用原本用于绿色技术创新和人力资本升级的资金来缴纳排污费，从而不利于地区的绿色经济发展，因此，市场型环境规制的实施在西部地区并不能有效促进绿色全要素生产率的增长。

3.5.3　公众参与型环境规制影响绿色全要素生产率的检验结果

表 3-18 和表 3-19 分别对应全国和西部地区公众参与型环境规制对绿色全要素生产率及其分解项的估计结果。

表 3-18　公众参与型环境规制对 GTFP 及分解项的影响（全国）

变量	全国				
	lngtfp	lntp	lnte	lnse	lnae
lnper	- 0.4814 ***	- 0.2500 *	0.1490	- 0.0535	0.0984 **
	(0.182)	(0.128)	(0.092)	(0.041)	(0.040)
lnper²	0.0294 ***	0.0254	0.0229 *	- 0.0441 ***	- 0.0008
	(0.011)	(0.071)	(0.013)	(0.014)	(0.005)
lnur	- 0.3258 ***	0.8470 ***	- 0.0668	0.2486 ***	- 0.1095
	(0.114)	(0.164)	(0.098)	(0.083)	(0.094)
lnis	- 0.5002 **	0.6147	- 1.2227 ***	- 0.1669	1.1636 ***
	(0.228)	(0.472)	(0.325)	(0.188)	(0.240)
lnfdi	- 0.0953	- 0.6575 **	0.1174	0.0952	- 0.3608 ***
	(0.100)	(0.282)	(0.125)	(0.090)	(0.106)
lnagdp	0.4378 **	1.0468 **	- 0.1033 *	- 0.4953 ***	- 0.0957
	(0.215)	(0.467)	(0.059)	(0.148)	(0.202)
Constant	- 5.8740 ***	- 22.9917 ***	- 2.7545	- 0.9340	- 1.2169
	(1.881)	(4.043)	(2.052)	(1.059)	(1.434)
样本数	360	360	360	360	360

基于全国整体，对于绿色全要素生产率的变化，公众参与型环境规制的一次项系数显著为负，二次项系数显著为正，本章所提的假设 H3 得到验证，即公众参与型环境规制对绿色全要素生产率的影响呈正"U"型，拐点为 $lnper_{it} = 8.187$，即当每万人环境信访来信数达到 3594 封时，曲线到达拐点。在拐点前，公众参与型环境规制与绿色全要素生产率的增长负相关，从样本数据来看，大部分省份均未跨过拐点，表现为对绿色全要素生产率的抑制作用，这反映出现阶段中国公众对环境保护的意识较弱，参与环境污染治理的积极性不强，未能对产业经济结构的构成与企业的生产决策形成压力和影响力。此外，公众参与型环境规

制对技术进步的影响系数为负，在10%的水平下显著，但该环境规制对于配置效率的改善具有推动作用，系数为0.0984，在5%的水平下显著。因此，公众参与型环境规制对技术效率与规模效率的影响均不显著。故对于全国整体，公众参与型环境规制不利于绿色全要素生产率的增长，且这种负面作用主要来源于其对技术进步的抑制，但对配置效率的增长具有推动作用。

表3-19　公众参与型环境规制对GTFP及分解项的影响（西部地区）

变量	西部地区				
	lngtfp	lntp	lnte	lnse	lnae
lnper	-0.4196**	-1.7751***	0.3378**	0.0640*	0.1867***
	(0.212)	(0.381)	(0.163)	(0.039)	(0.057)
lnper²	0.3046***	0.7158*	0.1116*	0.0122	-0.0055*
	(0.113)	(0.412)	(0.062)	(0.015)	(0.003)
lnur	-0.4934***	-0.0230	0.0197	-0.2041**	-0.1157*
	(0.131)	(0.310)	(0.170)	(0.102)	(0.066)
lnis	1.2902**	2.3310**	-0.5262	0.3357	1.7237***
	(0.520)	(1.102)	(0.948)	(0.243)	(0.386)
lnfdi	0.1377	2.6904***	0.5705*	0.4235***	-0.1499
	(0.210)	(0.823)	(0.335)	(0.106)	(0.147)
lnagdp	0.8377***	0.1357	0.5522	0.1659	0.2901*
	(0.250)	(0.705)	(0.376)	(0.170)	(0.154)
Constant	-8.5619***	-8.6606	-11.4258***	-5.7800***	-4.5499***
	(2.294)	(7.757)	(3.673)	(1.114)	(1.273)
样本数	132	132	132	132	132

在东部地区，公众参与型环境规制不利于绿色全要素生产率的增长，且对技术进步、技术效率、规模效率和配置效率变化的作用均不明显。在中部地区，公众参与型环境规制对技术进步具有抑制作用，但对绿色全要素生产率的增长率及其他分解项的影响并不显著。因此，在这里不再列出东部和中部地区的面板模型回归结果。

在西部地区，公众参与型环境规制对绿色全要素生产率和技术进步的影响均表现为正"U"型结构，符合本章所提假设H3，且其作用均通过了曲线拐点，表现为正向推动作用。公众参与型环境规制不具有强制性，主要通过非政府组织的力量推动企业绿色行为。Campbell（2007）发现，企业在非政府组织的严格监督下，倾向于主动采取一系列改善环境污染的措施，从而带来更好的环境绩效。蔡乌赶、周小亮（2017）也认为，一定的公众参与型环境规制强度能有效提高绿色全要素生产率，企业自愿承诺达到更高的环境绩效，虽然在短期内可能带来较高的环境成本支出，不利于绿色全要素生产率的提高，但从长期来看，随着社会公众共同参与环境监督、呼吁环境清洁型产品程度的加强，企业将主动通过绿色产品认证、环境管理等方式寻求公众的认可，在市场上树立良好的绿色形象，从而提高自身竞争力与市场占有率，这对于地区整体的绿色全要素生产率具有正向作用。此外，公众参与型环境规制对配置效率变化的影响呈倒"U"型，经计算得知西部地区各省份公众参与型环境规制的强度均未跨过拐点，仍表现为对配置效率提高的促进作用。公众参与型环境规制的提高还有助于技术效率和规模效率的改善，且对技术效率的影响较大，系数为 0.3378。因此，在西部地区，公众参与型环境规制对绿色全要素生产率的增长及其分解项均具有显著促进作用。

3.6 进一步讨论

本章以绿色全要素生产率及其分解项作为被解释变量，将行政型、市场型和公众参与型环境规制作为主要解释变量，从全国整体层面和东部、中部、西部三大区域层面出发分别进行检验，并就影响结果进行对比分析，目的是探求不同区域、不同类型的环境规制对绿色全要素生产率的影响及动力来源。根据实证结果可以得出，不同类型环境规制工具对绿色全要素生产率的影响具有区域差异，具体讨论如下：

首先，行政型环境规制对全国整体绿色全要素生产率的影响呈倒"U"型结构，假设 H1 是正确的，该假设在中部和西部地区也得到了验证，且全国及中部和西部地区的环境规制强度均未跨过拐点，仍表现为对绿色全要素生产率的促进作用，但在东部地区行政型环境规制对绿色全要素生产率的影响不明显。可能的原因是中部和西部地区的工业发展程度相比于东部地区多处于初级阶段，其经济发展主要以牺牲大量自然资源、造成环境污染破坏为代价，此时，行政型环境规制通过对污染程度较大的企业进行强制性降污和环境保护，往往能够起到良好的环境改善作用。

此外，行政型环境规制在不同地区促进绿色全要素生产率增长的动力来源也不同。对于全国整体而言，行政型环境规制主要依赖于对技术效率和配置效率的提高来推动绿色全要素生产率的增长；在中部地区，行政型环境规制主要依赖于对技术效率的提高来推动绿色全要素生产率的增长；在西部地区，行政型环境规制对绿色全要素生产率的促进作用与其对规模效率、配置效率和技术效率增长的推动有关，但其对技术进步的发展存在抑制作用。

其次，市场型环境规制与中国整体绿色全要素生产率的关系表现为倒"U"型结构，假设 H2 是正确的，该假设在东部地区也得到了验证，而且全国及东部地区的环境规制强度均未跨过拐点，表现为对绿色全要素生产率的正向影响。在中部地区，市场型环境规制影响绿色全要素生产率的一次项系数显著为正，中部地区的产业结构稳定，市场化程度较高，市场机制运行程度良好，市场型环境规制能够充分发挥对企业降污减排的激励作用，故对环境污染治理是有效的。市场型环境规制在西部地区不能发挥作用，可能的原因是西部地区市场体系不完善，市场型环境规制在该地区不能借助市场机制对企业环境治污的行为产生积极引导。

此外，市场型环境规制在不同地区对绿色全要素生产率产生影响的动因也不同。对于全国整体而言，市场型环境规制对绿色全要素生产率的正向作用主要依赖于对技术效率和规模效率的提高；在东部地区，市场型环境规制对绿色全要素生产率的促进作用主要来自该环境规制对规模效率的提高，且市场型环境规制对技术进步与配置效率具有一定的抑制作用；在中部地区，市场型环境规制对绿色全要素生产率的促进作用来自该环境规制对技术进步与规模效率的提高。

最后，公众参与型环境规制对中国整体绿色全要素生产率的影响呈正"U"型结构，假设 H3 是正确的，该假设在西部地区也得到了验证，只不过公众参与型规制的强度基于全国而言并未跨过拐点，表现为抑制绿色全要素生产率的增长，而在西部地区已跨过拐点，对绿色全要素生产率的增长具有显著促进作用。此外，该环境规制在中部地区的作用不明显，但对东部地区的绿色全要素生产率增长具有负向作用。这反映出中国公众主动参与环境监督的行为在一定程度上对环境污染治理具有积极作用，但是作用效果并不突出。造成该现象的原因可能与中国公众环境污染治理相关活动的参与程度较低有关，中国目前的环保教育普及度较低，环境质量检测及企业治污行动等数据不公开或数据真实性存在质疑，公民环境参与意识和积极性都受到打击；公众参与环境保护与治理的渠道单一，程序不规范，公民对企业生产的监督与意见反映未对政府决策与企业生产行为起到真正的影响。

此外，公众参与型环境规制在不同地区对绿色全要素生产率产生影响的动因也不同。对于全国整体而言，公众参与型环境规制对绿色全要素生产率的负面作用来源于对技术进步的抑制，但该环境规制对配置效率的增长具有推动作用；在西部地区，公众参与型环境规制对绿色全要素生产率的促进作用主要来源于对技术进步、技术效率、规模效率和配置效率增长的推动。

3.7 本章小结

本章为了探究环境规制对绿色全要素生产率的影响，从分析两者间的作用机制出发，首先将环境规制分为行政型、市场型和公众参与型三类，构建环境规制影响绿色全要素生产率的理论分析框架，并基于不同类型的环境规制工具提出相关研究假设；其次利用随机前沿超越对数生产函数模型，测度2004—2015年全国整体以及东部、中部、西部地区的绿色全要素生产率及其构成，比较分析了各区域绿色全要素生产率的变动及其增长动因；最后运用面板回归模型，从全国整体层面和东部、中部、西部三大区域层面出发，实证研究了行政型、市场型和公众参与型这三种环境规制与绿色全要素生产率的关系，对所提假设进行验证，并进一步探讨了环境规制是通过全要素生产率的哪一部分来促进绿色全要素生产率的增长。

研究发现：第一，全国及东部、中部、西部地区的绿色全要素生产率均呈上升趋势，且增长来源存在差异，全国整体绿色全要素生产率的提高主要依赖于技术进步，从区域角度看，各地区绿色全要素生产率的增长速度由高到低依次为东部、西部和中部地区。第二，环境规制与绿色全要素生产率之间存在非线性关系。就全国整体而言，行政型环境规制与市场型环境规制对绿色全要素生产率的影响均呈倒"U"型结构，公众参与型环境规制与绿色全要素生产率之间的关系为正"U"型结构，而且这一结论在不同区域体现出异质性。第三，不同类型的环境规制工具促进绿色全要素生产率增长的动力来源不同。行政型环境规制对绿色全要素生产率的促进作用主要来自该环境规制对技术效率和配置效率的提高；市场型环境规制对中国绿色全要素生产率的促进作用得益于该环境规制对技术效率和规模效率的提高；公众参与型环境规制对中国绿色全要素生产率的促进作用主要来源于技术进步、技术效率、规模效率和配置效率增长的推动。

④
环境规制对经济增长质量的
影响研究

4.1　经济增长质量指标体系的构建

4.1.1　经济增长质量指标体系构建的原则

经济增长质量有丰富的内涵，没有一个单一的指标能够代表经济增长质量的真正层面。随着经济增长指标的完善和系统化，根据以往学者的经验，应该运用以下原则，建立一个适当和合理的经济增长质量指标体系。

科学性原则。这一原则要求在建立经济增长质量指标体系时，严格考虑经济增长质量的科学参数，指标之间的界限要清晰、相互关联，必须反映经济增长质量的特点。

系统性原则。就整个经济体系的组成而言，如果只考虑构成整个经济体系的一个组成部分或子系统，则对经济增长质量的评估可能会偏高，总体的系统结果并不一定很好。对经济增长质量的评估必须以整个经济体系的特点为基础，不仅要以经济体系的一个组成部分为基础，而且要考虑到经济因素、社会因素和环境相关的评估指标，使系统更加客观和全面。

可比性原则。为了确保指标之间的可比性，在确定指标时必须考虑到不同的指标、单位、计算方法等，以便在横向和纵向比较中确保它们之间的可比性。

可行性原则。所选取的指标既具有实用性、可操作性，又具有可获得性，不仅可以用于统计观察，也可以用于现实生活。

实用性原则。评价经济增长质量的目的是反映宏观经济运行的具体情况，为管理提供科学有效的理论依据。因此，在制定评价指标时要考虑实际原则，既要周密，又不能过多，否则将大大增加统计工作及数据处理的工作量，并可能导致信息的重叠。

4.1.2 经济增长质量指标体系的指标选择

经济增长质量的内涵一般可以从狭义和广义两个方面定义。狭义的经济增长质量是指只考虑某一个方面的效率变化；而广义的经济增长质量是从经济内在的性质上来反映经济增长，实现资源的有效配置，应该涵盖经济增长的各个方面。中国经济已经从经济快速增长转向高质量经济增长的常态化，考虑到狭义的经济增长质量只是考虑了经济增长的某一个层面，而没有包括经济增长过程中与社会、环境、人民生活等息息相关的多个因素，因此，本书认为广义的经济增长质量更符合中国当前的发展理念。综合现有文献（任保平和李禹墨，2018；何兴邦，2019），本书打算从五个维度构建经济增长质量的指标体系，以下详细介绍指标体系的构成（见表4－1）。

经济增长的效率：一般认为各种生产要素转化为产出的有效性即为生产率，因此本书选择了全要素生产率、资本生产率以及劳动生产率来全面测度经济增长的效率。

经济增长的结构：以国民经济核算账户体系的划分标准为依据，本书将从产业结构、投资消费结构、国际收支结构和城乡二元结构四个方面衡量经济增长的结构（钞小静和惠康，2009）。产业结构常见的测度指标有工业化率、第三产业分别与第二产业和第一产业的比值等，本书选取产业结构合理化和产业结构高级化两个指标。投资消费结构也不是一个单一的指标，考虑全社会固定资产增长率、投资率、消费率、增量资本产出率几个分项指标共同构成投资消费结构。此外，投资与消费应该有一个适当的比例，并不是越高就越好，因此本书将投资率与消费率作为适度指标纳入指标体系。国际收支结构测度指标选择进出口总额占GDP的比重衡量。鉴于中国典型的二元经济结构特征，选择二元对比系数和二元反差指数来衡量城乡二元结构。

经济增长的稳定性：经济增长的稳定性受到经济周期波动的影响，因此，从产出波动、价格波动和就业波动三个方面来测度经济增长的稳定性。用经济波动率、消费者物价指数、生产者物价指数和城镇登记失业率作为产出波动、价格波动和就业波动的代理变量。

经济增长的生态环境代价：环境污染致使生态环境受到损伤，人们为此需要付出代价。根据目前的实际情况，能源、电力、大气、污水、固体废弃物等都会对环境造成严重的污染，因此，用单位地区生产总值能耗数、单位地区生产总值电耗数、单位产出污水排放数、单位产出大气污染程度、单位产出固体废弃物排放数测度经济增长的生态环境代价。

表4-1 经济增长质量评价指标体系构成

方面指数	分项指标	基础指标	正指标	逆指标	适度指标
经济增长的效率		全要素生产率增长率	↑		
		资本生产率	↑		
		劳动生产率	↑		
经济增长的结构	产业结构	产业结构高级化	↑		
		产业结构合理化		↓	
	投资消费结构	投资率			—
		消费率			—
	国际收支结构	进出口总额/GDP	↑		
	城乡二元结构	二元对比系数	↑		
		二元反差指数		↓	
经济增长的稳定性	产出波动	经济波动率		↓	
	价格波动	消费者物价指数		↓	
		生产者物价指数		↓	
	就业波动	城镇登记失业率		↓	
经济增长的生态环境代价	资源消耗	单位地区生产总值能耗		↓	
		单位地区生产总值电耗		↓	
	环境污染	单位产出污水排放数		↓	
		单位产出大气污染程度		↓	
		单位产出固体废弃物排放数		↓	
经济增长的福利变化与成果分配	福利变化	人均GDP	↑		
		城镇和农村人口收入比		↓	
	成果分配	每万人口卫生技术人员数		↓	
		平均受教育年限	↑		

经济增长的福利变化与成果分配：福利变化是指因经济增长居民的福利有所改善，选择人均GDP、城镇和农村人口收入比作为测度指标；而经济增长的成果分配主要考虑到健康和教育两个方面，因此选取每万人口卫生技术人员数和平均受教育年限作为测度的基础指标。

虽然本书严格按照指标的定义挑选出了表4-1的指标体系来测算各省份

2004—2016 年的经济增长质量水平，但是数据收集的过程中存在两个问题：一是西藏自治区的数据缺失较为严重，二是部分数据的年份有缺失现象。因此，本书只针对 2004—2016 年除西藏自治区外全国 30 个省份的经济增长质量水平进行测算。在测算过程中，数据主要来自国家统计局的《中国统计年鉴》、国研网、搜数网以及各地区统计年鉴等。部分指标可以直接从统计数据里获得，但一些指标较为复杂，需要进一步计算才能得到，下面进行解释说明。

（1）经济增长的效率数据说明。在计算全要素生产率时，首先要确定测度方法。当前主要有随机前沿（SFA）和数据包络分析（DEA）两种方法。SFA 在计算全要素生产率时需要提前设定模型，这样就会因模型不同而带来计量结果的偏差。DEA 方法无须估计具体的生产函数，可以避免因错误的函数形式带来的问题。利用 DEA 方法需要事先确定投入和产出变量。目前学者普遍承认以各省份的实际 GDP 作为产出变量，但关于投入变量，原有单一资本和劳动力投入对经济增长贡献的研究已不能满足经济增长质量的复杂性，为了对经济全要素生产率进行更深层次的研究，根据马尔萨斯在 1798 年提出的经典论断，经济增长质量不仅应考虑资本和劳动力投入的影响，同时还要考虑能源投入的影响，这样所得到的经济全要素生产率才更能有说服力。因此，本书将资本、劳动力、能源三个要素纳入投入指标测算经济全要素生产率，并使用 Deap 2.1 软件来衡量全国 30 个省份 2004—2016 年的经济全要素生产率。

首先确定产出指标。产出指标选取各地区的实际 GDP，以 2000 年的价格作为基期对各地区的名义 GDP 进行缩减得到实际 GDP，单位为亿元。

具体计算实际 GDP 的步骤如下：

$$PI_t = \frac{\dfrac{GDP_t}{PD_t}}{GDP_{t-1}} \tag{4-1}$$

其中，国内生产总值指数用 PI 表示，名义的国内生产总值用 GDP 表示，国内生产总值的平减指数用 PD 表示，t 表示时间。

再求 GDP 平减指数，公式为：

$$PD_t = \frac{GDP_t}{GDP_{t-1} \cdot PI_t} \tag{4-2}$$

以 2000 年为基年，定基指数是用各个时期环比指数的乘积来求得的。实际 GDP 用名义 GDP 除以 GDP 平减指数（2000 年为 100）得到。

其次确定投入指标。资本投入（K）以物质资本存量表示，根据单豪杰（2008）的方法计算物质资本存量，具体的估算公式为：

$$K_{it} = K_{it-1}(1 - \delta_{it}) + I_{it} \tag{4-3}$$

其中，当年投资用 I 表示，经济折旧率用 δ 表示，资本存量用 K 表示，i、t 分别指第 i 个地区的第 t 年。根据以往学者的研究，当年投资额用固定资本形成总额来度量，以 2000 年为基年计算实际固定资本形成总额。按照国际常用方法计算基期的资本存量：

$$K_0 = I_0/(g+\delta) \tag{4-4}$$

其中，基期的资本存量用 K_0 表示，基期的投资额用 I_0 表示，研究期间实际投资的年平均增长率用 g 表示。

劳动力投入（L）选用各地区年末从业人员指标，单位为万人。能源投入（E）选用各地区能源消费总量，单位为万吨标准煤。

资本生产率用 GDP（2000 年不变价格）与资本存量之比计算得到。劳动生产率用 GDP（2000 年不变价格）与从业人数之比计算得到。

（2）经济增长的结构数据说明。产业结构从产业结构高级化和产业结构合理化两个方面来度量。产业结构高级化用第三产业的产值与第二产业的产值来计算。产业结构合理化用泰尔指数来度量。泰尔指数通常用于地区之间的差异问题研究，采用干春晖等（2011）提出的定义和公式计算得到泰尔指数，即：

$$T_L = \sum_{i=1}^{3} \left(\frac{Y_i}{Y}\right) \ln\left(\frac{Y_i}{L_i} \Big/ \frac{Y}{L}\right) \tag{4-5}$$

其中，T_L 代表泰尔指数，$Y_i = 1$，2，3 分别表示第一、第二和第三产业的产值，$L_i = 1$，2，3 分别表示第一、第二和第三产业的就业人数。

投资消费结构用投资率和消费率来测度。投资率用资本形成总额与 GDP 之比来计算；消费率用最终消费支出与 GDP 之比来计算。

国际收支用进出口总额与 GDP 之比来计算。

城乡二元结构从二元对比系数和二元反差指数两方面测度。二元对比系数是指农业比较劳动生产率与非农业比较劳动生产率的比值。农（非农）业比较劳动生产率用农（非农）业产值比重与农（非农）业就业比重的比值计算。二元反差指数用非农业的产值比重与非农就业比重的绝对值测度。

（3）经济增长的稳定性数据说明。产出波动用经济波动率表示，用经济增长率变动幅度的绝对值（其中经济增长率为真实 GDP 的增长率）来测度。价格波动用消费者物价指数和生产者物价指数来测度。就业波动通常用失业率表示，而目前中国的失业率即为城镇登记失业率，可直接获得。

（4）经济增长的生态环境代价数据说明。生态环境代价分为资源消耗和环境污染。资源消耗用单位地区生产总值能耗和单位地区生产总值电耗度量，分别用能源消费总量和电力消费量与 GDP 之比计算得到。环境污染这个基础指标用三个分指标衡量，分别是：单位产出污水排放数，以工业废气排放总量与 GDP

之比计量；单位产出大气污染程度，以工业废水排放总量与 GDP 之比计量；单位产出固体废弃物排放数，以工业废弃物产生量与 GDP 之比计量。

（5）经济增长的福利变化与成果分配数据说明。福利变化用人均 GDP 和城镇与农村人口收入比来度量。人均 GDP 用实际 GDP 与地区常住人口之比表示，实际 GDP 的测算方法参考上文全要素生产率的产出指标的计算方法。城镇与农村人口收入比即用城镇人口的收入与农村人口的收入两者的比值计量。

成果分配包括每万人口卫生技术人员数和平均受教育年限两部分。有关平均受教育年限法的算法，根据大多数学者的研究，目前通用的是用 6 岁及以上人口的平均受教育年限。以下具体说明平均受教育年限的测度方法。人口抽样调查中对受教育程度分为不识字或者识字很少、小学、初中、高中和大专及以上文化程度 5 个级别，据此分别把小学、初中、高中和大专及以上文化程度设定为 6 年、9 年、12 年和 16 年，具体的测算方法为：

$$null = s_1 \times n_1 + s_2 \times n_2 + s_3 \times n_3 + s_4 \times n_4 \tag{4-6}$$

其中，$null$ 代表平均受教育年限；6 岁及以上人口中文化程度是小学、初中、高中和大专及以上人口的比重，分别用 s_1、s_2、s_3 和 s_4 表示。

4.2　经济增长质量的指标体系测算方法

现有的关于经济增长质量综合评价指标体系测算的文献一般采用相对指数法、层次分析法、熵值法和因子分析法等主流的测度方法。相对指数方法是一种常见的统计方法，这种方法可以把一系列指数转化为一种可比指数的形式，然后再进行简单的加权或综合评估。这种简单的加权平均法没有考虑子类指标之间可能存在的巨大关联，也没有考虑经济增长质量各维度的作用不是恒定的。层次分析法是一种确定因素权重的方法，采用的是多因素分级法。研究人员根据对指标重要性的认识来分配权重，并在很大程度上依赖个人的经验，受到主观因素的强烈影响，充其量只能排除思考过程中的严重不一致，但不能排除决策者的个人片面性。此外，比较和评估这一方法的过程不那么严格，因此，它只适用于对精确度要求不那么高的问题，只是一种简单的定性和定量结合的方法。熵值法主要是根据数据的变异性确定权重，是一种客观赋权的方法，能避免人为因素带来的偏差，保证客观地评价经济增长质量。因此，本书选取熵值法来确定各维度子指标的权重。

前文提及的两个适度指标，参考项俊波（2008）的研究结论，适度指标 =

$1/|$原始值 – 适度值$|$，其中，投资率的适度值为38%，消费率的适度值为60%。对于前文选取的逆指标，先取其倒数形式，使指标转成正向的趋势，然后再统一处理量纲问题。由于经济增长质量指数核心指标的量纲与量级不同，如果直接进行简单的加减处理，无法充分反映不同的指标共同作用的结果，所以在分析之前，需要进行一些变动和处理，对于前文提及的各个原始数据（或按上面的步骤进行简单处理）采用 min – max 标准化的方法进行无量纲化处理。下面详细介绍数据的处理及评价方法的应用：

第一步，标准化处理。本书采用的是 min – max 标准化的方法对原始指标进行无量纲化处理，这种方法也叫离差标准化，是对原始数据的线性变换，使结果落到［0，1］区间，转换函数如下：

对序列 x_1，x_2，$\cdots$，x_n 进行变换：

$$y_i = \frac{x_i - \min_{1 \leqslant j \leqslant n}\{x_j\}}{\max_{1 \leqslant j \leqslant n}\{x_j\} - \min_{1 \leqslant j \leqslant n}\{x_j\}} \tag{4-7}$$

则新序列 y_1，y_2，$\cdots$，$y_n \in$ ［0，1］且无量纲。

第二步，计算第 j 项指标第 i 年份的比重 y_{ij}：

$$y_{ij} = \frac{x_{ij}}{\sum_{i=1}^{n} x_{ij}} (i = 1,2,3,\cdots; j = 1,2,3,\cdots) \tag{4-8}$$

第三步，计算第 j 项指标的熵值 e 和效用值 d。熵值越小，效用值越大，即相应的权重也就越大。

$$e_j = -k\sum_{i=1}^{n} y_{ij}\ln y_{ij} \quad k = \frac{1}{\ln m}(j = 1,2,3,\cdots) \tag{4-9}$$

$$d_j = 1 - e_j (j = 1,2,3,\cdots) \tag{4-10}$$

第四步，计算第 j 项指标的权重 w_j：

$$w_j = \frac{d_j}{\sum_{i=1}^{n} d_j}(j = 1,2,3,\cdots) \tag{4-11}$$

第五步，计算基于熵值法的经济增长质量综合指数：

$$EQ_i = \sum_{j=1}^{n} w_j y_{ij}(j = 1,2,3,\cdots) \tag{4-12}$$

基于熵值法的经济增长质量综合指数 EQ 为正向指标，综合指数 EQ 越大，经济增长质量的综合指数越大。

4.3 经济增长质量的指标体系测算结果

地区间存在的要素总量差异，必然导致地区间政府治理的差异，从而导致经济发展质量的差异。一般来说，较发达的地区经济与财力丰富，在教育、环境等方面的支出较多，而欠发达地区的公共财政预算支出等相对没有那么富裕。因此，根据地理位置划分区域进行分析，更加科学和重要。以省级（自治区、直辖市）面板数据作为样本，将全国分为两大区域，即东部地区和中西部地区，具体如下：经济发达地区（东部）包括北京市、天津市、河北省、辽宁省、上海市、江苏省、浙江省、福建省、山东省、广东省、海南省11个省（市）；经济欠发达地区（中部和西部）包括山西省、吉林省、黑龙江省、安徽省、江西省、河南省、湖北省、湖南省、内蒙古自治区、广西壮族自治区、重庆市、四川省、贵州省、云南省、陕西省、甘肃省、青海省、宁夏回族自治区、新疆维吾尔自治区19个省（自治区、直辖市）。

4.3.1 经济增长质量的指标权重结果

表4-2为数据标准化后计算出来的经济增长质量评价指标体系权重，可以看出，2016年经济增长的效率、经济增长的结构、经济增长的稳定性和经济增长的生态环境代价的权重比例相较于2004年均有所增长。

4.3.2 经济增长质量的指标测算结果

全国经济增长质量的综合指数结果如表4-3所示，包括2004—2016年各省份、东部及中西部的经济增长质量的综合指数。

从经济增长质量指数大小来看，北京、天津和上海三个地区的经济增长质量综合指数最大，处于领先地位。贵州、云南和陕西三个地区的经济增长质量综合指数相对于全国其他地区而言较小，水平也比较低。对比东部地区与中西部地区的经济增长质量综合指数，从2004年相差0.598到2016年相差1.916，两大地区的增长差异越来越大。

根据全国经济增长质量综合指数与实际经济增长率（以2000年为基期）的变化趋势比较结果绘制图4-1，可以明显看出，2003—2016年，全国的经济增长质量指数总体在波动中呈现上升趋势。表明全国近年来的经济发展不再是一味追求经济增长速度，而是开始注重经济增长质量，也进一步表明，本书测度的经

表4-2 经济增长质量评价指标体系权重

分项指标	基础指标	2004年	2005年	2006年	2007年	2008年	2009年	2010年	2011年	2012年	2013年	2014年	2015年	2016年
	全要素生产率	0.0342	0.0413	0.0468	0.0640	0.0525	0.0325	0.0240	0.0132	0.0244	0.0210	0.0483	0.0266	0.0576
	资本生产率	0.0259	0.0180	0.0240	0.0194	0.0216	0.0227	0.0265	0.0269	0.0287	0.0328	0.0288	0.0268	0.0268
	劳动生产率	0.0509	0.0386	0.0504	0.0402	0.0431	0.0458	0.0506	0.0479	0.0471	0.0494	0.0444	0.0424	0.0418
经济增长的效率		0.1109	0.0979	0.1211	0.1237	0.1172	0.1010	0.1011	0.0880	0.1002	0.1033	0.1216	0.0958	0.1262
产业结构	产业结构高级化	0.0452	0.0373	0.0531	0.0449	0.0483	0.0508	0.0579	0.0664	0.0680	0.0860	0.0758	0.0796	0.0768
	产业结构合理化	0.0393	0.0738	0.0641	0.0512	0.0673	0.0693	0.0990	0.0933	0.0797	0.0858	0.0804	0.0720	0.0664
投资消费结构	投资率	0.0582	0.0375	0.0339	0.0449	0.0254	0.0456	0.0496	0.0292	0.0368	0.0349	0.0351	0.0398	0.0264
	消费率	0.0277	0.0387	0.0384	0.0299	0.0348	0.0185	0.0439	0.0427	0.0381	0.0327	0.0278	0.0296	0.0285
国际收支结构	进出口总额/GDP	0.1128	0.0825	0.1037	0.0795	0.0827	0.0891	0.0903	0.0794	0.0776	0.0817	0.0686	0.0657	0.0602
城乡二元结构	二元对比系数	0.0451	0.0398	0.0407	0.0751	0.0510	0.0378	0.0375	0.0512	0.0459	0.0290	0.0517	0.0466	0.0431
	二元反差指数	0.0498	0.1196	0.0495	0.1219	0.1483	0.0531	0.0382	0.0770	0.0753	0.0178	0.0469	0.0640	0.0786
经济增长的结构		0.2077	0.2419	0.1939	0.2765	0.2820	0.1800	0.1660	0.2076	0.1988	0.1286	0.1672	0.1764	0.1819
产出波动	经济波动率	0.0236	0.0182	0.0204	0.0166	0.0241	0.0327	0.0199	0.0215	0.0207	0.0222	0.0341	0.0451	0.0389
价格波动	消费者物价指数	0.0326	0.0354	0.0279	0.0207	0.0142	0.0163	0.0164	0.0200	0.0086	0.0133	0.0207	0.0236	0.0187
	生产者物价指数	0.0177	0.0096	0.0115	0.0198	0.0139	0.0636	0.0067	0.0092	0.0391	0.0496	0.0587	0.0722	0.0434
就业波动	城镇登记失业率	0.0420	0.0247	0.0388	0.0653	0.0459	0.0749	0.0767	0.0648	0.0627	0.0589	0.0448	0.0427	0.0587

续表

分项指标	基础指标	2004 年	2005 年	2006 年	2007 年	2008 年	2009 年	2010 年	2011 年	2012 年	2013 年	2014 年	2015 年	2016 年
经济增长的稳定性		0.0922	0.0697	0.0782	0.1058	0.0740	0.1548	0.0998	0.0940	0.1103	0.1217	0.1242	0.1385	0.1208
资源消耗	单位地区生产总值能耗	0.0315	0.0226	0.0300	0.0233	0.0249	0.0267	0.0296	0.0266	0.0257	0.0252	0.0224	0.0208	0.0213
	单位地区生产总值电耗	0.0957	0.0699	0.0922	0.0708	0.0755	0.0815	0.0868	0.0810	0.0803	0.0864	0.0760	0.0719	0.0692
环境污染	单位产出大气污染程度	0.0415	0.0295	0.0453	0.0342	0.0361	0.0402	0.0309	0.0399	0.0469	0.0526	0.0427	0.0435	0.0436
	单位产出污水排放数	0.0339	0.0268	0.0305	0.0224	0.0225	0.0247	0.0242	0.0396	0.0301	0.0396	0.0408	0.0390	0.0383
	单位产出固体废弃物排放数	0.0736	0.1394	0.0740	0.0581	0.0578	0.0647	0.0730	0.0580	0.0573	0.0639	0.0569	0.0628	0.0736
经济增长的生态环境代价		0.1490	0.1957	0.1498	0.1147	0.1164	0.1295	0.1281	0.1375	0.1342	0.1560	0.1405	0.1453	0.1555
福利变化	人均 GDP	0.0347	0.0249	0.0329	0.0256	0.0273	0.0281	0.0301	0.0278	0.0274	0.0300	0.0267	0.0254	0.0250
	城镇和农村人口收入比	0.0293	0.0240	0.0335	0.0267	0.0331	0.0321	0.0362	0.0327	0.0323	0.0328	0.0246	0.0229	0.0212
成果分配	每万人口卫生技术人员数	0.0234	0.0165	0.0216	0.0163	0.0190	0.0199	0.0213	0.0195	0.0161	0.0205	0.0149	0.0141	0.0142
	平均受教育年限	0.0315	0.0313	0.0369	0.0290	0.0307	0.0296	0.0307	0.0322	0.0314	0.0340	0.0287	0.0230	0.0277
经济增长的福利变化与成果分配		0.0842	0.0718	0.0920	0.0720	0.0828	0.0816	0.0882	0.0844	0.0798	0.0873	0.0682	0.0600	0.0631

表4-3 经济增长质量综合指数结果

省份	2004 年	2005 年	2006 年	2007 年	2008 年	2009 年	2010 年	2011 年	2012 年	2013 年	2014 年	2015 年	2016 年
北京	1.587	3.845	3.673	3.119	3.763	3.939	4.998	5.321	5.306	6.234	6.005	6.524	8.097
天津	1.814	2.333	2.269	1.959	2.238	2.465	3.142	3.145	3.158	3.881	3.531	3.491	4.042
河北	0.960	1.064	1.144	0.995	1.116	1.153	1.389	1.370	1.396	1.564	1.463	1.395	1.429
山西	0.879	1.034	1.227	1.067	1.177	1.289	1.551	1.607	1.751	2.041	1.975	1.983	2.145
内蒙古	0.937	1.036	1.111	0.939	1.035	1.051	1.176	1.166	1.190	1.303	1.217	1.141	1.244
辽宁	1.173	1.312	1.373	1.172	1.283	1.331	1.565	1.509	1.538	1.785	1.631	1.568	1.678
吉林	1.112	1.316	1.342	1.111	1.239	1.220	1.358	1.322	1.393	1.555	1.449	1.388	1.472
黑龙江	1.002	1.208	1.242	1.078	1.197	1.217	1.405	1.411	1.458	1.712	1.779	1.760	1.896
上海	2.241	3.151	3.203	2.927	4.387	4.654	8.050	7.658	5.576	6.577	6.737	5.678	5.627
江苏	1.347	1.633	1.614	1.455	1.718	1.869	2.405	2.388	2.401	2.640	2.509	2.533	2.700
浙江	1.569	2.146	1.957	1.704	1.998	2.152	3.007	3.151	2.966	3.310	3.028	2.929	3.272
安徽	1.105	1.155	1.166	1.006	1.128	1.122	1.254	1.169	1.171	1.337	1.295	1.258	1.338
福建	1.279	1.486	1.564	1.349	1.584	1.638	2.000	2.173	2.091	2.314	2.289	2.234	2.400
江西	1.012	1.323	1.318	1.114	1.267	1.252	1.403	1.354	1.378	1.533	1.467	1.418	1.542
山东	0.986	1.213	1.233	1.173	1.217	1.270	1.529	1.518	1.544	1.777	1.678	1.639	1.713
河南	0.876	1.058	1.060	1.105	1.056	1.063	1.259	1.203	1.200	1.399	1.277	1.248	1.359
湖北	0.988	1.210	1.205	1.246	1.646	1.149	1.303	1.274	1.297	1.484	1.434	1.419	1.603
湖南	1.017	1.259	1.284	1.432	1.297	1.263	1.421	1.334	1.341	1.495	1.430	1.399	1.565
广东	1.699	2.288	2.093	1.955	1.839	1.972	2.396	2.305	2.297	2.602	2.490	2.503	2.842
广西	0.883	1.090	1.118	1.355	1.075	1.020	1.132	1.113	1.093	1.214	1.144	1.117	1.262
海南	1.763	2.947	2.551	2.878	2.155	2.247	2.617	2.203	2.179	2.546	2.305	2.426	2.848
重庆	0.920	1.244	1.238	1.297	1.184	1.106	1.309	1.330	1.408	1.676	1.630	1.662	1.921
四川	1.006	1.080	1.108	1.354	1.151	1.095	1.251	1.217	1.238	1.369	1.318	1.340	1.525
贵州	0.673	0.920	1.016	1.198	0.849	0.869	0.924	0.923	0.904	0.998	0.952	0.914	1.026
云南	0.801	0.886	0.972	1.302	0.857	0.879	0.949	0.940	0.943	1.055	0.986	0.942	1.021
陕西	0.834	0.994	1.067	1.157	0.956	1.031	1.212	1.215	1.079	1.204	1.120	1.064	1.171
甘肃	0.680	1.091	1.171	1.313	0.968	1.000	1.123	1.032	1.014	1.114	1.036	1.010	1.105
青海	0.692	2.051	2.220	1.613	1.510	1.560	1.586	1.393	1.327	1.443	1.311	1.231	1.283

省份	2004 年	2005 年	2006 年	2007 年	2008 年	2009 年	2010 年	2011 年	2012 年	2013 年	2014 年	2015 年	2016 年
宁夏	0.717	1.993	2.169	1.540	1.481	1.525	1.424	1.268	1.238	1.364	1.248	1.159	1.206
新疆	0.859	1.352	1.309	1.107	1.110	1.158	1.254	1.196	1.138	1.267	1.191	1.149	1.224
均值	1.114	1.557	1.567	1.467	1.516	1.552	1.913	1.874	1.800	2.060	1.964	1.917	2.119
东部	1.492	2.129	2.061	1.881	2.118	2.245	3.009	2.976	2.768	3.203	3.061	2.993	3.332
中西部	0.894	1.226	1.281	1.228	1.167	1.151	1.279	1.235	1.240	1.398	1.329	1.295	1.416

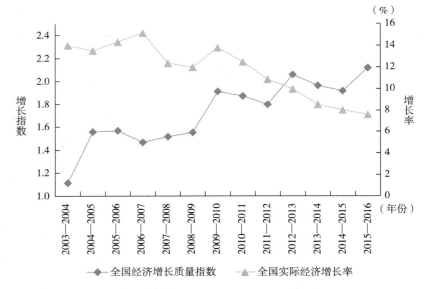

图 4-1　全国经济增长质量与经济增长率的变化趋势比较

济增长质量指数是符合当前中国经济的实际情况的。全国经济增长质量指数在2010—2012 年表现出大幅的下降，外部的冲击和内部的结构转型的压力导致经济增长质量指数回涨缓慢，提高全国经济增长质量的压力巨大。

全国实际的经济增长率一直保持增长，但在波动中逐渐放缓了增长的步调。2010—2012 年中国经济发展已由"高速增长期"进入"增长速度换挡期"，或称"增长阶段转换期"。2015 年是个"分水岭"，在此之前，实际经济增长率和经济增长质量的波动趋势大体保持一致，2015 年后经济增长率保持了平稳的下降趋势，而经济增长质量指数则持续增长。2015 年是新修订《环境保护法》的实施之年，也是启动拟定"十三五"规划的重要一年，同时也是"供给侧结构性改革"的提出之年,这对中国经济的增长提出了更高的要求,以经济增长速度来衡量经济增长质量已经是过去的事情。因此,在新常态背景下,要继续深化供给侧结构性改革,才能实现中国经济增长质量的提升。

根据东部地区和中西部地区经济增长质量与实际经济增长率(以 2000 年为基期)的变化趋势对比结果绘制图 4 - 2。从经济增长质量指数来看,东部地区和中西部地区都与全国保持了一致的增长趋势,都是在波动中持续增长。东部地区的增长变化比较大,而中西部地区明显增长缓慢,这也进一步表明了东部地区作为我国经济发展质量的代表区域,对全国起到了决定性的作用。从实际经济增长率的变化来看,东部地区和中西部地区都与全国保持了一致的趋势,放缓了增长的步调,逐年下降。近几年来,中西部地区的实际经济增长率高于东部地区,说明中西部地区的经济增长数量仍然高于东部地区,中西部地区对数量的增长仍然是比较重视的。

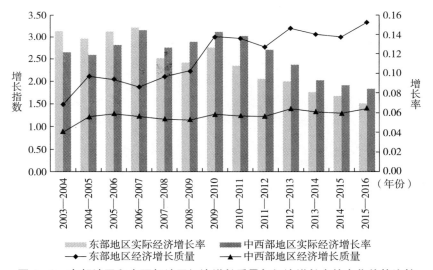

图 4 - 2　东部地区和中西部地区经济增长质量与经济增长率的变化趋势比较

4.4　人力资本视角下环境规制对经济增长质量的实证分析

本部分选用全国 30 个省份的面板数据分别进行面板回归、门槛效应回归的实证检验和分析。

4.4.1 人力资本视角下环境规制影响经济增长质量的模型

4.4.1.1 环境规制对经济增长质量影响的面板回归模型

固定效应方法和随机效应方法是处理面板数据最常用的两种估计方法，为了防止无法观测到的因素对回归结果造成影响，保证结果的准确性，本书同时使用这两种分析方法。固定效应方法是通过组平均值中的"组内变换"来改变数据，以消除固定效应（假定不随时间变化），然后进行估计；而随机效应与固定效应不同的是，随机效应的扰动项会随时间的推移而变化，其利用的是"组间差异"，然后和"组内差异"取平衡。可以通过豪斯曼检验，判断这两种方法哪一种更适合作为估计结果。

本章研究环境规制对经济增长质量的影响，因此，接下来的计量部分将主要分为两个部分：第一部分仅检验环境规制对经济增长质量的影响作用；第二部分把人力资本作为门槛变量，探讨随着人力资本水平的变化，各地区环境规制对经济增长质量的影响。

基础设施建设与城市化水平往往会影响一个地区的经济水平，此外对外贸易也会对地区的经济增长质量产生影响，因此，将基础设施建设、城市化水平和对外贸易作为基础的控制变量来研究环境规制对经济增长质量的影响，构建如下基准回归模型：

$$\ln EQ_{it} = \alpha_0 + \alpha_1 \ln en_{it} + \alpha_2 \ln infra_{it} + \alpha_3 \ln urb_{it} + \alpha_4 \ln trade_{it} + \varepsilon_{it} \qquad (4-13)$$

其中，$\ln EQ_{it}$表示第i个省份在第t年的经济增长质量；$\ln en_{it}$表示第i个省份在第t年与环境规制相关的词汇数占比，用以度量环境规制的力度，其系数α_1是环境规制对经济增长质量的影响，因而是核心参数。为了尽可能缓解遗漏变量的偏误，本章还选取了一系列的控制地区特征的变量，用$\ln infra_{it}$表示基础设施，$\ln urb_{it}$表示城市化水平。除此之外，本章还控制了可能同时影响环境规制与经济增长质量的相关因素，即对外贸易，用$\ln trade_{it}$表示，以进一步降低遗漏变量偏误。ε_{it}表示随机误差项。

4.4.1.2 人力资本视角下环境规制对经济增长质量影响的门槛效应回归模型

线性模型是分析变量之间关系的常见数学模型，而现实中很多变量之间的变化关系是非线性的，根据本书第1章的文献综述及第2章的理论分析得知，环境规制与经济增长质量可能存在非线性的关系，因此，通过数学模型研究这种非线性关系是必要且有意义的。

现有文献中研究非线性关系的方法主要有三种：一是通过将解释变量与引入的虚拟变量交叉相乘作为新的变量来研究非线性关系；二是通过解释变量的高阶

项来研究非线性关系，即需要引入解释变量更高阶的二级项或三级项，检验二者之间的突变点；三是通过研究解释变量与不同区间解释变量回归分析方法，即运用分组回归分析方法。第一种方法和第二种方法都会引起严重的共线问题，而第二种方法即门槛模型，通过分组回归可以很好地克服这一问题，从而对相关基本变量在不同区间的关系进行实证回归分析。在此基础上，本书比较了目前不同的方法，认为面板门槛回归模型更科学，因此，本书在分析全国及分地区的面板门槛模型的基础上，根据数据特点，进一步验证环境规制对经济增长质量影响的门槛效应。

根据本书第1章的文献综述及第2章的理论分析可知，环境规制与经济增长质量可能存在非线性的关系，但也有可能受到某种因素的影响，在每个阶段内存在线性的关系，即存在门槛效应。而根据目前学者的研究，人力资本是造成这种现象的一个影响因素。因此，本书通过理论分析认为环境规制通过人力资本对经济增长质量的影响存在一定的门槛效应，即环境规制对经济增长质量的影响效应会受到不同大小的人力资本水平的影响，产生不同的影响方向或者大小。环境规制对经济增长质量的影响不仅受到人力资本的调节作用，还有可能存在明显的门槛特性，即伴随着人力资本水平的变化，各地区环境规制对经济增长质量的影响不是传统平滑的线性变化，而可能会发生跳跃式变动。因此，为进一步探究不同人力资本水平对环境规制对经济的增长质量的跳跃式影响，本书借鉴 Hansen（1999）的门槛面板方法，引入人力资本作为门槛变量，建立门槛面板回归模型，并对门槛的个数和数值进行估计和显著性检验，最终形成的模型如下：

$$\ln EQ_{it} = \beta_0 + \beta_1 \ln en_{it} \cdot I(lh \leqslant \gamma) + \beta_2 \cdot I(lh > \gamma) + \beta_3 \ln infra_{it} + \beta_4 \ln urb_{it} +$$
$$\beta_5 \ln trade_{it} + \varepsilon_{it} \tag{4-14}$$

其中，lh 为相应的门槛变量，表示人力资本水平；$I(\cdot)$ 为模型的指示函数，当 $lh \leqslant \gamma$ 时，$I=1$，否则 $I=0$；其他变量同上文一致。式（4-14）为单门槛假设下的模型。

对于单门槛回归模型的估计，首先对门槛值 λ 进行估计，将 lh 的观测值作为可能的门槛值 λ 代回计算后得到的最小残差平方和 $\min[S(\lambda)]$，此值的对应值就是最终的门槛估计值；其次检验门槛值划分的两个区间的显著性。

事实上，在很多情况下，不仅存在一个门槛，还可能存在两个及两个以上的门槛。式（4-15）为双门槛假设下的模型。若存在两个门槛的情况，首先重复前述的步骤检验是否存在第二个门槛，当证实第二个门槛存在时，再对第一个门槛进行回检，若回检没有发现第一个门槛值，则证明该模型只存在一个门槛值，反之则说明至少存在两个门槛值。若还可能存在第三个门槛值，继续用以上步骤进行三重门槛的估计检验和回检。

$$\ln EQ_{it} = \beta_0 + \beta_1 \ln en_{it} \cdot I(lh \le \gamma_1) + \beta_2 \cdot I(\gamma_1 < lh \le \gamma_2) + \beta_3 \cdot I(lh > \gamma_2) +$$
$$\beta_4 \ln infra_{it} + \beta_5 \ln urb_{it} + \beta_6 \ln trade_{it} + \varepsilon_{it} \qquad (4-15)$$

4.4.2 变量选取及描述性统计

4.4.2.1 核心变量的选取

（1）被解释变量。被解释变量为经济增长质量综合指数，用熵值法从经济增长的效率、经济的结构、经济稳定性、经济增长的福利变化与成果分配和经济增长的生态环境代价五个维度构建并测算中国经济增长质量的综合指数。

（2）解释变量。核心解释变量为环境规制，需要测度合适的环境规制变量，并进行相应的模型设定来进行分析。环境规制的定量评估是横跨学术界和政策界的一个前沿问题。由于环境规制的内涵逐渐扩展，且由政府统一控制，再加上环境指标本身所具有的内生性、复杂性、数据获取不易等特点，若是涉及国际比较，很难有一个确定的标准，因而环境规制的测度成了难点。一般来说，环境规制力度测度方法的选择主要取决于研究目的。虽然环境规制的形式有政府直接调控、利用经济市场机制间接调节和公众主动自愿参与三种，但是从环境规制的效果，并结合当前中国的环境规制情况来看，主要还是以政府直接调控为主，公众参与型环境规制的影响有限。因此，本书认同大多数学者对环境规制的看法，认为当前环境规制仍是以政府行为为主。

综合各种测度方法，无论是采用单一型、复合型指标，还是采用综合指数型指标测度环境规制的强度，鉴于统计口径可能会发生变化，目前常用的几种测度方式准确性均不高。如前文所述，当前绝大多数的文献采用环境污染治理投资额、环保人员数、排污收入或废水、废气、固体废弃物的处理率来构建环境规制，其中一个主要问题就是这样的数据处理只能反映政府在环境治理的某一个方面的措施，对政府的环境规制没有全面的度量，因为中国政府的环境保护措施通常是多管齐下，既有与环境相关的法律与行政法规，也有污染税收、环保研发投入等经济手段，甚至还实施了像"三同时"项目这样的行政命令。另一个重要问题是这种测度方法容易对经济发展产生反向因果的内生问题，对研究的精度和结论产生严重的影响。因此，本书参考陈诗一和陈科登（2018）的方法，选取省级政府工作报告中与环境相关的词汇数占政府报告全文词频总数的比例作为环境规制的代理变量，可以反映环境规制的全貌。

本书测度环境规制变量的具体步骤如下：第一步，从中华人民共和国中央人民政府网站（http：//www. gov. cn）手工收集 2004—2016 年除西藏自治区外的30 个省份的政府工作报告；第二步，使用 Python 软件对各地区的政府工作报告进行分词处理；第三步，使用 Python 软件的爬虫方法从各地区的政府工作报告中提取与环境规制政策相关的词汇频数；第四步，根据统计的数据，计算政府工作报告中与环境相关的词汇出现的频数占政府报告全文词频总数的比例，以此作为测度环境规制的数据结果。在参考陈诗一的研究的基础上，加入近年来一些与环境相关的出现频率较高的词汇，如 PM2.5、PM10、节能、减排等，故本书所统计词汇包括二氧化碳、二氧化硫、化学需氧量、PM2.5、PM10、低碳、节能、减排、排污、污染、环保、环境保护、能耗、生态、绿色和空气 16 个词的频数。可见，本书的统计涵盖了与环境相关的绝大多数词汇，能更全面地反映政府环境规制的力度。另外，与统计单个字的方法相比，本书这种根据词频计算的方法可以更好地保留源文本的语义。

针对上述构建的测度方法，从纵向和横向两个方面进行统计说明，以进一步论证测度方法的可靠性。

首先，环境规制的纵向比较。2004—2016 年全国政府工作报告中与环境相关的词汇频数占比统计如图 4-3 所示，可以明显观察到，政府工作报告中与环境相关的词汇频数不断提升，这与政府对环境问题的重视程度越来越高有相当大的吻合度。从图 4-3 中可以看出，2008 年是一个明显的时间分割点。2008 年 3 月，全国人民代表大会决定将国家环境保护总局升格为中华人民共和国环境保护部，成为国务院组成部门。这一改革充分说明中国将环境保护上升到十分重要的层面。同时，2008 年 6 月 1 日开始，全国范围内禁止生产、销售、使用超薄塑料袋，并实行塑料购物袋有偿使用制度，以减少"白色污染"。"限塑令"的颁布标志着中国全民开始有实质性和命令性地从小事做起、从身边做起，一起保护生态环境。同时，这一年，北京成功举办奥运会，这也与多个省份重视并实施了一系列奥运环保类政策密不可分。另外，2006 年国务院明确了各省"十一五"期间污染减排指标，这一成效也逐渐在之后两年的时间显现出来。这些举措也就解释了为什么 2008 年的政府工作报告中与环境相关的词汇频数突然增加，大大高于周围年度的数据。更进一步地观察，2008 年以前政府工作报告中与环境相关的词汇频数占比都没有超过 0.50%，2008 年以后的词频占比只有 2009 年和 2012 年没有超过 0.50%。2016 年政府工作报告中与环境相关的词汇频数占比已达 0.95% 以上，这与 2016 年全球环境与发展治理的加强密不可分：2016 年 1 月 1 日启动了《2030 年可持续发展议程》，11 月 4 日又生效了《巴黎协定》，全球环境治理与合作深化。中国政府也密集出台了生态环保改革制度，生态文明体制改革加快推进，《"十三五"生态环境保护规划》明确了环境质量改善目标，这些举措都进一步表明了中国政府规划和治理生态环境的决心和行动。这更表明了我们用词汇频数占比衡量环境规制强度的合理性。

图 4-4 为 2004—2016 年东部地区与中西部地区的政府工作报告中与环境相

关的词汇频数占比统计直方图，可以看出，东部地区和中西部地区的政府工作报告中与环境相关的词汇频数占比都在不断提升，这与全国的词汇占比频数的变化趋势是一致的，说明无论是全国还是分区域的东部地区和中西部地区的环境规制的力度都在逐渐提高。另外，对比东部地区和中西部地区的环境规制力度可以明显看出，除了 2004 年、2010 年和 2013 年外，东部地区的环境规制力度都是大于中西部地区的，这也说明越是经济发达的地区，政府对环境的重视程度越高。

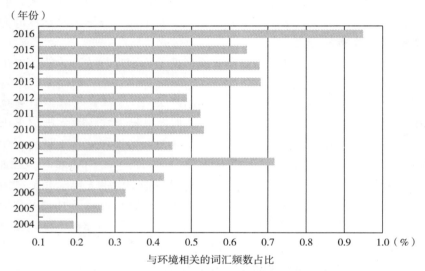

图 4 – 3　2004—2016 年全国的环境规制

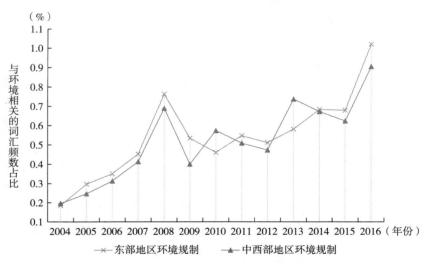

图 4 – 4　2004—2016 年东部地区与中西部地区的环境规制

其次，环境规制的横向比较。党的十九大报告对地方政府的环境治理考核绩效提出了更加严格的要求，地方政府不仅要考虑经济增长，还要考量经济和环境的发展，这样就造成了不同地区的环境规制力度是有差异性的，这也就成为本书关注和研究的一个重点内容。因此，本书对 30 个地区的环境规制力度数据进行横向比较分析。

由图 4 – 5 可知，从横向分省的角度来看，环境规制力度高于 30 个地区的平均环境规制力度的省份有 12 个，为浙江、安徽、福建、江西、湖南、贵州、陕西和青海。在这 12 个省份中，只有浙江和福建两个省份属于东部地区，其他 10 个省份属于中西部地区。在研究期间，环境规制力度最大的是浙江省，其次是江西省。环境规制力度最低的是河南省，其次是上海市。贵州、陕西和青海三个省份的环境规制力度是差不多大的，在同一个水平线上，这三个地区在地理空间上也比较相邻，可能政府在制定环境规制政策时会受到相邻或者相近省份的政策影响。从以上环境规制力度大小的分析来看，政府环境规制的强度不一定是与经济发达成正比的，很有可能还受到其他因素的影响。其中一个可能性比较大的因素是研究期间国务院发布的"十一五"和"十二五"两个五年规划出台之后，一些地区被分配了较大数额的减排任务，因此会对区域内的企业采用更为严格的环境监管手段。另一个可能的因素是该地区的人力资本水平。关于各地区的人力资本水平大小，后文会进行详细的分析。

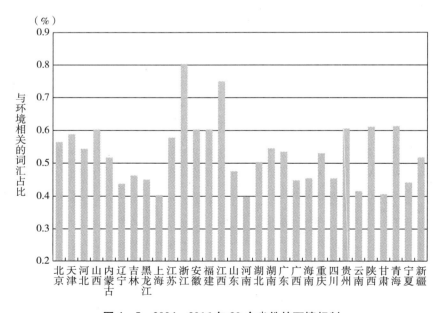

图 4 – 5 2004—2016 年 30 个省份的环境规制

无论是以地方性法规还是以地方政府规章为载体，各地区对环境政策的重视度都在提高，说明区域政府的环境规制政策体系也在逐渐完善；与其他政策性的文件或者报告相比，省级政府报告更为全面、客观地反映各地区对环境的关注度；理论上经济发达省区施行的环境规制政策更为严格，但各省份因其人力资本和环境等其他因素不同，会有一定的省际偏差。

（3）门槛变量。关于人力资本的测度，主要取决于研究目的和研究意义。Mincer 认为，受教育年限可以用来衡量人力资本投资率，适合研究劳动力市场行为。一个国家的教育经费投入在很大程度上反映了其国民的受教育水平，因为教育可以通过投资加强，反映成一种资本形式，即由教育投资得到的成果可以视为人力资本。因此，用教育经费的投入衡量人力资本得到了学者们的广泛认可（刘彦龙，2018；陈秋玲等，2018）。

本书将采用教育经费投入作为人力资本的代理变量。根据《中国统计年鉴》对教育经费投入的定义，其主要由五个部分组成：国家财政性教育经费、民办学校中举办者投入经费、社会捐赠经费、事业收入和其他教育经费。查找数据的过程中发现，《中国统计年鉴》中缺失 2012 年的数据，故利用平均增长率法对其补齐。同前文对 GDP 的处理一样，以 2000 年的价格作为基期对各省份的教育经费进行缩减得到实际教育经费，单位为亿元。在实际回归的过程中，由于教育经费的数据单位与其他数据相差较大，故对数据先做标准化处理，再与其他变量进行回归。

2004—2016 年 30 个省份的人力资本水平如图 4-6 所示。柱形图表示各省份的实际人力资本水平值，横线是人力资本水平的平均值。可以明显地观察到，30 个省份中人力资本水平高于平均值的有北京、河北、山西、辽宁、上海、江苏、浙江、山东、河南、湖北、湖南、广东和四川 13 个省（市），说明有将近一半的地区已经能达到全国的平均人力资本水平。这 13 个地区中有 8 个地区是属于东部地区的，说明目前我国东部地区的人力资本水平还是遥遥领先于全国其他地区。也可以明显看出，各地区之间的差异还是很大，广东省的人力资本水平最高，达 1200.32 亿元，而最低的青海省的人力资本水平仅有 44.84 亿元，这说明地区之间的差距有待进一步缩小。

为进一步对比说明人力资本的区域差异性，绘制如图 4-7 所示的全国、东部地区和中西部地区人力资本水平对比图。

首先，从人力资本水平高低来看，东部地区的人力资本水平远高于全国以及中西部地区的人力资本水平。这是因为在经济发展较快的地区，地方财政充足，用于人力资本投资的财政资金相对比较充足；而在经济落后的地区，地方政府的财政资金不仅没有经济发达的地区充足，也没有发达地区对教育的重视程度高。

这就导致了中西部地区对人力资本的投入没有东部地区高。

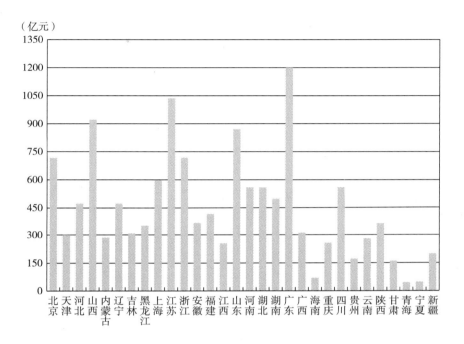

图 4-6　2004—2016 年 30 个省份的人力资本水平

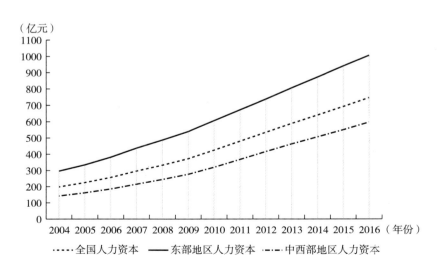

图 4-7　2004—2016 年全国、东部地区和中西部地区的人力资本水平对比

其次，从人力资本的增长速度来看，东部地区的人力资本增长速度高于全国和中西部地区的人力资本增长速度。2004 年东部地区的人力资本水平是中西部地区的 2.085 倍，到 2010 年这种差异已经降到了 1.894 倍，到 2016 年东部地区的人力资本水平仅为中西部地区人力资本水平的 1.683 倍，说明东部地区与中西部地区的人力资本水平的差异性是一直在减少的。

虽然中西部地区的人力资本水平长期以来都远远落后于东部地区的人力资本水平，但中国政府一直在努力地减小这种差异，以促进中西部地区能与东部地区同步发展，共同促进我国的经济增长质量的提升。

（4）控制变量。本书选取了一系列表示地区特征的控制变量：infra 表示基础设施，用中国各省的人均城市道路面积衡量，单位是平方米；urb 表示城市化水平，彭宇文等（2017）研究认为，城市化水平和中国的经济增长质量之间存在因果关系，该变量用中国各省份年末城镇人口占常住人口的比重来衡量。除此之外，本书还选取了部分同时影响环境规制和经济增长质量的变量：indus 表示经济结构，由于影响环境规制的主要因素与工业相关，故用工业增加值占 GDP 的比重衡量经济结构；trade 表示对外贸易，对外开放与经济增长有着紧密联系，考虑到多数学者通常的做法，本书参考徐小钦和袁凯华（2013）的研究方法，通过将人民币汇率（年平均价）换算成人民币价格的进出口总额占 GDP 的比重来测度对外贸易。

4.4.2.2 核心变量的描述性统计

本书的数据来源于《中国统计年鉴》、《中国环境统计年鉴》、《中国环境年鉴》、搜数网、国研网及政府工作报告，并通过整理各省份统计年鉴进行了必要的补充。为了对模型中所使用到的变量基本特征作一个初步的了解，同时也为了抑制变量方差，对各变量取对数（除已经标准化的人力资本）。全国、东部及中西部地区的主要研究变量的描述统计如表 4-4 所示。

表 4-4　主要变量的描述性统计

地区	变量	符号	均值	标准差	最小值	最大值	样本数
全国	经济增长质量	lnEQ	0.421	0.448	-0.396	2.091	390
	环境规制强度	lnen	-0.778	0.542	-2.397	0.956	390
	人力资本	lh	0.000	1.000	-1.443	2.893	390
	基础设施	ln$infra$	2.497	0.351	1.396	3.251	390
	城镇化水平	lnurb	-0.726	0.319	-2.028	-0.110	390
	对外贸易	ln$trade$	-1.683	0.988	-3.332	0.544	390

地区	变量	符号	均值	标准差	最小值	最大值	样本数
东部	经济增长质量	$\ln EQ$	0.811	0.485	-0.041	2.091	143
	环境规制强度	$\ln en$	-0.787	0.546	-1.986	0.956	143
	人力资本	lh	0.635	1.111	-1.340	2.893	143
	基础设施	$\ln infra$	2.548	0.443	1.396	3.251	143
	城镇化水平	$\ln urb$	-0.509	0.289	-1.568	-0.110	143
	对外贸易	$\ln trade$	-0.635	0.755	-2.229	0.544	143
中西部	经济增长质量	$\ln EQ$	0.195	0.205	-0.396	0.798	0.195
	环境规制强度	$\ln en$	-0.773	0.541	-2.397	0.466	-0.773
	人力资本	lh	-0.368	0.670	-1.443	2.393	-0.368
	基础设施	$\ln infra$	2.467	0.282	1.645	3.142	2.467
	城镇化水平	$\ln urb$	-0.851	0.264	-2.028	-0.468	-0.851
	对外贸易	$\ln trade$	-2.290	0.454	-3.332	-0.889	-2.290

4.4.3　变量的平稳性检验

对于时间跨度较长的数据，模型中的部分变量在进行回归时有可能并不是平稳的序列，这样就会出现"伪回归"现象。因此，为了避免这种情况出现，在进行面板回归估计前，对所有变量进行平稳性检验。为避免面板单位根由于差异性存在而导致结果出现误差，分别采用 LLC 检验、IPS 检验、ADF - Fisher 检验和 PP - Fisher 检验四种方法进行验证。原假设是具有单位根，一阶差分后的数据全都拒绝原假设，表明数据为平稳序列，结果如表 4 - 5 所示。

表 4 - 5　面板单位根检验结果

变量	LLC	IPS	ADF	PP
$\ln EQ$	-8.9396	-8.2175	102.8967	239.7558
	(0.0000)	(0.0000)	(0.0005)	(0.0000)
$\ln en$	-8.5179	-4.9231	102.9534	143.0229
	(0.0000)	(0.0000)	(0.0005)	(0.0000)
lh	-2.5122	-5.4922	63.2489	177.8974
	(0.0060)	(0.0000)	(0.0024)	(0.0000)
$\ln infra$	-3.5440	-2.8507	46.2941	64.0620
	(0.0002)	(0.0022)	(0.0031)	(0.0060)

变量	LLC	IPS	ADF	PP
lnurb	63. 4577	− 11. 2326	12. 8158	934. 0375
	（0. 0000）	（0. 0000）	（0. 0000）	（0. 0000）
ln$trade$	− 7. 8422	− 3. 5530	45. 0533	48. 9388
	（0. 0000）	（0. 0002）	（0. 0044）	（0. 0056）

注：括号内数字为标准差。

4.4.4　环境规制对经济增长质量影响的面板回归检验

4.4.4.1　全国地区

在做普通面板数据分析之前，要检验模型是否适合固定效应。首先进行似然比检验，结果显示，比起混合检验，个体固定效应更好；其次根据 Hausman 检验的结果进一步确定固定效应的结果优于随机效应（见表 4 − 6），由于 chi2 （5）=63. 95，P 值为 0. 000，故强烈拒绝原假设，认为采用固定效应的效果更好，而非随机效应。

表 4 − 6　全国的固定效应和随机效应对比

解释变量	模型	
	随机效应	固定效应
Constant	1. 3099***	0. 7703***
	（0. 1482）	（0. 1575）
lnen	0. 0475***	0. 0371**
	（0. 0180）	（0. 0166）
ln$infra$	− 0. 1295***	− 0. 0911*
	（0. 0490）	（0. 0502）
lnurb	0. 5319***	0. 5319***
	（0. 0534）	（0. 0534）
ln$trade$	− 0. 0377***	− 0. 1741***
	（0. 0353）	（0. 0353）
N	390	390
R^2	0. 2404	0. 3097
Hausman	chi2 （5） =63. 95 Prob > chi2 = 0. 0000	

注：***、**、*分别表示在 1%、5%、10% 的显著性水平下显著；括号内数字为标准差。余表同。

在不考虑人力资本水平时，政府的环境规制力度对经济增长质量有正向的作用，且在1%的显著性水平下显著，适当地增加环境规制有助于提高我国经济增长质量，这与孙英杰和林春（2018）的研究结论一致。当一个区域的环境规制政策加强时，由于增加的环境规制提高了公司的污染物排放标准，企业可能要承担由此增加的新的污染治理费用，企业的生产经营成本必定会随之增加，以满足新的环境规制的要求。而这些额外的控制成本可能会降低企业的竞争力，降低企业对未来的期望值，使企业向外扩张的欲望降低。因此，企业可能会选择联合发展、集中管理和降低治理成本，进行技术创新，进而促进产业升级，提高经济增长质量。

从控制变量看，只有城市化水平对经济增长质量有正向作用，且在1%的显著性水平下显著为正。城市化水平每增加1%，经济增长质量提高0.5374%，说明样本研究期间的城市化水平对中国经济质量的提升有十分重要的作用，中国当前要实现经济增长质量的提升，必须加快城市化的建设。

4.4.4.2 东部地区

表4-7报告了东部地区的随机效应和固定效应的回归结果。根据 Hausman 检验的结果 chi2（5）=30.00 和 Prob > chi2 = 0.0000，应该选择固定效应。东部地区的环境规制对经济增长质量的直接影响在10%的水平下正向显著，即东部地区的环境规制会促进其地区经济增长质量的提高。环境规制的强度每提高1%，环境规制与经济增长质量的回归系数会提高0.0889%。这是因为东部地区整体经济水平较高，政府也比较鼓励和支持企业进行技术创新，因而企业在寻求自身稳定发展的前提下，也有更多的精力放在与环境治理相关的问题上。企业的持续发展对经济增长质量的提高也有较大的帮助。

表4-7 东部地区的固定效应和随机效应对比

解释变量	模型	
	随机效应	固定效应
Constant	1.9609 ***	1.5958 ***
	(0.2258)	(0.2059)
lnen	0.0977 ***	0.0889 ***
	(0.0298)	(0.0269)
lninfra	-0.3598 ***	-0.3225 ***
	(0.0742)	(0.0701)

解释变量	模型	
	随机效应	固定效应
*ln*urb	0.7870***	0.5811***
	(0.0914)	(0.0908)
*ln*trade	-0.0377***	-0.6348***
	(0.0680)	(0.0735)
N	143	143
R^2	0.5557	0.5972
Hausman	chi2（5）=30.00 Prob > chi2 = 0.0000	

其他控制变量对经济增长质量的提高也都是正向促进作用，但显著性水平各有不同。全国基础设施建设与经济增长质量的回归系数为正，且通过了10%的显著性检验，表明环境规制的强度每提高1%，基础设施建设与经济增长质量的回归系数会提高0.1045%。城市化水平与经济增长质量的回归系数在1%的显著性水平下显著为正，表明城市化水平每提高1%，城市化水平与经济增长质量的回归系数会提高0.3188%。对外贸易与经济增长质量的系数为正，但未通过显著性检验，表明对外贸易的提升并不能显著地提高经济的增长质量。

4.4.4.3　中西部地区

表4-8报告了中西部地区的随机效应和固定效应的回归结果。根据Hausman检验的结果chi2（5）=3.45和Prob > chi2 = 0.6304，应该选择随机效应。从回归结果看，中西部地区的环境规制对经济增长质量提高的正向促进作用并不显著，这与预期结果不同，但也在情理之中。本书推测这可能与中西部地区环境规制的成本效应过高有关。中西部地区的产业结构以第一和第二产业为主，多为高耗能、高耗材的产业，如石油化工、天然气化工、煤化工、冶金、建材等，环境规制的成本相比东部地区的轻工业和高科技产业更高，而中西部地区的技术创新水平也相对落后，尤其是中西部地区近年来在逐渐承接东部地区的专业转移，这也使其环境规制的效果大打折扣，对经济增长质量的影响不明显。

其他控制变量对中西部地区经济增长质量的提升也都是正向促进作用，但显著性水平各有不同。基础设施建设与经济增长质量的回归系数为正，且通过了10%的显著性检验，表明环境规制的强度每提高1%，中西部地区的基础设施建设与经济增长质量的回归系数会提高0.1045%。城市化水平与经济增长质量的回归系数在1%的显著性水平下显著为正，表明城市化水平每提高1%，中西部地区的城市化水平与经济增长质量的回归系数会提高 0.3188% 。这与全国和东部地区的结论是完全一致的，说明当前我国的城市化水平建设已经达到了卓有成效的程度。对外贸易与经济增长质量的系数为正，但未通过显著性检验，表明对外贸易的提升并不能显著促进中西部地区的经济增长质量的提高。

表 4 - 8　中西部地区的固定效应和随机效应对比

解释变量	模型	
	随机效应	固定效应
Constant	0.2152	0.1093
	(0.1759)	(0.1891)
lnen	0.0072	0.0061
	(0.0173)	(0.0175)
lninfra	0.1045 *	0.1376 **
	(0.0545)	(0.0602)
lnurb	0.3188 ***	0.2800 ***
	(0.0553)	(0.0601)
lntrade	0.0005	0.1093
	(0.0307)	(0.1891)
N	247	247
R^2	0.3197	0.3063
Hausman	chi2 (5) = 3.45 Prob > chi2 = 0.6304	

4.4.5　环境规制对经济增长质量的人力资本门槛效应分析

4.4.5.1　全国地区

在上文所构建的模型的基础上，将人力资本作为门槛变量，验证人力资本视角下环境规制对经济增长质量的影响。全国人力资本的门槛效应检验结果如表4 - 9 所示。

用 Stata14.0 软件中 Bootstrap 反复抽样 1000 次得出最终的检验结果。对于以人力资本为门槛变量而言，单一门槛检验的 F 值为 24.90，在 1% 的显著性水平下显著，因此拒绝原假设，认为至少存在一个门槛值。然后按照步骤进行双重门槛检验，F 值是 30.28，P 值是 0.0233，即在 5% 的显著性水平下显著，因此进一步拒绝第一步的只存在一个门槛值的原假设，继续进行回检，找到第一个门槛值，由此认为至少存在两个门槛值。对模型进行三重门槛检验得到的 F 值为 13.04，P 值为 0.2967，在 1% 的显著性水平下无法拒绝原假设，即不存在三重门槛。由此可知，应该采用双重门槛模型研究以人力资本为门槛变量的情况下，环境规制对经济增长质量的影响。

表 4 - 9   全国人力资本的门槛效应检验结果

	F 值	P 值	BS 次数	10%	5%	1%	门槛值
单一门槛	24.90	0.0033	1000	16.6856	9.7447	23.8194	0.6020
双重门槛	30.28	0.0233	1000	20.7684	24.8745	31.0540	1.3730
三重门槛	13.04	0.2967	1000	53.3603	63.2922	85.9673	- 1.3588

考虑到各地区人力资本程度不同可能会使环境规制对经济增长质量的影响有显著的跳跃性，为进一步探究这种影响规律，以人力资本为门槛变量，建立新的门槛回归模型，得到的结果如表 4 - 10 所示。

表 4 - 10   全国人力资本的门槛效应结果

解释变量	系数	标准差	T 值	P 值	95% 置信区间	
$\ln infra$	0.0026	0.0487	0.05	0.958	- 0.0931	0.0983
$\ln urb$	0.4654	0.0506	9.19	0.000	0.3658	0.5650
$\ln trade$	- 0.1396	0.0333	- 4.19	0.000	- 0.2051	- 0.0741
Constant	0.5526	0.1499	3.69	0.000	0.2578	0.8474
$lh \leqslant 0.6020$	0.0125	0.0168	0.74	0.457	- 0.0206	0.0457
$0.6020 < lh \leqslant 1.3730$	0.3743	0.0481	7.78	0.000	0.2796	0.4689
$lh > 1.3730$	0.0296	0.0434	0.68	0.496	- 0.0557	0.1150

环境规制与经济增长质量的关系中明显存在人力资本的门槛效应。与普通的固定效应相比，人力资本视角下环境规制对经济增长质量的影响发生明显的变化。在人力资本水平低于 0.6020 时，虽然环境规制的系数是 0.0125，但是由于 P 值为 0.457 大于 10%，即认为环境规制对经济增长质量提高的促进作用不显著。当人力资本水平逐渐提高，并介于 0.6021 和 1.3730 之间时，环境规制系数发生了显著变化，由 0.0125 变为 0.3743，环境规制对经济增长质量的作用也由不显著变为在 1% 的水平下显著。当人力资本水平提高至 1.3730 以上时，P 值为 0.496，环境规制对经济增长质量提高的促进作用不再显著。这说明，当环境规制水平达到一定高度以后，人力资本的提升已经很难再去影响环境规制对经济增

长质量提高的促进作用，甚至有可能因其自身的成本因素而抑制经济增长（Ramos et al.，2012）。

当不考虑人力资本时，环境规制对经济增长质量提高的促进作用很显著，但从系数上看，明显小于人力资本作用下的影响。从环境规制对经济增长质量的"成本效应"和"补偿效应"两个角度分析，环境规制政策的"成本效应"会在一定程度上引致生产性资源转入环境治理这一非生产性领域，对国家的经济增长质量产生不利影响，而环境规制的"补偿效应"将激励企业继续加大对技术研发的投入，但短期内，这种技术创新的作用可能不是很显著，这样两种效应的整体作用之和有可能会促使环境规制对经济增长质量产生正向作用，只是作用程度相对于人力资本的作用小。

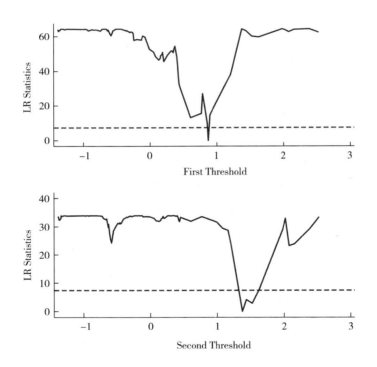

图4-8 全国人力资本门槛值真实性检验结果

当考虑人力资本时，通常情况下，教育投入能够缓解由环境污染带来的健康损害而对经济增长所造成的不利影响（祁毓等，2015）。然而，当人力资本处于较低水平时，教育经费投入较少，环境规制无法通过教育投资去优化个体产出进而提升经济增长水平、提高经济增长质量，因此在该水平下环境规制对经济增长质量提高的促进作用并不显著。教育经费投入的增加提高了人力资本水平，增加了人才的供给，增强了企业和人们的环保意识，促进了技术创新，在市场化程度更高的时代，经济发展所需的劳动技能与人力资本的投资也在同步增长，在宏观层面上促进了国家经济增长。但当人力资本水平过高时，这种影响不再显著。这说明对于人力资本的投入要考虑适度性，而不是一味地加大对教育经费的投入就能提高经济增长质量。同时，也说明我国目前的环境规制政策效应在力度上还有待进一步考虑，这与张志强（2017）的研究结论一致。

各控制变量对经济增长质量的影响也不尽相同，但都与固定效应的结果保持一致性。基础设施建设对经济增长质量的提高有抑制作用，但未能通过显著性检验。这有可能是因为当前中国的基础建设等公共基础投资还只停留在量增的过程，未能达到量变引起质变的结果，反而因为过多的基础投资和一味追求城市化水平的提升，造成了公共资源与社会资源的浪费，抑制了经济增长质量的提高。城市化水平与经济增长质量的回归系数在1%的显著性水平下显著为正，回归系数表明，城市化水平每提高1%，城市化水平与经济增长质量的回归系数会提高0.4654%。对外贸易对经济增长质量有显著的抑制作用，这有可能是因为研究期间中国对外贸易还处于低水平发展阶段，以低端工业化为特征的贸易带来了环境恶化和生态破坏，进而抑制了经济增长质量的提高。这与李光龙和张明星（2018）的研究结论一致。城市化水平对经济增长质量的提高产生了促进作用，在1%的水平下显著，说明城市化的建设对经济增长质量发挥了巨大的作用。

为进一步探究环境规制对我国经济增长质量的影响以及人力资本作用下环境规制对我国经济增长质量的影响变化，本书分别对东部和中西部两大地区做了直接效应回归以及门槛效应检验。

4.4.5.2 东部地区

采用Stata14.0对东部地区的门槛效应进行检验，把人力资本作为门槛变量，验证东部地区人力资本视角下环境规制对经济增长质量的影响。表4-11报告了东部地区人力资本的门槛效应检验结果。

表4-11 东部地区人力资本的门槛效应检验结果

	F值	P值	BS次数	10%	5%	1%	门槛值
单一门槛	13.48	0.0333	1000	10.1726	12.5213	15.6684	0.8930
双重门槛	35.65	0.0100	1000	19.8278	25.1322	34.4614	1.3730
三重门槛	11.35	0.5000	1000	22.7720	25.9189	49.7712	0.6700

用Stata14.0软件中Bootstrap反复抽样1000次得出东部地区最终的检验结

果。由表 4 - 12 可以看出，对于东部地区，以人力资本为门槛变量，单一门槛检验的 F 值为 13.48，在 5% 的显著性水平下显著，因此拒绝原假设，认为至少存在一个门槛值。然后按照步骤进行双重门槛检验，F 值是 9.7581，P 值是 0.0100，即在 5% 的显著性水平下显著，因此进一步拒绝第一步的只存在一个门槛值的原假设，继续进行回检，找到第一个门槛值，由此认为至少存在两个门槛值。由于存在双重门槛，故需继续进行三重门槛检验，判断该模型是否有三重门槛，结果得到的 F 值为 11.35，P 值是 0.5000，即在 1% 的显著性水平下无法拒绝原假设，不存在三重门槛。具体见图 4 - 9。因此，同全国的样本一样，应该采用双重门槛模型研究以人力资本为门槛变量的情况下环境规制对经济增长质量的影响。

表 4 - 12 东部地区人力资本的门槛效应结果

解释变量	系数	标准差	T 值	P 值	95% 置信区间	
ln*infra*	- 0.2311	0.0614	- 3.76	0.000	- 0.3527	- 0.1095
ln*urb*	0.4761	0.0791	6.02	0.000	0.0713	0.1353
ln*trade*	- 0.6053	0.0629	- 9.62	0.000	- 0.7299	- 0.4807
Constant	1.3302	0.1800	7.39	0.000	0.9739	1.6865
$lh \leq 0.8580$	0.0492	0.0285	1.73	0.086	- 0.0072	0.1056
$0.8580 < lh \leq 1.3900$	0.5042	0.0639	7.89	0.000	0.3777	0.6307
$lh > 1.3900$	0.0590	0.0405	1.46	0.147	- 0.0211	0.1392

从表 4 - 12 的回归结果可知，人力资本的门槛效应明显存在于东部地区的环境规制与经济增长质量的关系中。因为本书是以教育经费来衡量人力资本水平高低，因此可以将人力资本分为三个阶段，即低教育投入（人力资本 ≤ 0.8580）、中教育投入（0.8580 < 人力资本 ≤ 1.1550）和高教育投入（人力资本 > 1.1550）。在低教育投入下，环境规制对经济增长质量提高的促进作用在 10% 的水平下显著，环境规制强度每增加 1%，经济增长质量会提高 0.0492%。在中教育投入下，环境规制对经济增长质量产生的正向作用增强，回归系数发生了显著变化，由 0.0492 变为 0.5042，在 1% 的水平下显著，即环境规制强度每增加 1%，经济增长质量会提高 0.5042%。在高教育投入时，环境规制对经济增长质量的影响仍然为正向，回归系数由 0.5042 变为 0.0590，即环境规制强度每增加 1%，经济增长质量会提高 0.0590%，但是 P 值为 0.147，说明环境规制对经济增长质量提高的促进效应在 1% 的水平下是不显著的。这种情况与全国的人力资本门槛效应

的结果是类似的。说明当环境规制水平达到一定高度以后，无论是过低的还是过高的人力资本水平，都无法调节环境规制对经济增长质量的促进作用，只有适度的人力资本投入才能影响环境规制与经济增长质量的关系。

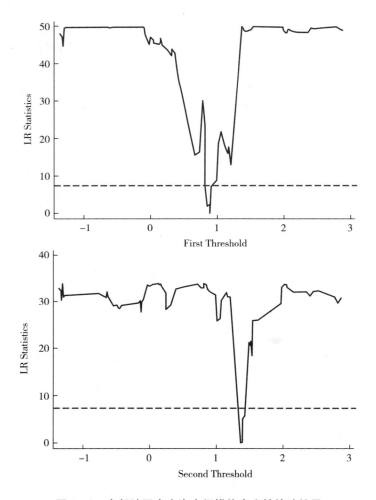

图4-9　东部地区人力资本门槛值真实性检验结果

对于经济发达的东部地区，人力资本的第一个门槛值为0.8580，高于全国的门槛值0.6020，所以，虽然东部地区的人力资本处于较低水平，即属于第一门槛区间内，但环境规制仍然可以对经济增长质量的提高发挥促进的作用，只是这种影响程度相对于第二门槛区间比较小。东部地区是全国经济最发达的地区，其对教育的重视和投入也是高于全国和中西部地区的，所以人力资本的提升也是比较显著的，随着人力资本积累的增多，人力资本水平由 0.8580 提高至 1.1550，即达到第二个门槛区间的上限，人力资本处于第二门槛区间内（大于 0.8580 小于 0.1550）时发挥了显著的作用。这很有可能是因为东部地区先进的教育水平使劳动者接受了更高层级的教育，积累了更多的工作经验等，促进知识的吸收与同化，从而通过提高生产效率影响经济增长质量。当人力资本提高至 1.1550 以上时，环境规制对经济增长质量的影响不再显著。出现这种结果可能的原因是东部地区主要是以劳动密集型为主导的产业及行业，当人力资本水平过高时，会出现更高素质的人才扎堆同时普通大学生失业的不平衡现象，这时环境规制的实施虽然有利于企业技术创新、刺激经济发展，但是普通大学生失业率的增加却会制约经济结构的改善，也会对经济增长质量造成负面影响。东部地区的第二门槛值高于全国的 1.1370，进一步表明东部地区的人力资本门槛的调节作用想要发挥作用，需要高于平均值的教育投入。

从控制变量来看，东部地区环境规制对经济增长质量的影响基本与固定效应的结果保持一致性。东部地区基础设施建设与经济增长质量的回归系数在 1% 的显著性水平下显著为负，回归系数表明，基础设施建设水平每提高 1%，东部地区基础设施建设水平与经济增长质量的回归系数会降低 0.2311%，说明东部地区的基础设施建设对经济增长质量的提高反而有抑制作用。这有可能是因为对于经济发达的东部地区，单纯地增加基础设施的建设已经无法提升经济的发展质量，反而因为自身的建设成本等因素影响经济的增长质量。东部地区的城市化水平与经济增长质量的回归系数在 1% 的显著性水平下显著为正，回归系数表明，城市化水平每提高 1%，城市化水平与经济增长质量的回归系数会提高 0.4761%。东部地区城市化水平对经济增长质量的影响系数大于全国的这一系数，说明城市化水平对东部地区经济增长质量的提高作用更显著有效。东部地区的对外贸易与经济增长质量的回归系数在 1% 的显著性水平下显著为负，回归系数表明，对外贸易程度每增加 1%，对外贸易程度与经济增长质量的回归系数会降低 0.6053%，即东部地区的对外贸易对经济增长质量的提高有显著的抑制作用。这可能有两个方面的原因：一方面，有可能是研究期间东部地区的对外贸易减弱了其经济增长结构的稳定性；另一方面，有可能是对外贸易带来了地区的环境恶化和生态破坏，进而抑制了经济增长质量的提高。

4.4.5.3 中西部地区

采用 Stata12.0 对中西部地区的门槛效应进行检验，把人力资本作为门槛变量，验证中西部地区人力资本视角下环境规制对经济增长质量的影响。中西部地区人力资本的门槛效应检验结果如表 4-13 所示。

表4－13　中西部地区人力资本的门槛效应检验结果

	F值	P值	BS次数	10%	5%	1%	门槛值
单一门槛	28.74	0.0167	1000	17.3445	20.6688	32.7012	1.1550
双重门槛	11.63	0.2667	1000	24.9235	32.4517	55.5189	－1.3490
三重门槛	13.74	0.2233	1000	20.0763	28.1915	39.1331	－1.3400

用 Stata14.0 软件中 Bootstrap 反复抽样 1000 次得出中西部地区的检验结果。由表4－13可知，对于中西部地区，以人力资本为门槛变量，单一门槛检验的 F 值为28.74，在5%的显著性水平下显著，因此拒绝原假设，认为至少存在一个门槛值。然后按照步骤进行双重门槛检验，F 值是11.63，P 值是0.2667，即在1%的显著性水平下无法拒绝原假设，因此接受原假设，认为只存在一个门槛值。对于三重门槛值的结果也一并报告，F 值为13.74，P 值为0.2233，同前检验结果一致，三重门槛值不显著，即三重门槛值不存在。因此，对于中西部地区，把人力资本作为门槛变量时，应采用单一门槛模型研究环境规制对经济增长质量的影响。

从表4－14的回归结果可知，中西部地区的人力资本存在单门槛效应。对比不考虑人力资本的普通面板回归结果，中西部地区人力资本视角下环境规制对经济增长质量的影响发生明显的变化。当人力资本水平处于第一门槛区间，即低于1.1550时，环境规制的系数为0.0047，P 值为0.777，认为环境规制对经济增长质量的提高具有不显著的促进作用。当人力资本水平处于第二门槛区间，即提高至1.1550以上时，环境规制系数发生了显著变化，由0.0047变为－0.7539，环境规制对经济增长质量的提高产生了显著的抑制作用，且在1%的水平下显著。当人力资本大于门槛值时，环境规制对经济增长的作用变为负向抑制，说明中西部欠发达地区随着人力资本水平的提高，环境规制不仅不会促进经济增长质量的提高，反而会抑制经济增长质量的提高。

表4－14　中西部地区人力资本的门槛效应结果

解释变量	系数	标准差	T值	P值	95%置信区间	
ln*infra*	0.1059	0.0572	1.85	0.065	－0.0067	0.2187
ln*urb*	0.2742	0.0569	4.82	0.000	0.1621	0.3862
ln*trade*	0.0298	0.0332	0.90	0.372	－0.0358	0.0953
Constant	0.2292	0.1803	1.27	0.205	－0.0493	－0.4693
lh ≤ 1.1550	0.0047	0.0165	0.28	0.777	－0.0279	0.0373
lh > 1.1550	－0.7593	0.1472	－5.16	0.000	－1.0493	－0.4693

对比相对发达的东部地区，对于经济相对欠发达的中西部地区而言，人力资本的提高并没有出现促进经济增长质量提高的情况，反而出现进一步的抑制作用。产生这种结果的原因是中西部地区大多处于工业化初、中期，其自身的生产和管理成本一直都较高，而且以往为了追求经济增长数量，对污染的把控也相对较弱，更不懂得发展人力资本，尤其是对于某些地区或者产业或行业而言，物质资本还在发挥着巨大的作用，人力资本的作用还未充分发挥，这样就导致人力资本对其作用并不显著。东部地区以珠三角和长三角为代表，吸收和集聚了许多高知识层次人才，人力资本水平远高于中西部地区；而中西部地区的省（市、自治区）为内陆地区，其经济增长水平较低，各方面的思想观念也比较陈旧，自然无法吸引和留住高知识层次的人才，导致地区人力资本发展水平远低于东部发达地区。尽管我国政府为了缩小东部与中西部地区的差距做出了很多努力，但是教育经费的投资并没有改变教育经费人均占有量很低的现实问题，尤其在市场化程度更高的时代，这种微观层面上的人力资本投资实际上更加剧了东部与中西部地区的不平等性，进而抑制了中西部地区经济增长质量的提高。这样即使国家增加教育经费的投入，对于人力资本质量的真正提升也作用不大，于是人力资本水平的提升对于环境规制对经济增长的影响反而由于自身成本起到了负向制约作用。

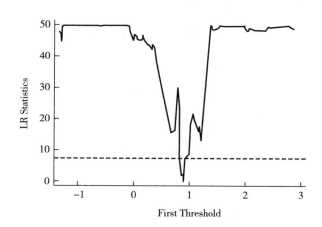

图 4 – 10　中西部地区人力资本门槛值真实性检验结果

　　控制变量的回归结果与上文的普通面板回归结果保持一致。基础设施建设（*infra*）与经济增长质量的回归系数为正，且通过 10% 的显著性检验，表明环境规制的强度每提高 1%，基础设施建设与经济增长质量的回归系数会提高 0.1059%。城市化水平与经济增长质量的回归系数在 1% 的显著性水平下显著为正，回归系数表明，城市化水平每提高1%，城市化水平与经济增长质量的回归系数会提高0.2742%。这与全国和东部地区的结论是完全一致的。这说明当前我国的城市化水平建设已经达到了卓见成效的程度。但从城市化水平与经济增长质量的回归系数大小比较来看，全国大于东部地区，东部地区明显大于中西部地区，也进一步说明城市化水平对经济增长质量的影响在发达地区要高于欠发达地区。对外贸易（trade）与经济增长质量的系数为正，但未通过显著性检验，表明对外贸易的提升并不能显著地促进经济增长质量的提高。这有可能是因为研究期间中西部地区的对外贸易还处于低水平发展阶段，粗犷的工业化贸易发展虽然带来了一定的经济增长，但同时也带来了环境恶化和生态破坏，因而从经济增长质量的角度看，中西部地区的对外贸易还未能显著促进经济增长质量的提高。

4.4.6 环境规制对经济增长质量的人力资本门槛效应稳健性检验

为进一步确保研究结论的可靠性，以全国的样本为基准进行一系列稳健性检验。本书在全国样本的基础上进一步增加表示经济结构的控制变量，用工业增加值占GDP的比重衡量，并对其取对数，用符号 lnindus 代表。相应的结果如表4-15所示。

表4-15 稳健性检验对比结果

变量	门槛效应	替换被解释变量	替换解释变量
Constant	0.3248 *	-0.1815 *	0.4190 ***
	(0.1532)	(-0.0406)	(0.0404)
lninfra	-0.0257	0.0771 ***	-0.0647
	(0.0469)	(0.0281)	(0.0494)
lnindus	-0.3326 ***	0.0458	-0.3760 ***
	(0.0733)	(-0.0156)	(0.0752)
lnurb	0.4735 ***	0.0708 *	0.4716 ***
	(0.0493)	(0.0332)	(0.0568)
lntrade	-0.1309 ***	-0.0296	-0.1359 ***
	(0.0324)	(0.0196)	(0.0334)
$lh \leqslant 0.8691$	0.0185		
	(0.0162)		
$0.8691 < lh \leqslant 1.3727$	0.3667 ***		
	(0.0531)		

续表

变量	门槛效应	替换被解释变量	替换解释变量
$lh > 1.3727$	0.0325 (0.0418)		
$lh \leq 2.3544$		0.0241 ** (0.1213)	
$lh > 2.3544$		0.2082 *** (0.611)	
$lh \leq 2.2653$			0.0241 (0.0212)
$lh > 2.2653$			0.2612 *** (0.0562)
N	390	390	390
R^2	0.0212	0.0372	0.0113

首先,对本书的被解释变量经济增长质量进行替换。关于经济增长质量,目前另外一种衡量方式是以全要素生产率代替,故本书选取劳动力资本、人力资本和能源消费为投入变量,GDP 为期望产出,废水排放量、SO_2 排放量、固体废弃物排放量为非期望产出,基于 SBM - DEA 的方法计算绿色全要素生产率来衡量经济增长质量。替换变量后,门槛回归结果仍然具有显著的单门槛效应,门槛值为 2.3544。在人力资本水平低于 2.3544 时,环境规制对经济增长质量提高的正向作用在 5% 的水平下显著;而当门槛值高于 2.3544 时,环境规制对经济增长质量提高的促进作用在 1% 的水平下正向显著。

其次,前述变量经济结构只是针对被解释变量的稳健性检验,与本书研究目标相关的另一个是门槛变量,为排除变量选取造成的特殊结果,进一步以平均受教育年限来代替人力资本这一变量。具体地将小学教育毕业年限、初中教育毕业年限、中专和高中教育毕业年限及大学及以上教育毕业年限分别设定为 6 年、9 年、12 年和 16 年,再根据各省份 6 岁以上人口来计算平均受教育年限。替换门槛变量后,也呈现出了显著的单门槛结果。低于门槛值 2.2653 时,环境规制对经济增长质量有不显著的正向影响;高于门槛值 2.2653 时,环境规制对经济增长质量显示出强烈的正向影响。这与前文的结论是一致的,也印证了上文的基本思想与研究结论,即人力资本的确对中国环境规制和经济增长质量的关系产生了一定的门槛作用,提高人力资本会调节环境规制对经济增长质量的提升作用。

本部分首先设定了实证分析模型、选取了核心的变量、进行了详细的描述。

其次通过定量分析的方法检验了 2004—2016 年全国、东部地区与中西部地区的环境规制对经济增长质量影响的普通回归，再次验证了人力资本的门槛效应，最后得到以人力资本作为门槛变量的环境规制对经济增长质量的影响结果。研究结果表明，无论是全国还是东部和中西部地区，环境规制都可以促进经济增长质量的提高，但是随着人力资本水平的变化，环境规制对经济增长质量的影响也会改变，只有在适度的人力资本水平的影响下，这种促进作用才会增强。

4.5　本章小结

　　本章从环境规制与经济增长质量的理论出发，首先从经济增长的效率、经济结构、经济稳定性、经济增长的福利变化与成果分配和经济增长的生态环境代价五个维度根据合理的原则构建了经济增长质量的指标体系，并依据熵值法对其进行测度；其次将环境规制定义为政府环境规制，选取 2004—2016 年中国 30 个省份的政府工作报告中与环境相关的词汇频数占比作为环境规制力度指标，既可以反映政府环境规制的全貌，又可以有效缓解内生性问题；最后利用面板回归模型检验了全国、东部地区和中西部地区的环境规制对经济增长质量的直接效应，借助门槛回归模型从人力资本的角度考察全国、东部地区和中西部地区的环境规制对经济增长质量的影响。

　　研究发现：第一，我国经济增长质量整体呈上升趋势。根据本章构建的经济增长质量综合指标体系测度经济增长质量，结果表明，研究期间全国的经济增长质量总体在波动中呈现上升趋势，东部地区和中西部地区都与全国保持了一致的增长趋势，都是在波动中持续增长。第二，经济发达地区政府对环境的重视程度更高。东部地区的环境规制力度整体大于中西部地区，这也说明越是经济发达的地区，政府对环境的重视程度越高，环境规制的力度也越大。第三，从环境规制对经济增长质量的面板回归结果看，环境规制与经济增长质量之间存在正向促进关系。第四，从环境规制对经济增长质量的门槛回归结果看，在环境规制与经济增长质量的关系中存在明显的人力资本门槛效应，其中，全国和东部地区存在人力资本的双门槛效应，中西部地区存在人力资本的单门槛效应。

第三部分

新能源革命

❺

风能和光伏发电成本、定价与
补贴政策研究

在经济新常态下，我国已经确定了"创新、协调、绿色、开放、共享"的发展理念。绿色发展理念需要相应的绿色能源体系作为支撑。新能源和节能环保产业已经成为我国重点培育和发展的战略性新兴产业。以风能和光能为代表的新能源必然在经济转型和创新驱动发展中发挥越来越重要的作用。在国家一系列政策的支持下，我国风能和光能发电行业得到快速发展。然而，多地"弃光""弃风"现象频发，限电率严重时甚至达到 80%。这一现象严重影响了风电和光伏发电行业的健康发展。在这一现实背景下，本章在实地调研和理论分析的基础上，对我国西北地区风力和光伏发电行业的成本、定价与补贴问题进行了较为系统的研究，并在此基础上提出了政策建议。

5.1 风能和光伏发电成本、定价及
补贴政策的国际经验

全球风能协会数据显示，2015 年全球风电产业新增装机 63013MW，年度市场增长率达到 22%。根据国际可再生能源署（IRENA）公布的统计数据，2017年全球光伏市场强劲增长，全年新增装机容量超过 98GW，同比增长 28.95%，全球累计装机容量已经超过 402.5GW，呈现出良好的发展势头。传统市场如美国、日本新增装机容量分别达到 10.6GW 和 7GW，依然保持强劲发展势头。同时，新兴市场也在不断涌现，光伏应用在亚洲、拉丁美洲进一步扩大，如印度和巴西 2017 年新增装机容量分别约为 9.1GW 和 0.9GW。2018 年全球光伏新增装机量 104GW 左右，与 2017 年基本持平。2000 年以来，全球风能和光伏发电年新增装机容量如图 5-1 和图 5-2 所示。

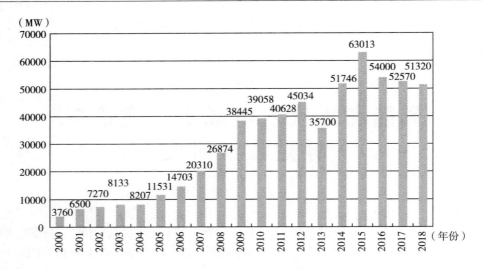

图 5 - 1　2000—2018 年全球风电年新增装机容量

资料来源：万得数据库。

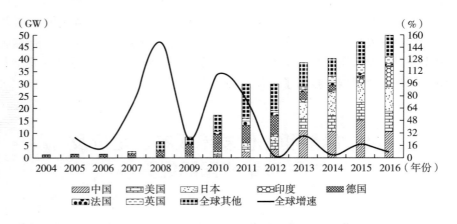

图 5 - 2　2004—2016 年全球光伏新增装机容量

　　随着风能和光伏发电产业的发展，产业规模效应凸显，风能和光伏发电成本及电价发生重要变化。

5.1.1　成本构成变化

　　产品成本在很大程度上影响行业的发展和市场应用，电力产品也不例外，度电成本直接影响用户对电力产品的选择。目前，新能源电力的账面成本要高于火力发电，但随着技术进步、规模经济效应的显现，新能源电力成本在逐年降低。

根据国际能源署的数据，2008—2015 年全球陆上风电的度电平准化成本（Levelized Cost of Electricity，考虑设备投资、融资成本，各国数据加权平均）下降了 35%，而同期地面光伏电站的度电平准化成本下降了 80%。2017 年，全球陆上风电的度电成本继续下降至 6.7 美分/千瓦时，成为最经济的绿色电力。2018 年陆上风电加权平均数据中，中国处于优势地位，成本和美国一样，为 0.048 美元/千瓦时。2008—2015 年风电和光电度电成本变动趋势如图 5 - 3 所示。

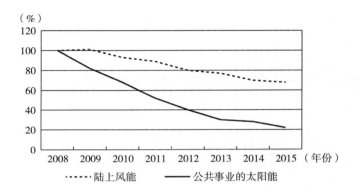

图 5 - 3 2008—2015 年风电和光电度电成本变动趋势

资料来源：国际新能源网，http：//newenergy. in - en. com/html/newenergy - 2281081. shtml。

2015 年，彭博新能源财经（BNEF）发布的 2015 年下半年全球度电成本分析报告显示，目前全球应用最广的两种可再生能源技术——陆上风电和光伏发电的成本，从当年开始均有明显下降，而天然气和煤炭的发电成本则明显上涨。新能源发电的成本构成与煤电成本构成差异是导致两种电力度电成本变化方向相反的主要因素。

在风能资源禀赋好、常规发电成本高的地区，陆上风电已经在一定程度上具有相对成本优势，并可以与新建传统能源发电竞争，比如在巴西，近期风能发电招标价格已经低至 0.42 美分/千瓦时；澳大利亚、智利、墨西哥、新西兰、土耳其和南非的陆上风电成本也已经接近新建燃煤或燃气电站发电成本。但是从全球整体来看，风能发电度电成本仍然高于常规电源，这在一定程度上影响风电的市场份额和持续发展。

5.1.1.1 风电投资成本变化趋势

国际上陆上风电投资成本在 2004 年之前呈下降趋势，在 2004—2009 年反而大幅上升，在美国甚至翻倍，主要原因是需求驱动导致风机及其零部件供应紧张，钢铁和铜价上升。市场需求刺激了风机供应商发展壮大。自 2009 年开始，风机市场有利于需求方，风机制造商之间竞争激烈，风电项目投资成本开始明显下降。尽管 2014—2015 年，由于出现"风电抢装潮"，风机价格有小幅提升，但均价从未高于 4500 元/千瓦，2016 年后更是一路下滑。2018 年，中国陆上风电平均安装成本是 1170 美元/千瓦，基本是世界各国中最低的；英国的风电平均安装成本为 2030 美元/千瓦，属于风能发电安装成本较高的国家；巴西、法国居中，大概分别是 1820 美元/千瓦、1870 美元/千瓦。图 5-4 和图 5-5 分别展示了国内风电机价格下降趋势和 2018 年主要国家陆上风电平均安装成本。

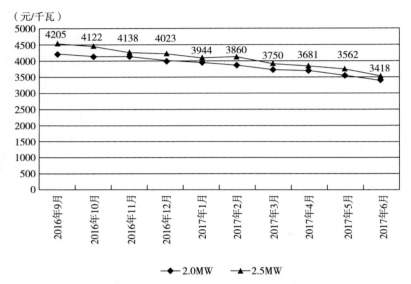

图 5-4 国内风电机平均价格下降趋势

资料来源：中国产业信息网。

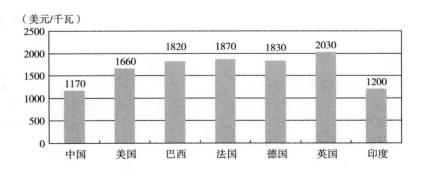

图 5-5 2018 年主要国家陆上风电平均安装成本

资料来源：Tabbush（2018a）。

5.1.1.2　风能发电运维成本变化趋势

风能发电项目运维成本与企业的管理效率紧密相关。总体上看，风能发电运维成本占到总成本的15%～25%，包括计划或非计划维护、备件、保险、管理以及租金等。风能发电的运维成本随着规模经济和产业成熟在大幅降低，从2009年到2013年下降了约44%。在容量系数为25%的条件下，欧洲国家2013年风电运维成本大概是0.074欧分/千瓦。21世纪初以来，风力发电在全球范围内得到迅速发展。风力发电设备一般安装在高寒、高海拔的无人区，人工检修成本很高。统计数据显示，近十年来，我国风电发电运维成本下降了5%～10%。

5.1.1.3　风能和光伏发电度电成本变化趋势

近年来，在规模经济和技术进步的推动下，全球风电的度电成本不断下降，2010—2014年，全球风电度电成本下降了7%[①]。2013—2014年，全球风电平均度电成本为0.37～0.74元/千瓦时。其中，欧洲地区和印度风电平均度电成本为0.49元/千瓦时，比中国和北美地区略高（2014年中国的风电成本大概为0.37元/千瓦时）；中南美地区的风电度电成本为0.55～0.58元/千瓦时，大洋洲和非洲紧随其后[②]。根据彭博新能源财经（BNEF）发布的《2015年下半年全球度电成本分析报告》，全球陆上风电的平均度电成本从2015年上半年的0.53元/千瓦时降至下半年的0.51元/千瓦时[③]。

同样，在技术进步和规模经济的驱动下，光伏组件的价格一直呈下降趋势。2009—2014年，全球光伏组件的价格平均下降了75%[④]。光伏组件价格下降，也直接带动光伏电站的单位千瓦造价下降，在很大程度上促进了光伏电力的应用。从光伏发电成本变化可以看出，技术进步和规模经济对于光伏发电产业有重要影响。技术降本让平价的光伏拥有了更广阔的发展空间。2012年和2017年光伏发电各环节的成本对比如图5-6所示。

5.1.2　定价机制

发达国家风能和光伏发电起步早，行业发展较完善，在新能源电力定价方面具有较为丰富的经验，对我国的风能和光伏发电定价具有重要的借鉴意义。总的来看，国际现行的新能源电力定价机制主要有五类：固定电价、溢价电价、招标电价、配额电价和绿色电价。

---

① 国网能源研究院发布的《2015中国新能源发电分析报告》。
② 资料来源：北极星风力发电网，http://news.bjx.com.cn/html/20160118/702127.shtml。
③ 资料来源：搜狐网，http://mt.sohu.com/20151020/n423714050.shtml。
④ 资料来源：《2015中国新能源发电分析报告》。

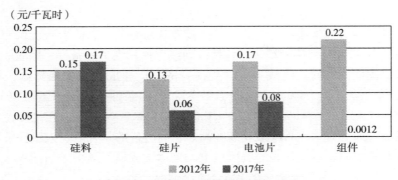

图 5 - 6　光伏发电运维成本变化趋势

资料来源：中国产业信息网，https：//www.chyxx.com/industry/201807/662381.html。

5.1.2.1　固定电价定价机制

固定电价定价机制是以政府财政扶持为基础，由政府直接确定各类可再生能源发电的入网电价，电网公司有义务以政府定价优先收购可再生能源发电的全部电量。固定电价定价机制的实施具有一定的强制性。固定上网电价政策起源于德国，其最初形式是政府直接明确规定可再生能源电力的上网电价。目前有 40 多个国家使用此定价方法，固定电价定价机制是全球使用最为广泛的新能源电力定价机制，欧盟 28 个成员国中有 11 个国家实行固定上网定价政策，其中包括德国、法国、爱尔兰、希腊等①。

德国是采用固定电价定价机制的成功典范。1974 年，石油危机爆发，由于对能源进口的依赖度较高，德国受到石油危机的影响很大。因此，德国联邦政府便推出 "能源研究框架计划" 支持可再生能源发展，以缓解对石油的过度依赖。经过多年实践，1991 年，德国在《电力供应法》中首次提出了可再生能源上网电价制度，包括对小水电、生物质能所发电量按平均零售价格的 80% 收购（500千瓦以上的则按零售价格的 65% 收购），对风能和光伏发电量按平均零售价格的 90% 收购。2000 年推出的《可再生能源法》对《电力供应法》进行了补充更新，2004 年又对《可再生能源法》进行修订，该法律体系提出：①当地电网对可再生能源发电具有收购义务；②对可再生能源发电保证最低收购价格；③采用一个全国性的费用结算制度来平衡地区差异。

德国实施固定上网电价的效果十分显著，其有力地促进了风能和光伏发电产业的发展，以及其他新能源电力的应用。目前，德国的风能和光伏发电产业技术

---

① 政乾方．走出补贴之惑，欧洲如何给可再生能源上网定价？［EB/OL］．http：//www.nandudu.com/article/16895.

水平和市场份额居于世界前列。

5.1.2.2 溢价电价定价机制

溢价电价定价机制结合了标准成本法和机会成本法，既考虑了可再生能源电力的高成本，又与电力竞价挂钩。这种模式主要以常规电力价格为计价基础，同时给予奖励性电价（有的是固定奖励，有的是与常规电力价格挂钩的浮动奖励）。西班牙和美国一些州采用这种定价模式。溢价电价定价机制在鼓励可再生能源发电参与电力市场竞争的同时提供了最基本的价格保障。这种定价机制的主要特点是：以常规电力的销售价格为参照系，制定一个合适的比例，然后可再生能源发电价格随常规电力的市场变化而浮动，或是制定固定的奖励电价（溢价），加上随时变化的浮动的竞争性市场电价，作为可再生能源发电实际获得的电价。

国际上，采用溢价电价定价机制的典型国家是西班牙。在可再生能源用电（尤其是风电）的推广方面，西班牙一直是做得最成功的国家之一。西班牙的一系列可再生能源发电支持方案使其相较于别的国家拥有较低的发电成本，而其中的一个重要因素就是溢价定价机制的建立。1980 年西班牙政府制定了"节能法案"，代表了西班牙可再生能源发电激励政策的开端。"节能法案"明确了政府对新建可再生能源发电投资项目的补偿细则和对 5MW 以内可再生能源发电的收购电价保障。之后一段时间内，西班牙的可再生能源上网电价实行固定定价机制，从 1998 年开始，政府将可再生能源发电的收购方案进行了调整，分为逐年调整的固定电价收购和在电力市场竞价的基础上给予固定补偿两种，形成了西班牙溢价电价制度的雏形。2004 年，西班牙对该方案进行了修正，赋予新能源发电企业选择权，规定可再生能源发电企业每年年初需在给定的两种电价方案中选择一种，作为之后一年内该企业的结算方式。这两种电价方案为：①机组无须参与市场竞价，其所有时段的发电量均按照规定的固定电价结算，该固定电价给定为年平均上网电价的某一百分比；②机组需参与市场竞价或双边交易，其结算电价为市场电价或双边合同中的协商电价，再加上一定的政府补贴（溢价）。

赋予企业选择权，可以促使企业根据自身的特点和对电力市场的判断灵活选择电价方案，将政府监管和企业自主选择有效结合起来。溢价定价制度的实施，有效地促进了西班牙的可再生能源发电项目得到迅速发展。

5.1.2.3 招标电价定价机制

招标电价模式是由政府发布，对特定的一个或一组可再生能源发电项目进行公开招标，确定项目电价和项目开发者，竞标成功者与项目所在地的主管电力公司按中标价格签订电力购销电合同。在招标电价模式下，不同的项目电价并不相同。我国 2003 年以来实施的特许权招标制度就属于这种模式，政府与中标者签署特许权经营协议和购售电合同，明确差价分摊规则。

国际上，采用招标电价定价机制的代表国家是英国。与其他西欧国家一样，英国也在石油危机中意识到发展可再生能源的重要性。1989 年，英国颁布了《电力法》，其相关条款规定了电力供应机构必须收购一定量以非化石燃料为原料生产的电能，同时通过提高化石燃料税来补贴相应的财政支出。该法律从 1990 年开始施行，其核心内容就是《非化石燃料公约》，公约规定风电开发项目采用招标采购制度，政府制定风电发展目标和数量，投标者决定是否参与风能发电项目投资。1990—1998 年，英国的《非化石燃料公约》制定的招标采购制度实施了将近 10 年，共发布了 5 轮招投标项目，有力地促进了英国风电产业的发展。《非化石燃料公约》的特点有：①由政府发布待开发的可再生能源发电项目，并通过竞标确定项目开发者；②项目所在地区的供电机构按中标电价与中标者签订长期购电合同，保证可再生能源发电上网；③地方供电机构所承受的附加成本（中标电价与常规电力的市场电价的差值）通过政府征收的化石燃料税进行补贴。

虽然招标电价定价机制有效地促进了英国的可再生能源发电电价不断下降，但风能发电项目的实际上网率很低。由于没有相关的措施对未完成中标容量建设的投资者进行惩罚，导致投机者利用低电价竞标，但中标后因融资、技术等原因无法完成项目建设；此外，也有部分中标项目在申请发电上网时遇到障碍，无法顺利实现发电入网。由于无法达到政府的可再生能源发展目标，政府宣布完成现有非化石燃料公约合同以后，不再签订新的合同。到 2001 年英国结束《非化石燃料公约》时，英国风电机组装机容量达到 42.7 万千瓦，同时在规模经济作用下，风电电价也大幅度降低。

5.1.2.4 配额电价定价机制

配额电价定价机制指政府用法律手段强制性规定不同风电企业风力发电量在所有能源总发电量中所必须达到的比例，根据配额指标形成风电价格的一种定价机制，实质是市场形成价格的一种方式。在配额电价定价机制下，风能发电企业可以借助风电市场供需状况找到最低的风电成本，通过市场机制以最为高效和灵活的方式完成配额指标。配额制体系常包括绿色证书交易环节，因此也被称为绿色证书制。

配额制起源于美国。1995 年，随着电力工业改革的进行，加利福尼亚州政府正式开始对配额制的具体制度设计进行讨论。之后，越来越多的专家学者开始关注配额制，开展了深入研究，并有越来越多的州采用配额电价定价机制。目前，美国已有 29 个州施行了可再生能源配额制，其中得克萨斯州被认为是实施配额制最为成功的州之一。在 1999 年，得克萨斯州《公共事业监管法》修正案中确定了在推行电力改革的同时实施可再生能源发电配额制，并于 2001 年 7 月开始施行。以得克萨斯州为例，配额制有如下内容：

（1）总体目标及份额分配：制定比较符合实际的随时间变化的可再生能源发电发展的总体目标，并根据一定的准则强制分配可再生能源发电份额。得克萨斯州的可再生能源发电总量目标以装机容量为标准，并随时间推移不断增加。按照发电公司出售电能在市场中所占比例进行份额分配。

（2）有效的义务对象：规定了哪些可再生能源发电要履行配额义务，包括时间和地域范围要求。履行义务的"义务主体"为发电公司。

（3）义务履行主体：即由谁承担配额任务，包括发电公司、电力批发商、零售商等。

（4）绿色证书制度设计：这也是配额制最主要的特征，包括绿色证书的设计（指证书上应涵盖的信息，如可再生能源发电类型、发电时间、有效期、容量单位标识等）、绿色证书的产生及交易、绿色证书的监管（包括对未完成配额义务的惩罚及一些弹性机制的制定）。

5.1.2.5　绿色电价定价机制

绿色电价定价机制即通过鼓励用户自愿额外支付一些费用来购买绿色电力，从而在一定程度上补偿可再生能源发电的高成本投入。在绿色电价定价机制下，通常会有相应的配套措施来对用户的自愿购买行为进行认证，并保证用户额外支付的费用被用于发展可再生能源发电。这种机制通过用户选择来增加对可再生能源发电产业的投入，其实施效果取决于电力用户对可再生能源发电的认同程度，只有在公众环保意识比较高的国家才能得以顺利实施。

世界上实行绿色电价定价机制的典型国家是荷兰。20 世纪 70 年代，荷兰开始启动一系列涉及可再生能源发电的研发项目，一些工业项目自发地使用风能和太阳能电力。20 世纪末，荷兰颁布了《新电力法令》，规定实施绿色证书计划，要求居民购买一定限量的绿色电力。荷兰大约 30% 的居民自愿购买了绿色电力，可再生能源消费占总电力消费的比例约达到 3%，用户自愿购买绿色电能主要源于企业和公民的环保意识。

五种电力定价机制的特征、优点、缺点以及适用条件如表 5 - 1 所示。

5.1.3　补贴政策

由于风能和光能发电初始发展阶段投资成本高，度电成本高于煤电成本，加之风能和光伏发电具有正外部性，因此各国政府在新能源发电行业发展的初期均通过政府补贴形式促进新能源电力行业发展。国外风能、光伏发电起步较早，在发电补贴政策制定及实施方式等方面积累了比较好的经验。

表 5-1　五种电力定价机制比较

定价机制	定价方式	特点	代表国家	优点	缺点	适用条件
固定电价	政府制定电价	可以根据政府的意愿，促进各种可再生能源技术的均衡发展，也可以推动某些可再生能源技术的优先发展	德国	①促进了可再生能源发电的发展；②价格简单明了，相关交易管理操作简单，执行效率较高；③针对不同的可再生能源发电类型，不同的发电容量等采取有差别的电价收购策略，有利于可再生能源发展的多样化；④全国范围内的成本算清，有效地减轻了电网公司的购电比重较大地区的可再生能源发电成本压力，有利于政策的推行	①缺乏对可再生能源发电量的直接干预，无法表达国家可再生能源发电的发展目标；②脱离国家市场竞争机制，无法促进可再生能源发电技术降低的进步，不能促进行业技术降低的进步；③导致电价水平上升，上涨的电价将直接施加于电力用户或通过财政方式转嫁给纳税人，对国家的整体经济实力要求较高	适用于行业发展初期
浮动电价	常规电力销售电价×a% 或竞争性市场电价+固定奖励电价	电价随市场变化而浮动	西班牙	①在一定程度上引入了市场竞争机制，可以促进可再生能源发电技术的进步，促进发电成本的降低；②政府补贴部分保障了可再生能源发电行业的发展	管理成本较高	适用于行业发展初期
招标电价	中标价格	可再生能源电力没有参与电力市场的竞争，但可再生能源电价是由可再生能源开发商竞争确定的	英国	①通过竞争性招标，能够有效降低可再生能源发电价格；②开发项目由政府统一发布，有利于实现发展目标，促进发电技术种类的多样化；③长期购电合同为投资者提供了可观的收益保障，同时也使其有主动力进行技术革新，不断降低成本从而获得更大利润；④促进补贴成本大大下降	①增加了项目准备费用，项目的初期投入较大；②导致恶性竞争，压价竞争，打击了中小投资者参与的积极性，会打压发达地区开发风电的积极性；③合同履行率低	适用于行业发展较成熟阶段

续表

定价机制	定价方式	特点	代表国家	优点	缺点	适用条件
配额电价	平均上网电价+绿色交易证书价格	将发展可再生能源电力作为电力企业的法定义务，要求电力企业生产或销售常规电力的同时，必须生产一定比例的可再生能源电量，并通过建立交易平台，发挥市场调节作用，达到提升市场竞争、升可再生能源产品价格的目的	美国	①发电量指标明确，保证了实现可再生能源发展目标和市场需求，增强了投资开发和设备供应商的信心；②减少政府支出；③绿色证书交易系统与传统发电竞价市场的良好结合，体现了可再生能源发电的外部性，营造了公平竞争的市场环境，让可再生能源发电参与电力市场竞争成为可能	①一定程度上限制了成本相对较高的可再生能源电力的发展；②配额比例发展的上限；③惩罚额度成为可再生能源发展的上限	需要电力市场完全市场化
绿色电价	政府提出可再生能源产品价格	由能源消费者按照规定价格自愿认购。取决于消费者和企业对绿色能源的认同，只有在那些公众环保意识比较有效的国家和地区才有效	荷兰	①体现了用户的社会责任感；②电价信号简单明了，易于操作；③减轻了除自愿认购的用户以外其他用户对可再生能源电力成本的负担；④价格由依靠政府补贴转向由交易确定风电价格，通过市场自由交易确定风电价格，可以降低可再生能源发电的额外成本，提高生产商的预期收益；⑤有助于提高公民的环保意识	①过分依赖于公民的文化素质和环保意识，供电公司缺乏支持的动力，使可再生能源发电具有不确定性；②不利于可再生能源发电结构的多样化，而且容易形成部分发电企业的垄断地位	适用于公民环保意识高的地区

5.1.3.1　美国——联邦政府和州政府的两级补贴政策

美国的可再生能源发展起步较早，并且政府在可再生能源技术研究和发展方面投入了大量资金，使美国的可再生能源产业达到了世界领先水平。新能源发展初期固有的成本压力使产业发展需要得到政府扶持，美国为促进可再生能源发展采取了许多补贴政策，这些政策从跨度上可以分为三个阶段。三个阶段划分结果及政策倾向如表5-2所示。可以看出，现阶段美国对新能源产业的支持政策主要是税收优惠和财政补贴。

表5-2　美国可再生能源发展的阶段及政策倾向

发展阶段	第一阶段	第二阶段	第三阶段
政策倾向	石油危机后，投入大量的能源研发资金	1980—1990年，政府错误估计补贴规模和技术的复杂程度，大规模削减了对可再生能源的财政投入	海湾战争之后，布什政府加大可再生能源的补贴力度，主要是税收优惠；奥巴马政府2009年要求再次加大政府在可再生能源方面的财政补偿力度

美国支持新能源发展补贴政策主要由联邦政府和州政府两大层次构成。以风能发电为例，联邦政府对风能的优惠政策主要有风能生产税抵减（PTC）、投资退税（ITC）、加速折旧和联邦政府财政补贴计划；州级政府支持政策主要是可再生能源配额制度（RPS）以及各种州级现金激励计划①。美国风能发电补贴政策及内容如表5-3所示。

美国为促进新能源发展还颁布了很多法律，如《1978年能源税收法案》《2005年能源安全法案》《2009年经济复苏法案》等，用法律来强制规定和保护政府的可再生能源补贴政策的强制实施，表明了美国对于扶持可再生能源发展的态度和决心。

在美国联邦政府和州级补贴政策的激励下，美国风电产业增长速度很快。从2005年开始，美国风电装机重新超过德国，位居世界第一。其中，由于美国生产税收减免政策的波动，如1999年、2001年、2003年没有继续沿用该政策，接下来的一年里美国新增装机大幅下降，而在之后又得到了快速发展。

5.1.3.2　德国——以固定电价为主的强制收购补贴

德国是采用固定电价定价机制的成功典范，自2000年政府颁布实施的《可再生能源法》使德国可再生能源产业的发展发生了翻天覆地的变化，一度成为世

---

① 美国风力发电价格降到冰点　政策补贴功不可没 [EB/OL]. http：//www.7895.com/a/xyxw/1887.html.

界可再生能源发展规模最大的国家。固定电价定价机制的基本特性是以政府财政扶持为基础的，德国可再生能源发展阶段和政策内容①如表 5 - 4 所示。

表5 - 3　美国风能发电补贴政策及内容

政策层次	补贴形式	补贴内容
联邦政府层次	风能生产税抵减	风电投资商在前 10 年可获得 23 美元/兆瓦时的联邦所得税抵免
	投资退税	投资成本 30% 的企业所得税抵免
	加速折旧	风电场项目资产的折旧期缩短至竣工后的 5 ~ 6 年，在第一年可折旧 50% 。其中 2010 年生效的 "减税法案" "就业法案" 还曾对 2010 年 9 月至 2011 年底建设的项目给予第一年加速折旧 100% 的优惠
	联邦政府财政补贴计划	为符合条件的可再生能源项目提供 30% 的现金补贴
州政府层次	可再生能源配额制度	要求电力公司销售的电力中，有一定比例来自可再生能源。如果没有达到这个比例要求，就需要购买配额
	州级现金激励计划	各州实行力度不一的现金激励计划

表5 - 4　德国可再生能源发展阶段和相应激励政策内容

时间	标志法案	产业发展阶段②	补贴方式
1991—2003 年	2000EEG	可再生能源发电市场启动	以固定上网电价为主的可再生能源激励政策
2003—2008 年	EEG2004	可再生能源发电快速发展（2008 年，光伏技术获得大的突破，光伏发电产业野蛮发展）	
2009—2012 年	EEG2009		以新增容量为基础对固定上网电价进行调减；自发自用激励
2012—2014 年	EEG2012	可再生能源进入市场（由 "过度支持" 向适度发展转变）	严格控制可再生能源发电补贴，并不再对光伏提供 FIT 补贴
2014—2016 年	EEG2014		
2017 年至今	EEG2017	可再生能源发电全面市场化	正式结束固定上网电价补贴

注：EEG 为可再生能源法的英文缩写；FIT 为固定电价的英文缩写。

可以看出，德国可再生能源经过了六个阶段的发展，而且德国是首个取消新能源发电补贴的国家。尽管德国可再生能源政策经历了 6 次调整，但其核心原则

---

① 解读德国《可再生能源法》的修订之路及启示 [EB/OL] . http：//www. ceeia. com/News_ View. aspx？ newsid = 67549&classid = 2.

② 来自德国新能源政策的 8 点启示 [EB/OL] . http：//finance. sina. com. cn/zl/energy/20141014/ 1121205329 32. shtml.

没有改变，即可再生能源电力具有优先上网权和收购权，且长期以固定价格补贴。德国《可再生能源法》确定的强制收购补贴体系主要包括以下内容：①可再生能源产生的电力具有优先上网权；②可再生能源产生的电力具有优先收购权及输送权；③每度电有固定收购价格，保持20年不变（从投产年算起）；④补贴动态调整，根据技术和市场的发展趋势下调收购标准，即所谓的补贴“逐年递减率”，如光伏电力收购补贴为0.45~0.62欧元/千瓦时，每年首次运行的新设备补贴率都比上年首次运行的新设备补贴率递减5%~6.5%。

1990年，德国议会通过的强制购电法（Feed-in-Tarrif）规定，可再生能源上网价格与常规发电技术的成本差价由当地电网承担，也就是说，德国对新能源的补贴不是从联邦预算中拨款，而是由"可再生能源分摊费"来支出，最终由电力消费者承担。但随着保障补贴政策的执行，可再生能源的补贴成本快速上升，德国严格限定了工业企业的可再生能源分摊费的减免范围，规定只针对电价在其参与国际竞争中起决定性作用的用电密集型企业可以享受可再生能源分摊费的减免。同时，随着德国电力市场化改革的进行，德国改变可再生能源所发电力由电网企业收购后再进入电力市场的模式，即若发电企业获得政府补贴，其前提是可再生能源发电企业自己负责电力销售。除此之外，德国在推动新能源发电产业发展上还给予了税收、信贷和研发等不同类型的补贴。

在政府政策的扶持下，德国作为新能源利用效率最高的国家，其能源消耗的25%以上来自可再生能源。在可再生能源中，风能仍然占主导地位，其次是生物质能，然后是太阳能。

5.1.3.3　英国——"多退少补"的合约补贴方式

英国作为可再生能源发展较早的国家之一，在2011年之前，主要采用招标电价定价机制。2011年，英国根据招标电价定价机制实施的经验，重新制定了适合国情的差价合约电价制度。与此同时，英国政府也在推动可再生能源发展的道路上出台了各种补贴政策，其发展阶段及补贴实践如表5-5所示。可以看出，英国的新能源电力补贴政策经历过四个阶段。1990年颁布的《非化石燃料义务公约》要求公共电力供应企业通过招标过程签约购买所有非化石燃料电力。由于缺乏相应法规协调、不稳定等致命缺点，该公约到2002年被可再生能源义务证书（Renewable Obligations Certificates，ROC）制度所替代，该制度为英国的电力供应企业设置了提高可再生能源电力比例的义务，2003年为3%，逐年递增，到2010年为10.4%，2015年为15.4%。如果企业自身不能完成自己的配额，则可以从市场上购买ROC（每MW为一个ROC计量单位，购买ROC相当于对未完成配额的企业的一种惩罚），企业支付的购买价款进入特定的基金，该基金按照电力供应企业完成配额义务的比例重新分配返还给电力供应企业。2011年，英国遵循"放开两头、监管中间"的电力改革路线,主要内容为容量市场和差价合约。容量市场采用拍卖的方式,对不同时段收取不同费用,让电力供应企业获利。差价合约机制具有双向付费的功能,其运作方式为:当市场价格低于合同价格时,用户向发电商付费;当市场价格高于合同价格时,发电商将差额部分返还给用户。差价合约则是为了保证能源供应商稳定的收益,维护电价稳定。2011年改革的成效是带来电价下降。

表 5 – 5 英国可再生能源发展阶段及补贴实践

发展阶段	阶段特征	补贴	阶段问题
1990—1999 年《非化石燃料义务公约》(Non Fossil Fuel Obligation,NFFO)	政府规定可再生能源项目并由企业竞标,随后企业和电网公司签订购买合同	合同电价和市场价格之间的差额由政府补贴,补贴金额来自对化石燃料征税	地方政府的阻力;政策本身设计的缺陷也造成了实际操作中存在恶性竞争的现象
2000—2004 年可再生能源义务证书制度(RO)	"可再生能源公约"即要求供应商在所销售的能源中,必须有一定比例来自可再生能源,且该比例逐年增加;实施与配额制相配套使用的交易证书制度	可再生能源发电企业向供电企业销售电力和证书来获得补贴;通过市场交易证书方式获得"补贴",1MW = 1ROC	不能充分激发企业发展新能源的积极性;由于规模不同引起的企业不公平竞争等问题;引发企业的机会主义行为
2005—2010 年	提高可再生能源义务配额的强制比例;对不同类型的可再生能源发电企业做出分类,并提供不同的补贴政策	根据指标将补贴分为 5 种力度,其中:风电为 1MW = 1ROC 光电为 1/2MW = 1ROC	不同类型的可再生能源的补贴额度不同,造成集中性过度投资
2011 年至今	容量市场和差价合约电价政策,即与发电企业签订长期合约,确定合同价格,之后在市场交易过程中实行"多退少补",2017 年将停止配额制	如果市场价格低于合同价格,则向发电企业给予补贴至合同价,相反则为发电企业收入	

注:ROC 为可再生能源义务许可证(Renewables Obligation Certificates)的英文缩写,是一种可交易、无形的能源商品。

根据伦敦经济学院格兰瑟姆气候变化与环境研究①的资料可知，在招标定价和补贴的持续作用下，英国陆上风电技术得到了巨大进步，陆上风电场具有成为价格最低廉的可再生能源的优势。除此之外，世界各国在推动风能和光能发电方面还出台了各种具体的补贴措施。世界各国其他补贴方式如表 5 - 6 所示。

表 5 - 6   国外风能发电和光能发电的补贴方式汇总

补贴方式	相关内容	代表国家
对本地化企业的优惠政策和激励机制	向开发商提供低息贷款，向那些将产品制造基地嵌入当地的企业提供优惠	澳大利亚、印度、美国、西班牙
金融措施	从对非可再生能源发电企业的收费中拿出一部分资金，或直接从电力消费	丹麦、德国、澳大利亚、印度、巴西
税收激励	新能源技术研发税收激励、降低新能源发电设备采购的销售税等	丹麦、德国、澳大利亚、印度、加拿大、日本、西班牙
初始投资补贴	在建设时一次性补贴；主要参考装机功率补贴，对工程质量和长期发电效果很难考核	丹麦、德国、澳大利亚、印度、加拿大、日本、西班牙
净电量计量法 + 补贴政策	以自发自用为主，多余电量补贴上网，激励力度不大	美国部分州、日本
可再生能源配额制	半强制推广可再生能源，与常规能源捆绑建设，对成本较高的能源支持有限	英国、澳大利亚
其他	租赁法、贷款贴息、税收返还等补贴措施	美国部分州，其他

5.2   我国风能和光伏发电产业发展现状与问题

我国支持新能源政策的陆续出台为风能、光能发展创造了良好的政策环境。

---

① 英国取消陆上风电补贴提案惹争议 [EB/OL]. http：//gb. cri. cn/45591/2014/04/30/7631s4523657. htm.

特别是 2006 年后，我国风电装机呈现爆发式增长，风电产业可以说进入到"青壮年"时期。2009—2014 年，我国每年新增风电装机容量连续 5 年居全球首位。2015 年，中国风电装机量再创新高，全国新增装机容量达到 30500MW，占据了全球新增风电装机容量的 48.46%，成为全球风能发电新增装机容量最大的国家。2005—2015 年，中国新增和累计风电装机容量如图 5 - 7 和表 5 - 7 所示。从表 5 - 7 可以看出，我国风电累计装机容量从 2005 年的 1250MW 发展到 2018 年的 209352MW，增长了 167 倍，发展迅速。图 5 - 7 直观地展示了 2005—2018 年我国新增和累计风电装机容量的变化趋势。

2018 年底，世界风电累计装机容量排名前十的国家如表 5 - 8 所示，可以看出，2018 年底我国不仅已成为风能发电第一大国，且我国风能发电的市场份额已经占到世界的 37.4%，且是第二大风能发电国美国的 2 倍多，是第十大风能发电国意大利的 22 倍。说明我国风电行业发展在世界风电行业发展中具有重要地位。

与风能发电一样，我国光伏发电市场从 2000 年至今一直处于持续、快速的发展过程中。2010—2018 年我国太阳能光伏发电累计和新增装机容量如图 5 - 8 所示。

2018 年我国太阳能光伏累计发电 17446 万千瓦时，同比增长 33.94%；光伏新增装机容量 4426 万千瓦，并连续三年新增装机超过 3000 万千瓦，超越日本成为全球光伏装机量最大的国家。2018 年主要国家光伏发电新增装机容量如表 5 - 9 所示。

我国风能和光伏新能源发电发展迅速，已经成为我国能源体系的重要组成部分。我国风能、光伏发电装机容量均位居世界第一，装机比例合计达到了 11.3%。但从新能源电力和煤电的比例看，我国的能源结构还很不合理，与煤电相比，风能和光伏发电占总发电量的比仅为 4%，新能源电力供应比例还相对较低，有很大的发展空间。世界各国煤电和新能源电能对比如表 5 - 10 所示，可以看出，我国煤电的电力供应占比达到 60%，远高于美国、欧盟等新能源发展较快的国家或地区。

在我国电力供应中，不仅新能源电力比例较低，而且存在弃风弃光现象。2011—2018 年全国弃风状况如表 5 - 11 所示，可以看出，虽然 2018 年全国平均弃风率并不是近年来最高的，但是弃风损失电量却达到近年最高值。图 5 - 9 直观展示了近年来我国弃风状况。

对于风光资源丰富的西北地区，"弃风弃光"问题尤为突出。国家能源局的数据显示，2016 年上半年，西北地区弃风电量 155.3 亿千瓦时，弃风率 38.9%。

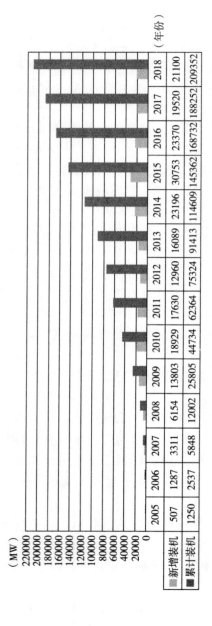

图 5 - 7 2005—2018 年中国新增和累计风电装机容量

资料来源：万得数据库。

表5-7 2005—2018年中国新增和累计风电装机容量

年份	新增台数（台）	累计台数（台）	新增装机容量（MW）	累计装机容量（MW）
2005			507	1250
2006			1287	2537
2007			3311	5848
2008			6154	12002
2009	10129	21581	13803	25806
2010	12904	34485	18929	44734
2011	11409	45894	17630	62364
2012	7872	53764	12960	75324
2013	9356	63120	16089	91413
2014	13121	76241	23196	114609
2015	16740	92981	30753	145362
2016			23370	168732
2017			19520	188252
2018			21100	209352

资料来源：万得数据库。

表5-8 2018年全球风电十大装机容量国

国家	单位（GW）	市场份额（%）
中国	221	37.4
美国	96.4	16.3
德国	59.3	10
印度	35	5.9
西班牙	23	3.9
英国	20.7	3.5
法国	15.3	2.6
巴西	14.5	2.5
加拿大	12.8	2.2
意大利	10.1	1.7
全球前十	508.1	86
全球其他	82.9	14
全球总计	591	100

资料来源：北极星风力发电网，http://news.bjx.com.cn/html/20190327/971315.shtml。

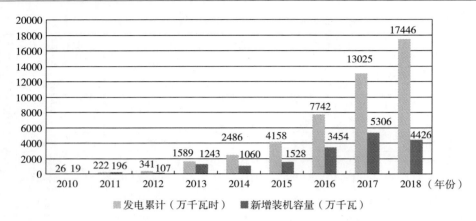

图 5 - 8　2010—2018 年我国太阳能光伏发电累计和新增装机容量

表 5 - 9　2018 年主要国家光伏发电新增装机容量

国家	IEA PVPS（GW）	IRENA（GW）
中国	44. 26	44
日本	7	6
美国	10. 6	8
澳大利亚	3. 9	4
印度	8. 3	9
德国	3	4
韩国	1. 9	2
墨西哥	2	2
土耳其	1. 6	2
全球其他国家	17. 44	13
全球	100	94

资料来源：IEA PVPS 和 IRENA。

表 5 - 10　世界各国煤电和新能源电能对比

类别		中国	美国	欧盟	印度	丹麦
煤电	装机占比	59%	39%	29%	72%	—
	发电量占比	67%	29%	17%	57%	—
	利用小时	4400	4978	4947	6072	

续表

类别		中国	美国	欧盟	印度	丹麦
风电	装机占比	8.50%	3.30%	6.30%	2.40%	31%
	发电量占比	3.30%	5.20%	16.70%	7.50%	33%
	利用小时	1728	2406	1943	1555	2500
太阳能	装机占比	2.80%	0.20%	2.10%	0.20%	—
	发电量占比	0.70%	0.70%	6.30%	0.40%	—
	利用小时	900.00%	1125.00%	971.00%	1055.00%	—

资料来源：万得数据库。

表 5-11 2011—2018 年全国弃风数据统计

年份	全国平均弃风率（%）	弃风损失电量（亿千瓦时）	电费损失（亿元）	原煤（万吨）
2011	16.23	123	66	5665
2012	17.12	208	112	9474
2013	10.74	162	88	7294
2014	8.00	126	68	5662
2015	15.00	339	183	15234
2016	17.10	497	268	22591
2017	12.00	419	226	19045
2018	7.00	277	150	12591
共计	12.90	2151	1161	97556

资料来源：万得数据库、国家能源局。

西北五省（区）中，甘肃省、新疆维吾尔自治区、宁夏回族自治区风电运行形势最为严峻，弃风率依次为 46.6%、44.2% 和 20.9%；陕西省弃风率为 3.0%；青海省未发生弃风限电现象。在光电方面，西北地区弃光电量达到 32.8 亿千瓦时，弃光率 19.7%，其中新疆维吾尔自治区、甘肃省光伏发电运行最为困难，弃光率分别达到 32.4% 和 32.1%，2016 年第一季度新疆维吾尔自治区的弃光率甚至一度达到 52%。2018 年，西北地区重点省份弃光情况如表 5-12 所示。

5.2.1 国内风能和光伏发电发展现状

5.2.1.1 风能和光伏发电的成本

（1）风电机组价格变化趋势。风电场项目的投资成本中，风电机组大约占

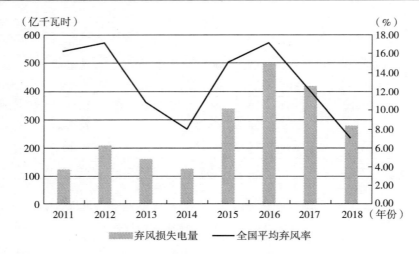

图 5 - 9　2011—2018 年全国弃风状况

资料来源：万得数据库。

表 5 - 12　2018 年西北地区各省份弃光数据

省份	弃光电量（亿千瓦时）	弃光率（%）	占比（%）	小时数（小时）
陕西	4.16	7.39	8.82	1302
甘肃	10.4	10.06	22.06	1397
新疆	21.92	15.84	46.50	1337
青海	6.51	4.76	13.81	1502
宁夏	4.15	4.41	8.80	1400
西北	47.14	8.91	100.00	1372

资料来源：北极星太阳能光伏网，http：//guangfu. bjx. com. cn/news/20190201/961076. shtml。

70%的比例，其余电气、土建、安装工程等费用约占 30%。风电电度成本中，折旧费用摊销大约占 65%的份额，其余的营运费用、利息费用大约占 35%的份额。因此，风电度电成本能否下降在很大程度上取决于风电机组的价格。我国风电机组从早期主要依赖进口到目前全部国产化，得益于出现一批风电设备制造龙头企业，如金风科技、华锐风电、明阳风电等，在国内和国际市场展现出了强劲市场实力，风电设备市场由垄断竞争性演化为竞争性市场。各个风电设备供应商通过提供差异化的产品，如华锐风电在中国率先自主开发出全球领先的 5MW、6MW系列风电机组，明阳风电针对中国风资源环境，紧紧围绕高发电量、高可利用率、低度电成本的目标，研制拥有自主知识产权、适合中国各类风况的风机（如

1.5~3MW 抗台风型、抗低温型、高原型、潮间带型、低风速及 SCD2.5MW、2.75MW 和 3MW 风机等系列风力发电机组），满足了我国风电市场发展需求，降低了风电机组的价格。

图 5 - 10 展示了近年来我国风电机组价格变化趋势。我国风电机组价格在 2008 年之前呈缓慢下降趋势。2008—2011 年价格下降幅度增大，主要原因有两点：一是风电产业发展迅速，产生了规模效应；二是技术不断进步，风电机组产品销售竞争加剧，推动价格下降。2011 年后，风电机组价格小幅上涨，2013 年国内 1.5MW 双馈风电机组的单位千瓦的平均价格接近 3900 元，和 2012 年同期不到 3700 元相比，上涨了约 200 元，主要原因在于风电设备产品差异化溢价日渐形成。2018 年，风电机组价格重新出现下降趋势。随着南方低风速地区和高原地区风电场的开发，风电机组需要增加叶轮直径、考虑凝露天气进行技术改进和绝缘设计，一定程度上增加了风电机组本身的成本。随着风电市场的发展，风电场的资源禀赋差异推动风电机组的价格正在回归理性，机组制造商会根据不同的风电场报出不同的价格。由于目前产能比较大，风电机组价格不会出现大幅度上涨[①]。

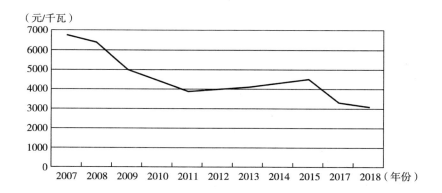

图 5 - 10 2007—2018 年国内风电机组平均价格

资料来源：北极星风力发电网。

（2）光伏电池组件成本变化趋势。太阳能光伏发电系统的核心是光伏电池板，我国光伏电池板价格持续下降（见图 5 - 11）。可以看出，2010 年底，我国太阳能电池的平均成本为 1.2~1.4 美元/瓦，2014 年底降至 0.62 美元/瓦以下，7 年时间成本下降到原来的 1/10。光伏组件成本在 2010—2013 年大幅下降。

---

① 资料来源：中国行业研究网，http://www.chinairn.com/news/20131028/160614681.html。

2015 年，我国晶硅组件平均价格为 0.568 美元/瓦，光伏制造商单晶硅太阳能电池组件的直接制造成本约 0.5 美元/瓦，多晶硅太阳能电池组件成本已降至 0.48 美元/瓦以下①。2018 年，我国晶硅组件平均价格已下降到 0.28 美元/瓦。调研数据显示，我国企业使用的光伏电站电池的价格约为 0.84 美元/瓦，略高于平均成本。

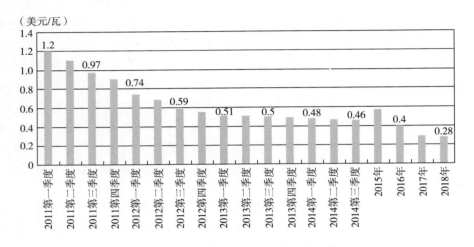

图 5 - 11 我国晶硅组件成本下降趋势

注：2014 年第四季度的原始数据缺失。

资料来源：索比光伏网。

（3）光电投资成本变化趋势。光伏电站初始投资大致可分为光伏组件、并网逆变器、配电设备及电缆、电站建设安装等成本，其中光伏组件投资成本占初始投资的 50% ~ 60%。

近年来，由于太阳能电池效率的持续提升和组件成本的大幅下降，光伏发电装机快速增加产生的规模化效应和光伏发电产业链的逐渐完善，我国光伏电站投资成本不断下降。并网光伏发电站平均单位千瓦动态投资由 2009 年的 20000 元左右降至 2012 年底的 10000 元左右，2013 年光伏电站单位造价水平降至 8000 ~ 10000 元/千瓦，2015 年光伏电站单位造价水平基本在 7500 ~ 9000 元/千瓦的范围内波动（见图 5 - 12）。

（4）光伏电站投资成本变化趋势。光伏发电技术的发展、新型电池的研发和普及，带来了转换效率的提升和使用寿命的延长，将会导致太阳能光伏发电成

---

① 资料来源：中国经济新闻网，http://www.cet.com.cn/nypd/xny/1768066.shtml。

本进一步下降，太阳能光伏组件的成本占电站总成本的比例也将显著下降。

　　预计到 2020 年，中国晶体硅太阳能光伏组件价格将下降至 0.4 美元/瓦左右；2020 年之后到 2030 年，光伏组件的售出价格下降幅度可能低于组件成本下降幅度。同时，投资贷款利率在"十三五"期间也可能处于下行通道中。我国地面光伏电站单位造价水平分析和未来预测结果如图 5－13 所示，预计我国 2020 年光伏电站单位造价水平将降至 7000～7500 元/千瓦，2030 年将进一步降至 3000～5000 元/千瓦，我国地面光伏电站单位造价水平在 2030 年前总体上呈下降趋势。

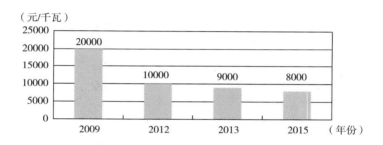

图 5－12　2009—2015 年光伏电站单位造价水平

资料来源：索比光伏网，http：//news. solarbe. com/201605/24/98532. html。

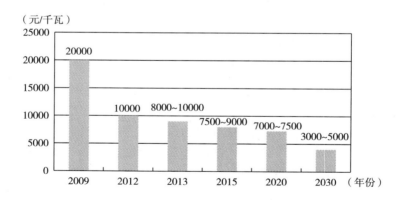

图 5－13　我国地面光伏电站建设成本变化

资料来源：索比光伏网。

5.2.1.2　风能和光伏发电电力定价机制

　　（1）风能发电定价。我国自 20 世纪 80 年代开始发展风力发电，伴随电力市场和价格改革，我国风电定价机制经历了以下几个阶段：

1）完全竞争上网电价。20 世纪 80 年代到 90 年代初期，这一阶段的风电产业正处于起步阶段，大部分前期的风电场建设成本和风机设备置办成本都是通过国外的资金援助或者国家拨款、优惠贷款等形式获得。风电场主要用于技术研发和示范项目实施，没有进行商业化生产，电价较低，风电定价基本与火电相当，风电项目企业与电力部门签订购销合同或协议，价格由我国的物价部门核准。在存在资金补贴的情况下，以当地煤炭发电标杆价格作为参考价格，此阶段的风电平均上网电价基本小于 0.3 元/千瓦时，该电价基本与火电上网电价形成完全竞争关系。

2）审批电价。1994—2003 年，我国的风能发电进入产业化阶段，风电技术侧重于自主研发，风机设备转向国产化，风电项目也开始进行商业化的运作。在《可再生能源法》颁布之前，我国风电价格长期以来执行审批定价的政策，审批定价阶段包括还本付息电价和经营期平均电价两个阶段。上网电价由各地价格主管部门批准，报发改委备案，最低的仍然是采用竞争电价，与燃煤电厂的上网电价相当，最高上网电价达 1.2 元/千瓦时。

3）招标和审批电价并存。2003—2005 年，出现招标电价和审批电价并存的局面，即国家组织的大型风电场采用招标的方式确定电价。

大型的风电开发项目电价通过招标形式确定，如内蒙古自治区、吉林省、甘肃省、福建省等以中标电价作为参考价格，确定省内的其他风电开发项目的电价。小型的地方项目风电价格由国家审批通过。

4）招标和核准电价并存。2006—2009 年，《可再生能源法》（2006 年 1 月生效）以及国家可再生能源发电价格等有关政策相继出台。

《可再生能源法》规定，实行招标的可再生能源发电项目的上网电价，按照中标确定的价格执行，但是不得高于依照前款规定确定的同类可再生能源发电项目的上网电价水平。2006 年，国家颁布《可再生能源发电价格和费用分摊管理试行办法》，规定风电开发项目的电价由政府指导、确定标准，由价格主管部门以招标定价的形式确定。其他省份风电开发项目未进行招标定价的，大部分仍沿用国家有关部门核准电价的做法，制定风电开发项目标杆电价。

5）标杆电价。2009 年 7 月国家发展和改革委员会发布了《关于完善风力发电上网电价政策的通知》（发改价格〔2009〕1906 号），对风力发电由招标定价改为实行标杆上网电价政策。依据分资源区制定陆上风电标杆上网电价的原则，按风能资源和工程建设条件将全国分为四类风能资源区，制定了每千瓦时 0.51 元、0.54 元、0.58 元及 0.61 元四种电价。此后，在 2014 年底，进行风电标杆电价政策实行后首次调整，前三类资源区风电标杆上网电价每度降低 0.02 元，调整后的标杆上网电价分别为每千瓦时 0.49 元、0.52 元和 0.56 元，而第Ⅳ类资源区风电标杆上网电价维持每千瓦时 0.61 元不变。2015 年底，国家发展改革委对风电标杆电价进行进一步下调，调整后的 2016 年上网电价分别为每千瓦时 0.47 元、0.50 元、0.54 元、0.60 元，同时明确 2018 年标杆电价继续下调 0.02 ~ 0.03 元/千瓦时。我国风能标杆上网电价演变如表 5 - 13 所示。

表 5 - 13 我国风能标杆上网电价演变

资源区	标杆上网电价（元/千瓦时）				各资源区所包括的地区
	2009 年	2015 年	2016 年	2018 年	
Ⅰ类资源区	0.51	0.49	0.47	0.40	内蒙古自治区除赤峰市、通辽市、兴安盟、呼伦贝尔市以外其他地区；新疆维吾尔自治区乌鲁木齐市、伊犁哈萨克自治州、克拉玛依市、石河子市
Ⅱ类资源区	0.54	0.52	0.50	0.45	河北省张家口市、承德市；内蒙古自治区赤峰市、通辽市、兴安盟、呼伦贝尔市；甘肃省嘉峪关市、酒泉市；云南省
Ⅲ类资源区	0.58	0.56	0.54	0.49	吉林省白城市、松原市；黑龙江省鸡西市、双鸭山市、七台河市、绥化市、伊春市、大兴安岭地区；甘肃省除嘉峪关市、酒泉市以外其他地区；新疆维吾尔自治区除乌鲁木齐市、伊犁哈萨克自治州、克拉玛依市、石河子市以外其他地区；宁夏回族自治区
Ⅳ类资源区	0.61	0.61	0.60	0.57	除Ⅰ类、Ⅱ类、Ⅲ类资源区以外的其他地区

资料来源：《关于完善风力发电上网电价政策的通知》《国家发展改革委关于适当调整陆上风电标杆上网电价的通知》《国家发展改革委关于完善陆上风电光伏发电上网标杆电价政策的通知》。

　　根据西北五省所处的资源区，西北五省风力发电定价状况如表 5 - 14 所示。可以看出，处于Ⅰ类资源区的新疆维吾尔自治区的风电上网标杆电价从 2009 年的 0.51 元/千瓦时下降到 2018 年的 0.44 元/千瓦时；而处于Ⅳ类资源区的青海省、陕西省的风电上网标杆电价从 2009 年的 0.61 元/千瓦时下降到 2018 年的 0.58 元/千瓦时，下降幅度较小。

　　（2）光伏发电定价。2015 年底，我国光伏发电累计装机容量达到 4318 万千瓦，成为全球光伏发电装机容量最大的国家。早期的光伏发电项目主要是中央政府拨款，由地方政府建设管理。此后，地方政府也核准审批了一些光伏电站，并报国家发展和改革委员会备案。中央政府通过"金太阳示范"工程补贴政策的相关规定，对光伏电站实施初始安装补贴，之后又通过特许权招标对光伏发电项目进行授权。我国光伏发电上网定价经历了以下四个阶段：

表 5 – 14　西北五省风力发电定价状况

省份	资源区	标杆上网电价（元/千瓦时）			
		2009 年	2015 年	2016 年	2018 年
新疆维吾尔自治区	Ⅰ类资源区	0.51	0.49	0.47	0.44
甘肃省	Ⅱ类资源区	0.54	0.52	0.50	0.47
宁夏回族自治区	Ⅲ类资源区	0.58	0.56	0.54	0.51
青海省	Ⅳ类资源区	0.61	0.61	0.60	0.58
陕西省					

　　1）核准电价。2008 年 7 月，国家发展和改革委员会核定内蒙古自治区鄂尔多斯 205 千瓦聚光光伏电站和上海市崇明岛前卫村 1 兆瓦及宁夏回族自治区 4 个光伏电站上网电价为 4 元/千瓦时（含税）。

　　2010 年 4 月，国家发展和改革委员会核准了宁夏回族自治区太阳山 4 个光伏电站 1.15 元/千瓦时的临时上网电价。作为最早的核准电价，其更多的是从促进国家战略产业发展的角度考虑，发挥引领清洁能源发展方向的作用。尽管这种电价没有体现合理的市场定价特点，但它对我国光伏发电产业开局起到了重要作用。

　　2）中标电价。中标电价是我国新能源产业发展到一定阶段的一个产物，已经在较大程度上体现了市场竞争行为，标志着新能源产业进入了快速发展阶段。在没有价格限制的情况下，低电价是中标最重要的条件。但此时的中标电价很多时候是垄断企业为获取光伏发电项目资源不惜牺牲经济代价的产物，并未有效反映发电企业的发电成本和适当利润，很难发挥其作为产业发展的指导电价。2009 年 3 月，我国第一轮光伏电站特许权项目招标，中标价格为 1.09 元/千瓦时（含税）。2010 年 6 月，第二轮光伏电站特许权项目扩大到 13 个，中标价格在 0.7228 ~ 0.9907 元/千瓦时（含税）。

　　3）示范工程补贴。2009 年 3 月，财政部与住房和城乡建设部发文推动"太阳能光电建筑应用计划"，对光电建筑每瓦补贴 20 元。随后，2009 年 7 月 16 日，财政部、科技部、国家能源局联合发布《关于实施金太阳示范工程的通知》，决定采取财政补助、科技支持和市场拉动方式，加快国内光伏发电的产业化和规模化发展，并计划在 2 ~ 3 年内，采取财政补助方式支持不低于 500 兆瓦的光伏发电示范项目，简称"金太阳示范工程"。这些光伏发电补贴主要是"事前补贴"，即项目投资方在项目开建之前拿到补贴。金太阳工程发电，业主可自发自用，富余电量按国家核定的当地脱硫燃煤机组标杆电价全额收购。这种电价政策与欧美国家的居民分布式电站上网电价机制一致，其主要目的是鼓励有条件的个人或企业提高使用清洁能源的比重，提高全民使用清洁能源的意识。然而，由于是事前补贴，因此存在"跑项目、骗补贴、拖工期、以次充好"的现象，虽然在一定程度上促进了光伏发电的应用，但整体效果并不理想。

4）分区域标杆电价。2011年8月1日国家发展和改革委员会出台了《关于完善太阳能光伏发电上网电价政策的通知》，提出制定全国统一的光伏发电上网标杆电价。对非招标太阳能光伏发电项目实行全国统一的标杆上网电价，上网标杆定价制定主要参考社会平均投资和运营成本、太阳能光伏电站招标价格以及我国太阳能资源状况。同时规定，通过特许权招标确定业主的太阳能光伏发电项目，其上网电价按中标价格执行，但中标价格不得高于太阳能光伏发电标杆电价。

2013年初，国家发展和改革委员会下发了《关于完善光伏发电价格政策通知》的意见，针对大型光伏发电标杆上网电价，区分四类地区给出了四个不同的上网电价。同年8月，国家发展和改革委员会出台了《关于发挥价格杠杆作用促进光伏产业健康发展的通知》，根据各地太阳能资源条件和建设成本，将全国分为三类资源区电价。由此，国内的光伏上网电价由统一标杆电价开始按照不同区域进行了划分，根据资源禀赋和建设成本差异制定标杆定价，有利于引导光伏发电产业区域分布的合理布局，也能够在一定程度上保证项目投资的收益，发挥对投资企业的激励作用。我国光伏发电上网标杆电价演变如表5-15所示。

表5-15 我国光伏发电上网标杆电价演变

资源区	标杆上网电价（元/千瓦时）				各资源区所包括的地区
	2013—2015年	2016年	2017年	2018年	
Ⅰ类资源区	0.90	0.80	0.65	0.55	宁夏回族自治区，青海省海西州，甘肃省嘉峪关市、武威市、张掖市、酒泉市、敦煌市、金昌市，新疆维吾尔自治区哈密市、塔城市、阿勒泰市、克拉玛依市，内蒙古自治区除赤峰市、通辽市、兴安盟、呼伦贝尔市以外其他地区

资源区	标杆上网电价（元/千瓦时）				各资源区所包括的地区
	2013—2015 年	2016 年	2017 年	2018 年	
Ⅱ类资源区	0.95	0.88	0.75	0.65	北京市，天津市，黑龙江省，吉林省，辽宁省，四川省，云南省，内蒙古自治区赤峰市、通辽市、兴安盟、呼伦贝尔市，河北省承德市、张家口市、唐山市、秦皇岛市，山西省大同市、朔州市、忻州市，陕西省榆林市、延安市，青海省，甘肃省，新疆维吾尔自治区除Ⅰ类资源区以外的其他地区
Ⅲ类资源区	1.00	0.98	0.85	0.75	除Ⅰ类、Ⅱ类资源区以外的其他地区

资料来源：《关于发挥价格杠杆作用促进光伏产业健康发展的通知》《国家发展改革委关于完善陆上风电光伏发电上网标杆电价政策的通知》《国家发展改革委关于调整新能源标杆上网电价的通知（征求意见稿）》。

根据光伏发电资源区的划分，西北五省除了陕西位于Ⅱ类资源区外，其他四省均位于Ⅰ类资源区，上网标杆定价如表 5 - 16 所示。

表 5 - 16　我国西北五省光伏发电定价

省份	资源区	标杆上网电价（元/千瓦时）			
		2014 年	2016 年	2017 年	2018 年
新疆维吾尔自治区、甘肃省、宁夏回族自治区、青海省	Ⅰ类资源区	0.9	0.8	0.6	0.55
陕西省	Ⅱ类资源区	0.95	0.88	0.7	0.65

资料来源：华夏能源网。

5.2.1.3　风能和光伏发电补贴

（1）我国风能和光伏发电补贴相关政策。《中国风电发展路线图 2050》显示，我国风电发展经历了早期示范、产业化探索、产业化发展和大规模发展四个阶段。为了促进风电产业发展，国家在不同阶段采用了差异化的补贴政策。针对四个发展阶段，我国风能发电主要补贴政策如表 5 - 17 所示。

表 5 – 17　我国风电补贴相关政策

发展阶段	补贴方式	政策
早期示范阶段 （1986—1993 年）	利用国外赠款及贷款，扶持投资风电场项目及支持风电机组研制	《中华人民共和国电力法》 《风电发电场并网运行管理规定》
产业化探索阶段 （1994—2003 年）	对采用国产设备的风电场给予资金支持（贴息贷款）；对外商投资建设风电场采购的国产设备给予增值税和企业所得税优惠政策	《国务院关于调整进口设备税收政策的通知》（1997 年12 月） 《关于当前进一步鼓励外商投资的意见》（1999 年8 月） 《关于加快风电技术装备国产化的指导意见》（2000 年2 月）
产业化发展阶段 （2003—2007 年）	对取得特许招标权的风电项目给予各方面的优惠政策，随着《中华人民共和国能源法》颁布，风电项目发电全额保障性收购	《中华人民共和国可再生能源法》《国家发展改革委关于风电建设管理有关要求的通知》《可再生能源发电有关管理规定》《可再生能源发电价格和费用分摊管理试行办法》《风力发电设备产业化专项资金管理暂行办法》《能源发展"十一五"规划》《关于完善风力发电上网电价政策的通知》
大规模发展阶段 （2008 年至今）	对列入可再生能源产业发展补贴目录的项目根据标杆电价与燃煤发电之间的差价对风电企业进行补贴	《关于2009 年可再生能源电价补贴和配额交易方案的通知》《可再生能源修正法》《国家发展改革委、国家电监会关于2009 年可再生能源电价补贴和配额交易方案的通知》《西部地区鼓励类产业目录》《国家发展改革委关于适当调整陆上风电标杆上网电价的通知》《国家发展改革委关于完善陆上风电光伏发电上网标杆电价政策的通知》《关于促进智慧电网发展的指导意见》《关于开展可再生能源就近消纳试点的通知》《绿色债券支持项目目录》《国家能源局关于在能源领域积极推广政府和社会资本合作模式的通知》

　　我国光伏发电补贴相关政策如表 5 – 18 所示。

　　（2）我国风能和光伏发电补贴政策实施程序。我国集中式风能和光伏发电补贴发放需要经过企业申请、审核等程序。首先由企业或电网逐级上报申请风能和光伏发电列入目录；其次由财政部、国家发改委和能源局共同审核；最后由财政部下发目录，列入补助目录的企业可以拿到补贴。中央财政直接将列入目录的项目的补贴资金拨付给国网、南网，由电网支付给企业。风能和光伏发电补助目

表 5 – 18　我国光伏发电补贴相关政策

发展阶段	补贴方式	产业政策
初步示范阶段（2007 年以前）	对取得特许招标权的项目发电全额保障性收购	《中华人民共和国电力法》《中华人民共和国节约能源法》《新能源和可再生能源产业发展"十五"规划》《中华人民共和国可再生能源法》《可再生能源发电有关管理规定》
产业化建立阶段（2007—2010 年）	通过"金太阳示范工程"对光伏电站项目给予建设补贴和发电补贴	《中国应对气候变化国家方案》《中国可再生能源中长期发展规划》《可再生能源中长期发展"十一五"规划》《关于加快推进太阳能光电建筑应用的实施意见》《关于实施金太阳示范工程的通知》
规模化稳定发展阶段（2011 年至今）	根据可再生能源发展目录和风电实行相同的补贴模式，逐步加大对分布式光伏的补贴	《太阳能光伏产业"十二五"发展规划》《关于申报分布式光伏发电规模化应用的通知》《关于发挥价格杠杆作用促进光伏产业健康发展的通知》《国家能源局关于明确电力业务许可管理有关事项的通知》《关于进一步落实分布式光伏发电有关政策的通知》《西部地区鼓励类产业目录》《能源发展战略行动计划（2014—2020 年）》《关于完善光伏发电价格政策通知》《关于促进光伏产业健康发展的若干意见》《财政部关于分布式光伏发电实行按照电量补贴政策等有关问题的通知》《关于光伏发电增值税政策的通知》《国家能源局关于在能源领域积极推广政府和社会资本合作模式的通知》

录申报及资金拨付流程如图 5 – 14 所示：

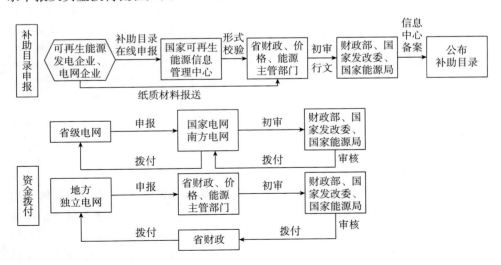

图 5 – 14　风能和光伏发电补助目录申报及资金拨付流程

1）补助目录申报流程。①信息填报：可再生能源发电项目公司和电网公司通过可再生能源电价附加信息管理平台（http：//www. renewable. org. cn/）完成拟申报可再生能源电价附加补助项目的信息填报工作。②形式审核：国家可再生能源信息中心对各项目公司和电网部门填报的申报项目信息进行形式审核，完成申报项目基础信息、支持性文件以及其他相关信息完整性的检查。③初审及复核：省级政府能源主管部门通过平台对项目申报信息进行初审，由各省份财政部门牵头，会签省级能源、价格部门，并以正式文件将申请项目集中上报财政部、国家能源局和国家发展改革委。国家三部委组织信息中心对上报的项目是否具备电价附加补助资格进行审核确认。④发布目录：通过审核确认的项目名单提交财政部、国家能源局和国家发展改革委，并由财政部发布最终补助目录。

2）补贴资金拨付流程。对可再生能源发电工程、接网工程和发电项目，由财政部拨付补贴资金至国家电网公司、南方电网公司和独立电网所在省财政部门，并顺序下达目录内项目公司。对于公共可再生能源独立电力系统项目，于年度终了后随清算报告一并提出资金申请，财政部直接拨付资金至所在省财政厅，并顺序下达目录内项目公司。可再生能源电价附加补助资金拨付和清算流程如图5－14所示。

（3）西北地区风能和光伏发电补贴政策落实情况。根据调研，作为风力和光能陆上资源丰富的西北地区，风能和光能发电企业主要享受中央财政补贴，各地方政府没有针对本行政辖区制定相关的地方性补贴政策。西北地区风能和光能发电企业收到的主要补贴形式如表5－19所示。

表5－19　我国风能、光伏发电补贴内容及落实

	发放时间	落实情况
电价补贴	按月结算补贴	新能源附加电价补贴最新进展为国家发展和改革委员会与能源局于2018年6月11日公布了可再生能源电价附加资金的补助目录；以2018年宁夏回族自治区为例，宁夏回族自治区风资源为Ⅲ类，风电标杆电价为0.49元/千瓦时；光能资源是Ⅲ类，标杆电价为0.98元/千瓦时。宁夏回族自治区火电价格为0.27元/千瓦时，因此，风电补贴0.27元/千瓦时，光伏补贴0.71元/千瓦时
电量补贴	年终统一清算	宁夏回族自治区政府出台政策规定风能发电保障性收购1050利用小时，光伏800利用小时，实施标杆电价，保障收购剩余的电量进入市场电价（国家出台的宁夏回族自治区风能保障性收购利用小时为1850利用小时，光伏为1500利用小时）；超出最低保障收购年利用小时数的部分应通过市场交易方式消纳，由风电、光伏发电企业与售电企业或电力使用者通过市场化的方式进行交易，且不能享受补贴

	发放时间	落实情况
所得税减免		企业同时符合西部大开发15%优惠税率条件和《企业所得税法》及其实施条例和国务院规定的各项税收优惠条件的，可以同时享受多种优惠。如15%优惠税率和"两免三减半优惠"政策可以同时使用，在减半后其实际税率为7.5%
增值税抵扣、减免	增值税为即征即免	《关于光伏发电增值税政策的通知》政策已到期，国家发文继续执行该政策，风能增值税征缴正常

5.2.2　西北地区风能和光伏发电存在的问题

5.2.2.1　成本费用偏高

新能源中，风能和光伏发电具有自身特点，风能和光伏发电的燃料费用为零，边际成本非常低，能够有效降低原料价格变化给电能供应带来的不确定性和风险，但是风能和光能发电的资源间歇性特点带来新的风险。固定成本投资相对较高是可再生能源发电与传统发电企业的一个根本差异。

（1）投资成本高。目前，可再生能源发电技术逐渐成熟，投资成本也在不断下降，但与传统火电建设项目相比，单位千瓦投资仍然相对较高，在一定程度上不利于新能源发电行业的发展和新能源电力的推广。

风电场投资成本（单位千瓦造价）是衡量风电场建设经济性的主要因素，其投资主要由风力发电机组、道路、集电线路、变电站几部分组成。根据实地调研了解到，风能发电投资中，在不同地区，根据使用的风机主设备、接入电网条件等不同，风电工程的单位千瓦投资在7000~8000元。在风电场项目的投资成本中，风电机组的造价占70%~80%的比例，其余电气、土建、安装工程等费用占20%~30%。我国风电投资成本费用构成如图5-15所示。

光伏发电投资中，多晶硅材料成本占太阳能电池组件成本的比例大，其价格变化直接影响下游组件制造商和发电运营商的经济效益，太阳能电池板价格过高不利于光伏发电行业发展。

（2）运维费用日益增加。我国风电产业发展初期，风电设备的质保期通常为2年，后来由于部分机组质量问题频发，以及风电机组产品由"供不应求"转变为"供大于求"的市场格局，风电设备的质保期大多延长至3~5年。在质保期阶段，设备供应商免费为风力发电企业提供设备维护。2010年，我国风电装机猛增，超越美国一跃成为世界第一风电装机大国。当前阶段，大量运营的风机开始逾质保期，风力发电企业的维护费用陡然增加，直接加重了风力发电企业的维护负担。对于风电行业，预计 2015—2022 年风电运维费用总计将高达 160 亿美元。

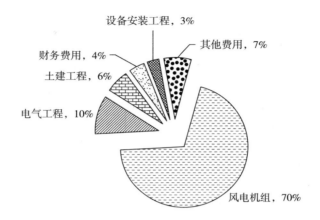

图 5 – 15　风电场建设投资成本项目构成比例

资料来源：根据企业调研数据整理。

（3）企业融资成本高。根据实地调研，风力发电属于资本密集型行业，项目初始投资规模巨大。目前风力发电单位千瓦投资一般在 7000 ~ 8000 元，而火力发电单位千瓦投资额在 3500 ~ 4000 元，风力发电的造价大约为火力发电的 2 倍。一个 5 万千瓦的风电项目需 3 亿 ~ 5 亿元资金，居我国前列的风电投资商年新增装机在 150 多万千瓦以上，有的高达 300 万千瓦，需增加投资百亿元以上，甚至高达二三百亿元。而在风电场的建设过程中，80% 左右的资金是依靠金融机构的贷款，只有 20% 来自企业自有资金。风电项目投资大量依靠外部融资，增加了企业每年的还款压力，加大了融资风险，直接导致了融资成本高。另外，风电项目建设周期比较短，大多在一年左右建成投产，在建设期内需投入几乎 90% 的资金，融资准备期短，短期融资任务重。

在宁夏地区调研中，企业普遍反映，随着经济下行，用电量下降，新能源企业经营状况不佳。特别是中小民营企业，很难通过正常发电收回资金偿付利息和本金，有的民营企业不得不出售项目，有的民营企业因支付不起高额的财务费用而倒闭。在无法吸引民间资本进入的情况下，作为新能源行业主导力量，大型风电自然而然承担起规模巨大的项目投资。

5.2.2.2　定价机制积弊较多

目前，我国新能源发电行业正处于由政府全面扶持向市场化发展的过渡阶段，上网电价实行基数电价，即保障收购部分电量实行分区域标杆定价，剩余部分电量实行市场电价。采用保障收购和分区域标杆定价符合当前的发展阶段，然而该定价机制在应用中仍存在一些问题。

（1）分区域标杆电价在一定程度上扭曲了资源配置。由于电网建设滞后于新能源发电发展，西北风（光）能资源丰富地区的电力向外输送受阻，加之西北地区经济发展相对落后，消纳能力有限，地方政府出于保就业、保增长的动机，积极发展火电的热情不减，加剧了西北地区电力供需失衡，造成西北地区弃风、弃光现象严重。

南方地区陆上风（光）资源禀赋比西北地区差，发电成本也相对较高。标杆电价是根据资源禀赋和建设成本制定的，对于风（光）资源较差和建设成本相对较高的南方地区，制定的标杆电价相对较高。近几年，由于新能源发电设备技术进步，可发电量得到提升，发电设备价格下降明显，新能源发电企业固定成本下降。南方地区电网配套建设较完备，大多数南方省份政府还制定了地方性的新能源补贴政策（如安徽省对符合条件的光伏发电企业按照发电量给予一部分地方补贴）。高标杆电价、投资成本下降以及地方补贴等优势大大激发了新能源发电企业在资源禀赋相对较差的南方省份投资的热情，南方省份新能源发电发展迅猛，在很大程度上加重了西北地区弃风（光）现象。

（2）新能源电力定价调整滞后。现行标杆电价以政府定价为主，《可再生能源发电价格和费用分摊管理试行办法》规定了可再生能源的定价方法为"合理成本加合理利润"，然而由于信息不对称和信息的滞后性，政府不能及时获得行业的合理成本，且各类可再生能源发电项目在资源状况、装机容量、新技术应用等方面存在很大差异，发电成本差别很大，因此政府定价并不能保证所有企业获得合理利润，价格机制也无法倒逼电力生产企业降低成本。

2015年3月15日，中共中央、国务院发布了《关于进一步深化电力体制改革的若干意见》，提出政府定价的范围主要限定在重要公用事业、公益性服务和网络自然垄断环节。电力市场要坚持市场化改革，区分竞争性和垄断性环节，在发电侧和售电侧开展有效竞争，培育独立的市场主体，着力构建主体多元、竞争有序的电力交易格局，形成适应市场要求的电价机制，激发企业内在活力，使市场在资源配置中起决定性作用。政府主要核定输配电价，并向社会公布，接受社会监督。因此，新能源上网电价应逐步向市场定价过渡，以市场定价来反映行业的真实成本，刺激企业对成本进行控制。

（3）缺乏可预测的价格动态调整机制。我国可再生能源发电上网定价机制较为粗放，缺乏动态调整机制，不能有效发挥对可再生能源发展规模和速度的调节作用。我国可再生能源发电上网定价机制既没有明确规定电价执行期限，也没有明确规定电价逐年递减机制。具体而言，对风力发电的最新上网价格政策，仅仅只规定了定价原则和价格标准，没有明确规定现行电价的执行期限和电价逐年递减机制。对光伏发电上网定价，《国家发展改革委关于发挥价格杠杆作用促进光伏产业健康发展的通知》规定"光伏发电项目自投入运营起执行标杆上网电价或电价补贴标准，期限原则上为 20 年。国家根据光伏发电发展规模、发电成本变化情况等因素，逐步调减光伏电站标杆上网电价和分布式光伏发电电价补贴标准，以促进科技进步，降低成本，提高光伏发电市场竞争力"。电价是影响发电企业收入的最重要因素，由于企业缺乏可预测的价格动态调整机制，在很大程度上增加了新能源发电企业投资和经营的不确定性，不利于企业根据市场变化做出科学决策，不利于新能源发电行业健康发展。

5.2.2.3 补贴落实困难多

（1）补贴资金来源渠道窄。根据《中华人民共和国可再生能源法》第二十条规定，"电网企业依照本法第十九条规定确定的上网电价收购可再生能源电量所发生的费用，高于按照常规能源发电平均上网电价计算所发生费用之间的差额，由在全国范围对销售电量征收可再生能源电价附加补偿"。我国风能、光伏发电补贴资金主要来源于可再生能源发展基金，包括国家财政年度安排的专项资金和依法征收的可再生能源电价附加，即新能源补贴资金 = 常规能源发电量 × 新能源附加。近年来，我国财政征收的可再生能源附加费情况如表 5 - 20 所示。单一的资金筹集渠道可能不能满足快速发展的风能和光伏发电补贴需求。

表 5 - 20　可再生能源附加费用征收情况　　　　单位：亿元

年份	2011	2012	2013	2014	2015	2016	2017
征收费用	—	196. 11	297. 98	491. 38	514. 87	647. 84	705. 50

注：2011 年《国家财政部全国政府性基金收入决算表》未将可再生能源附加征收费用列项。

资料来源：《国家财政部全国政府性基金收入决算表》，全球经济数据库。

（2）补贴方式单一。根据我国对风（光）能发电补贴政策的整理以及对西北能源监管局管辖企业的调研，我国西北地区风能和光伏发电补贴方式如表 5 - 21 所示。

（3）补贴资金发放滞后。我国现阶段新能源发电补贴发放有一个完整的业务流程，能够获得补贴的项目必须是在项目建成运行并取得国家核准进入补贴目录的企业。从企业申请可再生能源电价附加补贴开始，到各级主管部门审核后由国家财政出补贴目录，再逐级下发最终到企业，时间周期长。

以 2016 年 1 月 25 日申请的第六批可再生能源电价附加补贴申请条件的要求为例，其要求申请补贴项目必须是在 2006 年及以后年度核准（备案），2015 年 2

月底前并网的项目。发电企业必须承担项目建设的前期投资，而补贴申请滞后时间至少在 1 年以上。根据企业实际调研，现在新能源电价附加补助完成了第五批次发放，第六批次于 2016 年 1 月 25 日申请，2016 年 8 月 24 日刚刚下发可再生能源电价附加补贴目录。在目前的补贴方式下，我国新能源发电企业要拿到可再生能源电价附加补贴需要的时间周期比较长。第六批可再生能源电价附加补贴申请的项目核准时间为 2006 年至 2015 年 2 月，并在 2015 年 2 月之前并网，也就是说，该项目已经在申请之前运行了至少 1 年的时间，而正式的补贴目录下发是在 8 月，这期间又有半年的时间推迟。一项工程从项目并网到拿到政府补贴至少需要两年时间。获得补贴资金缓慢在很大程度上影响企业的现金流。

表 5 −21　我国西北地区风能和光伏发电补贴方式

补贴方式	补贴文件	补贴内容
财政补贴	《中华人民共和国可再生能源法》《可再生能源发电价格和费用分摊管理试行办法》《关于做好风电、光伏发电全额保障性收购管理工作的通知（2016）》	风能和光能发电上网电价在当地脱硫燃煤机组标杆上网电价以内的部分，由当地省级电网负担；高出部分，通过全国征收的可再生能源电价附加分摊解决 保障性收购电量应由电网企业按标杆上网电价和最低保障收购年利用小时数结算
税收优惠	①《关于光伏发电增值税政策的通知（2013）》和《关于风力发电增值税政策的通知（2015）》 ②《企业所得税法》和《中华人民共和国企业所得税法实施条例》 ③《西部地区鼓励类产业目录（2014）》和《关于深入实施西部大开发战略有关税收政策问题的通知》	①2013 年 10 月 1 日至 2015 年 12 月 31 日，对纳税人销售自产的利用太阳能生产的电力产品，实行增值税即征即退 50% 的政策；自 2015 年 7 月 1 日起，对纳税人销售自产的利用风力生产的电力产品，实行增值税即征即退 50% 的政策 ②企业从事规定的国家重点扶持的公共基础设施项目投资经营所得，从项目取得第一笔生产经营收入所属纳税年度起，第一年至第三年免征企业所得税，第四年至第六年减半征收企业所得税 ③2011 年 1 月 1 日至 2020 年 12 月 31 日，按 15% 的税率征收企业所得税

　　（4）电量补贴落实不到位。2016 年 5 月 27 日，国家发展改革委、能源局颁布《关于做好风电、光伏发电全额保障性收购管理工作的通知》，核定了部分存在弃风、弃光问题地区规划内的风电、光伏发电最低保障收购年利用小时数，要求各地按照核定最低保障收购年利用小时数安排发电计划，确保最低保障收购年

利用小时数以内的电量以最高优先等级优先发电；并规定保障性收购电量为最低保障目标，鼓励各相关省（市、自治区）提出并落实更高的保障目标。

国家规定的最低保障性收购电量并未得到彻底有效实施。国家发展改革委、能源局出台的宁夏地区风能保障性收购为 1800 利用小时，光伏为 1500 利用小时。然而，在对华电宁夏新能源公司以及中卫市几家新能源发电公司调研后了解到，宁夏回族自治区政府出台政策规定风能发电保障性收购为 1050 利用小时，光能发电保障性收购为 900 利用小时，实施标杆电价，保障收购剩余的电量进入市场电价。地方政府规定的保障性收购电量远低于国家核定的最低保障收购利用小时，且调研企业普遍反映，地方政府出台的保障性收购利用小时也未能得到保障实施。我国不同资源区可再生能源保障性收购小时数与实际落实情况如表 5 - 22 所示，可以看出，我国风能和光伏发电保障收购小时数落实情况并不理想。

表 5 - 22　我国不同资源区可再生能源保障性收购小时数与实际落实情况

	资源区	地区	保障性收购利用小时数	实际落实情况
风能发电	Ⅰ类资源区	内蒙古自治区除赤峰市、通辽市、兴安盟、呼伦贝尔市以外其他地区	2000	2000
		新疆维吾尔自治区乌鲁木齐市、伊犁哈萨克自治州、克拉玛依市、石河子市	1900	1900
	Ⅱ类资源区	内蒙古自治区赤峰市、通辽市、兴安盟、呼伦贝尔市	1900	1800
		河北省张家口市	2000	2000
		甘肃省嘉峪关市、酒泉市	1800	未发布
	Ⅲ类资源区	甘肃省除嘉峪关市、酒泉市以外其他地区	1800	未发布
		新疆维吾尔自治区除乌鲁木齐市、伊犁哈萨克自治州、克拉玛依市、石河子市以外其他地区	1800	1800
		吉林省白城市、松原市	1800	
		黑龙江省鸡西市、双鸭山市、七台河市、绥化市、伊春市、大兴安岭地区	1900	
		宁夏回族自治区	1850	1050
	Ⅳ类资源区	黑龙江省其他地区	1850	
		吉林省其他地区	1800	
		辽宁省	1850	
		山西省忻州市、朔州市、大同市	1900	

续表

	资源区	地区	保障性收购利用小时数	实际落实情况
光能发电	I类资源区	宁夏回族自治区	1500	900
		青海省海西州	1500	
		甘肃省嘉峪关市、武威市、张掖市、酒泉市、敦煌市、金昌市	1500	未发布
		新疆维吾尔自治区哈密市、塔城市、阿尔泰市、克拉玛依市	1500	1500
		内蒙古自治区除赤峰市、通辽市、兴安盟、呼伦贝尔市以外其他地区	1500	1500
光能发电	II类资源区	青海省除I类外其他地区	1450	
		甘肃省除I类外其他地区	1400	未发布
		新疆维吾尔自治区除I类外其他地区	1350	1350
		内蒙古自治区赤峰市、通辽市、兴安盟、呼伦贝尔市	1400	1400
		黑龙江省	1300	
		吉林省	1300	
		辽宁省	1300	
		河北省承德市、张家口市、唐山市、秦皇岛市	1400	1400
		山西省大同市、朔州市、忻州市	1400	
		陕西省榆林市、延安市	1300	

（5）补贴扭曲新能源项目投资决策。补贴是政府对新兴行业的扶持和帮助，我国对风能和光伏发电产业补贴是为了充分利用我国风力资源和光照资源丰富地区的风能和光能，扶持风能和光伏发电产业的健康发展，支持绿色发展。我国西部地区在风能和光资源占有量上存在明显优势，所以在发展初期大量的投资者集中于西部地区。目前，我国对风能和光能发电进行补贴采用固定电价模式，即以标杆电价和燃煤火电上网电价的差价作为补贴额度。我国各省份风能和光伏发电电价补贴额度如表5－23所示。

燃煤火电存在地区间价格差异，标杆电价与燃煤火电上网电价差价越大的区域的新能源项目获得补贴的力度也更大。这样导致我国风（光）能等新能源发电项目投资向补贴力度大的地区集聚，而不是向风能和光能资源禀赋好的区域集中。从长远看，补贴机制扭曲了资源配置，不利于风（光）能等新能源发电产业健康发展。从表5－23可以看出，我国风电和光伏补贴在西北地区的额度高于华北地区和华东地区，并且在装机量上也比这两个区域要高，补贴和装机容量之间呈现了正相关的关系。

表5-23 我国各省份风能和光伏发电电价补贴额度

省份（西北）	陕西省	甘肃省	宁夏回族 自治区	新疆维吾尔 自治区	青海省
风电标杆电价	0.60	0.5~0.54	0.54	0.47~0.54	0.6
光伏标杆电价	0.88~0.98	0.8~0.88	0.8	0.80~0.88	0.80~0.88
燃煤火电价格	0.38	0.33	0.27	0.26	0.34
风电补贴	0.22	0.17~0.21	0.27	0.21~0.28	0.26
风电装机量	373.4	3630	1693.7	3216	209.5
光伏补贴	0.5~0.6	0.47~0.55	0.53	0.53~0.62	0.46~0.54
光伏装机量	117	610	309	406	564
社会用电量	1226.01	1095.48	848.75	1900.24	723.21
风电标杆电价	0.6	0.6	0.5~0.6	0.6	0.47~0.5
光伏标杆电价	0.88	0.88	0.88~0.98	0.88~0.98	0.8~0.88
燃煤火电价格	0.38	0.38	0.39	0.35	0.3
风电补贴	0.22	0.22	0.11~0.21	0.25	0.17~0.2
风电装机量	36	18	1372.5	1590.2	2081
光伏补贴	0.5	0.5	0.49~0.59	0.53~0.63	0.5~0.58
光伏装机量	16	12	239	113	489
社会用电量	937.05	794.36	3314.11	1822.35	2416.74

省份（华东）	山东省	江西省	江苏省	安徽省	浙江省	福建省	上海市
风电标杆电价	0.6	0.6	0.6	0.6	0.6	0.6	0.6
光伏标杆电价	0.88	0.88	0.88	0.88	0.88	0.88	0.88
燃煤火电价格	0.42	0.44	0.41	0.41	0.45	0.41	0.44
风电补贴	0.18	0.16	0.19	0.19	0.15	0.19	0.16
风电装机量	1282.8	316.7	760.5	400.1	359.8	96.5	146.6
光伏补贴	0.46	0.44	0.37	0.37	0.43	0.37	0.44
光伏装机量	133	43	422	121	164	15	21
社会用电量	4223.49	1018.52	5012.54	1585.79	3506.39	1855.79	1369.03

资料来源：燃煤火电价格参考2016年各省份物价局官网数据；光伏装机量为中国能源网2015年数据；风电装机量来源为CWEA 2014年数据。

另外，在风（光）资源丰富地区产业规模不断扩大的同时，其外输电网配套建设并不同步，造成新能源电力输送能力不足，在本地消纳不足的情况下，会出现比较严重的弃风、弃光现象，影响新能源投资者的投资信心。如表 5 - 23 所示，我国风电和光伏装机量和其所在地的社会用电量之间不相匹配，就西北地区来说，区域内的甘肃省社会用电量就远小于其新能源装机带来的发电量；另外，华北地区和华东地区的社会用电量较大，而装机容量不足。

5.3 风能和光伏发电的成本分析

投资者选择投资不同能源的电力项目时，成本收益分析是投资决策的重要依据。不同能源电力成本差异会反映在电力产品价格中，从而影响电力产品的推广应用。对于风能和光伏发电而言，只有详细研究其成本构成因素，才能有的放矢地降低发电成本，促进新能源电力的应用。

新能源发电成本由固定成本和变动成本组成。固定成本主要包括项目前期厂房设备以及基础设施投资、资本化的贷款利息以及直接人工等，其设备采购以及安装工程占整个风力发电项目总成本的 80% 以上。新能源发电的变动成本所占的比例相对较少，主要包括设备维护费用、随收入变动而变动的税收成本。光伏发电的固定成本占总成本的 90% 左右，主要包括前期静态投资，即设备费用、征地费用等，贷款利息以及运维费用。

5.3.1 风能和光伏发电成本构成分析

风电成本是指建设和维护一个风电场正常运转所需最低成本，主要由三个部分组成，分别是风电项目投资成本、运行维护成本及固定支出、利息费用。光伏发电与风电的投资及运营情况十分相似，运营期变动成本比例也很小，其度电成本模型总体上与风电的成本模型一致。

5.3.1.1 项目投资成本

（1）风电项目。风电项目的投资成本是指由项目开发和建设期间的资本投入所形成的成本，主要包括：风电机组的购置费用、风电场基础建设费（包括塔筒与基础等）、风电机组安装工程费、前期开发与土地征用费以及风电入网建设费[1]，项目运营寿命期内以固定资产折旧来体现。

---

[1] 孙金. 风电运行成本与价值分析［D］. 湖南大学，2012.

根据决算数据完整的 216 个风电工程项目资料，我国 2016—2017 年投产风电工程决算单位造价为 7587 元/千瓦，选取装机容量 100 兆瓦的风电工程为典型项目，项目投资成本为 75870 万元，计算期采用 21 年（其中建设期 1 年，运营期 20 年），年均投资成本为 75870 ÷ 21 = 3613 万元。我国风电工程项目决算单位造价如表 5 - 24 所示。

表 5 - 24　风电工程项目决算单位造价

序号	项目名称	决算单位造价（元/千瓦）	所占比例（%）
1	施工辅助工程	153	2.02
2	设备及安装工程	5787	76.27
3	建筑工程	590	7.78
4	其他费用	778	10.26
5	预备费	119	1.57
6	建贷利息	159	2.10
7	合计	7587	100

（2）光能发电项目。光伏发电的投资成本主要包括光伏组件成本、基础建设成本、土地购置费用以及安装费用等。基于决算数据完整的 79 个光伏发电工程项目资料，我国 2016—2017 年投产光伏发电工程决算单位造价为 12242 元/千瓦，选取装机容量 10 兆瓦的光伏发电工程为典型项目，项目投资成本为 12242 万元，计算期采用 26 年（其中，建设期 1 年，运营期 25 年），年均投资成本为 12242 ÷ 26 = 471 万元。我国光伏发电工程项目决算单位造价如表 5 - 25 所示。

表 5 - 25　光伏发电工程项目决算单位造价

序号	项目名称	决算单位造价（元/千瓦）	所占比例（%）
1	施工辅助工程	42	0.34
2	设备及安装工程	9949	81.27
3	建筑工程	1323	10.81
4	其他费用	758	6.19
5	预备费	23	0.19
6	建贷利息	148	1.21
7	合计	12242	100

5.3.1.2 运行维护成本及固定支出

风电项目运行维护成本是在项目运营寿命期内为保证风机、电气等设备正常运行所产生的维护成本，主要包括常规检修费用、故障维修费、备品备件购置费、保险费以及管理费用。通过实地调研了解到，一个总装机容量为100兆瓦的风力发电项目年运行维护费支出约为760万元。

光伏发电运行维护成本指光伏发电站运行过程中的管理与维护所产生的费用，光伏发电站在整个运营过程中都不会出现设备部件磨损情况，也不需要购买发电原材料，运行维护费仅仅包括员工工资和设备费用。根据实际调研了解到，光伏发电的运维费用占年均投资成本的2%左右，一个10兆瓦的光伏发电项目年运维费用约为6.84万元。

5.3.1.3 利息费用

利息费用是由项目建设期间发生的长期贷款以及项目运营寿命期内发生的流动资金贷款所形成的利息成本，主要包括长期贷款利息和短期贷款利息。根据实地调研，我国已建风电厂和光电场的建设资金基本是20%为自有资金，80%来自贷款，新能源发电投资会产生较为庞大的利息费用。

我国2013—2014年投产风电工程，100兆瓦的项目投资成本为74630万元，计算期采用21年（其中，建设期1年，运营期20年），贷款利率为4.5%。运营第一年应付利息成本 = 74630 × 80%/21 + 74630 × 80% × 4.5% = 5530万元。2013—2014年投产光伏发电工程，100兆瓦的项目投资成本为8886万元，计算期采用26年（其中，建设期1年，运营期25年），贷款利率为4.5%。运营第一年应付利息成本 = 8886 × 80%/26 + 8886 × 80% × 4.5% = 593.3万元。不论是风电投资还是光伏发电投资，利息支出巨大。

5.3.1.4 度电成本分析

根据投资和运维费用，选取装机容量100兆瓦的风电工程，平均利用1000小时[①]，年上网电量共10000万千瓦时；选取装机容量10兆瓦的光伏发电工程，平均利用500小时，年上网电量共500万千瓦时。我国风力发电和光伏发电度电成本计算如表5-26所示。

由表5-26可以看出，风电场的度电成本大约为0.51元/千瓦时，光伏发电场的度电成本大约为0.79元/千瓦时。但需要注意的是，发电量对风电度电成本的影响很大，目前我国风电项目建设和电网建设不配套，因此很多风电场有弃风（光）现象，严重影响了风电场的收益，也影响到了风力和光伏发电的度电成

---

① 2016年上半年各省风电设备平均利用小时数公布［EB/OL］. http：//mt. sohu. com/20160728/n461475561. shtml.

本。充分利用设备，保证发电量全部上网，是降低风光发电度电成本的重要方面。

表 5 – 26　风电和光伏度电成本计算结果

栏目 1：风电度电成本计算结果	
风电项目成本构成	计算结果
投资成本	3613 万元
运行维护成本及固定支出	625.44 万元
利息费用	5622 万元
发电量	1000 万千瓦时
度电成本	0.51 元/千瓦时
栏目 2：光电度电成本计算结果	
光电项目成本构成	计算结果
投资成本	471 万元
运行维护成本及固定支出	6.84 万元
财务费用	817 万元
发电量	500 万千瓦时
度电成本	0.79 元/千瓦时

5.3.2　风能和光伏发电成本的主要影响因素

5.3.2.1　初始投资

初始投资是影响可再生能源发电成本的最重要因素之一，初始投资越大，风（光）电度电成本越大。

风电成本主要取决于风电项目投资成本，据实地调研，风电场项目的投资成本中，风电机组大约占 70% 的比例，其余电气、土建、安装工程等费用约占 30%，风电场工程成本构成如图 5 – 16 所示。风机的价格在很大程度上影响着风力发电的度电成本，降低风机采购价格可以从根本上降低风力发电的度电成本。

根据调研得到，风电的单位电度成本中，折旧摊销大约占成本 65% 的份额，在风电场机组设备选定并建成投产之后，风电场的运行维护费成本一般相对稳定，其余的营运费用大约占 35% 的份额。因此，风电电度成本能否下降最大的影响因素就是机组的价格[①]。风机造价大大影响着初始投资的数额。风机造价增

---

① 资料来源：北极星风力发电网，http://news.bjx.com.cn/html/20140828/541371.shtml。

加，初始投资增加。初始投资增加，则折旧费用增加，每期总成本费用增加，风力发电的度电成本增加。

光伏电站的投资由五大部分组成，分别为设备及安装工程、建筑工程和其他费用、基本预备费、涨价预备费（暂不计取）和建设期利息，各种费用所占比例如图5-17所示。其中，在设备及安装工程中，电缆约占35%、光伏组件约占31%、其他电器设备约占8%、支架约占5%。

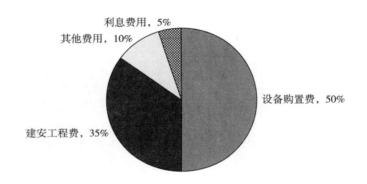

图5-16 风电场工程成本构成

资料来源：碳排放交易网，http://www.tanpaifang.com/xinnengyuan/2019/1204/66660.html。

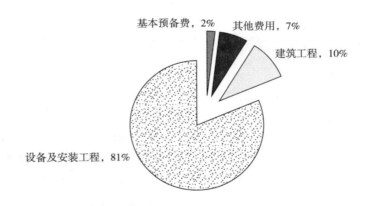

图5-17 光伏电站初始投资成本构成

资料来源：世纪新能源网，http://www.ne21.com/news/show-63502.html。

5.3.2.2 运维费用

运维费用主要包括维修费、材料费和职工薪酬。维修费指风力发电机组或太阳能光板因故障而发生的维修费用，主要为设备维护修理和更换主要零部件而发生的费用。风电项目维修费占固定资产的比例，在运行期内逐年递增。材料费主要为备品备件和低值易耗品费用，包括最易损坏的齿轮箱附件、通信系统备件、轮毂电器部分以及润滑油脂等。由于风力发电机组工作环境和设备运行方式的特殊性，润滑油脂需要定期更换，该部分在材料费中所占比重较大。职工薪酬包括人员工资和福利费，福利费项目包括职工教育经费、社会保险费和补充养老保险费（年金）、补充医疗保险费及住房公积金以外的福利待遇支出。实地调研了解到，企业社保支出合计一般为人员工资总额的 41%，因此职工薪酬在运维费用中占有很大比重，增加了企业的运维成本。

运行维护费增加或下降，直接影响风（光）电的成本。随着风机设备和太阳能电池技术的发展和完善，风机和太阳能的维修费用也会逐渐下降。同时，随着风电设备自动化程度的提高，运行维护人员和管理人员会逐步减少，运行维护费用也会相应减少。因此，可再生能源发电成本会呈现逐步降低的趋势。

5.3.2.3 项目融资

目前我国可再生能源发电项目公司的融资渠道主要依靠银行贷款。风电场的一次性投资较大，一般一个 5 万千瓦的风电场投资在 3 亿 ~ 5 亿元，风电场建设的投资主要包括土地征用、前期测风、输变电设施、土建工程、风机设备、通信设施和设备安装等费用。目前世界范围内风电场的平均造价水平为每千瓦 8000 元，我国已经建成的风电场的数据表明，风电场的投资为每千瓦平均造价 9000 ~ 10000 元，略高于世界平均水平，同时也远高于火电厂的单位千瓦投资造价。

风力发电项目具有一次性投资大、开发周期短的特点，这就意味着风电发电项目大量开发建设必然需要依靠资本市场的有效运作。由于风资源供给的不可控性和其能量密度较低的特点，风力发电机的有效利用小时数较低，全国每年平均为 2300 小时左右，远低于火电厂的年平均小时数，风电机的实际发电量受到限制，从而使得风电项目的投资回收期较长，通常为 8 年以上。但相对于火电项目和水电项目，风能和光伏发电的贷款期限较短，因此，可再生能源发电项目的还贷压力较火电和水电项目大，同时也加大了可再生能源发电项目的融资成本。

5.3.2.4 总发电量

除了初始投资，发电量也是影响风能和光伏发电度电成本的重要因素。目前我国风（光）电项目建设和电网建设不配套，上网难已经成为我国风电发展的最大难题，导致很多风光电场存在弃风、弃光现象，严重影响了风光电场的收益，也加大了风力光伏发电的成本。根据调研了解到，宁夏部分地区存在大规模风电和光伏发电难以消纳的问题。一方面，在部分风电资源比较丰富的地区，风电发展规划侧重于资源规划，缺乏具体的风电送出和风电消纳方案，大规模风电送出、上网消纳的矛盾日益突出。另一方面，当地政府重视 GDP 等考核指标，发展火电可有效增加 GDP、就业和税收收入，地方政府对发展煤电的偏好直接增加了电力供应和上网电量；而风电和光电项目一旦建成，发电过程不再耗用原材料，需要的人力也非常有限，不能有效带动当地就业和 GDP。因此地方政府具有很强的动力促进煤电上网，而不是风（光）电上网。以 GDP 增长率为核心的对地方政府的考核机制激励地方政府发展火电，并优先保障火电电力上网，加剧了风电和光电上网难这一问题。风（光）电上网难以及弃风、弃光现象降低了风电和光电项目的发电量，增加风电和光电的度电成本。

5.3.2.5　土地使用费

通过实地调研了解到，当前我国光伏电站建设如火如荼，截至 2016 年 6 月 30 日，国内新增光伏电站建设规模几乎达到了 20GW，如此巨大规模光伏电站的建设并网，需要占用大量土地。根据前期调研数据，一个规模为 10MW 光伏电站，考虑维护通道及间隙、配电房的用地，总共用地超过 300 亩。近几年，土地征地标准每年都在增加，2015 年 12 月征地价格由原来的 1500 元/亩提升到 3700 元/亩，增长了 2~3 倍，而光伏电站占地面积比较大，因此土地征地价格上升在很大程度上增加光伏发电成本。按照我国土地利用总规划，国土部门把土地分为三类性质，分别是一般农用地、建设用地和未利用地。据国能新能 406 号文件精神，光伏电站一般应建设在荒山、荒坡、滩涂、盐碱地等地类，耕地、林地则不能建设。荒山、荒坡、滩涂、盐碱地等地类一般比较偏远，在建设过程中，项目需要进行道路、排水等基础设施建设，增加了项目投资金额。

5.4　风能和光伏发电定价机制及改进

麦肯锡在对财富 1000 企业 2001 年的成本结构的研究中发现，定价是比可变成本、固定成本以及销售量更有力的提升收益的杠杆。在定价方面，1% 的改进可以平均提高 8.6% 的营业毛利（Baker et al.，2001）。但是确定"正确"的价格仍然是一件非常复杂的事情，要求决策者不仅了解自己的运营成本和库存水平，还需了解顾客的品位以及对价格的反应。兼具公共产品和新兴产业特征，风能和光伏发电电力产品定价具有更大的挑战性。根据前文研究，在不考虑火电环境成本的情况下，目前大多数可再生能源的成本高于火电的发电成本，因此，合理的电价是保障风光发电产业健康可持续发展的关键，建立适当的定价机制是制定合理风光发电价格的前提。我国在发展新能源的过程中，不同的定价机制如图 5-18 所示。

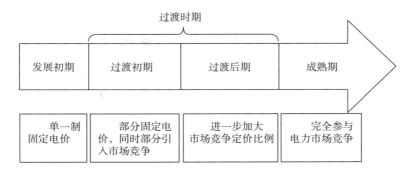

图 5 − 18　我国新能源发电不同阶段定价机制

5.4.1　风能和光伏发电定价机制

5.4.1.1　我国风电定价机制

我国自 20 世纪 80 年代开始发展风能发电，随后风能发电在我国发展势头迅猛，截至 2015 年底，我国风电装机容量从早期的 4200 千瓦增长到 1.29 亿千瓦。我国的风电电价定价机制经历了四个阶段的演变，各阶段的基本状况和基本定价机制的优缺点如表 5 − 27 所示。可以看出，我国风电电价经历了竞争上网电价、审批定价、招标审批和核准电价并存以及分区域标杆定价四个阶段。当前风电项目实行分区域标杆定价，电价位于 0.44 ~ 0.6 元/千瓦时。分区域的标杆定价简化了政府的审批程序，降低了交易成本，有助于风电投资商有明确的投资回报预期，提高了风电投资商开发风能资源的积极性，有助于激励风电投资商降低风电成本，提高管理水平。

表 5 − 27　我国风电定价机制演变及优缺点

时间	累计装机容量	定价机制	电价	优点	缺点
1986— 1993 年	4200 千瓦	竞争上网电价（参照当地燃煤电价）	0.28 元/千瓦时左右	市场定价	没有综合考虑风电发展的市场机制、经济效率以及各地区的经济资源差异等问题；风电的价格盲目过低，严重打击了风电投资商的积极性，阻碍了风电技术的研发

续表

时间	累计装机容量	定价机制	电价	优点	缺点
1994—2003 年	56.84 万千瓦	审批定价（还本付息电价和经营期平均电价）	0.38 ~ 1.2 元/千瓦时	考虑了不同地区间的风能资源及经济差异	所形成的风电价格差异巨大、参差不齐
2003—2009 年	2585.3 万千瓦	招标审批、核准电价并存	0.382 ~ 0.519 元/千瓦时	中标价格日趋合理；招标电价的合同中对风机国产率有要求，促进国产风机的发展，有利于风电成本降低	由于各地区风能源分布差异很大，风电电价仍然差距很大
2009—2018 年	1.29 亿千瓦	分区域标杆定价	0.44 ~ 0.6 元/千瓦时	有助于风电投资商有明确的投资回报预期，提高风电投资商开发风能资源的积极性；激励风电投资商降低风电成本，提高管理水平；政府的审批程序更加简化	价格政策没有明确确定实施年限，增加了风电商发展的风险

资料来源：《关于完善风力发电上网电价政策的通知》《国家发展改革委关于适当调整陆上风电标杆上网电价的通知》《国家发展改革委关于完善陆上风电光伏发电上网标杆电价政策的通知》。

5.4.1.2 我国光伏发电定价机制

2009 年国家"金太阳工程"的出台和国家能源特许招标的开启，标志着我国太阳能光伏发电进入规模化发展阶段，直到 2011 年国家上网电价政策的出台，才促进了我国光伏发电市场的快速发展。在此之前，国家对几个示范性光伏电站采用政府核准的方式制定上网电价。我国光伏发电定价机制演变及优缺点如表 5-28 所示。可以看出，我国光伏发电定价经过了核准电价、招标定价、标杆电价和分区域标杆定价四个阶段。当前采用的分区域标杆电价可以在一定程度上简化政府审批程序，引导光伏产业区域的合理分布，保障发电企业的基本收益，提高光伏发电投资积极性。但是，价格政策没有明确确定实施年限，增加了风电商发展的风险。

5.4.2 风能和光伏发电定价机制改进

5.4.2.1 定价机制适用性分析

风能和光伏发电对自然资源依赖程度高，价格受到项目所在区域资源禀赋的影响。地区资源禀赋不同，风能和光伏发电的成本就存在差异，而价格与成本存在内在制约关系，因此，根据不同资源禀赋采取差异化的定价机制符合定价的内在规律。另外，风能和光伏发电具有间歇性特点，应采用适时风电定价机制，因为实时平衡的数量变化导致了风能和光伏发电的不稳定性，对风能和光伏市场价格造成影响，因此适时定价机制更能体现风能和光伏发电的特点。

表 5 - 28　我国光伏发电定价机制演变及优缺点

时间	电价机制	电价（元/千瓦时）	各资源区所包括的地区	优点	缺点
2008 年 7 月	核准电价	4	内蒙古自治区鄂尔多斯 205 千瓦聚光光伏电站和上海市崇明岛前卫村 1MW 光伏电站及宁夏回族自治区 4 个光伏电站	起到引领清洁能源发展方向的作用	没有体现合理的市场定价特点
2009—2010 年	招标电价	0.7288 ~ 1.09	2009 年甘肃省敦煌 10MW 并网光伏发电项目招标电价为 1.09 元/千瓦时；2010 年 13 个大型光伏电站特许招标项目的中标电价为 0.7288 ~ 0.9907 元/千瓦时	体现了市场竞争行为	出现恶性竞争，不能作为产业发展的指导电价
2011 年 8 月至 2013 年 8 月	标杆电价	1	除西藏自治区仍执行每千瓦时 1.15 元的上网电价外，其余省份上网电价均按每千瓦时 1 元执行	对光伏发电产业发展提供了保障；电价执行简单	没有体现出各地区的资源及经济差异
2013 年 8 月至今	分区域标杆电价	0.55 ~ 1	全国分三类资源区	可引导光伏产业区域的合理分布；保障发电企业的基本收益；提高光伏发电投资积极性；政府审批程序简化	价格政策没有明确确定实施年限，增加了风电商发展的风险

　　资料来源：《国家发展改革委关于完善太阳能光伏发电上网电价政策的通知》《中国光伏分类上网电价政策研究报告》《国务院关于促进光伏产业健康发展的若干意见》《关于发挥价格杠杆作用促进光伏产业健康发展的通知》《国家发展改革委关于完善陆上风电光伏发电上网标杆电价政策的通知》《国家发展改革委关于调整新能源标杆上网电价的通知（征求意见稿）》。

不同的定价机制具有不同的功能，固定电价定价机制可以避免竞争，体现稳定和公平，具有操作简单、可行性较强的优点，但是固定电价并不符合市场调节机制；招标电价定价机制虽然引入了市场竞争机制，但容易造成盲目竞争；配额电价定价机制的配额指标具有强制性，易造成垄断，不利于风能和光伏发电产业的长远发展；绿色电价定价机制能较好地反映风电的市场成本，但是对公民环保意识要求过高，实际操作难度较大。在风能和光伏发电定价过程中需要扬长避短，发挥各种定价机制的优点。根据我国风能资源的具体情况，既要利用配额电价定价机制，保障我国风能和光伏发电产业的稳定发展，也要加强公众的环保意识，不失时机地采用绿色电价定价机制。

5.4.2.2　定价机制需求管理分析

国务院发布的《国家能源发展战略行动计划》（2014—2020年）提出我国把发展清洁低碳能源作为调整能源结构的主攻方向，大幅减少能源消费排放，促进生态文明建设，到2020年，非化石能源占一次能源消费比重达到15%。据此，2016年2月29日国家能源局出台了《关于建立可再生能源开发利用目标引导制度的指导意见》，该意见提出2020年，除专门的非化石能源生产企业外，各发电企业非水电可再生能源发电量应达到全部发电量的9%以上，并制定出2020年各省（自治区、直辖市）行政区域全社会用电量中非水电可再生能源电力消纳量比重指标。该意见的出台，标志着我国可再生能源配额制的初步成形。风能和光伏电力产品定价机制需要成为重要的需求管理手段，即通过合理的价格机制引导电力企业生产风能和光伏电力，同时引导消费者消费风能和光伏电力。

新能源的配额制为绿色证书交易机制的实施提供了基础，而绿色证书交易机制也是配额制有效实施的重要保障。绿色证书将基于配额形成的可再生能源发电量证券化，并借此构建基于市场的可再生能源电能供求机制和市场交易体系，绿色证书作为可交易的有价证券，其价格由可再生能源电价高于常规电价的"价差"决定，并随着市场供求状况的变化而波动。

5.4.2.3　定价机制适应性分析

企业数量、资源、产品、需求以及决策者对待风险的态度都会对产品定价产生影响，而这些因素随时空变化。因此，定价机制需要根据重要因素的变化进行调整，以适应环境的变化。随着可再生能源发电技术的发展，新建电厂的投资成本低于已建成的电厂，此时若依旧实行早期的固定电价，就显得不合时宜；强制上网电价政策提供了长期的售电合同，通货膨胀等因素则会给发电企业带来一定的价格风险；另外，我国对于可再生能源发电的上网电价没有明确规定电价执行期限和调整机制，只在需要调价时下达调整文件，这对企业的投资增加了不确定性。因此，国家应对可再生能源上网电价制定动态调整机制，明确规定电价的执行期限、调整周期和调整额度或比例。对于新建可再生能源发电项目与运营中的可再生能源发电项目，分别根据成本下降情况与通货膨胀情况制定出动态调整机制，表 5-29 列出了欧洲部分国家对新增风电装机容量的电价调整机制，可以看出，奥地利、捷克、法国、德国均是以一年为单位对新建风电场的电价与补贴额度进行递减调整。

表 5-29　欧洲部分国家风电电价调整机制

国家	新增装机容量的电价调整机制
奥地利	针对新建的风电场，补贴额度递减，电价减少的额度每年重新计算
捷克	新建风场的补贴额度每年由能源管理办公室确定。电价不能少于前一年的5%
法国	法令中针对各种技术有明确的规定，根据每年电价通胀制定电价调整机制，从2008年起对新建风电场开始实行电价每年递减2%
德国	风电电价和补偿递减率：从2015年起，海上风电每年递减5%，其他装机每年递减1%
意大利	2009年和2010年新建的风电场收入减少2%或4%。2010年之后新安装的系统取决于新颁布的法令，如果法令不能执行，则减少的额度按照2010年的标准计算

5.4.2.4　定价机制的歧视性功能

充分利用价格歧视促进新能源电力的消纳，抑制地方政府发展煤电的趋势。出于节能减排的角度考虑，我国在电价的销售侧制定了差别电价、惩罚性电价与居民阶梯电价。因可再生能源发电依靠可再生清洁能源发电，本身具有节能环保的特点，因此国家在电力体制改革环节中可开通用户直购可再生能源电力的通道，对于使用可再生能源电力的用户给予电价优惠，激励用户选择新能源电力。

对于高耗能和高污染企业，因其能耗高、对环境有一定破坏，国家一般禁止实施电价优惠政策并实行一定的惩罚电价。因此，国家可鼓励高耗能企业购买新能源电力，对于购买可再生能源电力的企业可适当降低惩罚电价。

在居民用电中，我国实行了阶梯电价与峰谷电价。若超出一定用电额度，有的地区电价达到0.8元/千瓦时，已经远高于风电的上网标杆电价，因此对于部分用电量高的居民用户，可鼓励其购买可再生能源电力。可通过制定合理的可再生能源电力套餐，如根据一年内风电和光伏发电的资源富寡时期，按月制定可再生能源电力的包月价，来带动居民用户对新能源电力的购买意向，以此促进新能源电力的消纳。

另外，对于可再生能源电力可以实行阶梯电价，根据可再生能源发电边际成本低的特点，制定出用户购买可再生能源电力越多，购买电价越优惠的电价方案。

5.5 风能和光伏发电补贴方式及政策效果

由于风能和光能初始投资成本高、具有外部性，世界各国都在大力给予风能和光伏发电产业不同形式的补贴支持。同样，我国的风能和光能发电产业从无到有、不断壮大，政府补贴政策在其中发挥了重要作用，但是目前的补贴政策还存在一定缺陷。

5.5.1 风能和光伏发电补贴政策的必要性

新能源发电不存在任何燃烧过程，不排放温室气体、废水和废气，低碳环保。据国际原子能署的测算，利用光伏每发电 1 兆瓦，可减排 900 多吨二氧化碳，替代 500 多吨标准煤。而传统的煤电发电模式造成了很大的环境污染，发电企业却没有为此支付相应的环境污染成本和其他外部成本。新能源发电具有较高的正外部性，而传统煤电发电具有负外部性。新能源发电尤其是风能和光能发电的环境正外部性，使风能和光伏发电企业的私人收益率低于社会收益率或者社会最优水平，新能源发电企业并不能享有其投资带来的所有好处，从而导致新能源投资水平低于社会最优水平。如果没有政府干预，新能源发电投资不可避免地会遇到市场失灵和投资不足的问题。因此，政府必须通过给予风能和光能发电企业适当的补贴来纠正外部性带来的负面影响。

当前对新能源发电进行补贴具有一定的现实必要性。在对银川、中卫等新能源发电企业的调研中了解到，补贴对于新能源发电行业发挥了重要的促进作用，当前经济下行期，补贴对新能源发电企业的生存具有至关重要的影响。对于国有企业来说，补贴可以保证企业良性循环，支付银行高额的贷款利息，避免国家、企业和银行之间的三角债务关系；而对于民营企业来说，财政补贴直接在很大程度上决定了企业是否能够继续生存。根据调研了解到，增值税优惠使得企业的增值税抵扣期增加 1 倍，企业所得税减免也大大降低了企业面临的税负压力。例如，光伏发电每 10 兆瓦项目按年利润约 200 万元计算（销售利润率按 15%），三年免征期间每年减免 50 万元，三年减半征收期间减免 38 万元；风力发电每 49.5 兆瓦项目按年利润约 400 万元计算，三年免征期间每年减免 100 万元，三年减半征收期间减免 70 万元。这对企业经营方面给予了较大程度的支持，使已有企业投资信心增强。

5.5.2 风能和光伏发电补贴政策实现方式

我国风能和光能发电的补贴主要包括财政补贴和税收补贴。从生产过程来划分的话，主要是对生产环节和销售环节的补贴。

（1）财政补贴。财政补贴包括直接财政资助、专项资金等。财政补贴实际上是一种转移支付，它在一定时期内能够有益于协调政治、经济和社会中出现的利益矛盾，起到稳定物价、保护生产经营者和消费者的利益等积极作用。但是财政补贴会扭曲价格关系，掩盖各类商品之间的真实比价关系。财政补贴只能在特定时期对特定产品使用。我国政府对企业的财政补贴可能是出于招商引资、扭亏增盈、扶持新兴产业和环保产业等动机，财政补贴的应用比较广泛。直接财政资助在中央及地方对新能源产业的补贴政策中比较常见，江苏省无锡市的江阴市海润光伏于 2012 年曾发布关于收到政府财政补贴资金的公告，根据江阴市徐霞客镇人民政府《徐霞客镇政府关于对新兴产业首次超百亿企业奖励的通知》（徐政发〔2012〕130 号）文件精神，公司近日收到徐霞客镇人民政府财政补贴资金4800 万元人民币。

（2）税收补贴。在我国当前税制下，税收政策主要分为国税和地税两个层面，按税种主要包括增值税优惠、所得税优惠等。在国税层面，企业按照国家统一规定获得优惠，地方政府影响较小。但在地税层面，政府会依据其招商引资的紧迫性及企业投资的力度给予力度不等的税收支持。在地方税收方面，地方政府可能在房产税、土地使用税以及相关附加方面为企业提供一定的税收优惠。例如，为了加快推进光伏发电和照明应用，湖南省政府 2011 年 2 月下发《关于加快推进光伏发电和照明应用的意见》，决定从目标引导、明确任务、财政补贴、税收优惠、出口鼓励等方面对太阳能光伏产业提供大力支持。

主要补贴形式的优缺点及适用条件如表 5－30 所示。

表 5－30　主要补贴形式的优缺点及适用条件

	财政补贴	税收补贴
补贴内容	政府直接拨款、财政援助、低息贷款等形式，降低企业的生产成本，增加企业收入	降低企业税收负担，降低企业生产成本，刺激企业投入积极性
优点	确保补贴资源达到最优配置，企业之间存在较激烈的竞争；可以实现更好的预算控制；使用时可以克服经济或者行业部门的周期性弱点	可以在最大范围内激励企业投资活动；从投资特征来看，具有非歧视的特征；减少政府干预风险，较大程度上避免了选错项目；可以避免政府的不正当分配和"寻租"行为；可以避免烦琐的事前预算；较低的计划、分配和管理等行政成本

续表

	财政补贴	税收补贴
缺点	更高的行政成本；履行一个公正程序可能存在较大困难；易滋生"寻租"行为	较差的预算控制；存在较大的风险损失
适用条件	适用于行业发展初期，企业投资期望比较小；适用于生产投资社会回报和私有回报差距较大的项目；适用于特定技术和特定领域	适用于行业发展的初期和大规模发展阶段；使用限制条件较少

从国外发展经验来看，可再生能源补贴政策主要有两种：一种是靠公共投入，如政府的直接补贴，比较典型的就是以德国、中国为代表的基于固定电价制的补贴；另一种是依靠强制性手段，如法律、法规以及其他的强制性政策，比如以美国、英国等为代表的基于配额制的补贴。配额制补贴和固定电价制补贴的比较如表 5 – 31 所示。

表 5 – 31　配额制补贴和固定电价制补贴的比较

	配额制（RPS）补贴	固定电价制（FIT）补贴
基本内容	强制性规定可再生能源发电在总发电量中所占比例，并要求电网公司对其全额收购，对不能满足配额要求的责任人处以相应惩罚的一种制度，其核心是以市场分配手段降低成本。通常配合绿色交易证书（REC）一起使用	固定电价制度由政府明确规定上网电价，根据差额或者定额给予发电企业补贴，电网公司有义务以政府定价购买新能源所发的全部电量，具有固定电价、强制上网、优先购买、电价分摊等特点
来源	市场交易	政府财政
优点	以法律形式确定了配额目标，供电商有动力消纳新能源电力，极少出现并网消纳难题；通过市场竞争的方式确定新能源发展路径，最大限度地降低财政补贴压力	固定电价下，投资收益稳定，有利于激发投资者的热情，快速实现新能源的发展目标；避免了价格因由市场确定导致的恶性竞争而发生波动，体现了公平和稳定
缺点	竞争激烈，高成本的技术路线难以得到发展；投资者收益得不到保证，缺乏投资热情；需要政府明确指定监管机构进行监管与指导	电价固定，不利于通过市场竞争降低成本，从而造成较大的财政负担；随着新能源规模的扩大，并网消纳动力不足，容易出现并网消纳难题

5.5.3 风能和光伏发电补贴政策效果

政府补贴具有双重作用，这种双重作用的集中体现就是政府和市场之间的博弈过程。当市场失灵时，政府对风能和光伏发电的补贴会纠正市场偏误，促进行业健康发展。在不存在市场失灵的情况下，政府补贴又会破坏市场价值关系，扭曲投资者的行为。

5.5.3.1 政府补贴有力促进新能源发电行业的发展

由于风能和光伏发电初期投资成本高，具有很强的正外部性，各国政府在风能和光伏发电的初期均给予不同形式的政府补贴。我国新能源发电的政府补贴在新能源行业发展过程中发挥了重要作用。我国 2009—2018 年新能源发电累计装机量逐年增加，2015 年已超过 12000 万千瓦，居世界前位，我国新能源发电并网量也逐年增加。对于西部地区来说，风能的发展也取得了突破性的发展，2009—2018 年西部地区各省份风能发电累计装机量如表 5 - 32 所示，可以看出，西部地区各省份风能发电累计装机量不断上升，尤其是宁夏回族自治区、新疆维吾尔自治区和甘肃省，2018 年累计装机容量为 2009 年累计装机容量的 4 倍左右，风能发电得到了巨大的发展。

表 5 - 32   2009—2018 年西部地区各省份风能发电累计装机量

单位：万千瓦

年份	2009	2010	2011	2012	2013	2014	2015	2016	2017	2018
宁夏回族自治区	289	500.5	1703.5	690	884.7	1693.7	837.5	953.5	1026.4	1074
陕西省	—	177	320.5	212	583	373.4	224.5	335.5	420.1	457.7
新疆维吾尔自治区	443.25	361	952.5	990	3146	3216	1625.1	1902.1	1944.5	1991.2
甘肃省	548	3756	465.2	1069.8	617	3630	1262.9	1306.7	1311.3	1311.5
青海省	—	11	56.5	115	204.5	209.5	90.5	141.2	275.7	443.7
合计	1280.25	4805.4	3498.2	3076.8	5435.2	9122.6	4040.5	4639	4978	5278.1

资料来源：CWEA。

5.5.3.2 政府补贴有效地改善企业经营状态

虽然目前新能源发电政府补贴存在补贴滞后等问题，企业没有及时收到现金，但这直接增加了企业应收账款，资产增加降低了企业的资产负债率，有利于企业在贷款风险评估中降低其流动性风险，从而以较低的成本获得贷款。

·183·

西北地区新能源发电不仅享受增值税即征即退政策，还享受西部大开发税收优惠和新能源行业所得税税收优惠政策，税收优惠政策叠加效应明显，极大地降低了企业所得税负担，有效地节省了企业现金流，降低了企业流动性风险。就增值税即征即退而言，根据调研了解到，对于一个光伏发电每10兆瓦的项目，按年均应缴增值税236万元计算，即征即退50%后，实际每年减免118万元；对于风电每50兆瓦的项目，按年均应缴增值税680万元计算，即征即退50%后，实际每年减免340万元。而根据《国家税务总局关于中央财政补贴增值税有关问题的公告》中风电光伏企业取得的中央财政补贴不属于增值税应税收入，从而不征收增值税的规定来计算，对于光伏发电每10兆瓦的项目和风电每50兆瓦的项目，企业实际每年减免增值税分别为85万元、风电175万元。光伏和风电项目增值税信息如表5-33所示。

表5-33　光伏和风电项目增值税信息

项目	平均投资额（万元）	投资回收期（年）	固定资产比重（%）	可抵扣固定资产（万元）	进项税额（万元）	年均发电量（万度）	上网电价（元/千瓦时）	年销项税（万元）	年进项税（万元）	抵扣期（年）
10兆瓦光伏项目	10000	5~8	75	7500	1089	1624	1	236	236	5
50兆瓦风力项目	36200	8~15	95	34400	5000	8000	0.58	680	680	7

资料来源：实地调研。

西北地区新能源发电企业的所得税同时受到西部大开发税收优惠政策和新能源企业税收优惠政策的影响。新能源企业的所得税减免情况如下：光伏项目按年利润约200万元计算（销售利润率按15%），三年免征期间企业每年减免50万元；三年减半征收期间按7.5%征收，企业每年实际缴纳企业所得税15万元，减免38万元；"三免三减半"政策到期后减按15%税率征收，企业每年缴纳企业所得税30万元，每年减免20万元。风力项目年利润约400万元计算（销售利润率按10%），三年免征期间企业每年减免100万元；三年减半征收期间按7.5%征收，企业每年实际缴纳企业所得税30万元，减免70万元；"三免三减半"政策到期后减按15%税率征收，企业每年缴纳企业所得税60万元，每年减免40万元。

5.5.3.3　政府补贴存在资金缺口和效率等问题

我国对风能和光伏发电的补贴方式存在补贴资金缺口大、过度投资等问题。

（1）补贴资金缺口大。我国风能和光能发电的补贴资金主要来源于征收的可再生能源附加，补贴资金需求随着新能源装机的迅速扩大而迅速增加。为了满足迅速增加的可再生能源电价补贴的资金需求，国家对电价附加征收的标准已历经三次调整，可再生能源电价附加征收标准调整情况如表5-34所示，可以看出，可再生能源电价附加征收标准调整的速度在加快，第一次上调距起初标准实施的时间为三年十个月，之后仅两年两个月就第二次上调，到第三次上调仅经过了一年九个月。

表 5-34　可再生能源电价附加征收标准

实施时间	标准（元/千瓦时）
2006 年 1 月 1 日	0.002
2009 年 11 月 1 日	0.004
2012 年 1 月 1 日	0.008
2013 年 9 月 1 日	0.015
2016 年 1 月 1 日	0.019

资料来源：国家发展改革委。

虽然如此，电价附加征收的费用作为主要风能和光能发电的补贴资金来源远远不足以支付快速增长的风能和光能发电电价补贴。财政部公开的 2012—2018 年可再生能源发展基金的决算情况如图 5-19 所示。可以看出，2018 年我国可再生能源电价附加收入决算数为 786.1 亿元，总支出为 754.88 亿元。在总支出中，中央本级支出为 401.07 亿元，其中用于光伏发电、风力发电、生物质发电的补助分别为 52 亿元、275 亿元和 74.07 亿元。2015 年可再生能源补贴缺口近 300 亿元。同时，由表 5-34 可知，2006—2016 年可再生能源电价附加标准虽在上调，但也不能满足"十三五"时期可再生能源规划目标的资金需求①。

（2）补贴资金发放滞后且不确定。补贴资金发放滞后且不确定影响企业现金流、经营决策和投资决策。首先，由于可再生能源电价附加是从除居民生活和农业生产以外其他用电的销售电量中征收来的，在可再生能源行业快速发展对补贴的需求急速增加的情况下，补贴资金缺口比较大，从而导致补贴滞后的现象；其次，可再生能源补贴资金申报和审批流程烦琐，进一步延长了补贴拖欠周期。

---

① 上调幅度太小？光伏风电补贴或将继续纠结 ［EB/OL］. http：//solar. ofweek. com/2016 - 01/ART - 260009 - 8420 - 29048840. html.

在国家可再生能源发展基金的来源构成中，可再生能源附加与财政专项资金的征收、拨付和监管分属不同政府机构，机构间的协调难度加剧了补贴滞后现象；另外，电网公司资金周转和可再生能源附加调配也会引起补贴延迟。尽管电网公司和发电企业签署的《购售电合同》中明确了电价，包括"当地脱硫燃煤机组标杆上网电价"部分和"可再生能源电价补贴"部分，但由于资金周转和对电网企业收取的可再生能源电价附加需要进行调配过程，电网在向发电企业支付电力价款时暂时以较低的常规能源上网电价（"当地脱硫燃煤机组标杆上网电价"）为参照结算部分电力价款，剩余部分价款则待其完成"可再生能源电价附加"的配额交易后再行支付。全国范围内，这一配额调配的周期通常在6个月以上。

图 5-19 中央政府基金——可再生能源发展基金收入支出情况

资料来源：财政部决算。

可再生能源发电补贴发放迟缓给可再生能源发电企业带来了流动性困境，导致很多项目现金流难以覆盖利息支出，企业资金流转不畅、财务成本增加，严重影响了新能源发电企业的正常经营和经济效益。在实地调研中了解到，企业在新能源发电项目上贷款率高达80%，每年的贷款利息非常庞大，不能及时收回补贴导致给企业带来经营困难。在经济下行期，补贴滞后对民营企业的影响更加严重，如果民营企业在两年之内拿不到应收补贴，就很有可能因资金链断裂而破产。2012年、2013年作为新能源发电企业最困难的时期，出现民营企业倒闭现象。从整个产业看，补贴发放滞后导致产业链出现发电企业、设备企业、零部件企业间的三角债现象。

（3）政府补贴模式引起过度投资。目前的补贴模式在一定程度上引起新能源项目的过度投资，加重了电力产品的产能过剩，在一定程度上也不利于新能源发电行业的健康发展。我国风电在 2007 年进入"井喷式"发展阶段，年装机量不断增加。2018 年，全国（除港、澳、台地区外）新增装机容量 2114.3 万千瓦，同比增长 7.5%，累计装机容量 2.1 亿千瓦，同比增长 11.2%，始终保持稳定增长态势。但社会用电需求发展速度落后于总发电量增长的速度。西北地区新增风力发电容量以及各省份电力需求供给情况如表 5-35 所示。由表 5-35 可知，西北地区 2010—2018 年的电力需求供给总体情况表现为供大于求。

表 5-35　西北地区新增风力发电容量以及各省份电力需求和供给情况

年份		2010	2011	2012	2013	2014	2015	2016	2017	2018
西北地区新增风力发电		4805.4	3498.2	3076.8	5435.2	9122.6	11686.1	5985	3200	3001
陕西省	需求	859	982	1067	1152.22	1226.1	1221.73	1357.06	1494.75	1594.17
	总供给	1112	1222	1342	1512	1621	1623	—	1814.03	1855.59
	供求关系	▲	▲	▲	▲	▲	▲		▲	▲
宁夏回族自治区	需求	547	725	742	795.04	848.75	878.33	886.91	978.3	1064.85
	总供给	587	929	1010	1105	1157	1155	—	1380.94	1609.97
	供求关系	▲	▲	▲	▲	▲	▲		▲	▲
青海省	需求	465	561	602	676.29	723.21	658	637.51	687.01	738.34
	总供给	468	463	584	611	580	566	—	626.59	811.03
	供求关系	▲								▲
甘肃省	需求	804	923	995	1073.25	1095.48	1098.72	1065.15	1164.37	1289.52
	总供给	792	1028	1103	1202	1241	1242	—	1349.15	1531.43
	供求关系		▲	▲	▲	▲	▲		▲	▲
新疆维吾尔自治区	需求	662	839	1152	1602.5	1915.73	2160.34	2316.46	2542.85	2138.33
	总供给	679	875	1237	1668	2091	2479	—	3010.78	3283.25
	供求关系	▲	▲	▲	▲	▲	▲		▲	▲

注：在供求关系一列中，供给大于需求用"▲"表示。

资料来源：电力总供给数据来源于《中国能源统计年鉴》，电力需求数据来源于《中国能源统计年鉴》中分地区分品种能源消费量。

（4）补贴没有发挥优化能源结构的作用。中央将火电项目审批权下放后，地方政府出于增加本地区 GDP、就业等因素的考虑，大力鼓励发展火电项目。2014 年 11 月，国务院发布《政府核准的投资项目目录（2014 年本）的通知》，首次明确了省级政府具有火电站的核准权。当时恰逢煤价低估和国家电力需求未被全部释放，地方政府从有利于税收、拉动就业和带动地方经济发展的角度考虑做出了快速上马火电的决策，2015 年项目核准量大大超过"十二五"时期前四年的平均量。而新能源发电在增加税收和提供就业方面对地方政府吸引力不大，从而抑制了新能源发电的发展，加剧了弃风（光）现象。在实地调研中了解到，地方政府在火电项目和新能源项目竞争的过程中，提出对新能源项目让利的强制要求。例如，宁夏回族自治区政府在大力推动风能和光能发电项目的同时，为促进风能和光能发电项目电力消纳问题，要求企业向用电企业让利 0.1 元，新能源发电利润再度被迫缩水，使企业盈利能力下降。

5.6 西北地区风能和光伏发电行业发展路径

5.6.1 通过降低成本促进新能源电力发展

随着常规能源的有限性以及环境问题的日益突出，以环保和可再生为特质的新能源越来越受到重视，新能源产业未来发展空间巨大。但是对于新能源企业而言，唯有通过各种手段来降低成本，才能求得生存。

5.6.1.1 推进技术创新，降低投资成本

风电产业近 30 余年的发展中，风能发电成本大幅下降，其根本原因在于新技术的应用以及自主研发能力的提升。科学技术的发展不仅使风机组成结构发生了变化，其使用的材料也在同时改变，如新型的风电机组采用了高科技玻璃纤维材料，既提升了风电机组效能，也降低了风电机组价格。同时，技术进步也促进了风机利用率的提高，如利用多元智能控制系统降低风机叶片的振动，并把叶片的负载降低 30%，从而延长其使用寿命，降低维修费用以及运行维护费用。这些都促进了风电成本的不断下降。光伏发电的主要成本在于光伏板投资，新材料、新技术的不断应用，是光伏发电成本降低的决定性因素。

目前，我国正处于由风电、光电大国向风（光）电强国转型的关键期，这就要求在风（光）资源的有效利用和大功率风电机组研发、风电机组设计制造以及相关配件等核心技术上必须有所突破。大型风电机组在降低投资成本、提

高发电量以及有效降低运维成本上的优势已经日益凸显。同时，需要继续在材料和技术方面突破，或者寻找新的能够替代单晶体硅的材料，降低光能发电相关成本。绿色发展理念要求我国大力发展风（光）能等绿色能源。需要通过科技创新，降低新能源电力成本，从供给侧为社会提供价格低廉的新能源电力产品。在政策层面具体需要做到以下几个方面：

（1）强化政府对新能源电力相关技术的科技攻关支持，发挥风电设备龙头企业创新带动作用，突破关键技术。

（2）支持和落实风电设备研发和制造的税收优惠政策，如研发费用加计扣除政策、高科技企业的两免三减半政策和西部大开发税收优惠政策，激励企业创新。

（3）落实新能源发电固定资产投资的加速折旧政策。在允许新能源发电企业采用税法规定的最短年限进行折旧的同时，允许新能源发电企业采用加速折旧方法。通过加速折旧，降低企业税费负担，提升新能源发电企业可持续发展的能力。

5.6.1.2 通过管理创新降低运维成本

除了投资成本，运维费用是新能源电力成本的重要组成部分，通过管理创新，提高发电和输电企业管理效率，是降低新能源电力成本的重要途径。

（1）充分利用服务外包，降低企业运维成本。可再生能源发电企业的运营管理服务、备件保障、备件维修、培训服务、大部件更换、风机或太阳能光板状态评估服务等运行维护业务，可以充分实施服务外包。通过服务外包来降低企业运行成本。首先，服务外包形式能够充分利用专业分工和规模经济效应，借助外包企业规模化、专业化、细分化的服务，有效提高风光电场的运营效率，降低企业的运维费用；其次，运行维护相关业务服务外包可以降低新能源发电企业的固定资产投资和人员投资，提高新能源发电企业的资产质量和盈利能力；最后，运行维护相关业务服务外包可以降低企业备品备件的资金占用，提高资金使用效率。在此过程中，充分发挥监管部门和行业协会作用，推动风电和光电服务企业做强做大，提供专业化、高质量和价格合理的服务。

（2）新能源发电企业与新能源设备制造企业充分合作，开发适合具体风场的风力发电机组。如在高原地区安装高原型风机、在低风速风场安装低风速风机，实现风能禀赋与设备性能的有效匹配，提高机组的可利用率，降低故障率，进而降低运维成本。通过优化风电设备布局提升风电场发电机组的发电能力和可靠性，提升风电场的发电量和发电效率，降低维护成本和度电成本。

（3）风电发电企业形成联合体，与市场占有率高、信誉好的风机设备厂家合作，在合理划分区域范围的基础上，就近建立备品备件中心，以缩短运输距离和采购周期，降低风电企业的运输成本和风机的闲置成本。

5.6.1.3 采用差别销售电价

完善电力直销市场，充分利用价格差异调整电力结构，提高新能源电力的使用比例，促进新能源电力的消纳。具体实施途径为：

（1）鼓励高耗能企业优先购买新能源电力，对于购买可再生能源电力的企业可适当降低惩罚电价，降低高耗能企业的成本并促进新能源电力消费。

（2）对于使用新能源电力的用户实行阶梯电价，用户购买可再生能源电力越多，购买电价越优惠，降低单位用电量的边际成本。

（3）在阶梯电价中超出基准额度的加价部分，若购买可再生能源电力则可以正常价格或者优惠购买。

上述途径可以在工业企业以及居民用电中单独或者组合使用，以促进新能源电力的应用，实现绿色发展。

5.6.1.4 改善金融支持，降低融资成本

风能和光伏发电项目具有初始投资大而运行成本低的特征。项目的投资需要有较长的回收期，同时还会面临较大的风险。根据实地调研，我国已建风电厂建设资金中自有资金约占20%，80%左右来自贷款。国有发电企业具有资源优势，凭借良好的企业背景拥有较强的融资能力。民营发电企业缺乏资源优势，受到融资约束制约，企业发展受限。从实地调研了解到，银行对国有企业的贷款基本执行基准利率，但对民营企业贷款利率在基准利率的基础上最起码上浮10%到30%，大大加重了民营企业融资成本。改善金融对新能源发展的支持力度，应从以下三方面着手：

（1）继续大力发展地方性、中小型金融机构，完善金融市场服务民营企业的功能。民营企业融资难、融资贵的一个重要原因是民营企业并不是大型金融机构的服务对象。近年来，股份制商业银行和城市商业银行等金融机构发展，在缓解民营企业融资难方面发挥了很大作用，但是仍然不能满足民营企业发展的需要。

（2）创新民营企业融资方式，缓解民营新能源企业资金不足的困境。新能源发电行业投资的重要特点是初期固定投资大，后期投资小。融资租赁是符合风（光）能等新能源投资特点的融资方式。风电（或光伏）项目初始的设备或者光伏电池板可以通过融资租赁的方式获得，这样可以降低新能源项目初始投资资金占用额。政府或者行业协会引导新能源投资企业充分利用融资租赁的方式为项目投资融资。

（3）积极探索产融结合、PPP模式以及众筹等模式，引入金融资本和社会资本投资新能源项目。增加新能源投资项目的直接融资比例，降低间接融资比例，

降低新能源项目的利息支出。

5.6.1.5 提高土地综合利用率，降低用地成本

风能和光伏发电新增建设用地有偿使用费、防洪保安基金、耕地开垦费是建设成本的重要组成部分。为降低项目用地成本，一方面，应减少单位装机量对土地的占用；另一方面，可提高土地综合利用率。

减少单位装机量对土地的占用，要求使用更高转换率的高品级组件。目前，市场上能够规模化供应的 60 型组件功率范围是 255～275 瓦，最好的可以达到 280 瓦。建设相同规模的电站，高效组件相对低效组件可节约 5%～8.5% 的用地面积，对 100 兆瓦电站来说，这意味着在建设用地定性之下，采用高效组件能够节约 500 万～800 万元的土地成本。在其他投资成本上，目前高效组件与低效组件价差不足 0.09 元/瓦，而高效组件相对低效组件能够节约 0.1 元/瓦以上的EPC 成本，部分农业光伏项目对支架高度、组件阵列间距要求非常高，这种情况下高效组件甚至能够节约 0.12～0.15 元/瓦的 EPC 成本。目前，国内能够达到 275～280 瓦功率的组件大多是单晶组件，从投资成本角度分析，采用单晶组件能够最大限度地降低土地政策风险。

提高土地综合利用率，可采用土地租赁或发电效益共享模式，充分利用荒山、荒坡、鱼塘、大棚等农业设施，鼓励发电与种植、养殖业结合。例如，应用光伏＋农业的模式，在农业大棚上架设不同透光率的太阳能电池板或者光伏薄膜实现发电。其优势在于：首先，由于其具备一定的透光性，不仅能满足不同作物的采光需求，可种植有机农产品、名贵苗木等各类高附加值作物，还能够养殖牲畜、发展渔业，或者实现作物的反季种植；其次，光伏农业大棚利用的是农业大棚的棚顶，因此能够节约土地资源；再次，作为一种新型的农业生产经营模式，在带动区域农业科学技术推广和应用的同时，通过实现农业科技化、农业产业化，将成为区域农业增效和农民增收的支柱型产业；最后，光伏农业大棚把农业、生态和旅游业结合起来，利用田园景观、农业生产活动、农业生态环境和生态农业经营模式，以贴近自然的特色旅游项目吸引周边城市游客在周末及节假日作短期停留，以最大限度利用资源，增加旅游收益。

5.6.2 实施有效的定价机制

2010 年国家发展和改革委员会发布《关于居民生活用电实行阶梯电价的指导意见》，坚持"补偿成本与公平负担相结合"及"统一政策与因地制宜相结合"的原则。根据本章提出的定价机制的适用性、需求管理、适应性和歧视性功能特征，对风能和光伏发电定价提出下列建议。

5.6.2.1　实行分区域定价机制

我国风（光）伏发电定价机制经过不断探索，目前已经形成了分区域的标杆电价制度。我国分为四类风能资源区、三类太阳能资源区，形成以地区分类的标杆电价制度。这种定价机制在一定程度上考虑了地区资源差异和建设成本差异，但价格仍属于固定电价机制。自实施以来，逐步出现补贴拖欠和"弃风限电"两大难题，并形成了资源丰富地区投资过于集中的问题。因此，可根据地区差异，实施分区域差异定价机制。

（1）对于风力发电，分区域定价机制具体实施如下：

1）Ⅰ类资源区采用招标电价定价机制，新能源发电企业通过招标的方式来确定新能源电力的交易价格。首先，风能Ⅰ类资源区资源丰富，具有平均风速高、年满负荷发电时间长、破坏性风速小等资源优势，因此，该资源区的风能发电企业竞争较激烈，投资热度较高。激烈的竞争为招标电价定价机制的实施奠定了基础。其次，招标电价定价机制属于市场定价机制的一种。通过竞争性的市场定价，可以提高企业的生产效率和管理水平，可以减少消费者剩余，减少无谓损失，增加社会福利。实施招标电价定价机制，可以使市场获得更为准确的价格信号，价格将更加接近边际成本，有利于促使风电企业进行技术研发，降低风电成本，提高核心技术水平。最后，该类资源区地广人稀，荒地面积较大，具有较强的地理优势，这对促进风电开发项目的市场化也有一定的推动作用。因此，从资源条件、经济效率和地理位置等因素来看，此类地区适合采用招标电价定价机制，利用资源与市场相结合的优势，引导风电投资企业追逐优质资源，促进风电价格趋于合理。

2）Ⅱ类资源区采用配额电价定价机制，对发电企业规定一定的新能源发电配额，并相应地建立绿色证书交易机制，对未完成配额的发电企业实施一定的惩罚措施。首先，Ⅱ类资源区具有风能资源较丰富、平均风速较高、年满负荷发电时间长、风电场面积大等资源优势，是风电企业相互竞争的地区。由于具备建立大型风电场的独特资源优势，此类型区域内的风电开发项目得到许多特大型风电企业的青睐，以市场为基础的定价机制较为适合。但是为了平衡风电企业的发展，避免造成严重垄断，在此类型的区域内需要发挥政府职能，因此采用配额电价定价机制是最佳方案。其次，配额电价定价机制属于市场定价机制的一种。与招标电价定价机制的不同在于，配额电价定价机制是通过生产者市场定价，政府可以通过指标的分配调节风电企业的发展规模与风电产业的发展速度。配额电价定价机制同样可以提高企业的生产效率和管理水平，可以减少消费者剩余，减少无谓损失，增加社会福利，制定更为准确的价格。此类型的区域具备建立大型风电场的独特优势，因此，政府采用配额电价定价机制可以达到控制垄断形成的目的，而固定电价定价机制则无法发挥以上作用，还会导致效率损失和社会福利减少。

3）Ⅲ类资源区采用浮动电价定价机制，对新能源电力定价按照常规电力销售电价的某一百分比来确定或者在新能源电力竞争电价的基础上给予固定的补贴。Ⅲ类资源区平均风速高、风能功率密度高、年满负荷小时数较多，但该类资源区的地理位置海拔较高，将给风机的安装和运输带来极大的不便；离电网的距离较远，不利于风电产品的消纳运输。因此，本资源区内虽然风能资源优越，但投资成本相对较高，地理位置上的劣势使许多风电企业望而却步。为了吸引风电企业的投资，同时又保护风电产业的发展，建议采用升级后的固定电价定价机制，即浮动电价定价机制。浮动电价定价机制既有固定电价的部分，又有浮动的部分；既能保证风电企业的收益、吸引投资，又能引入一定程度的竞争。

4）Ⅳ类资源区采用固定电价定价机制，仍旧沿袭现行的标杆电价机制，由政府确定保障性收购部分的电力价格。Ⅳ类资源区风能资源相对欠佳、平均风速不够高、风能功率密度较低，年有效小时数虽高，但是年满负荷小时数却不多。就此类型风能资源区域自身的资源条件来讲并不优越。本着保护风电产业发展的原则，为保证风电企业的可预期收益，实施固定电价定价机制较为适合。

（2）对于光伏发电，具体实施如下：

1）Ⅰ类资源区采用配额电价定价机制。对发电企业规定一定的新能源发电配额，并相应地建立绿色证书交易机制，对未完成配额的发电企业实施一定的惩罚措施。

2）Ⅱ类资源区采用浮动电价定价机制。对新能源电力定价按照常规电力销售电价的某一百分比来确定或者在新能源电力竞争电价的基础上给予固定的补贴。

3）Ⅲ类资源区采用固定电价定价机制。仍旧沿袭现行的标杆电价机制，由政府确定保障性收购部分的电力价格。

具体西北五省份风能和光伏发电适用定价机制及建议定价如表5-36所示。

5.6.2.2　引入电力绿色证书交易机制

电力市场的完全市场化（包括发电、输电、配电和用电的所有环节）是绿色证书交易的一个重要前提条件。我国电力体制市场化改革步伐加快，为我国适时引入可再生能源发电配额制和绿色证书交易的定价机制提供了市场基础。在对新能源发电企业进行可再生能源发电配额分配的情况下，可以实行绿色证书交易制度，以保障配额制的有效实施。具体方案如下：

（1）建设平台。国家能源局会同其他有关部门依托全国可再生能源信息管理系统组织建立电力绿色证书登记和交易平台。

表 5 – 36　西北五省份风能和光伏发电适用定价机制及建议定价

风能发电适用定价机制及建议定价				
省份	所属风能资源区	建议定价机制	建议定价	备注
新疆维吾尔自治区	I 类资源区	招标电价	0.35	最低标的价格
甘肃省	II 类资源区	配额电价	$0.3 +$（配额量/100）$\times 0.01$	
宁夏回族自治区	III 类资源区	浮动电价	$0.278 \times$（$1 +$ 浮动率）	受财务、技术和产品质量影响，浮动率为 -10%、-5%、0、5% 和 10%
青海省	IV 类资源区	固定电价	0.6	按国家发改委价格文件
光伏发电适用定价机制及建议定价				
省份	所属光伏资源区	建议定价机制	建议定价	备注
新疆维吾尔自治区、甘肃省、宁夏回族自治区、青海省	I 类资源区	配额电价	$0.45 +$（配额量/50）$\times 0.01$	
陕西省	II 类资源区	浮动电价	$0.6 \pm 0.05N$	此处 N 为浮动率，受财务、技术和产品质量影响，浮动率为 -10%、-5%、0、5% 和 10%

（2）创造绿色证书。由新能源发电行业协会或者能源监管机构为每 1000 千瓦小时可再生能源电力颁发一个专有的编码，代表一个绿色证书指标（1 兆瓦绿电等值于 1 个绿色证书指标）。可再生能源电力绿色证书是各供（售）电企业完成非水电可再生能源发电比重指标情况的核算凭证，对可再生能源电力的经营者（含个人）按照非水电可再生能源发电量核发可再生能源电力证书，作为对可再生能源发电量的确认以及所发电量来源于可再生能源的属性证明。

（3）鼓励交易，完善交易市场。可再生能源电力绿色证书可通过证书交易平台按照市场机制进行交易。鼓励可再生能源电力绿色证书持有人按照相关规定参与碳减排交易和节能量交易，形成绿色证书交易市场。各发电企业可以通过证书交易完成非水可再生能源占比目标的要求。绿色证书作为可交易的有价证券，其价格由可再生能源电价高于常规电价的"价差"决定，并随着市场供求状况的变化而波动。

5.6.2.3　建立电价动态调整机制

建立新能源电价和煤电联动机制，保持新能源电力的价格竞争优势。

（1）对于新建的可再生能源发电项目与运营中的可再生能源发电项目，分别根据成本下降情况与通货膨胀情况,以年为单位制定动态调整机制(以成熟煤电成本为基准)。

(2)对可再生能源上网电价制定动态调整机制,明确规定电价的执行期限、调整周期和调整额度或比例。

(3)对于可再生能源上网电价制定的合理性,应建立上网定价评估和报告的机制,对于可再生能源上网电价按照一定周期进行评估与报告,及时监测定价的合理性。

5.6.2.4 制定可再生能源电力套餐销售方案

完善电力直销市场,充分利用电力产品销售套餐引导新能源电力消费,调整电力结构。

(1)建立可再生能源电力套餐的销售平台,为用户提供多家电力供应商、月度套餐价格比较、绿电结构分析等功能。通过输入家庭人数、用电估值,可以查到推荐的各种选择。

(2)制定合理的可再生能源电力套餐,可根据一年内风电和光伏发电的资源丰枯时期,按月制定可再生能源电力的包月价。

(3)新能源电力消费与下游电动汽车产业发展结合,为电动汽车使用新能源电力制定长期的用电优惠套餐,通过促进当地电动能源汽车发展解决风力和光伏发电的消纳问题。

5.6.3 完善新能源电力补贴机制

在电力体制市场化改革的大背景下,风能和光伏发电行业投资成本也在逐渐降低,但在新能源与煤电实现完全竞争之前,在更大程度上发挥市场作用的同时,仍然需要适当的政府补贴促进新能源企业发展。因此,对新能源发电的补贴需要实现政府补贴与市场约束的有效结合,逐步增加市场约束,逐步实现政府对补贴的退出过程。

5.6.3.1 实现政府补贴与市场约束有效结合

政府补贴与市场约束有效结合的措施之一就是以风能和光伏发电项目实际销售电量为基础进行补贴。实际销售电量代表市场对电力的需求,以风能和光能发电企业的输电量为依据,能够充分发挥市场需求信息在补贴中的作用。这一补贴基础的优势在于发电量无法送出,就不能获得政府补贴,它可以促使企业在新能源发电项目投资决策时充分考虑市场对电力的需求和输送电条件的制约,在此基础上进行适度投资,从而发挥市场对投资的制约作用,避免过度投资,通过市场力量控制新能源发电行业的投资速度,防止新能源发电产业无序发展,在很大程度上有利于解决风能发电和光伏发电的消纳问题。西部地区各省份在市场约束条件下风能和光伏发电的补贴额度如表 5 - 37 所示。

表 5 - 37　西北地区风能和光伏发电补贴额度设计

	陕西省	宁夏回族自治区	甘肃省	青海省	新疆维吾尔自治区
风能补贴基础数	0.1	0.1	0.1	0.2	0.15
光伏补贴基础数	0.3	0.25	0.25	0.3	0.25
补贴浮动数	0.01 × N			0.15 × N	0.01 × N
N = （电能供需差/50） - （弃风率/5%）					

5.6.3.2　实现配额制和绿色证书交易相结合的补贴机制

配额制是政府在解决市场失灵过程中发挥作用的工具，而绿色证书交易是通过市场机制保证配额制的有效实施。政府在推进新能源电力发展的过程中，需要有步骤地增加传统电力企业的新能源电力发电配额。但是企业之间存在差异，而绿色证书交易市场可以降低企业差异的影响，完成配额困难的企业可以购买超额完成配额的企业的绿色证书。通过配额市场化交易，没完成配额的企业以付费的方式为新能源发电多的企业提供补贴。这样既在总体上实现配额制，又能发挥不同企业的优势，还能在长期内促进发电企业不断增加新能源投资，达到调整、优化能源结构的目的。绿色证书交易机制下的补贴方式大大简化了政府在补贴中的行政色彩，降低了补贴过程中的交易成本，缩短了企业获得补贴的时间。企业也可以选择完成配额，或者暂时发挥自身传统优势而不完成配额，但为配额付费。绿色交易证书可以在对企业经营的影响最小的情况下，有效推进配额制的实施。

5.6.3.3　补惩结合实现补贴资金平衡

目前，我国新能源补贴资金主要来源于新能源附加费用的征收，这远远不足以支付我国日益增长的新能源发电补贴金额。

考虑到煤电的负外部性效应，需要通过煤电项目为环境污染付费来降低负外部性影响。具体可结合税收改革，通过征收环境税实现煤电项目为环境污染付费，筹集新能源发电补贴资金，降低企业投资煤电的积极性，使企业主动增加新能源电力投资，实现调整结构和绿色发展目标。具体实施途径为：

（1）强化对煤电的监管，规范煤电企业发电成本核算和信息披露。不仅要求煤电企业计算和披露度电会计成本，而且要求煤电企业计算和披露煤电的环境污染和治理成本。

（2）以煤电的环境污染和治理成本为基础，设计和征收环境税。通过环境税筹集资金，补贴新能源电力行业。尤其是对于我国西北地区来说，其生态环境较为脆弱，过度发展燃煤火电项目给生态环境带来不可逆的破坏，不仅需要通过环境税补偿环境成本，还需要通过环境税充分发挥抑制火电发展的作用。

基于煤电环境污染成本和治理成本的环境税将补贴资金筹集上升到法律高度，具有强制性，有利于补贴资金的顺利筹集和补贴的实施。

除了上述的价格和补贴机制，促进风能和光能等新能源发电行业的发展，抑制煤电项目的增长，调整能源消费结构，同时需要通过加强对煤电项目的准入监管、加大对地方政府环保责任的考核等方式实现煤电和新能源电力的结构优化，为实现经济转型、创新驱动和绿色发展提供能源支持。

5.6.4 优化风能和光伏发电的监管

公共利益理论认为，严格的准入监管有利于确保新设企业达到提供产品和服务的最低标准，实现社会福利。从现阶段的情况来看，我国对新能源方面的监管体系逐步完善，监管成效明显，但也存在很大的改善空间。根据本章的研究，提出相关监管改进建议。

5.6.4.1 风能和光伏发电监管以市场准入和维护市场秩序为抓手

电力产品具有公共产品性质，世界各国对电力产品实施不同程度的监管。风能和光伏发电的外部性特征决定了政府对行业发展的支持。随着风能和光伏发电成本降低，市场在行业发展中发挥越来越重要的作用。针对目前西北地区风能和光伏发电行业无序发展、过度投资、产能过剩加剧等现象，监管部门要严格风能和光伏发电项目的准入监管，从资源禀赋、企业资金实力、管理能力等方面遴选优质项目，控制风能和光伏发电项目投资速度；保持风能和光伏发电项目建设与经济发展需求相适应；避免出现没有充分实力和资质较差的企业获批项目，占用优质风能和光能资源，但无力进行项目开发的现象。维持正常市场秩序。目前，西北地区风能和光伏发电市场上还存在着"未批先建""已核未建""批建不一"等现象，扰乱了市场的正常运行秩序。因而，应该建立投资主体变更备案、新能源项目投资开发全程监管等制度，避免在风能和光伏发电行业出现新的"僵尸"企业。

5.6.4.2 推动先进制造，降低新能源发电成本

风能和光伏发电成本在很大程度上决定了风能和光伏发电行业的发展。监管机构可通过对企业成本方面进行监管引导风能和光伏发电行业健康发展。

（1）通过准入监管，推进大功率机组。在我国风能发电的装机型号中，2兆瓦机组的风机为主导型号，高配置如3兆瓦机组所占份额不足5%。因而，在未来的风能和光伏发电市场准入监管中，应不断提高准入门槛，加大我国在高端设备上的市场占有率，促进我国风能和光伏发电技术创新，提高我国风能和光伏发电质量。要逐步减少1.5兆瓦及以下机组的市场占有率到30%，保持2兆瓦机组

市场占有率为 50%，增加 3 兆瓦及更高功率机组市场占有率到 20%。通过对新建项目的准入监管降低成本。

（2）优先发展自有资金投资比例高的风能和光伏发电项目，在适当控制发展速度的同时降低企业成本。西北地区很多风能和光伏发电投资项目自有资金比例低，大量依靠贷款，利息费用高，增加了企业负担。缺乏资金导致企业运行困难，形成"僵尸"企业，浪费资源。因此，通过项目投资中自有资金的比例监管，可以有效降低企业运行成本和新能源发电成本。

（3）充分利用信息技术，建立成本信息共享系统，打破我国新能源行业信息"孤岛"现象，通过提供风能和光伏发电企业准确的成本市场动态数据，降低单个企业信息收集和信息分析成本，帮助他们把握行业最新信息，并充分利用相关信息降低风能和光伏发电成本。

5.6.4.3　配合"互联网＋"的发展趋势，建立实时电价监管平台

能源监管部门可以依托绿色电力交易网络建立实时电价监管平台，实现在线动态监管。转变监管理念，运用大数据、云计算、"互联网＋"等信息技术手段，创建面向前向和后向的"互联网＋监管链"平台。对此要做以下几个方面的工作：

（1）建立基于能源大数据技术、精确需求导向的新能源规划新模式，推动多能协同的综合规划模式，提升政府对能源重大基础设施规划的科学决策能力，推进简政放权和能源体制机制持续创新。

（2）推动基于能源互联网的新能源监管模式创新，发挥新能源大数据技术在风能和光伏发电监管中的基础性作用，建立覆盖风能和光伏发电生产、流通、消费全链条，透明、高效的现代能源监督管理网络体系，提升能源监管的效率和效益。尤其是要对流通和消费环节电价进行监控，以发现用电潜在客户。

（3）建设基于互联网、分级分层的风能和光伏发电能源统计、分析与预测预警平台，指导监督风能和光伏发电电价和区域发电电价控制，并和燃煤等发电价格信息进行实时对接，确保用电质量和数量。通过翔实数据监测，可以有效控制风能和光伏发电的利用效率，以期缓解"弃风弃光"问题。

（4）推行细分电价，完善电价报告制度。完善电力产品计价体系，将电力价格细分为净网络费、计费开票费用、抄表费用、电表运转费用、增加值税、电能采购、供应（包括备用容量）等具体成本项目，根据这些细分项目判断电价的合理性。

5.6.4.4　补贴监管重点关注风能和光伏发电政策落实情况

政府补贴措施在我国推广新能源方面发挥了重要作用。为促进可再生能源开发利用，保障实现 2020 年、2030 年非化石能源占一次能源消费比重分别达到

15%、20%的能源发展战略目标，需要继续完善新能源补贴政策，加强对能源政策、规划、计划和项目落实情况的监管，保证我国新能源发电补贴政策的落实。

（1）保证国家对风能和光伏发电补贴政策的落实。国家在风能和光伏发电发展方面都出台了大量的优惠政策，能源监管部门监管的首要任务是保证国家政策的落实。

（2）指导地方政府制定与国家扶持政策相配套的地方性补贴政策。监管部门帮助地方政府制定本地区的新能源补贴政策，厘清地方政府和中央政府、地方政府之间的补贴关系和功能，促进我国新能源发展地区之间协调发展。

（3）对风能和光伏发电补贴的监管还应关注是否存在"寻租"等问题。在新能源汽车发展的过程中，巨额补贴引起了不良的社会"寻租"现象。新能源产业也存在着部分"寻租"现象，如企业多报和虚报产能等套领国家财政补贴。因而，相关机构要对补贴数额的发放进行调研核实。

5.7　本章小结

本章在实地调研和理论分析的基础上，对风能和光伏发电成本、定价与补贴进行研究，同时对西北地区风能和光伏发电成本进行了调研，以此为例进行了更深层次的分析。

首先，对风力和光伏发电行业的成本构成变化趋势、定价机制和不同国家补贴政策进行了梳理，发现风电投资成本、风能发电运维成本、度电成本均呈下降趋势；国际现行的新能源电力定价机制主要有五类：固定电价、溢价电价、招标电价、配额电价和绿色电价。

其次，对国内风能和光伏发电的现状进行了分析，通过实地调研对西北地区风能和光伏发电存在的问题进行了汇总，发现西北地区风力和光伏发电面临投资成本高、运行维护费用高等问题。

再次，对风能和光伏发电的定价机制、补贴政策进行了研究，发现电力定价机制在引导新能源电力行业发展、新能源发电以及新能源电力消费方面还存在一定问题。风能和光伏发电行业发展过度依赖政府补贴。政府补贴虽然降低了外部性对风能和光伏发电行业的影响，有力地促进了新能源发电行业的发展，但也在一定程度上扭曲了企业的投资行为，降低了市场需求对投资的约束作用，诱发了风能和光伏发电的过度投资。另外，政府补贴的滞后性增加了风能和光伏发电企业的投资和不确定性，给企业经营带来一定的负面影响。

最后，对西北地区风能和光伏发电行业的发展路径提出了一些建议。在降成本方面，实行技术创新降低新能源发电的投资成本，通过管理创新降低新能源发电的运维成本，提高新能源发电行业的竞争力。在定价机制方面，继续推进电力市场改革，引入电力绿色证书交易机制和基于市场的价格动态调整机制，引导风能和光伏发电行业的健康发展。此外，充分利用价格歧视，通过差别定价促进新能源电力的消费，抑制高耗能和高污染的火电行业的过度投资。也可以通过电力销售创新，如设计新能源电力消费套餐，促进新能源电力消费，缓解新能源电力消纳问题。在政府补贴方面，通过建立基于市场评价的补贴机制，降低政府补贴对企业投资的扭曲，引导新能源发电企业的有序发展；实行配额制和绿色证书交易相结合的补贴机制，或者通过征收环境税实现煤电项目为环境污染付费，筹集新能源发电补贴资金。

❻
补贴政策对西北地区风能和
光伏发电企业绩效的影响研究

6.1　西北地区风能和光伏发电补贴政策
实施效果及存在的问题

　　西北地区作为我国风能和光伏发电集中区域，在西电东输工程中起到了重要的作用，补贴政策作为国家促进风能和光伏发电在西部地区快速发展的重要手段，对其进行研究具有重要意义。本章首先梳理西北地区风能和光伏发电企业现状以及现阶段西北地区风能和光伏发电补贴政策的具体内容，其次对补贴政策的落实进行调研记录，从而发现西北地区风能和光伏发电补贴政策取得的成绩以及存在的问题。

6.1.1　西北地区风能和光伏发电企业概况

　　在分析西北地区风能和光伏发电补贴政策的实施效果前，对西北地区风能和光伏发电企业的情况进行分析，因为政策的目标是促进企业的发展，所以了解企业的现状具有重要的现实意义。

6.1.1.1　发电企业数量颇具规模

　　西北地区依靠丰富的风力和光能资源，吸引了来自全国的国有企业和民营企业纷纷在西北地区设立分公司，力争在西北地区风能和光伏发电市场占有一席之地。经过多年发展，西北地区风能和光伏发电企业已颇具规模，本书通过整理国家能源局西北监管局的数据资料后得知，截至 2016 年底，风能和光伏发电企业数量达到 84 家，呈现了一定的增长趋势。2014—2016 年西北地区风能和光伏发电企业数量如图 6 - 1 所示。

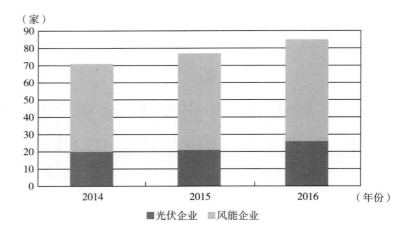

图 6-1 2014—2016 年西北地区风能和光伏发电企业数量

从图 6-1 可以看到，2014—2016 年，西北地区风能和光伏发电企业数量不断上升，企业总数从 2014 年的 71 家发展为 2016 年的 84 家，企业的数量规模已经得到了充分的显示。还可以看到，西北地区风能企业的数量相对较多。根据调研可以得知，光伏发电生产过程中设备的维护成本较高，区域内空气粉尘对于光伏发电效率产生了重大的影响，因此企业更倾向于投资风能发电项目。

6.1.1.2 五大发电集团为主要力量

电力产品具有公共产品的属性，因此，电力产品的供给主要依靠国有企业。随着电力市场改革的不断推进，民营企业在电力市场上也发挥了重要的作用。对 2016 年西北地区风能和光伏发电企业进行归类分析可以得知，中国华电集团公司（华电）、中国大唐集团公司（大唐）、中国国电集团公司（国电）、中国华能集团公司（华能）、中国电力投资集团公司（中电投）五大发电集团在西北地区设立的分公司数分别为 15 家、10 家、7 家、6 家和 4 家，占到了总数的一半，具体情况如图 6-2 所示。五大发电集团是西北地区风能和光伏发电的主要力量。除此之外，中广核在西北地区设立了 7 家分公司，超过了五大发电集团中的华能和中电投两家集团。图 6-2 还显示了其他民营企业数量，西北地区风能和光伏发电企业中的民营企业数量为 27 家，超过了企业总数的 30%，民营企业在西北地区风能和光伏发电市场上得到了充分的发展，体现了在民营企业经济社会中的重要作用。

6.1.1.3 企业盈利能力差距较大

根据国家能源局西北监管局收集到的区域内风能和光伏发电企业年度财务报表数据可以得知，西北地区风能和光伏发电企业的盈利能力差距较大，部分企业能够实现盈利，而还有一部分企业依然无法走出亏损的状态。

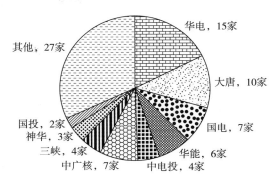

图6-2 西北地区风能和光伏发电企业所属集团

对西北地区风能和光伏发电企业的盈利情况进行统计，结果如图6-3所示，西北地区风能和光伏发电企业中有较多企业还不能实现盈利，近年来未能实现盈利的企业数量呈现增长的趋势，从2014年的16家企业不能实现盈利增长到2016年的32家企业不能实现盈利，增长了1倍。

除了不能实现企业盈利的数量有所增长，能实现盈利的企业呈现了较大的盈利差距。如图6-3所示，2016年企业最高盈利为831.3万元，而最低盈利仅为5.8万元。

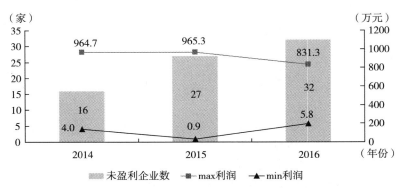

图6-3 西北地区风能和光伏发电企业盈利情况

6.1.2 西北地区风能和光伏发电现行补贴政策梳理

风能和光伏发电已经成为我国新能源发电的重要组成部分，其发展阶段如图6-4所示。

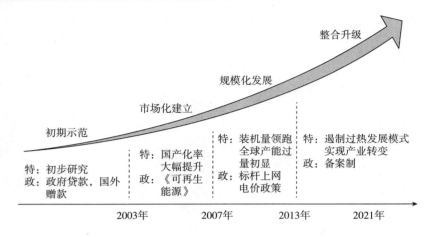

图 6 - 4　我国风能和光伏发展阶段

　　现阶段，风能和光伏发电产业已进入整合升级阶段，国家和相关政府部门开始不断关注风能和光伏发电产业存在的问题，利用行政手段来进行产业调整。

6.1.2.1　电价补贴政策落实区域差异较大

　　风能和光伏发电上网标杆电价是指政府基于过去一段时间内风能和光伏发电的社会平均成本和行业平均利润率计算得出的电价。风能和光伏发电项目的投资人要基于该价格水平将其项目发电量出售给用电客户。考虑到现阶段风能和光伏发电成本较燃煤发电成本高，国家要求以当地脱硫燃煤发电价格为基础，高出部分由全网进行分摊。现阶段，所有的风能和光伏发电上网项目均可获得相应的电价补贴，西北五省份风力发电定价现状如表 6 - 1 所示。

表 6 - 1　西北五省份风力发电定价现状

省份	资源区	标杆上网电价（元/千瓦时）			
		2009 年	2015 年	2016 年	2018 年
新疆维吾尔自治区	Ⅰ类资源区	0.51	0.49	0.47	0.40
甘肃省	Ⅱ类资源区	0.54	0.52	0.50	0.45
宁夏回族自治区	Ⅲ类资源区	0.58	0.56	0.54	0.49
青海省	Ⅳ类资源区	0.61	0.61	0.60	0.57
陕西省					

　　资料来源：《关于完善风力发电上网电价政策的通知》《国家发展改革委关于适当调整陆上风电标杆上网电价的通知》《国家发展改革委关于完善陆上风电光伏发电上网标杆电价政策的通知》。

在调研期间发现，电价补贴政策在西北地区能够得到较好的落实，但并没有像政策中所写的补贴全部电量，电量补贴有一定的限制。西北地区风能和光伏发电电价补贴政策及落实情况如表6-2所示。

表6-2 西北地区风能和光伏发电电价补贴政策及落实情况

	发放时间	落实情况
电价补贴	按月结算补贴	新能源附加电价补贴完成了第五批次的发放，第六批次于2016年1月25日申请，2016年8月24日下发可再生能源电价附加目录 2016年以宁夏为例，宁夏风资源为Ⅲ类资源区，标杆电价为0.54元/千瓦时；光能资源是Ⅲ类资源区，标杆电价为0.98元/千瓦时。宁夏回族自治区火电价格为0.27元/千瓦时，因此，风电补贴0.27元/千瓦时，光伏补贴0.71元/千瓦时
电量补贴	年终统一清算	宁夏回族自治区政府出台政策，风能发电保障性收购1050利用小时，光伏800利用小时，实施标杆电价保障收购，剩余的电量进入市场电价（国家出台的宁夏地区风能保障性收购利用小时为1850利用小时，光伏为1500利用小时） 通过市场交易方式消纳超出最低保障收购年利用小时数的部分，通过市场化交易不能享受补贴

资料来源：调研获得。

6.1.2.2 税收政策内容得到较大程度落实

税收优惠政策是指对经营风能和光伏发电的企业进行生产经营奖励，对其税收进行抵免的政策。该政策又可细分为"生产税收抵免政策""投资税收抵免政策""征收生态税政策"。其中"生产税收抵免政策""投资税收抵免政策"被认为是直接税收政策，而"征收生态税政策"被认为是间接税收政策。

西北地区政府对风能和光伏发电企业减免了增值税和所得税两种税种。其中，增值税的减免内容为即征即退，且退税比率为50%；所得税的减免内容是"三免三减半"。也就是说，企业自其获得利润缴纳所得税开始，在前三年减免其所有的所得税缴纳，而在第四年到第六年，所得税只需缴纳一半。

根据对西北地区风能和光伏发电企业的调研可以得知，西北地区风能和光伏发电企业符合我国"西部大开发"战略名录，在税收政策方面得到了巨大的补贴，具体情况如表6-3所示。

6.1.2.3 区域内其他扶持政策较少

在西北地区，政府除了在电价和税收方面扶持风能和光伏发电项目，还出台了一些促进措施以推进风能和光伏发电项目的发展，但是，从补贴政策的数量和种类上来看，区域内其他扶持政策还处于比较少的状况。

表6-3　西北地区风能和光伏发电税收补贴政策及落实情况

	发放时间	落实情况
所得税减免	西部大开发，三免三减半	企业同时符合西部大开发15%的优惠税率、《企业所得税法》及其实施条例和国务院规定的各项税收优惠条件的，可同时享受多种优惠。如15%的优惠税率和两免三减半优惠政策可以同时使用，减半后实际税率为7.5%
增值税抵扣、减免	即征即免	《关于光伏发电增值税政策的通知》政策已到期，国家发文继续执行该政策；风能发电增值税征缴正常

资料来源：调研获得。

首先是土地政策。在调研中得知，西北地区如宁夏等地方政府在风能和光伏发电项目的土地申请方面给予了扶持，这种扶持主要表现在土地审批手续简化方面，以及土地价格方面。政府帮助企业获得了较多非耕地性质的土地，这为企业发电项目降低成本起到了较大的作用。

其次是关于企业在信贷方面的政策。由于上一阶段风能和光伏发电项目的大量设立，现阶段政府缩紧了企业在信贷方面的政策，企业想从金融机构获得更多的贷款变得更为困难，这表现在贷款手续繁简和贷款数额大小两方面。

最后是配额制。我国对西北地区风能和光伏发电各省份的发电量都有明确的规定，主要体现在最少利用小时数方面，对西北区风能和光伏发电企业来说，最少利用小时数目前还并不能满足企业的发展需求，甚至有限制企业发展的趋势。

6.1.3　西北地区风能和光伏发电补贴政策的实施效果

作为战略性新兴产业，国家将风能和光伏发电看作未来能源安全问题的中坚力量，因此出台大量的财政政策等来支持产业发展。尤其是对于处于初期发展阶段的风能和光伏发电企业来说，这些补贴政策确实解决了企业的燃眉之急，给企业、行业带来了较大的好处。

6.1.3.1　风能和光伏装机量大幅提升

由于风能和光伏发电初期投资成本高，且具有很强的正外部性，各国政府在风能和光伏发电的初期均给予行业不同形式的政府补贴。政府补贴在我国新能源行业发展过程中发挥了重要作用。我国2004—2015年新能源发电累计装机量逐年增加，2015年已超过12000万千瓦，居世界前位；我国新能源发电并网量也逐年增加，2014年达到13340万千瓦。对于西北地区来说，风能发展也取得了突破性的发展，2009—2017年西北地区各省份风能发电累计装机量如表6-4所示，西北地区各省份风能发电累计装机量不断上升，尤其是宁夏回族自治区、新疆维吾尔自治区和甘肃省，2014 年累计装机容量达到 2009 年累计装机容量的 7 倍左右，风能发电得到了巨大的发展。

表 6 - 4　2009—2017 年西北地区各省份风能发电累计装机量　单位：兆瓦

年份	2009	2010	2011	2012	2013	2014	2015	2016	2017
宁夏回族自治区	289	500.5	1703.5	690	884.7	1693.7	837.5	953.5	1026.4
陕西省	—	177	320.5	212	583	373.4	224.5	335.5	420.2
新疆维吾尔自治区	443	361	952.5	990	3146	3216	1625.1	1902.1	1945.3
甘肃省	548	3756	465.2	1069.8	617	3630	1262.9	1306.7	1311.4
青海省	—	11	56.5	115.0	204.5	209.5	90.5	141.2	276.3
合计	1280	4805.4	3498.2	3076.8	5435.2	9122.6	3950	4639	4979.6

资料来源：CWEA。

6.1.3.2　风能和光伏发电成本不断降低

风能和光伏发电初始投资、运营费用和人工费是影响度电成本的重要因素，根据调研可知，这三部分占到了总成本的 90% 以上。近年来，风能和光伏发电受到国家政策的大力支持，上游制造企业在技术创新方面获得了政府巨额扶持资金，风能和光伏发电领域技术障碍迅速突破，风能和光伏发电的设备成本不断降低。我国风能和光伏发电设备的成本下降较为明显，这对于风能和光伏发电成本的下降起到了巨大推动作用。如图 6 - 5 所示，陆上风机价格从 2007 年的约 7000元/千瓦下降到 2011 年的 4000 元/千瓦，降幅约 3000 元/千瓦，成本降低了约一半。从国家能源局获得的数据也可以看出，在这段时间内，我国风机新增装机量呈现了"井喷式"的增长。风机成本的降低和风机装机量增加之间有显著的联系，调研也证实了这一点。2011 年之后，风机成本略有回升，这主要是因为钢铁行业成本上升造成了风机制造成本的上升。2011 年之后风机价格上升趋势较为缓慢，依旧保持在 4000 元/千瓦的水平。除了风力发电设备成本不断下降之外，光伏发电的投资成本也在不断下降，索比光伏网的数据显示，2010 年至今，光伏发电电池组件成本下降趋势依旧明显，从 2011 年第一季度的 1.2 美元/瓦下降到 2014 年第三季度的 0.46 美元/瓦，降幅超过 2/3（见图 6 - 6）。在调研中得知，风能和光伏产业都得到了政府的关注和补贴，技术更新的速度在这些企业不断加快，使我国风能和光伏出口量不断上升，位居世界前茅，风机和光伏发电成本一降再降，风能和光伏发电企业能够获得更多利润。

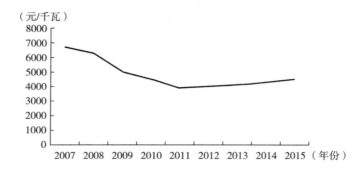

图 6 – 5　陆上风机价格下降趋势

资料来源：北极星风力发电网。

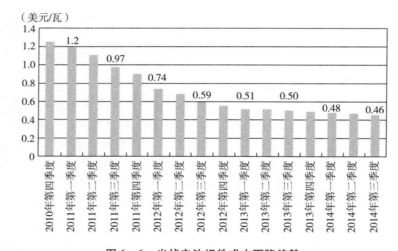

图 6 – 6　光伏电池组件成本下降趋势

资料来源：索比光伏网。

6.2　补贴政策对西北地区风能和光伏发电
企业绩效的影响机理

　　风能和光伏发电补贴政策的制定与实施旨在推动西北地区经济从能源结构改善方面实现绿色发展，本章拟从电价补贴和税收补贴的角度出发，探索这两种补贴对于西北地区风能和光伏发电绩效的影响。本节首先通过文献分析提出研究假设，分析补贴政策对西北地区风能和光伏发电产业的影响机理；其次对样本选取与数据来源进行说明；再次考虑到单一指标不能够有效地说明西北地区风能和光伏发电产业绩效的情况，拟构建风能和光伏发电产业经济与环境绩效测算模型，得到西北地区风能和光伏发电产业绩效；最后就补贴政策影响西北地区风能和光伏发电进行理论模型设计，用以研究补贴对于产业绩效的重要作用。

6.2.1　研究假设

随着我国经济体制改革和电力市场改革的深化，市场对资源配置起到了越发重要的决定性作用，但是国家调控依然有不可替代的作用，尤其是在传统发电和新能源发电之间。传统燃煤发电产业在发电过程中不可避免地产生了大量的污染和温室气体的排放，造成了严重的环境污染问题，国家为此出台了一系列相关政策，如 2004 年出台的脱硫上网电价补贴等，促使传统发电行业节能、降耗。这些政策使传统发电行业从治理企业自身污染中获取了经济绩效。相较而言，风能和光伏发电作为清洁能源发电本身并不产生污染以及温室气体的排放，发电企业的环境节约成本得不到补偿，企业无法从中获得其全部利益，影响了风能和光伏发电企业的经济绩效。针对该现象，国家对于风能和光伏发电出台了众多的支持政策，相比于其他行业，风能和光伏发电获得政府补贴不论从规模还是范围上都具有较大优势，然而，这些政府补贴对风能和光伏发电企业是否取得了应有的作用效果，成为全民以及学者关注的问题。

假设：补贴政策对于企业绩效的提升具有促进作用。

对于风能和光伏发电来说，市场信息如政府补贴具有的外部性表现在：企业可以通过获得补贴政策降低其生产成本，从而具有较大的市场竞争力。尤其是对于电力来说，其作为一种社会公共物品，具有一定的非竞争性，政府补贴的重要作用在于向社会大众提供电力产品，从而提高整体的社会福利水平。然而，考虑到风能和光伏发电技术特点，在现有的环境污染治理体系还不完善的条件下，同燃煤发电相比，风能和光伏发电具有保护环境和节约资源的正外部性并不能够得到补偿，因此，补贴能够弥补企业为取得环境绩效所付出的努力。

考虑到企业融资困难的问题，补贴政策的发布对解决融资困难具有推动作用。风能和光伏发电产业具有高风险和不确定性，而且风能和光伏发电的初始投资占到了总投资的 70% 以上，对于逐步开放的电力市场中的民营企业来说，获得相应的融资能够帮助企业快速发展。补贴政策对于市场投资具有一定的风向标作用，这在调研中可得到较为充分的显示，从不同类型企业的数量来看，国有企业在风能和光伏发电项目上获得了较大的市场份额，且其能够获得的融资渠道也超过了民营企业。因此，补贴政策对于企业绩效提升具有一定的促进作用。企业并不是孤立的个体，风能和光伏发电行业还有众多的利益相关者，其中，发电设备制造企业是重要的利益相关者。补贴政策不仅针对发电过程，对于风能和光伏制造业也有所倾斜，设备的更新与技术的提升对于风能和光伏发电企业的生产能力具有重大的提升作用，从而间接地促进了企业绩效的获得。综上可知，补贴政策对于风能和光伏发电企业绩效的提升具有促进作用。

本书认为企业的绩效是由企业的三大责任来确定的，因此，拟将企业的绩效进行细化，分别研究西北地区的两种主要补贴政策对于其经济绩效、社会绩效和环境绩效方面的重要作用。研究假设如下：

假设a：电价补贴政策与税收优惠政策对风能和光伏发电产业经济绩效有促进作用。

凯恩斯学派认为，要解决外部性需要借力，借力的基本对象就是政府。企业如果因外部性不能获得相关收益，会降低企业的生产经营意愿，造成市场活力降低。因此，就需政府行为来减少外部性，如补贴因外部性而产生损失的企业，从而提升经济绩效。补贴除了能缓解外部性带来的经济绩效损失之外，还能改善因企业内部管理不善带来的经济绩效损失。政府补助在一定程度上掩盖了企业的管理缺陷，尤其是对于管理体制较为僵化的部分企业来说，补贴弥补了因管理不善等造成的经济绩效损失。

本书认为政府补贴能够促进风能和光伏发电企业经济绩效的获得，理由如下：从外部性理论角度来看，风能和光伏发电在生产消费活动过程中生产污染低、能源消耗少、污染排放少，为其他群体创造了较大的环境福利，使其他生产活动能够以低廉的成本获得高质量的能源消费，此时产生了外部经济。为减弱这种外部经济效应，政府补贴弥补了企业的外部经济损失，达到了平衡社会资源配置的目的。此时的补贴是一种直接的经济刺激，这种刺激会降低企业成本，增强企业产品竞争力，最终实现企业经济绩效的提升；除此之外，政府补贴作为政府态度的传达，有区域企业扭亏、吸引外来投资、改善企业资金链等方面的压力，推进企业经营运转。

并不是所有的补贴方式都能够达到预期的效果，尤其是对于新能源这种产业发展较快的行业来说，不同发展阶段适用的补贴方式具有一定的差异，因此，风能和光伏发电的补贴方式匹配引起了较强的关注。我国对风能和光伏发电补贴主要有两种形式，第一种是对发电价格进行补贴，第二种是对企业进行税收优惠。其中，风能和光伏发电的电价补贴主要是国家对上网标杆电价和燃煤发电电价的差值进行补贴，其主要的目的是补贴企业风能和光伏发电的高额成本，从而增加企业的经济绩效；税收优惠政策是国家通过采取与现行税制基本结构相背离的税收制度给予风电和光伏发电企业各种优惠性税收待遇，使其税负减轻，进而达到补贴特定风能和光伏发电企业及增加企业的利润，保证企业的经济绩效的目的。两种补贴方式在作用路径上存在较大不同，考虑到风能和光伏发电所处的生命全周期阶段以及技术发展水平，电价补贴比税收优惠在促进企业发展、能源结构升级方面更加有效。

假设 b：电价补贴政策与税收优惠政策对风能和光伏发电产业社会绩效有促进作用。

能源安全是我国国家安全的重要组成部分，作为能源消费大国，优化能源结构、提升能源安全是我国现阶段的主要手段。风能和光伏发电作为能源结构中新能源的组成部分，我国通过一系列的优惠补贴政策，改善风能和光伏发电市场环境，这都有利于企业经济绩效的获得。然而，从政府角度来讲，还希望风能和光伏发电企业能承担其社会责任，这些责任包括优化我国能源结构、促进就业、推动区域经济发展等。

假设 c：电价补贴政策与税收优惠政策对风能和光伏发电产业环境绩效有促进作用。

温室气体排放已被认为是改变全球气候环境的重要推手，我国政府承诺，到 2020 年减少 40% ~ 50% 的单位国内生产总值二氧化碳排放，通过发展风能和光伏等新能源发电，可以优化我国能源结构，从而强化温室气体减排目标的实现。研究表明，价格是影响能源消费最重要的因素，在没有政府干预的条件下，风能和光伏发电的价格缺乏成本竞争力，而补贴政策能提高风能和光伏发电的使用率，从而增加环境收益。在面对环境问题的时候，税收手段作为一种有效的环境保护政策被越来越多的国家采用。Floros 和 Vlachou（2005）以希腊能源业与制造业为例，分析了碳税对碳排放的直接影响，结果显示，征收碳税确实能有效地减缓温室气体排放，改善生态环境。我国学者周晟吕等（2012）基于动态 CGE 模型分析了碳税收入对非化石能源的影响，结果表明，征收碳税不仅有利于促进可再生能源的发展，对实现 2020 年碳排放强度目标也发挥着重要的作用。除此之外，黄蕊等（2017）还证实了不同的税收政策在促进碳排放减少方面具有较为显著的差异。本章研究的样本为风能和光伏发电企业，风能和光伏发电发展会缓解环境污染与能源短缺的问题。因此，对风能和光伏发电企业进行补贴无论在长期还是短期都能带来巨大的环境绩效。

综上所述，本章关于补贴政策对西北地区风能和光伏发电企业绩效的分析框架如图 6 - 7 所示。

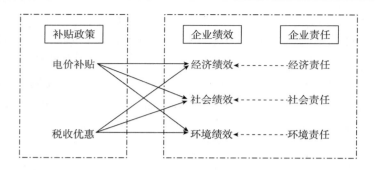

图 6 - 7　补贴政策对西北地区风能和光伏发电企业绩效影响的分析框架

6.2.2　样本选取与数据来源

本章研究样本由西北地区（新疆维吾尔自治区、甘肃省、陕西省、宁夏回族自治区、青海省）2014—2016 年风能和光伏发电企业构成。企业的财务数据及生产数据由国家能源局西北监管局提供。在样本的删选过程中，剔除未上报企业数据和上报数据不全的企业，从原始的 239 家得到有效样本 192 家。样本基本信息如下：

从省份来源来看，样本在西北地区各省份的分布呈现了较大的差异，其中陕西省风能和光伏发电企业较少，共有 8 家单位通过筛选进入样本序列；青海省和宁夏回族自治区共有 22 家单位通过筛选进入样本序列；甘肃省共有 36 家单位通过筛选进入样本序列；新疆维吾尔自治区的企业数量最大，共有 104 家企业通过筛选进入样本序列。样本分布同西北地区风能与光伏发电装机量分布表现出较高的一致性，样本删选具有一定可信度。样本具体分布如图 6 - 8 所示。

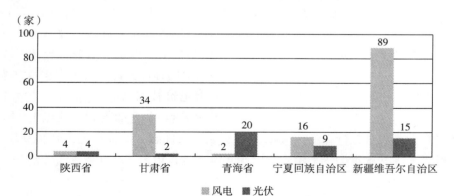

图 6 - 8　西北地区各省份风能和光伏发电样本企业数量分布

从样本的企业性质来看，西北地区风能和光伏发电企业中国有企业总数超过了民营企业，在陕西、甘肃和新疆这三个省（自治区）国有企业数量远大于民营企业数量，而在青海和宁夏这两个省（自治区）国有企业数量略少于民营企业数量，这和调研的情况一致，同我国风能和光伏发电产业的发展现状一致，样本筛选具有可信度。西北地区风能和光伏发电企业类型分布如图6-9所示。

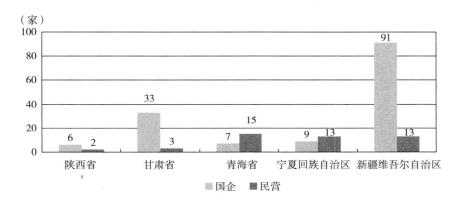

图6-9　西北地区风能和光伏发电企业类型分布

6.2.3　变量设计及模型设计

根据前文的研究假设，首先对变量进行设计，其中包括解释变量、控制变量和被解释变量；其次根据模型设计多元回归方程以对研究假设进行检验。

6.2.3.1　变量设计

（1）被解释变量。被解释变量为西北地区风能和光伏发电企业各年的经济绩效和环境绩效，经济绩效记为 Eco，环境绩效记为 Env。

（2）解释变量。西北地区风能和光伏发电补贴政策主要有直接电价补贴和税收优惠两种。政府电价补贴值为风能和光伏上网标杆电价和当地燃煤上网标杆电价之间的差值，因此企业每年能得到的政府电价补贴额度 =（风/光上网标杆电价 - 燃煤上网标杆电价）× 上网电量，记为 Tar。企业能得到的税收优惠有三免三减的所得税优惠、西部大开发战略企业税收优惠和即征即退的增值税优惠。本章选取企业年报中缴纳的所得税值为解释变量，记为 Tax。

（3）控制变量。除了上述的影响因素外，还有很多其他因素能够影响西北地区风能和光伏发电绩效，如企业性质、投资规模等，因此将这些影响因素作为控制变量引入模型中。

企业性质：是指企业是国有企业还是民营资本投资的企业，其中国有企业记为 1，民营企业记为 0。一般来说，国有企业具有较高的社会地位，获得更多的国家关注，得到更多的补贴。

投资规模：投资规模的大小和企业经济绩效之间存在相关关系得到了大多数学者的认可，并且大量的研究表明，投资规模和企业经济绩效之间是正向关系。也就是说，投资规模越大，企业的经济绩效越好，这主要是因为投资规模能够在一定程度上反映企业的资金链情况，而资金链是企业经济绩效好与坏的重要标志。所以，本章用企业总资产的自然对数来衡量投资规模。具体计算公式为：

投资规模 = ln（总资产）

补贴拖欠情况：从前文的调研可知，我国风能和光伏发电企业的电价补贴存在很大的滞后现象，企业负责人也表示这对于企业的发展确实带来了较大影响。不同企业的补贴拖欠情况存在差异，所以本章用企业应收电费来表示补贴拖欠情况。

6.2.3.2 模型设计

（1）补贴政策对西北地区风能和光伏发电企业综合绩效的促进模型。本章以 2014—2016 年西北地区风能和光伏发电企业的数据为样本，研究电价补贴和税收优惠对企业综合绩效的影响，构建模型 1 如下：

$$Sum_t = \beta_0 + \beta_1 Tar_t + \beta_2 Tax_t + \beta_3 type_t + \beta_4 invest_t + \beta_5 default_t + \xi \qquad (6-1)$$

利用模型 1 验证补贴政策有利于企业经济绩效的提升。式（6-1）中，Sum 表示该企业该年的综合绩效；Tar 表示企业获得的电价补贴；Tax 表示企业得到的税收优惠；$type$ 表示企业性质；$invest$ 表示投资规模；$default$ 表示企业补贴的滞后情况。

（2）补贴政策对西北地区风能和光伏发电企业经济绩效的促进模型。以 2014—2016 年西北地区风能和光伏发电企业的数据为样本，研究电价补贴和税收优惠对企业经济绩效的影响，构建模型 2 如下：

$$Eco_t = \beta_0 + \beta_1 Tar_t + \beta_2 Tax_t + \beta_3 type_t + \beta_4 invest_t + \beta_5 default_t + \xi \qquad (6-2)$$

利用模型 2 验证假设 a，检验风能和光伏发电的电价补贴和税收优惠是否有利于企业经济绩效的提升，且电价优惠和税收优惠的作用大小有无不同。式（6-2）中，Eco 表示该企业该年的经济绩效；Tar 表示企业获得的电价补贴；Tax 表示企业得到的税收优惠；$type$ 表示企业性质；$invest$ 表示投资规模；$default$ 表示企业补贴的滞后情况。

（3）补贴政策对西北地区风能和光伏发电企业社会绩效的促进模型。以 2014—2016 年西北地区风能和光伏发电企业的数据为样本，研究政府补贴对于企业社会绩效的影响，构建模型 3 如下：

$$Soc_t = \beta_0 + \beta_1 Tar + \beta_2 Tax_t + \beta_3 type_t + \beta_4 invest_t + \beta_5 default_t + \xi \qquad (6-3)$$

利用模型 3 验证假设 b，检验风能和光伏发电补贴政策是否有利于风能和光伏发电企业社会绩效的提升。式（6-3）中，Soc 表示该风能和光伏发电企业该年的社会绩效；Tar 表示企业获得的电价补贴；Tax 表示企业得到的税收优惠；$type$ 表示企业性质；$invest$ 表示投资规模；$default$ 表示企业补贴的滞后情况。

（4）补贴政策对西北地区风能和光伏发电企业环境绩效的促进模型。以2014—2016 年西北地区风能和光伏发电企业的数据为样本，研究政府补贴对于企业环境绩效的影响，构建模型 4 如下：

$$Env_t = \beta_0 + \beta_1 Tar + \beta_2 Tax_t + \beta_3 type_t + \beta_4 invest_t + \beta_5 default_t + \xi \qquad (6-4)$$

利用模型 4 验证假设 c，检验风能和光伏发电补贴政策是否有利于企业环境绩效的提升。式（6-4）中，Env 表示该企业该年的环境绩效；Tar 表示企业获得的电价补贴；Tax 表示企业得到的税收优惠；$type$ 表示企业性质；$invest$ 表示投资规模；$default$ 表示企业补贴的滞后情况。

6.2.4 绩效测算

6.2.4.1 测算指标设计原则

建立科学的绩效测算指标是完成风能和光伏发电企业绩效测算的前提。西北地区风能和光伏发电是个复杂的系统，根据企业的社会责任划分，本章对西北地区风能和光伏发电企业绩效测算的指标对应涉及经济、社会和环境三个方面的内容。测算经济绩效、社会绩效和环境绩效有许多可用的指标，合理进行指标筛选是一项复杂且非常重要的过程。因此，本章指标的筛选过程在参考有关发电绩效测算的文献时，需要基于以下几个原则：

（1）客观原则。对绩效进行客观测算是首要原则。因为出于个人思想的主观能动性，在事物描述中往往会加入个人的主观愿望，这会造成对客观事物的表述不清楚，引发后续大量问题，因此，任何经济活动都将客观性视为首要原则。对于风能和光伏发电绩效的测算，必须基于客观原则，以事实为基础进行测算，这才能为文章的撰写提供真实的基础。

（2）科学原则。对西北地区风能和光伏绩效测算要具有科学性。科学性的要求在于测算体系的构建需要有科学性，也就是说，对西北地区风能和光伏发电经济与环境绩效的测算体系构建要有依据，不是凭空想象得来的。只有科学的测算指标体系才能反映真实的绩效，因此，本章的测算体系构建是基于其他学者的研究而提出的。

（3）系统性原则。构建风能和光伏发电产业绩效测算体系要遵循系统性的原则，能够全面、系统地反映政策效果。风能和光伏发电综合绩效测算指标包含了较多方面的内容，这些内容之间不是完全独立的关系，而是严丝合缝的关系。只有全面把控这些因素，才能得到一个既独立又关联的整体测算指标体系。

（4）可操作性原则。建立西北地区风能和光伏发电经济与环境绩效测算指标体系的主要目的是通过相关指标测算出绩效值，因而每个指标的概念和定义必须清晰且具有可执行性，无法获得相关数据的指标是没有意义的。因此，在指标体系设计时应该遵从可操作性原则。

6.2.4.2　测算指标设计

经济绩效的本质是生产成本及收益的差值，因此，对经济绩效的测算应该注重反映这两者之间的关系。对于风能和光伏发电的经济绩效测算，也要考虑发电的经济运营效果以及带来的收益。

首先，根据会计核算的方法，将西北地区风能和光伏发电的经济绩效指标划分为四个方面，分别是偿债能力、运营能力、发展能力和盈利能力。

偿债能力：它是反映企业在偿还债务方面的能力，分为长期偿债能力和短期偿债能力。对于风能和光伏发电企业来说，由于政府的财政支持使企业的长期偿债能力均有所增加，因而，短期偿债能力更能反映企业清偿能力、持续经营能力。短期偿债能力一般用资金流动比率来表示，而长期偿债能力一般用资产负债比来表示。考虑到风能和光伏发电企业的固定资产投入较大，一般为75%，采用资产负债比来表示企业的偿债能力。资产负债比计算如下：

资产负债比率＝总负债/总资产×100%

一般情况下将其安全值设为75%，警戒值为100%。资产负债比过高时企业会面临资不抵债的危险，从而导致长期负债能力降低；但资产负债比也不宜过低，需要保持在可控范围之内。

运营能力：是指企业根据自己所拥有的人力资源和生产资料等实现财务目标最大化的能力。运营能力能够体现企业的管理能力，是企业发展最基本的条件。运营能力是表示企业利用所拥有资产获利的能力，根据风能和光伏发电项目的实际情况，本章选择总资产周转率来表示企业运营能力，计算如下：

总资产周转率＝销售收入/[（期初资产总额＋期末资产总额）/2]
＝营业收入净额/平均资产总额
＝销售收入/总资产

总资产周转率的参照标准取0.8为宜，超过0.8时总资产周转速度快，资产利用的效率就高，企业具有良好的运营能力；反之，企业则不具备良好的销售能力。

发展能力：它反映了企业在未来一段时间内的发展趋势和发展速度，可以从企业规模的扩大、利润增长幅度以及所有者权益的增加几个方面来表示。因为企业的增长与实际的市场情况相关，因此，该指标的变化也反映了企业的发展前景。发展能力的衡量标准中总资产的增长率能更好地反映风能和光伏发电企业的规模扩张能力，其计算如下：

总资产增长率＝当年总资产／年初总资产×100％ − 1

在分析具体问题时，总资产增长率并非越高越好，还需要关注资产扩张的质量，避免盲目扩张。

盈利能力：它是反映公司盈利能力的一项重要指标。企业进行经济活动的首要目标是获取利润，尤其是风能和光伏发电企业在进行投资时，首先考虑的是项目的获利能力，因此，把获利能力作为经济绩效的三级指标具有一定的意义。盈利能力用净利润率来表示，其中净利润是扣除成本、管理费用和企业所得税后的利润，净利润率计算公式如下：

净利润率＝（净利润／主营业务收入）×100％

净利润率越高，表明风能和光伏发电企业经济绩效越高，因此该指标是正向指标，标准化过程用上文标准化公式进行。净利润和主营业务收入的数据由国家能源局西北监管局提供的企业年报数据整理得出。

其次，企业生存离不开社会的支持，同样，企业的发展也需要给社会带来更大的绩效。企业社会绩效可以看成企业带动区域就业以及为地区经济发展尤其是GDP做出的贡献。因此，本章对社会绩效的指标设计如下：

提升就业水平：风能和光伏发电不论是在建设期还是运营期都需要用到各种人力资源，这会给地区提供大量的就业机会，并成为新的经济增长点，具有明显的社会绩效。风能和光伏发电项目建成和运营都需要大量的技术、工作人员，这给地区提供了新的就业岗位，因此风能和光伏发电企业的就业人数就可以表示为其为地区发展带来的就业效果。考虑到企业年报中并没有特别统计企业人数，因此选择企业人力资源成本来表示其提升的就业水平。

对地区经济的拉动效果：是指风能和光伏发电对西北地区经济的促进和拉动作用。风能和光伏发电的发展将促进当地相关产业的聚集，拉动当地经济的发展。相关资料显示，风能和光伏发电项目对地区经济的拉动效果计算方式一般为固定资产的40％。所以本章从国家能源局西北监管局提供的企业年报中摘抄出固定资产值，并进行计算，以此来表示风能和光伏发电对地区经济的拉动效果。

最后，根据企业应负的环境责任，本章对环境绩效的指标设计如下：

节约煤炭量：是指风能和光伏发电能够代替的煤炭消耗。煤炭的消费容易造成大气污染、土地污染等问题，而风能和光伏发电因为不使用煤炭而减少了污染，能够有效促进经济可持续发展。相关数据显示，我国电力企业每发1千瓦时电平均消耗的煤炭数量为0.00035吨，节约煤炭量的计算公式如下：

节约煤炭量 = 发电量 ×0.00035（吨/千瓦时）

发电量数据来源于国家能源局西北监管局提供的企业年报。

温室气体及其他空气污染减排价值：与燃煤发电方式相比，风能和光伏发电能够减少温室气体 CO_2 的排放以及 SO_2、NO_X、CO 和粉煤灰四种污染物的排放，因此，环境绩效中应包含对应的处理温室气体污染物排放治理的价值。温室气体及其他污染减排价值的计算公式如下：

温室气体及其他污染减排价值 = 污染物排放量 × 污染治理价值

其中，各种污染物排放量与燃煤发电之间的关系、各种污染物治理价值如表6－5所示。通过计算可知，与燃煤发电方式相比，每吉瓦时的风能和光伏发电带来的温室气体和其他污染物减排价值分别为2.461万元、5.958万元、4万元、0.0091万元和0.6万元。

表6－5　电力行业污染物环境价值标准

污染物	CO_2	SO_2	NO_X	CO	粉煤灰
环境价值（元/千克）	0.023	6.000	8.000	1.000	0.120
排放量（千克/万千瓦时）	10700	99.30	50	0.91	500

生态环境破坏：西北地区受自然条件限制，植被覆盖率较低。风能和光伏发电项目建设会破坏生态植被，为减少对土地的使用，风能和光伏发电项目都采用了空架线的方式来输送电能以减少直埋线缆方式对土地的破坏，且光伏发电还采用了提高光伏板置空高度来减少土地利用率，但安装风能和光伏装置还需要一定的永久性占地。因此，本章采用机组数量来表示西北地区风能和光伏发电对生态环境的破坏。

综上所述，西北地区风能和光伏发电绩效测算指标汇总如表6－6所示。

表6－6　西北地区风能和光伏发电绩效测算指标汇总

序号	指标	计算依据
1	偿债能力	资产负债比率 = 总负债/总资产 ×100%
2	运营能力	总资产周转率 = 销售收入/总资产
3	发展能力	总资产增长率 = 当年总资产/年初总资产 ×100% － 1
4	盈利能力	净利润率 = （净利润/主营业务收入）×100%
5	提升就业水平	企业人力资源成本

续表

序号	指标	计算依据
6	对地区经济的拉动效果	拉动效果 = 总资产 × 40%
7	节约煤炭量	节约煤炭量 = 发电量 × 0.00035（吨/千瓦时）
8	温室气及其他空气污染减排价值	温室气体及其他空气污染减排价值 = 污染物排放量 × 污染治理价值
9	生态环境破坏	机组数量

6.2.4.3 测算方法

风能和光伏发电绩效 AHP – TOPSIS 综合测算模型主要由两部分组成：第一部分，层次分析法；第二部分，TOPSIS 法绩效测算。两者相互结合、相辅相成，能够极大提高测算结果的可靠性。模型构建如图 6 – 10 所示。

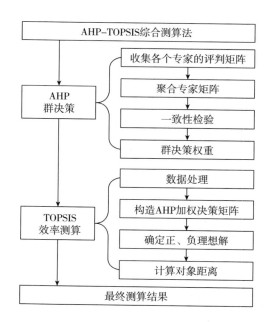

图 6 – 10   AHP – TOPSIS 企业绩效综合测算模型

利用 AHP – TOPSIS 综合测算模型对风能和光伏发电综合绩效进行测算的过程如下：

（1）运用层次分析法确定专家指标权重。考虑到单个专家主观因素对层次分析法构造的判断矩阵的影响，这里使用了基于群决策的层次分析方法。主要步骤如下：

1）专家测评矩阵构造。根据上文设计的风能和光伏发电经济与环境绩效指标，构建风能和光伏发电绩效测算层次结构模型，并形成专业的专家调查表。在调查表中，需要专家通过 1~9 标度法构造不同层次间的两两判别矩阵。将收集到的多位专家调查表进行专家数据检查及群决策前数据的预处理。

预处理过程包含检查收集到的专家判断矩中的数据是否存在较大差异和数据残缺的现象。利用 Yaahp 软件对数据进行有针对性的修正，对残缺项用对应的其他专家的平均值进行补全。

2）聚合专家测评矩阵。专家测评矩阵的聚合方式根据聚合内容分为矩阵数据聚合和矩阵结果聚合两种，其最大的区别在于前者需要去除差异较大的专家测评结果而达到统一的目的，而后者更看重的是综合意见。考虑到本书的研究内容，选取前者来聚合专家测评矩阵。聚合专家测评矩阵的具体计算方法是通过几何平均法获得群决策判断共识矩阵。

3）一致性检验。构造好专家测评共识矩阵后，为简化计算，在计算特征向量和最大特征根时采用了平方根。而后进行一致性检验。这么做主要是为了验证上文构造的矩阵是逻辑合理的，具有科学性的。一致性检验的标准是当 n≥3、CR<0.10 时，认为判断矩阵符合要求，否则需要对判断矩阵进行修正。

4）群决策权重。进行专家测评共识矩阵通过一致性检验后，利用 Yaahp 软件进行群决策权重的计算，最终得到风能和光伏发电经济与环境绩效各项指标的群决策专家权重。

（2）运用 TOPSIS 法进行效率计算。TOPSIS 方法也被称为优劣解法，主要是用来测评决策单元在各指标决策时与最优决策之间的距离，充分考虑了各决策单元自身的情况，自 1981 年被引入信息论中以来受到广泛应用。相对于主观赋权法，该方法具有不依赖人的主观判断的优势，单纯使用属性指标来确定效率排序，使测评更具数学理论依据。使用 TOPSIS 法进行数据权重的计算时，有以下几个步骤：

1）原始数据处理。将收集来的原始数据构成 $A_{m \times n}$ 的测评矩阵。考虑到数据单位的问题，数据的预处理包括剔除数据不全对象和标准化过程。对数据进行标准化的公式为：

正向指标：

$$a_{ij} = \frac{x_{ij} - \min x_{ij}}{\max x_{ij} - \min x_{ij}}$$

逆向指标：

$$a_{ij} = \frac{\max x_{ij} - x_{ij}}{\max x_{ij} - \min x_{ij}}$$

式中，x_{ij} 为第 j 个测算对象在指标 i 上的原始值，n 为被测算对象的个数，m 代表测算指标个数，a_{ij} 代表无量纲化值。

2）构建加权测评矩阵。AHP 加权测评矩阵的构建是为了在多指标测算时考虑专家学者的专业意见，其构建方法为：

$$Z_{m \times n} = A_{m \times n} \times w_n = \begin{pmatrix} a_{11} \cdots a_{1n} \\ \cdots \\ a_{m1} \cdots a_{mn} \end{pmatrix} \begin{pmatrix} w_1 \\ \cdots \\ w_n \end{pmatrix} = \begin{pmatrix} a_{11}w_1 \cdots a_{1n}w_n \\ \cdots \\ a_{m1}w_1 \cdots a_{mn}w_n \end{pmatrix}$$

3）确定正负理想解。设 d_{j+} 是第 j 个指标在所有的测算单元中的最大值，即为该指标的正理想解；d_{j-} 是第 j 个指标在所有的测算单元中的最小值，即为该指标的负理想解。则可以得到所有的最大值指标集合为 $d_+ = (d_{1+}, d_{2+}, \cdots, d_{n+})$，所有的最小值指标集合为 $d_- = (d_{1-}, d_{2-}, \cdots, d_{n-})$。

4）计算各单位与正负理想解的距离。针对风能和光伏发电绩效的每一个测算单元，分别计算各指标与正负理想解之间的距离，具体公式如下：

$$D_i^+ = \sqrt{\sum_{j=1}^{n} (a_{ij} - d_j^+)^2}$$

$$D_i^- = \sqrt{\sum_{j=1}^{n} (a_{ij} - d_j^-)^2}$$

5）进行绩效测算及比较。在计算了各单位与正负理想解之间的距离之后，利用以下公式对各单位的绩效与正负理想解之间的距离进行计算，可以得出各单位最终的绩效及排名。

$$C_i = \frac{D_i^-}{D_i^+ + D_i^-}$$

其中，C 的值在 0 到 1 之间，C 值越大，表示测算对象的绩效值越接近于各指标的最大值，代表第 i 个单位的绩效值越大。

6.3 补贴政策对西北地区风能和光伏发电企业绩效影响的实证分析

前文通过文献提出了相关研究假设，从理论的角度分析了补贴政策对西北地区风能和光伏发电产业影响的机理，并基于研究假设构建了多元回归模型以期分析补贴政策对西北地区风能和光伏发电企业的影响。本节将按照上文的研究设计，将西北地区的相关数据代入模型中进行实证分析。

6.3.1 绩效测算结果

6.3.1.1 数据来源

西北地区风能和光伏发电的绩效测算相关数据来源于国家能源局西北能源监管局提供的企业财务数据，相关指标是通过直接从财务数据中摘抄得来或者笔者进行相关计算得出，对于一些不宜量化的定性指标主要通过对西北地区风能和光伏发电企业调研，综合考虑企业管理人员和能源监管部门工作人员对相关项目打分获得。

6.3.1.2 AHP 指标权重的确定

风能和光伏发电综合绩效测算受到多个层次因素的影响，考虑到体系权重的严谨性和科学性，通过邀请 8 位新能源行业专家、学者对指标的重要程度进行打分，根据几何均值法对 8 位专家的比较判断矩阵进行集结，利用 Yaahp 软件求得各指标的权重系数，并通过一致性检验，保证指标权重的准确性。

整个指标体系中各指标的权重如表 6 - 7 所示。

表 6 - 7　风能和光伏发电绩效测算体系 AHP 指标权重

目标层	准则层	指标层	权重 2	AHP 总权重
风能和光伏发电绩效测算体系	经济绩效 0.4160	偿债能力	0.1460	0.0608
		运营能力	0.2419	0.1006
		发展能力	0.0515	0.0214
		盈利能力	0.5606	0.2332
	社会绩效 0.1260	就业水平	0.3333	0.0420
		区域经济	0.6667	0.0840
	环境绩效 0.4580	生态破坏	0.2583	0.1183
		污染减排价值	0.1047	0.0480
		节约煤炭量	0.6370	0.2917

注：就业水平是指提高区域就业水平的指标，区域经济是指推动地区经济发展的指标。

可以看出，西北地区风能和光伏发电经济和环境绩效测算中各指标所占的权重是比较符合实际情况的。在倡导"绿色 GDP"的现代中国社会，风能和光伏发电绩效在一定程度上偏向了"绿色"。对于风能和光伏发电绩效测算指标权重的确定，专家学者的见解不同，主观性判断不能有效避免，测算结果必然缺乏客观性，因此接下来采用熵权法进行指标修正，在一定程度上降低人为和客观存在的主观性，得到一个精确的量化结果。

6.3.1.3 TOPSIS 确定最优解及最劣解

以选取的西北地区 2014—2016 年 192 个风能和光伏发电企业的各指标无量纲化数据作为测算对象，构建由 9 个测算指标和 192 个测算样本共同形成的矩阵。根据表 6 - 8 利用负向指标标准化公式对生态环境破坏指标进行处理，利用正向指标标准化公式对正向指标进行处理，并利用功效法对所有指标进行无量纲化处理，最终得到西北地区风能和光伏发电企业绩效测算指标体系无量纲化数据。用标准化后的样本矩阵乘以专家判断矩阵进行权重处理，得到加权样本矩阵，然后根据 TOPSIS 法计算西北地区风能和光伏发电测算各项指标的正负理想解，具体结果如表 6 - 8 所示。

表 6 - 8　测算指标正负性及理想解

目标层	准则层	指标层	正负性	正理想解 d_j^+	负理想解 d_j^-
风能和光伏发电绩效测算体系	经济绩效	偿债能力	+	0.0608	0.0000
		运营能力	+	0.1006	0.0000
		发展能力	+	0.0214	0.0000
		盈利能力	+	0.2332	0.0000
	社会绩效	就业水平	+	0.0420	0.0000
		区域经济	+	0.0840	0.0000
	环境绩效	生态破坏	−	0.1183	0.0000
		污染减排价值	+	0.0480	0.0000
		节约煤炭量	+	0.2917	0.0000

注：就业水平是指提高区域就业水平的指标，区域经济是指推动地区经济发展的指标。

6.3.1.4 最终结果

根据补贴进度公式计算西北地区风能和光伏发电的经济绩效、社会绩效与环境绩效，并对企业综合绩效进行排序，具体如表 6 - 9 所示。

6.3.2 描述性统计

本章研究的重点是西北地区风能和光伏发电补贴对经济绩效、社会绩效和环境绩效的影响，因此样本数据主要来源于西北地区风能和光伏发电企业的年度数

表6-9　西北地区风能和光伏发电企业绩效测算结果

企业编号	经济绩效	社会绩效	环境绩效	企业编号	经济绩效	社会绩效	环境绩效	企业编号	经济绩效	社会绩效	环境绩效
1	0.248	0.666	0.173	31	0.284	0.158	0.192	61	0.204	0.175	0.306
2	0.234	0.440	0.694	32	0.254	0.177	0.144	62	0.211	0.103	0.240
3	0.199	0.130	0.065	33	0.171	0.431	0.189	63	0.225	0.187	0.281
4	0.205	0.067	0.009	34	0.195	0.122	0.017	64	0.206	0.630	0.197
5	0.221	0.259	0.397	35	0.197	0.157	0.019	65	0.210	0.103	0.336
6	0.239	0.238	0.571	36	0.189	0.331	0.070	66	0.168	0.112	0.445
7	0.293	0.544	0.767	37	0.293	0.334	0.087	67	0.230	0.268	0.541
8	0.222	0.506	0.644	38	0.241	0.197	0.188	68	0.230	0.278	0.470
9	0.193	0.607	0.186	39	0.165	0.235	0.261	69	0.086	0.198	0.612
10	0.299	0.409	0.368	40	0.291	0.124	0.340	70	0.431	0.208	0.266
11	0.208	0.580	0.189	41	0.202	0.367	0.601	71	0.268	0.113	0.336
12	0.206	0.339	0.366	42	0.261	0.433	0.152	72	0.231	0.475	0.172
13	0.186	0.711	0.749	43	0.229	0.280	0.551	73	0.253	0.596	0.198
14	0.212	0.628	0.212	44	0.258	0.211	0.538	74	0.221	0.399	0.717
15	0.191	0.213	0.437	45	0.174	0.637	0.855	75	0.203	0.098	0.064
16	0.217	0.333	0.405	46	0.232	0.220	0.436	76	0.350	0.063	0.013
17	0.188	0.213	0.273	47	0.240	0.266	0.551	77	0.202	0.200	0.312
18	0.175	0.354	0.381	48	0.192	0.334	0.695	78	0.159	0.328	0.232
19	0.192	0.467	0.674	49	0.165	0.347	0.016	79	0.188	0.433	0.525
20	0.201	0.507	0.714	50	0.201	0.350	0.383	80	0.208	0.442	0.399
21	0.224	0.142	0.127	51	0.233	0.159	0.280	81	0.200	0.440	0.182
22	0.180	0.222	0.167	52	0.811	0.048	0.080	82	0.216	0.364	0.299
23	0.199	0.244	0.375	53	0.213	0.125	0.145	83	0.202	0.604	0.146
24	0.175	0.220	0.072	54	0.233	0.154	0.277	84	0.194	0.192	0.270
25	0.238	0.185	0.336	55	0.636	0.093	0.324	85	0.182	0.781	0.139
26	0.227	0.578	0.181	56	0.226	0.239	0.186	86	0.184	0.603	0.163
27	0.212	0.203	0.282	57	0.245	0.308	0.569	87	0.135	0.143	0.236
28	0.246	0.259	0.358	58	0.229	0.175	0.078	88	0.205	0.186	0.341
29	0.216	0.198	0.044	59	0.269	0.502	0.175	89	0.208	0.165	0.253
30	0.205	0.431	0.348	60	0.205	0.437	0.666	90	0.157	0.183	0.306

续表

企业编号	经济绩效	社会绩效	环境绩效	企业编号	经济绩效	社会绩效	环境绩效	企业编号	经济绩效	社会绩效	环境绩效
91	0.175	0.392	0.467	121	0.172	0.212	0.027	151	0.190	0.366	0.675
92	0.189	0.428	0.567	122	0.193	0.359	0.349	152	0.180	0.552	0.517
93	0.220	0.101	0.113	123	0.242	0.271	0.732	153	0.180	0.460	0.336
94	0.200	0.309	0.300	124	0.186	0.346	0.274	154	0.179	0.226	0.195
95	0.236	0.225	0.343	125	0.199	0.161	0.183	155	0.187	0.413	0.492
96	0.196	0.271	0.143	126	0.196	0.043	0.039	156	0.213	0.172	0.186
97	0.239	0.183	0.297	127	0.187	0.104	0.153	157	0.177	0.478	0.194
98	0.215	0.559	0.193	128	0.185	0.305	0.176	158	0.179	0.179	0.067
99	0.199	0.419	0.352	129	0.234	0.104	0.135	159	0.201	0.185	0.093
100	0.173	0.626	0.816	130	0.204	0.350	0.173	160	0.208	0.577	0.047
101	0.169	0.131	0.058	131	0.236	0.257	0.479	161	0.211	0.230	0.114
102	0.200	0.486	0.604	132	0.189	0.223	0.065	162	0.172	0.279	0.157
103	0.222	0.322	0.187	133	0.209	0.094	0.044	163	0.180	0.144	0.417
104	0.221	0.235	0.156	134	0.209	0.109	0.021	164	0.184	0.237	0.094
105	0.166	0.356	0.264	135	0.150	0.424	0.196	165	0.185	0.361	0.346
106	0.181	0.123	0.018	136	0.186	0.485	0.571	166	0.180	0.144	0.056
107	0.425	0.115	0.194	137	0.197	0.122	0.296	167	0.174	0.042	0.017
108	0.197	0.146	0.074	138	0.186	0.072	0.038	168	0.172	0.087	0.015
109	0.445	0.131	0.194	139	0.202	0.307	0.219	169	0.188	0.161	0.194
110	0.219	0.243	0.185	140	0.231	0.275	0.277	170	0.187	0.209	0.192
111	0.140	0.246	0.253	141	0.225	0.671	0.142	171	0.181	0.355	0.186
112	0.241	0.234	0.227	142	0.210	0.115	0.190	172	0.177	0.301	0.109
113	0.193	0.353	0.512	143	0.208	0.123	0.362	173	0.174	0.302	0.096
114	0.200	0.158	0.694	144	0.191	0.276	0.349	174	0.185	0.296	0.102
115	0.206	0.650	0.737	145	0.278	0.287	0.673	175	0.192	0.284	0.263
116	0.183	0.435	0.408	146	0.097	0.254	0.604	176	0.195	0.134	0.020
117	0.211	0.233	0.338	147	0.202	0.277	0.281	177	0.160	0.440	0.252
118	0.204	0.222	0.271	148	0.158	0.195	0.278	178	0.136	0.169	0.149
119	0.183	0.646	0.178	149	0.194	0.226	0.756	179	0.132	0.431	0.034
120	0.229	0.167	0.352	150	0.205	0.425	0.257	180	0.187	0.096	0.050

续表

企业编号	经济绩效	社会绩效	环境绩效	企业编号	经济绩效	社会绩效	环境绩效	企业编号	经济绩效	社会绩效	环境绩效
181	0.171	0.303	0.104	185	0.206	0.136	0.190	189	0.180	0.118	0.111
182	0.187	0.710	0.661	186	0.170	0.297	0.198	190	0.165	0.228	0.142
183	0.179	0.575	0.031	187	0.216	0.307	0.382	191	0.205	0.137	0.152
184	0.185	0.126	0.093	188	0.073	0.469	0.312	192	0.169	0.114	0.476

据，由国家能源局西北监管局统计的企业数据得来。通过查阅国家能源局西北监管局收集的 2014—2016 年 239 个企业样本，剔除没有任何数据的企业和无任何业务收入的企业，可以得到 192 个有效样本。

根据选取的指标，首先对样本数据进行统计性分析，结果如表 6－10 所示。

表 6－10　样本统计分析

Var	Num	Mean	Std.	min	max
Sum	192	0.791	0.302	1.666	0.232
Eco	192	0.211	0.070	0.811	0.073
Soc	192	0.294	0.164	0.781	0.042
Env	192	0.286	0.203	0.855	0.009
Tar	192	3748.330	5264.130	194.820	44881.670
Tax	192	128.670	391.330	0.000	4289.390
type	192	0.760	0.427	0.000	1.000
invest	192	78460.520	124493.080	8394.870	1439912.000
default	192	6318.660	17349.280	0.000	212410.000

统计指标分析如下：

（1）被解释变量。经济绩效（Eco）、社会绩效（Soc）和环境绩效（Env）：经济绩效、社会绩效与环境绩效在企业间具有较大差距，平均绩效分别为 0.2326 和 0.0603，说明现阶段我国西北地区风能和光伏发电公司的经济绩效与环境绩效表现一般，且存在一定的差异。

（2）解释变量。电价补贴（Tar）：样本统计数据显示，西北地区风能和光伏企业发电补贴之间存在明显差异，最大值为 44881670 元，最小值为 194820 元，总体上分布比较分散，标准差为 2364.13。税收优惠（Tax）：西北地区风能和光伏发电企业的税收优惠均值为 128670 元，标准差为 391.330，大多数企业能够得到政府较大力度的税收优惠，税收优惠的分布比较集中，企业间差距较小。

（3）控制变量。企业类型（*type*）：统计指标显示，企业类型的均值为0.760，说明风能和光伏发电企业中国有企业居多。投资规模（*invest*）：根据描述性统计结果可以得知，西北地区风能和光伏发电企业投资规模较大，企业间差距也比较大，其中均值为78460520元。补贴滞后情况（*default*）：西北地区风能和光伏发电补贴存在较为严重的滞后情况，滞后金额均值为6318660元，这对企业造成了相当程度的困扰。因此，在模型中选择补贴滞后情况作为控制变量具有重要作用。

6.3.3 相关性检验

多重共线性是多元回归分析模型普遍存在的问题，在进行回归分析之前需要判断解释变量之间是否存在共线性。使用 Pearson 相关系数来检验解释变量和控制变量之间的相关性，并用调整后的 R^2 来反映指标间的相关程度，结果如表6-11所示。

表6-11 变量相关性 Pearson 分析

变量	*Tar*	*Tax*	*type*	*resource*	*invest*	*default*
Tar	1.000					
Tax	0.023	1.000				
type	0.075	-0.029	1.000			
resource	0.198	0.066	0.061	1.000		
invest	0.304	0.125	0.078	0.281	1.000	
default	0.390	0.4127	-0.113	0.333	0.289	1.000
Env × Tar	0.839	0.003	0.086	0.153	0.216	0.275

除此之外，本部分还做了方差膨胀因子检测，以分析模型是否存在多重共线性。具体结果如表6-12所示。

表6-12 变量的方差膨胀因子检测

	Tar	*Tax*	*type*	*invest*	*defaultt*
VIF	4.70	1.26	1.05	1.22	1.70
1/VIF	0.212	0.792	0.948	0.821	0.588

结果表明，变量之间没有严重的共线现象，其中相关系数最大的是环境绩效和电价补贴交乘项与环境绩效之间的相关性为0.7760和0.839，但是方差膨胀因

子检验均值小于3，证明这些变量不存在严重的多重共线性。总体来讲，多重共线性不会影响到本章模型的结果。

6.3.4　实证结果与分析

本章模型检验软件为Stata12.0，通过收集到的数据进行实证分析，对提出的研究假设进行检验。

6.3.4.1　补贴政策对综合绩效影响的实证结果

为了验证风能和光伏发电补贴和企业综合绩效的关系，模型1以企业综合绩效（Sum）为因变量，以电价补贴（Tar）和税收优惠（Tax）为自变量，以企业性质（type）、投资规模（invest）、补贴滞后（default）为控制变量。

（1）对全样本的回归分析。研究自变量对风能和光伏企业综合绩效的影响，模型1通过逐步添加控制变量进行回归分析，回归分析结果如表6－13所示。

表6－13　模型1全样本回归结果

变量	无控制变量	添加控制变量
Tar	0.288 *** （3.997）	0.379 *** （4.345）
Tax	0.146 ** （2.022）	0.126 * （1.711）
type		0.028 （0.395）
invest		0.090 * （1.449）
default		− 0.143 *** （− 4.633）
Constant	0.742 *** （25.138）	− 1.280 *** （− 3.426）
R^2	0.252	0.314
Adjust R^2	0.232	0.284
F	12.559	10.493

注：括号内为T检验结果，＊、＊＊和＊＊＊分别表示回归结果在10%、5%和1%的水平上显著。

模型1全样本回归分析的结果显示：调整R^2为0.284，整个模型的拟合优度良好，模型能够解释补贴对于风能和光伏发电企业综合绩效的影响。

在模型1中，要验证西北地区风能和光伏发电补贴政策能否促进企业综合绩效，主要看本章拟研究的电价补贴和税收优惠与企业综合绩效的相关系数是否显著。表6－13显示，电价补贴在添加控制变量前后均与企业综合绩效在1%显著度水平上显著，标准化系数分别为0.288和0.379；税收优惠在添加控制变量后显著性水平从5%下降到了10%。总体来看，税收优惠与企业的综合绩效之间存在较强的关系，其标准化系数分别为0.146和0.126。总体来说，电价补贴和税收优惠都能正向促进企业的综合绩效。通过对电价补贴、税收优惠与企业综合绩效的标准化相关系数进行比较可以发现，无论是在无控制变量还是在有控制变量的条件下，电价补贴与企业综合绩效的相关系数均大于税收优惠与企业综合绩效的相关系数，说明电价补贴政策对于企业综合绩效的促进作用较大。

模型 1 中的控制变量企业投资和补贴滞后情况均与企业综合绩效相关。其中，企业投资与综合绩效在 10% 的显著性水平上显著，标准化相关系数为 0.090；补贴滞后情况与企业综合绩效的显著性水平较高，为 1%，标准化系数为 −0.143，标准化系数为负表示补贴滞后不仅不会促进企业综合绩效的提升，反而对企业综合绩效的取得产生较大的阻碍。

（2）分年度样本回归分析。根据样本收集年份进行回归分析，有利于发现补贴政策（包括电价补贴和税收优惠）对风能和光伏发电企业综合绩效的促进作用在不同年度的结果变化，具体结果如表 6−14 所示。

表 6−14　模型 1 分年度样本回归结果

变量	2014 年		2015 年		2016 年	
	无控制	有控制	无控制	有控制	无控制	有控制
Tar	0.416 ***	0.271	0.301 **	0.078 *	0.924 ***	0.816 ***
Tax	0.153	0.016	0.222 ***	0.141	−0.098	−0.096
type		0.204 **		0.052	.	0.054
invest		0.443 ***		0.810 ***		0.285 ***
default		−0.165		−0.132		0.044
Constant	0.667 ***	−1.171 **	0.577 ***	−2.331 ***	0.369 ***	−0.595
R^2	0.288	0.427	0.316	0.611	0.750	0.839
Adjust R^2	0.268	0.384	0.297	0.583	0.737	0.817
F	13.966	9.840	17.071	22.274	59.994	38.535

注：*、** 和 *** 分别表示回归结果在 10%、5% 和 1% 的水平上显著。

结果显示，模型 F 值和 R^2 处于可接受范围，对 2016 年的样本来说模型具有较高的拟合度。

表 6−14 给出了分年度数据在添加控制变量后电价补贴和税收优惠政策对于企业综合绩效的影响，从结果来看，在没有添加控制变量的情况下，电价补贴政策在 2014—2016 年均与企业的经济绩效呈现了较强的相关性，其标准化相关系

数分别为 0.416、0.301 和 0.924，这说明企业获得的电价补贴对于企业综合绩效具有促进作用；税收优惠政策在 2015 年样本中与企业综合绩效呈现了较强的相关性，其标准化相关系数为 0.222，显著性水平为 1%。以 2015 年数据结果来看，税收优惠政策与企业综合绩效的相关系数依然小于电价补贴政策与企业综合绩效的相关系数，也就是说，电价补贴政策对于企业综合绩效的促进作用大于税收优惠政策。

从结果中还可以得知，企业的类型和投资规模与企业综合绩效之间也存在一定的相关关系，其中企业投资规模和企业综合效益之间的相关关系最强，在三份样本数据中均保持在 1% 的显著性水平。这和其他学者的相关研究结果一致。

（3）分发电类型样本回归分析。风能和光伏发电虽然都属于新能源发电，被国家列为战略性新兴产业，但这两种发电方式对于企业的组织等都存在较大的差异，因此有必要按照发电类型不同进行研究，分析不同类型发电模式下补贴政策对于企业综合绩效的促进作用是否不同，具体结果如表 6 – 15 所示。

表 6 – 15　模型 1 发电类型样本回归结果

变量	风电		光伏	
	无控制	有控制	无控制	有控制
Tar	0.478***	0.262***	0.248**	0.247*
Tax	0.170***	0.100	0.130	− 0.054
$type$		0.070		− 0.148
$invest$		0.409***		0.649***
$default$		− 0.165**		− 0.186
Constant	0.704***	− 0.362**	0.485***	− 0.418***
R^2	0.291	0.362	0.111	0.364
Adjust R^2	0.281	0.339	0.071	0.286
F	29.124	15.781	2.747	4.694

注：*、**和***分别表示回归结果在 10%、5% 和 1% 的水平上显著。

结果显示，模型 F 值和 R^2 处于可接受范围，但同前文的结果相比，按照发电类型进行样本分类后，模型的拟合度一般。

由表 6 – 15 可以看出，控制变量对于风能和光伏发电补贴政策与企业综合绩效的影响较大。对于风能发电来说，在没有控制变量的情况下，电价补贴政策和税收优惠政策对于企业综合绩效的促进作用均在 1% 的显著性水平上显著，且电价补贴政策的促进作用大于税收优惠政策。然而，添加控制变量之后，电价补贴政策与企业综合绩效的显著性水平仍然为 1%，但是税收优惠政策与企业综合绩效之间的显著性则并不明显。对于光伏发电来说，模型 1 的 R^2 较小，对于补贴政策和光伏发电企业综合绩效之间的解释处于一般水平。在没有控制变量的情况下，电价补贴政策与光伏发电企业的综合绩效呈现了正相关关系，标准化相关系数为 0.248，而添加控制变量后，电价补贴政策与光伏发电企业综合绩效之间的相关系数的显著性从 5% 下降到 10%。总体来看，不论是风能发电样本还是光伏发电样本，均能够说明补贴政策有利于企业综合绩效的获得。

（4）分省份样本回归分析。不同省份的经济发展情况不一，对风能和光伏发电的扶持力度也不太一致，尤其是针对风能和光伏发电项目的审批存在着不一样的态度。因此，对分省份样本进行回归分析，以期发现补贴政策对综合绩效影响的省份差异，具体回归结果如表 6 - 16 所示。

表 6 - 16 模型 1 分省份样本回归结果

变量	陕西省	甘肃省	宁夏回族自治区	青海省	新疆维吾尔自治区
Tar	6.962	0.479 **	0.012	0.456 *	0.279 ***
Tax	1.297	0.023	0.025	- 0.121	0.249 ***
type	- 4.320	- 0.147	- 0.267	0.000	0.078
invest	9.998	0.370 *	0.816 **	0.162	0.453 ***
default	0.042	- 0.298 *	- 0.385	- 0.367 *	- 0.140 ***
Constant	- 2.771	0.958	- 1.457	- 0.024	- 0.129 ***
R^2	0.954	0.448	0.628	0.754	0.554
Adjust R^2	0.840	0.402	0.511	0.677	0.531
F	8.367	5.708	5.391	9.790	24.315

注：*、** 和 *** 分别表示回归结果在 10%、5% 和 1% 的水平上显著。

模型 1 分省份样本回归结果显示，五组数据的 F 值和 R^2 都处于可接受范围内，整体上来看，模型能够很好地解释补贴政策与企业综合绩效之间的关系，模型拟合度良好。

根据回归结果来看，甘肃省、青海省和新疆维吾尔自治区电价优惠政策与风能和光伏发电企业综合绩效之间存在正相关关系，其标准化系数分别为0.479、0.456和0.279，各标准化系数分别在5%、10%和1%的显著性水平上显著。新疆维吾尔自治区税收优惠政策对企业综合绩效的促进作用在1%的显著性水平上显著。同时，通过比较标准化相关系数的大小可以得知，电价补贴政策对企业综合绩效的促进作用大于税收优惠对企业综合绩效的促进作用。陕西省和宁夏回族自治区的样本数据不能显示出变量之间的相关关系，尤其是陕西省样本数据中所有变量之间都没有相关关系，这与样本数据偏少有一定的关系。

6.3.4.2　补贴政策对经济绩效影响的实证结果

为了验证风能和光伏发电补贴和企业经济绩效的关系，模型2以企业经济绩效（*Eco*）为因变量，以电价补贴（*Tar*）和税收优惠（*Tax*）为自变量，以企业性质（*type*）、投资规模（*invest*）、补贴滞后（*default*）为控制变量。

（1）对全样本的回归分析。考虑控制变量对西北地区风能和光伏企业经济绩效的影响，模型2通过逐步添加控制变量进行回归分析，结果如表6-17所示。

表6-17　模型2全样本回归结果

变量	无控制变量	添加控制变量
Tar	-0.002（-0.027）	0.226***（2.584）
Tax	-0.055（-0.731）	0.027（0.371）
type		0.012（0.169）
invest		0.138*（1.748）
default		-0.455***（-4.635）
Constant	0.214***（30.001）	0.613***（7.064）
R^2	0.007	0.107
Adjust R^2	0.003	0.083
F	2.293	4.444

注：括号内为T检验结果，*、**和***分别表示回归结果在10%、5%和1%的水平上显著。

模型2全样本回归结果表明，回归模型在没有添加控制变量时R^2为0.007，不能较好地解释政策对企业经济绩效的促进作用，而在添加了控制变量后，模型调整的R^2为0.107，解释度得到了提高，因此，对风能和光伏发电补贴政策与企业经济绩效之间关系的分析主要以添加控制变量后的模型进行。

从模型2检验西北地区风能和光伏发电补贴政策与经济绩效关系的结果来看，电价补贴方式与企业经济绩效指标之间的标准化相关系数为0.226，在1%的水平上存在显著的正相关关系，而税收优惠与企业经济绩效之间的相关关系并不显著。这验证了本章假设 a 的一部分，但是税收优惠政策与企业经济绩效之间的促进关系并没有得到验证。通过反思本章的模型并对其他学者的相关研究进行分析，本书认为，首先，税收优惠的作用并不显著是因为税收政策并不能直接作用于企业经济成本的减少，而本书对企业经济绩效的测算主要是以经济成本为主要的衡量指标；其次，税收优惠政策作为间接性政策，其作用效果具有滞后性，本章在模型设计中没能考虑滞后性的作用，这也可能是税收优惠不能与企业经济绩效之间呈现显著相关性的原因。

模型 2 中的控制变量企业性质与经济绩效之间没有显著的相关关系，而投资（*invest*）、补贴滞后（*default*）与经济绩效（*Eco*）之间表现出显著相关关系，且投资与企业的经济绩效在 1% 的显著性水平上呈现正相关关系，说明投资额度有助于补贴发挥作用，促进经济绩效的获得，这同学者张文斌的研究结论相同；补贴滞后在 1% 的显著性水平上与企业经济绩效呈现负相关关系，说明补贴滞后影响了经济绩效的获得，这与学者的研究结论相一致。

（2）分年度样本回归分析。考虑到本书收集的数据是连续 3 年的企业数据，而每年由于企业经营不善等问题故而收集到的企业数量不一样，对样本进行年度分类并就补贴政策对经济绩效影响进行回归分析，以期发现补贴政策影响的年度规律，回归分析结果如表 6 - 18 所示。

表 6 - 18　模型 2 分年度样本回归结果

变量	2014 年		2015 年		2016 年	
	无控制	有控制	无控制	有控制	无控制	有控制
Tar	− 0. 185	0. 018 *	0. 012	0. 198 *	− 0. 288	0. 317 *
Tax	0. 105	0. 166	0. 203 *	0. 107 **	0. 638	0. 164
type		0. 093		− 0. 139		0. 076
invest		0. 443 ***		− 0. 405 **		0. 784 ***
default		− 0. 570		0. 093		− 0. 656 ***
Constant	0. 238 ***	0. 773 ***	0. 273 ***	− 1. 479 ***	0. 181 ***	0. 395
R^2	0. 017	0. 118	0. 039	0. 135	0. 011	0. 813
Adjust R^2	0. 005	0. 051	0. 013	0. 074	0. 003	0. 788
F	0. 606	1. 770	1. 487	2. 214	2. 130	32. 243

注：*、**和***分别表示回归结果在10%、5%和1%的水平上显著。

由表 6 - 18 可以看出，虽然分年度样本模型的 F 及调整的 R^2 值均符合要求，但模型的拟合度一般。对比来看，增加控制变量能够提高模型的整体拟合度。

在不考虑控制变量的情况下，2014—2016 年的样本数据回归结果显示；补贴政策在一定程度上可以促进经济绩效的获得。其中，2014 年样本数据回归结果表明税收政策在 10% 的显著性水平上显著促进了经济绩效的获得，2015 年样本数据回归结果表明电价补贴政策和税收政策分别在 10% 的显著性水平和 5% 的显著性水平上促进西北地区风能和光伏发电经济绩效的获得，2016 年样本数据回归结果表明电价政策在 1% 的显著性水平上显著促进了经济绩效的获得。总体来讲，分年度样本在不考虑控制变量的情况下验证了假设 a。

在考虑控制变量的情况下，2014—2016 年的样本数据回归结果中有两年数据证实了补贴政策对西北地区风能和光伏发电经济绩效的获得具有一定的促进作用，且控制变量中投资规模与经济绩效之间表现出了较强的相关关系，这说明企业的投资规模在补贴促进经济绩效的获得方面具有重要作用。同全样本数据一样，这主要是因为投资规模越大，企业的经营绩效也就越好，补贴在这些经营管理较为有序的企业中越能发挥重要的作用。

（3）分发电类型的样本回归分析。由于风能和光伏发电的设备成本具有明显的差异，可能在一定程度上影响补贴对经济绩效的促进作用，因此有必要将风能和光伏发电分开来分析补贴政策对于其各自经济绩效获得的影响。具体回归结果如表 6 - 19 所示。

表 6 - 19　模型 2 分发电类型样本回归结果

变量	风电		光伏	
	无控制	有控制	无控制	有控制
Tar	0.079	0.399 **	0.047	0.052
Tax	− 0.030	0.079 *	− 0.181	− 0.125
$type$		0.004		0.015
$invest$		− 0.604 ***		− 0.192
$default$		− 0.231 **		0.060
Constant	0.669 ***	0.669 ***	0.246 ***	0.513 *
R^2	0.008	0.168	0.026	0.067
Adjust R^2	0.006	0.138	0.018	0.049
F	0.485	5.621	0.593	0.421

注：*、** 和 *** 分别表示回归结果在 10%、5% 和 1% 的水平上显著。

回归结果显示，模型的 F 值和调整的 R^2 均符合规定，但整体的拟合效果一般。

在上述模型中，风能发电样本数据在有控制变量的情况下证实了补贴政策有利于西北地区风能发电经济绩效的获得。在有控制变量的条件下，电价补贴政策与风能发电经济绩效的相关系数为 0.399，显著性水平为 5%；税收优惠政策与风能发电绩效相关系数为 0.079，显著性水平为 10%，证实了电价补贴政策对西北地区风能发电经济绩效的促进作用大于税收优惠政策，这与总体样本的研究结果一致。

光伏发电样本数据在有控制变量和无控制变量两种情况下的结果显示，电价补贴政策、税收优惠政策与西北地区光伏发电经济绩效相关系数并不显著，说明电价补贴政策、税收优惠政策对于西北地区光伏发电经济绩效的促进作用不明显。对西北地区风能和光伏发电企业的利润进行比较发现，光伏发电企业的净利润率小于风能发电企业，而且样本单位中光伏发电企业还存在负净利润的情况，这可能影响到了税收优惠政策对于光伏发电经济绩效的促进作用。

（4）分省份样本回归分析。西北地区区域范围广泛，区域内资源分布存在较大的差异，风能和光伏发电企业的经营绩效与企业所能获得的风力及太阳能资源有较大的联系，因此有必要就各省份对样本进行分类并逐个进行回归分析，具体回归分析结果如表 6 - 20 所示。

表 6 - 20　模型 2 分省份样本回归结果

变量	陕西省	甘肃省	宁夏回族自治区	青海省	新疆维吾尔自治区
Tar	4.638	0.378	0.581	− 0.432	0.064
Tax	0.667	0.005	− 0.284	− 0.165	0.157
$type$	1.602	− 0.015	− 0.163	0.213	0.018
$invest$	− 5.364	− 0.323	− 0.279	− 0.214	0.473 ***
$default$	− 0.039	0.329	− 0.387	0.300	0.212 *
Constant	− 2.723	0.368	0.275 **	− 0.489	0.736 ***
R^2	0.414	0.221	0.181	0.233	0.136
Adjust R^2	0.149	0.091	0.174	0.007	0.092
F	0.283	1.701	0.705	0.972	3.094

注：*、**和***分别表示回归结果在 10%、5% 和 1% 的水平上显著。

回归结果显示，各省份样本数据模型的 F 值和调整的 R^2 差异较大，其中模型在甘肃省和青海省的样本数据中拟合度较差，无法判断补贴政策和经济绩效之间的关系。陕西省、宁夏回族自治区和新疆维吾尔自治区这三个省份的模型拟合效果良好，能够合理判断补贴政策和经济绩效之间的关系。

陕西省、宁夏回族自治区和新疆维吾尔自治区三省份的样本回归结果表明，补贴政策（包括电价补贴政策和税收优惠政策）都不能促进区域风能和光伏发电经济绩效的获得，这与假设 a 相反。结果中出现了较大面积的不显著现象，这说明分省份样本中各省企业获得的补贴并不能有效促进企业经济绩效的获得。

6.3.4.3　补贴政策对社会绩效影响的实证结果

为了验证风能和光伏发电政府补贴与社会绩效之间的关系，模型 3 以产业社会绩效（Soc）为因变量，以企业收到政府电价补助（Tar）、企业得到的税收优惠（Tax）为自变量，以企业性质（type）、投资规模（invest）、补贴滞后（default）为控制变量。

（1）对全样本的回归分析。考虑控制变量对风能和光伏产业社会绩效的影响，模型 3 首先对电价优惠政策、税收优惠政策和企业社会绩效进行了回归分析，其次添加控制变量企业类型、投资规模和补贴滞后情况进行回归分析，结果如表 6 - 21 所示。

表 6 - 21　模型 3 全样本回归结果

变量	无控制变量	添加控制变量
Tar	0.475 *** （7.303）	0.105 * （1.650）
Tax	0.089 （1.374）	- 0.025 （- 0.470）
type		0.013 （0.246）
invest		0.684 *** （9.529）
default		- 0.058 （- 1.016）
Constant	0.215 *** （14.799）	- 1.213 *** （- 8.119）
R^2	0.255	0.523
Adjust R^2	0.247	0.510
F	32.376	40.774

注：括号内为 T 检验结果，*、** 和 *** 分别表示回归结果在 10%、5% 和 1% 的水平上显著。

模型 3 全样本回归结果显示，模型无控制变量和添加控制变量时 R^2 分别为 0.255 和 0.523，说明模型对于补贴政策对企业社会绩效促进关系的解释较好，模型整体的拟合度较好。

由表 6 – 21 可知，电价补贴方式与环境绩效在 10% 的显著性水平上呈现出正相关的关系，其标准化系数为 0.105；税收优惠和环境绩效之间的相关关系不显著，说明对于西北地区风能和光伏企业来说，税收优惠对企业社会绩效的提升并没有明显的效果。这部分验证了假设 b。税收优惠政策并不能有效促进西北地区风能和光伏发电企业社会绩效的提升，主要是因为税收优惠对企业来说是间接性的政策，且现阶段企业并未充分重视社会绩效，社会绩效本身存在较大的缺陷。

在控制变量中，投资规模与企业社会绩效的相关关系在 1% 的显著性水平上显著，其标准化相关系数为 0.105，说明投资规模对企业的社会绩效有显著的正向影响；而补贴滞后及企业性质与社会绩效之间并没有明显的相关关系，这与其他学者的结论比较一致。在本章的研究中，社会绩效的测算中包含了企业对区域经济的拉动，因此，投资规模会对企业的社会绩效产生重要的影响。

（2）分年度样本回归分析。社会绩效是现代企业越来越关注的企业绩效之一，因此有必要按照年份对西北地区样本单位进行划分，以分析补贴政策对于社会绩效影响的年度变化趋势。按照样本收集年份划分样本数据并利用模型 3 进行回归分析，结果如表 6 – 22 所示。

表 6 – 22　模型 3 分年度样本回归结果

变量	2014 年		2015 年		2016 年	
	无控制	有控制	无控制	有控制	无控制	有控制
Tar	0.600 ***	0.141	0.337 ***	– 0.160	0.525 ***	0.277 *
Tax	– 0.048	– 0.125	0.308 **	0.146	– 0.136	– 0.137
type		– 0.039		0.001		0.078
invest		0.630 ***		0.764 ***		0.617 ***
default		0.135		0.046		– 0.021
Constant	0.209 ***	– 0.002 ***	0.240 ***	– 0.254 ***	0.253 ***	– 0.982 ***
R^2	0.321	0.541	0.326	0.583	0.205	0.512
Adjust R^2	0.301	0.506	0.308	0.554	0.165	0.446
F	16.314	15.556	17.895	19.866	5.145	7.754

注：＊、＊＊和＊＊＊分别表示回归结果在 10%、5% 和 1% 的水平上显著。

回归结果显示，分年度样本数据模型 3 的 F 值和调整的 R^2 均符合要求，模型整体的拟合效果较好。

在表 6 – 22 中可以比较明显地发现控制变量对自变量（电价补贴与税收优惠政策）的影响，在没有控制变量的情况下，电价补贴政策对西北地区风能和光伏发电企业社会绩效的正向促进作用在 2014—2016 年均在 1% 的显著性水平上显著，标准化系数分别为 0.600、0.337 和 0.525；税收优惠政策对西北地区风能和光伏发电企业社会绩效的促进作用在 5% 的显著性水平上显著，标准化系数为 0.308。数据回归结果说明分年度来看，电价补贴政策和税收优惠政策都能够促进西北地区风能和光伏发电企业社会绩效的获得，且电价补贴政策的促进作用大于税收优惠的促进作用。结果与本章的假设基本一致，验证了假设的正确性。

（3）分发电类型样本回归分析。风能和光伏发电由于发电模式不同，投资成本也不一样，对社会造成的影响不太一致，因此有必要按照发电类型对样本进行区分，以分析不同发电类型下补贴政策对企业环境绩效的促进效果。发电类型分为风能发电和光伏发电两类，利用模型 3 进行回归分析，回归结果如表 6-23 所示。

表 6-23　模型 3 分发电类型样本回归结果

变量	风电		光伏	
	无控制	有控制	无控制	有控制
Tar	0.462***	0.082**	0.086	0.085
Tax	0.075	0.031	0.176	-0.083
type		0.102		-0.213*
invest		0.674***		0.912***
default		-0.091		-0.256*
Constant	0.274***	-0.426	0.161***	-0.141
R^2	0.233	0.463	0.054	0.555
Adjust R^2	0.233	0.444	0.011	0.501
F	21.615	23.977	1.248	10.221

注：*、** 和 *** 分别表示回归结果在 10%、5% 和 1% 的水平上显著。

回归结果显示，分发电类型样本数据模型 3 中，风能发电的 F 值和调整的 R^2 均符合要求，模型拟合度较好；而光伏发电的拟合度不理想，模型 3 对于光伏发电补贴政策与环境绩效关系的解释度不足。因此，本部分主要解释风能发电样本的补贴政策与社会绩效之间的关系。

从风能发电的样本回归结果来看，无论是在无控制变量的情况下，还是在有控制变量的情况下电价补贴政策与社会绩效之间都能保持较强的相关关系，其显著性水平最低为 5%；而税收优惠政策与社会绩效之间的相关度不高，未能表现出相应的显著性。除此之外，控制变量中的企业性质和投资规模与社会绩效之间也具有一定的相关关系，说明企业性质和投资规模是影响社会绩效的重要因素。投资规模越大，企业发展越好，越倾向于通过促进区域发展等社会信誉来提升企业形象。本章将企业性质分为国有企业和民营企业，国有企业是我国经济命脉中重要的组成部分，国家对其社会绩效的要求也较高，因而补贴对其社会绩效在一定程度上有促进作用。

（4）分省份样本回归分析。西北地区拥有大量的风力和光能资源，但是区域内经济发展缺乏活力，经济实体力量薄弱，风能和光伏发电产业的发展为区域内经济发展带来了新的动能，因此，有必要将样本按照省份进行分类，分析不同省份样本的补贴与社会绩效之间的促进关系。按照上文对西北五省份的数据收集进行样本分类并做回归分析，结果如表6-24所示。

表6-24 模型3分省份样本回归结果

变量	陕西省	甘肃省	宁夏回族自治区	青海省	新疆维吾尔自治区
Tar	2.049**	0.291**	-0.404	0.276	0.215**
Tax	-0.412**	0.327**	0.009	-0.129	0.051
$type$	0.442	0.020	-0.351	-0.101	0.180***
$invest$	-0.661	0.798***	0.970**	0.436**	0.644***
$default$	-0.440**	-0.134	-0.090	0.313	-0.017
Constant	1.582	-2.239***	-1.113*	-0.503	-1.237
R^2	1.000	0.793	0.565	0.716	0.590
Adjust R^2	0.998	0.759	0.429	0.628	0.569
F	805.432	23.046	4.162	8.083	28.155

注：*、** 和 *** 分别表示回归结果在10%、5%和1%的水平上显著。

分省份样本模型的 F 值和 R^2 均在可接受范围内，模型整体的拟合度较高，对于补贴与社会绩效的关系有较好的解释度。

在上述模型中，陕西省、新疆维吾尔自治区和甘肃省的电价补贴政策和税收优惠政策与企业社会绩效呈现相关关系，其他省份的补贴政策与社会绩效之间没有表现出显著的相关关系，这说明补贴政策对企业社会绩效的促进作用并不明显。根据本书对各省份企业净利润的分析，很多企业还存在较高的负值，无法保证经济收益的企业在社会绩效方面很难有较好的作为，这可能造成补贴政策无法有效促进社会绩效的获得。

6.3.4.4 补贴政策对环境绩效影响的实证结果

为了验证风能和光伏发电政府补贴与环境绩效之间的关系，模型4以企业环境绩效（Env）为因变量，以企业收到政府电价补助（Tar）、企业得到的税收优惠（Tax）为自变量，以企业性质（type）、资源等级（resource）、投资规模（invest）、补贴滞后（default）为控制变量。

（1）对全样本的回归分析。考虑控制变量对风能和光伏企业环境绩效的影响，模型4首先对电价优惠政策、税收优惠政策和环境绩效进行了回归分析，其次添加控制变量企业类型、投资规模和补贴滞后情况进行回归分析，结果如表6－25所示。

表6－25　模型4全样本回归结果

变量	无控制变量	添加控制变量
Tar	0.361 *** （5.370）	0.178 ** （3.391）
Tax	0.194 *** （2.880）	0.117 * （1.782）
type		0.044 （0.703）
invest		0.394 *** （4.516）
default		− 0.245 *** （− 3.499）
Constant	0.196 *** （10.609）	− 0.821 *** （− 3.666）
R^2	0.204	0.282
Adjust R^2	0.195	0.260
F	24.189	15.784

注：括号内为T检验结果，*、**和***分别表示回归结果在10%、5%和1%的水平上显著。

模型4全样本回归分析结果显示，模型无控制变量和添加控制变量时的R^2分别为0.204和0.282，模型整体的拟合度较好，能较好地验证西北地区风能和光伏发电补贴政策对企业环境绩效的促进作用。

如表6－25所示，无论是在有控制变量的条件下，还是在没有控制变量的条件下，电价补贴和税收优惠政策都能促进西北地区风能和光伏发电企业环境绩效的获得。其中，电价补贴政策与企业环境绩效之间的显著性水平从1%下降到了5%，标准化相关系数从0.361下降到0.178；税收优惠政策与企业环境绩效之间的显著性水平从1%下降到了10%，标准化相关系数从0.194下降到0.117。这说明补贴政策（包括电价补贴和税收优惠）能够促进企业环境绩效的获得，验证了本章的假设c。而且结果中显示，电价补贴与企业环境绩效之间的标准化相关系数在有无控制变量的条件下均大于税收优惠与企业环境绩效之间的标准化相关系数，也就是说，电价补贴政策对风能和光伏发电企业环境绩效的促进作用比税收优惠政策对风能和光伏发电企业环境绩效的促进作用大。

在控制变量中，投资规模、补贴滞后对企业环境绩效有显著的正向影响，而企业性质与环境绩效并没有明显的相关关系，这与其他学者的结论较一致。

（2）分年度样本回归分析。环境绩效是现代企业越来越关注的企业绩效之一，因此有必要按照年份对西北地区样本单位进行划分，以分析补贴政策对于环境绩效影响的年度变化趋势。按照样本收集年份划分样本数据并利用模型 4 进行回归分析，结果如表 6 - 26 所示。

表 6 - 26　模型 4 分年度样本回归结果

变量	2014 年		2015 年		2016 年	
	无控制	有控制	无控制	有控制	无控制	有控制
Tar	0.209	0.269	0.157	- 0.029	1.025 ***	1.025 ***
Tax	0.210	0.047	0.283 **	0.112	0.051	0.052 **
$type$		0.281 **		- 0.043		0.005
$invest$		0.339 **		0.652 ***		0.001
$default$		- 0.380 *		- 0.259		- 0.002
Constant	0.219 ***	- 1.907 *	0.240 ***	- 0.254 ***	0.005	- 0.009
R^2	0.151	0.317	0.155	0.375	0.987	0.987
Adjust R^2	0.126	0.265	0.132	0.331	0.986	0.985
F	6.136	6.116	6.797	8.514	1501.714	556.719

注：*、** 和 *** 分别表示回归结果在 10%、5% 和 1% 的水平上显著。

由表 6 - 26 可知，分年度样本数据模型 4 的 F 值和调整的 R^2 均符合要求，添加控制变量后模型调整的 R^2 得到提高，模型整体的拟合度也得到提升，因此，这里对有控制变量的结果进行解释。

2016 年样本数据回归结果显示，电价补贴政策和税收优惠政策对于企业环境绩效具有促进作用，尤其是在添加控制变量的情况下，电价补贴政策和税收优惠政策与企业环境绩效有一定的相关性，显著性水平在 5% 以内。通过对于相关系数大小的比较可以得知，电价补贴政策对环境绩效的促进作用大于税收优惠政策，这验证了假设 c。2014 年与 2015 年的样本回归结果显示，控制变量与企业环境绩效之间也存在相关性，这影响了补贴政策对环境绩效的作用。

（3）分发电类型样本回归分析。风能和光伏发电虽然都依靠着可再生资源，但是其安装模式及发电模式不同，对环境造成的影响也不太一致，因此有必要按照发电类型对样本进行区分，以分析不同发电类型下补贴政策对环境绩效的促进效果。本书的发电类型分为风能发电和光伏发电两类，利用模型 4 进行回归分析，具体回归结果如表 6 - 27 所示。

表 6 - 27　模型 4 分发电类型样本回归结果

变量	风电		光伏	
	无控制	有控制	无控制	有控制
Tar	0.269 ***	0.194 **	0.354 **	0.351 **
Tax	0.185 **	0.145 **	0.246	0.085
type		0.013		- 0.099
invest		0.177		0.565 ***
default		- 0.220 **		- 0.171
Constant	0.260 ***	0.274	0.077 ***	- 0.789
R^2	0.128	0.162	0.274	0.466
Adjust R^2	0.115	0.132	0.241	0.401
F	10.381	5.383	8.310	7.147

注：*、** 和 *** 分别表示回归结果在 10%、5% 和 1% 的水平上显著。

回归结果显示，分发电类型样本模型 4 中，风能发电的 F 值和调整的 R^2 均符合要求，模型拟合度较好。

就样本回归结果来看，不论是在无控制变量的情况下，还是在有控制变量的情况下，电价补贴政策与环境绩效之间都能保持较强的相关关系，其显著性水平最低为 5%；而税收优惠政策与环境绩效之间的相关度不高，未能表现出相应的显著性。除此之外，控制变量中的企业类型和投资规模与环境绩效之间也具有一定的相关关系，这说明企业性质和投资规模是影响环境绩效的重要因素。投资规模对环境绩效产生影响的原因解释同总样本数据一致，投资规模越大，企业发展越好，越倾向于通过环境保护等社会信誉来提升企业形象。根据企业性质分为国有企业和民营企业，国有企业是我国经济命脉中重要的组成部分，在绿色经济发展的形势下，国家对国有企业环境绩效的要求也较高，因而补贴对其环境绩效在一定程度上有促进作用。

（4）分省份样本回归分析。西北地区拥有大量的风力和光能资源，但其生态环境本身面临重大的修复问题，各省份的生态修复问题存在较大的差异，因此，有必要将样本按照省份进行分类，分析不同省份样本的补贴与环境绩效之间的关系。按照上文对西北五省份的数据收集关系进行样本分类并做回归分析，结果如表 6 - 28 所示。

表 6 - 28　模型 4 分省份样本回归结果

变量	陕西省	甘肃省	宁夏回族自治区	青海省	新疆维吾尔自治区
Tar	13.496 *	0.369	0.293	0.788 ***	0.205 *
Tax	2.512 **	0.262	0.072	0.001	0.247 **
type	- 7.475 *	- 0.228	- 0.102	- 0.040	- 0.031
invest	17.267 *	0.120	0.508	0.028	0.350 ***
default	0.444	0.366 *	- 0.489	0.174	- 0.271 ***
Constant	7.062	- 0.917	- 0.624	0.358	- 0.800 **
R^2	0.942	0.263	0.414	0.864	0.383
Adjust R^2	0.798	0.140	0.231	0.821	0.351
F	6.515	2.139	2.261	20.301	12.152

注：＊、＊＊和＊＊＊分别表示回归结果在 10% 、5% 和 1% 的水平上显著。

　　回归结果显示，除甘肃省以外，回归模型的 F 值和 R^2 均在可接受范围内，模型整体的拟合度较高，对于补贴和环境绩效的关系解释度较好。

　　在上述模型中，陕西省、青海省和新疆维吾尔自治区的电价补贴政策和税收优惠政策与环境绩效呈现了相关关系，甘肃省的补贴政策和环境绩效之间没有表现出显著的相关关系。这说明补贴政策与环境绩效之间的促进作用并不明显，根据本书对各省份企业净利润的分析，很多企业还存在较高的负值，无法保证经济收益的企业在环境绩效方面很难有较好的作为，这可能造成补贴政策无法有效促进环境绩效的获得。

6.3.5　分析结论

　　本部分根据前文的研究设计，通过实证分析来研究补贴政策对于西北地区风能和光伏发电企业绩效的影响。结果表明，无论是电价补贴还是税收优惠，均与企业综合绩效指标之间存在显著的正相关关系；将企业综合绩效进行分解可以得知，补贴政策能够较好地促进企业获得社会绩效和环境绩效，对经济绩效的促进作用并不显著。除此之外，两种补贴方式对风能和光伏发电企业绩效的促进作用的显著性也具有较大的差异。总体而言，电价补贴政策对于企业绩效的促进作用大于税收优惠对企业绩效的促进作用。

6.4　提升风能和光伏发电企业绩效的
政策与对策建议

风能和光伏发电补贴政策的目的是促进新能源产业发展。由于技术开发风险、环境外部性等问题的存在，新能源企业的发展受到了一定的限制，因而需要国家给予关注。根据前文对西北地区风能和光伏发电企业效率的测算结果可以发现，现阶段西北地区风能和光伏发电企业存在严重的效率低下问题，尤其是风能和光伏发电的经济绩效比较低；本章还对国家政策与企业绩效之间的关系进行了研究，结论表明，国家补贴政策对于西北地区风能和光伏发电企业绩效具有促进作用，其中对企业经济绩效的促进作用并不明显。据此，本节分别从政府和企业两个角度提出几点建议以供参考。

6.4.1　政府层面的政策建议

6.4.1.1　设立补贴门槛，实现补贴资金平衡

我国对新能源企业的政府补贴制度不够完善，存在的一个显著问题是政府盲目发放补助，并缺乏对补贴资金使用效率的跟踪性评价。根据上文的研究可以发现，西北地区风能和光伏发电的经济与环境绩效在各个企业的分布还有很大的差异，然而，现阶段的补贴政策对于风能和光伏发电企业的补贴属于全面无差异补贴。根据调研可知，风能和光伏发电企业在设备使用上存在较大的差异，技术更新使企业使用的设备类型发生着重大的改变，较早的设备成本较高，现有的补贴政策即使补贴持续发放到风机使用寿命结束都不能使企业获得正向收益。尤其是部分大型企业，不仅应政府要求在产业发展前期购置相关设备，而且面临着补贴不断下调的巨大压力。而新型设备的成本不断降低，设备的产量还得到了大幅的提升，这些设备在新阶段的补贴模式下具有更好的收益。因此，补贴制度应该针对不同类型的发电设备进行调整，在补贴制度的设计阶段充分考虑设备类型可能造成的影响。

补贴制度的完善还应该体现在企业经营状况的分析上，国家能源局西北监管局的数据显示，西北地区风能和光伏发电企业的经营效率存在较大差异，一些企业已经能够实现自主经营，获得较好的社会经济与环境绩效，而一些企业还处于负绩效阶段，甚至依靠母公司的反馈才能得以生存。因此，补贴制度应该设置门槛，对于能够实现自主经营的企业逐步取消补贴，实现有重点地进行补贴。

当然，补贴门槛的设置需要体现公平性原则。尤其是在我国大力推动电力市场改革的阶段，风能和光伏发电的社会参与主体差异还比较大，根据本书的统计，国有企业在电力市场中占有较大的比重，因此，补贴制度的完善需要考虑如何促进社会资本的进入。民营企业的资本容量小、社会关系较为简单，要想在电力市场分得一席之地较为困难，尤其是很难得到金融方面的支持，这对于企业经营发展有一定的限制作用。因此，本书认为，西北地区风能和光伏发电补贴机制的完善还应该包括对民营企业补贴的设计，实现社会资本在电力市场上的作用。

6.4.1.2 设计激励机制，促进企业发展

风能和光伏发电企业的经济绩效是企业持续经营的重要指标，企业经营良好是补贴政策的终极目标。然而，企业并不能完全依靠补贴政策来达到这样的目标，不断提升售电量、扩大销售市场才是风能和光伏发电企业发展的根本。因此，风能和光伏发电企业应该积极对外开拓，实现企业电力销售量的增长。尤其是现阶段，在补贴政策出现较大的缺口，补贴滞后现象较为严重的情况下，企业同大客户之间签订合作意向才是最根本的出路。

根据调研可以得知，现阶段宁夏回族自治区政府发布了电力市场开放的政策，允许企业和大客户直接进行合作，将风能和光伏发电企业产生的清洁电能直接输送到企业中，政府基于输送电量给予相应的补贴。这项政策对于提高企业市场开拓力具有重要的现实意义。然而，该项政策在宁夏回族自治区的实施并没有取得相应的效果，一是因为政府补贴金额和现行电价补贴额度差异不大，不能很好地引起企业的关注；二是该项政策在补贴数量上有限制，企业能拿到的补贴数量不大，对于习惯了只负责生产的风能和光伏发电企业来说，市场竞争意识并不强烈，懒惰心理的存在对于该项政策的推广也产生了负面的影响；三是企业没有和大客户进行联系的渠道，很多企业对于用电大户是谁并不能准确地判断，导致企业很难找到对口的客户资源，加之企业内部没有专门的市场部门，对市场的发展一抹黑，因而很难实现销售市场的开拓。

因此，应该设计具有激励机制的补贴政策，加强企业对市场竞争的敏感度，如按照售电量对风能和光伏发电企业进行补贴，设定合适的基础电量，对高于基础电量的企业实行阶梯价格的补贴政策，销售数量越大的企业获得的补贴越多，而对于懒于进行市场竞争、不能达到基础销售电量的企业，应实行发电额度限制等措施，从而全面提升风能和光伏发电企业的销售积极性。

促进风能和光伏发电企业的销售积极性还应该在以下几个方面出台相关政策，为企业提供相关服务，达到政策实施的预期效果。首先，要提高企业的竞争意识，政府可以组织风能和光伏发电企业进行市场竞争培训，强化企业负责人的市场意识，开展相关的业务交流活动，促使企业能够感受到积极开放的电力市场

环境；其次，政府可以邀请专业的团队建设机构帮助企业进行市场研究团队建设，建立完善的企业体系，从而使企业能更好地开发销售市场；最后，政府还应该定期组织社会团体交流会，向风能和光伏发电企业介绍本省的用电大户，促进用电企业和发电企业的对接。

6.4.1.3 加强对补贴政策落实的监督

在提高资源使用效率的新时代理念下，对自然资源要提高利用率，对社会资源同样也要提高利用率。补贴政策作为一种国家财政资源，对于促进西北地区风能和光伏发电的发展具有重要作用，政府不仅需要提供政策支持，还要对政策支持提供相应的监督，确保政府政策实施有效。政府需要健全监督机制，定期查看补贴政策的落实情况，减少企业"寻租"行为的发生。

政府的监督不仅体现在对补贴政策的落实情况进行监督，还要监督补贴政策在社会上引起的重大效应，对出现的巨大问题进行及时反馈，做到随时查、随时改，及时发现西北地区风能和光伏发电补贴政策存在的问题，并通过专项研究予以解决，最终促使补贴政策更好地服务于西北地区风能和光伏发电的发展。

除此之外，政府还应该健全事后补贴制度，同事前补贴制度形成良好的呼应关系。事前补贴政策能够快速有效地降低企业生产成本，对风能和光伏发电企业来说具有较好的作用，但是事前补贴机制也存在较大的缺陷，其不能长期作用于风能和光伏发电企业，对企业的长期发展不能提供支持。现阶段西北地区风能和光伏发电税收优惠政策很难促进环境绩效的获得，也不能更好地使环境绩效转化为经济绩效，因此有必要健全事后补贴机制，促使税收优惠政策更好地服务于风能和光伏发电企业。

6.4.2 企业层面的对策建议

6.4.2.1 积极开拓市场，提升企业经济绩效

本章的研究结论表明，补贴政策对于西北地区风能和光伏发电企业经济绩效的促进作用并不明显，而根据调研及国家能源局西北监管局提供的企业数据得知，区域内有较多的企业还不能顺利实现盈利，尤其是那些在风能和光伏产业发展初期设立的企业，其投资成本较高，在没有较好的电力输出渠道时，依靠现阶段的电价收益难以形成企业利润，影响了补贴政策发挥应有的作用。除此之外，西北地区风能和光伏发电企业在现阶段还存在较高的弃风、弃光问题，对于企业来说，这造成了较大的成本浪费。因此，降低企业成本、增加企业利润是提高企业经济绩效的重要途径。

现阶段我国电力改革不断深化，电力市场逐步开放，为解决西北地区风能和光伏发电存在的问题，国家制定了20余条关于促进风能和光伏发电消纳的政策

措施，基于国家电网开放了可再生能源跨区交易平台，促进风能和光伏等新能源实现较大范围的配置和消纳。西北地区风能和光伏发电企业可以借力改革的"春风"，围绕电力直接交易，实现与省内外用能单位的对接，不断提高销售量、扩大销售市场，实现更大规模的销售利润，从而不断提高企业的经济绩效。同时，风能和光伏发电的更大范围的应用及推广也能提高企业环境效益。

提高企业的经济绩效不仅需要借力于外部发展环境，还需要企业从自身管理出发，培养电力销售专业人才，建立现代化企业体系，促进企业不断走向开放的电力市场。在对西北地区风能和光伏发电企业的管理人员进行访谈时得知，现阶段企业还较难实现与用能单位的有效对接，需要依靠政府部门牵头，才能与区域内的用能大户实现交易，且西北地区大多数风能和光伏发电企业没有向省外用能单位输送电能的业务。从企业自身来看，造成该问题的主要原因在于企业已经形成了直接与国家电网定向交易的思维模式，与企业对接也仅限于政府的督促，大多数企业没有设立专门的市场部分，更是缺少专业化的人才。因此，面对开放的电力市场环境，西北地区风能和光伏发电企业要从人才培养、体制设立做起，形成具有核心竞争力的销售团队，为企业开拓市场提供人才保障和体制保障，从而实现企业经济绩效的提升。

6.4.2.2 利用金融工具实现企业经济增长

金融工具是现代经济业务的核心内容，金融业务对于资金筹集、资源配置方面有重要的调整和优化作用。作为政府部门来说，为企业提供创新金融业务、新型金融工具等可以提升补贴效率，充分调动社会资源，实现资源的有效利用。在现阶段，我国银行等金融机构就新能源产品等均推出了"绿色信贷"等一系列"绿色金融"产品，以期促进金融和新能源产业的结合，实现新能源产业的快速发展。

在对西北地区风能和光伏发电企业进行调研时得知，企业经营过程中存在较大的融资困难问题，这导致了部分企业经营效率持续低迷，难以实现良性发展。尤其是对于资金实力较弱的民营企业来说，银行贷款的限制条件比较多，可获得贷款的数量及贷款手续办理的周期都远超过了企业的期望，对企业造成了较大的影响。对于新型融资工具的使用，西北地区风能和光伏发电企业还没有更好的了解，新能源产业与金融业没有形成较强互动的发展关系，金融与实业没有形成有效的对接方式。因此，西北地区风能和光伏发电企业需要主动出击，掌握金融投资方面的相关信息，充分利用银行、证券等金融公司的业务培训课程，提高企业对金融业务的熟悉程度，并积极参与到金融产品创新的过程中，同金融机构一并开发适合新能源企业的金融产品，为企业融资拓宽渠道。尤其是对于民营企业来说，应该积极培育企业创新精神与进取精神，争取企业上市从而获得更多的私募股权资本和风险资本，实现西北地区风能和光伏发电企业利用社会资本的效率，促进西北地区风能和光伏发电金融和深化。

6.4.2.3　强化企业可持续发展的环保意识

西北地区风能和光伏发电企业从最开始利用外资创立到现阶段社会资本进入，企业的发展以营利为主要目标，对于企业社会责任中的环境责任与区域发展责任认识还不够透彻，企业将补贴政策当作实现企业盈利的重要条件，对电力行业长期发展趋势认识得不全面、不深入，没有认识到企业绩效并非只有经济绩效，还应包括社会绩效和环境绩效。尤其是对于风能和光伏发电企业来说，正是因为产业发展具有节能环保的特点才得到了国家和地方政府的政策关注，因此企业需要强化自身环保意识，利用产品环保的特性来打动市场而非利用补贴实现价格竞争。当然，企业环保意识的树立需要企业有长远的发展规划，不能急于求成，不能为获得近期的经济利润不择手段。

企业应该意识到风能和光伏发电产品环保的性质是企业的核心竞争力，但是在目前燃煤发电占主导的市场环境下，风能和光伏发电企业通过向电网企业销售电量只能为企业带来较低利润，甚至还不能实现企业利润的增长。企业需要加强环保宣传，同用能大户实现对接，将风能和光伏发电环保理念融入售电环节，疏通企业在销售环节的环保意识。除此之外，风能和光伏发电企业还应从电能生产的环节来进行环保意识疏通。电力行业的发展趋势与人类对清洁环境的要求是一致的，实现低污染、低耗能是企业主要的发展目标，高排污、高能耗的企业也终将会被淘汰。对于风能和光伏发电企业来说，在电力生产环节更要注意使用环境标准要求更高的设备器材，如不可贪图价格低廉选择劣质光伏电池板，为减少成本而对地面光伏电站的建设高度低于国家标准等。总体而言，需要从生产、销售的双环节打造企业可持续发展的环保意识，明确只有主动适应环境的更高标准，才能使企业不断发展壮大。

6.5　本章小结

本章主要是对补贴政策对西北地区风能和光伏发电企业绩效的影响进行研究。

首先，对西北地区风能和光伏发电补贴政策实施效果及其存在的问题进行了总结，指出其存在的模式不合理、发放滞后、落实不到位和扭曲投资决策等问题，分析了补贴政策对西北地区风能和光伏发电企业绩效影响的激励，构建了西北地区风能和光伏发电企业绩效测算体系。

其次，通过对西北地区风能和光伏发电政策的分析，从电价补贴和税收补贴的角度出发，探索这两种补贴对于西北地区风能和光伏发电企业绩效的影响。先通过文献分析提出研究假设，分析补贴政策对西北地区风能和光伏发电企业绩效的影响机理，再对实证分析所采用的样本来源及选取进行说明，同时考虑到单一指标不能有效地说明西北地区风能和光伏发电产业绩效的情况，构建风能和光伏发电产业经济与环境绩效测算模型，以测算西北地区风能和光伏发电产业绩效。

再次，利用国家能源局西北监管局提供的企业数据对补贴政策的影响进行实证分析，结果表明，电价补贴政策和税收优惠政策对西北地区风能和光伏发电企业绩效具有正向促进作用，且电价补贴政策的推动作用大于税收优惠政策；将企业绩效按照企业社会责任进行分解，结果表明，电价补贴政策、税收优惠政策对于企业经济绩效的促进作用不显著，而对企业社会绩效和环境绩效具有显著的推动作用。

最后，本章针对研究结果提出建议：除了政府要设计更好的补贴机制来完善补贴模式、对补贴政策的实施加强监督以外，企业也应该顺应市场发展趋势，利用新型融资工具争取实现企业经济绩效，这样才能更好地实现补贴的促进作用。

❼ 风力发电项目成本核算研究

——H 风场案例分析

7.1 风电项目成本核算现状及问题分析

随着我国风电产业的蓬勃发展，传统的风电设备管理模式已经不能满足企业日益增长的需求。因此，迫切需要更先进的管理方法和手段来管理设备，以降低成本，实现风电产业持续健康发展。

目前，风电设备成本管理有两种方法：一是初级设备管理，二是高级设备管理。传统的风电设备管理模式属于初级管理模式，它是一种通过设备登记、维修记录、库存控制和评估状态的方式来建立备选方案，并通过预测长期现金流来管理设备的方法。高级设备管理是指建立基于模型分析、风险控制、决策支持系统等模块的生命周期选择方案，通过预测相关现金流量，对设备进行管理。全生命周期管理方法是高级设备管理方法的一种。

7.1.1 风电行业发展现状

我国风电行业发展主要有四个阶段：第一阶段为试验摸索阶段（20 世纪50—60 年代），在该阶段，由于受经济和技术条件的限制，我国风电机组并未得到实际的应用，但初步探索为以后风力发电机组的研究和开发提供了一定的经验；第二阶段为离网式风电发展阶段（20 世纪 60—80 年代），主要为小型风力发电机组的开发和商业化推广应用，这一阶段风电发展最主要的意义是解决了农村边远无电地区的电力需求问题，保障了边远地区农牧渔民的基本生活用电；第三阶段为并网风电试点阶段（20 世纪 80—90 年代），在这一阶段，并网风电试点的数量、规模以及地域逐渐从小变大，大中型风电技术的研发和应用得到重视，政府在资金方面给予了扶持，我国风电场的建设在该阶段得到了快速发展；第四阶段为规模化发展阶段（20 世纪 90 年代至今），在该阶段，政府采取了一系列的激励政策和措施来推动并网风电的规模化发展，如强制性收购、成本费用分摊制度、风电上网标杆电价政策等，风电技术取得了快速的发展，风电产业取得了明显的社会效益和经济效益，其中，辽宁省、新疆维吾尔自治区、内蒙古自治区等是我国风电发展最快的省份。经过前期多年的研究与试验，我国现已基本掌握了风电机组设计、风电场建设等关键技术。

目前，中国已成为世界上最大和增长最快的风力发电市场。据统计，截至 2016 年底，全球风电新增装机 54600 兆瓦，累计装机容量达到 486749 兆瓦，累计同比增长 12.64%，其中，中国依旧处于领头地位，2016 年我国风电累计装机容量达到 168690 兆瓦，新增装机 23328 兆瓦，同比增长 29.05%，是继火电与水电之后国内的第三大发电产业。另外，根据电力工业统计快报，2016 年我国风电发电量为 2410 亿千瓦时，同比增长 30.1%，占全国总发电量的 4%。

为实现"十二五"期间风电装机容量 1 亿千瓦的目标，我国制定了三条具体的风电规划路径，即分散式陆上并网开发、大规模陆上基地建设及海上风电基地建设。我国政府承诺，到 2020 年，非化石能源消费占一次能源消费的比例达到 15%；到 2030 年，这一比例达到 20%。根据《风电发展第十三个五年规划》，到 2020 年底，风电并网累计装机容量达到 2.1 亿千瓦，其中海上风电并网装机容量为 500 万千瓦；全年风电发电量达到 4200 亿千瓦时，约占全国发电量的 6%。

7.1.2 风电项目传统成本构成分析

传统的风力项目成本分为两部分：一部分是风电建设成本，包括前期风电场勘探和规划设计成本、风力发电机组购置成本、安装成本、调试成本、塔筒等成本、并网成本等。其中，风电机组的前期投资成本占项目总成本相当大的比例。国内外研究表明，风力发电机组的成本基本上占总成本的 70%。因此，企业在选择风电机组类型时，一般会考虑风电机组的综合报价和理论发电量，从而选择成本最低的风电机组。另一部分是运营维护成本，但现阶段没有对运营维护成本进行详细的统计和分析，无法在建设初期进行估算。

风力发电机组的综合价格与其容量有关。根据我国目前风力发电设备的发展情况来看，陆地风电场的风力发电设备一般分为兆瓦级以下和兆瓦级以上两个等级。兆瓦级以下一般分为 600/660 千瓦、750 千瓦和 850 千瓦风电机组，兆瓦级以上的包括 1.5 兆瓦、2 兆瓦和 3 兆瓦风电机组。考虑到近年来国内外风电建设的经验和单机容量不断增加的情况，风电企业应在可实施的最大范围内加大对装机容量较大的风电机组的投资，以充分发挥当地风能资源的最大作用，获得更大的经济效益。

风电设备理论发电量与风机容量、风电场位置、特定风机位置、轮毂高度等因素有关。风机容量越大，轮毂高度越高，理论发电量越大，但相应的成本越高。因此，企业会在投资的早期进行详细的评估，选择最合适的轮毂高度。

自 2009 年以来，风力发电机组的价格下降了 30% 左右，这是由于规模经济的发展和技术进步的提高。研究发现，每增加一倍总装机容量，风力发电成本将降低 12%。

7.1.3 风电项目传统成本核算存在问题

7.1.3.1 缺少运行维护阶段的成本估算

目前，风电机组的运行维护是风电管理人员迫切需要解决的问题。与欧美等风力发电技术成熟的国家相比，我国缺乏系统、可预见的风电设备运行维护管理体系。我国风电设备的运行和维护主要包括常规检修与后期维护，缺乏对风力发电机组寿命、运行隐患的关键部件的可靠性及系统性的监控，只有在设备故障后才对设备部件进行修复，缺乏对设备运行状态进行分析和评价的工具和方法，因此，运行维护阶段的成本很难估计和测量。

7.1.3.2 缺少环境外部成本估算

传统的风电成本计算仅限于投入和产出的估算和计量，没有考虑环境外部成本。随着社会经济的快速发展，风电项目建设应与可持续发展理念紧密结合，以实现充分的环境保护和节能降耗。在投资采购阶段，应考虑风电设备对环境的影响，减少对环境的污染，实现人与自然的和谐共处。例如，在项目建设前，应考虑风电项目占用的土地类型、项目结束后占用土地的恢复情况以及对鸟类的影响，还应考虑废水处理、噪声处理和辐射范围等。同时，有必要对风电项目建设引起的环境问题所造成的成本进行可靠的计量，并将其纳入风电项目初始投资成本估算。

7.1.4 分析结论

本节对风电项目的传统成本核算进行了分析，首先对风电行业发展现状做出描述，其次对风电项目传统成本的构成进行研究，最后分析风电项目传统成本核算方法存在的问题，为下文提出风电项目完全成本核算方法做出铺垫。

7.2 风电项目完全成本核算模型构成

随着风电产业的发展，风电项目管理者需进一步对风电设备进行优化管理，以便在项目投资初期作出科学的决策与规划，以降低运行维护成本，进而实现风电企业可持续性优良发展，增加企业效益。

本节主要介绍风电项目完全成本构成因素，基于全生命周期成本理论和外部性理论提出风电项目完全成本计算模型，为风电项目管理者决策提供科学有效的依据。

7.2.1 实施完全成本的必要性

全生命周期成本管理思想是现阶段国内外比较先进的理念和思想，其目标是实施风电企业全生命周期成本管理，实现资产的最佳生命周期效益。在风电项目研究阶段，投资者不仅需要考虑初始投资成本，还需要考虑设备运行维护费用、故障维修费用和处置费用等。在风电项目中，与传统的成本分析思想相比，实施设备全生命周期成本的管理思想具有全过程、全成本、全系统的优点。

7.2.1.1 有利于提高风电设备的经济性

全生命周期成本分析的方法是在初始评估时将每个阶段的成本都考虑在内，包括投资的初始成本、运维成本、故障成本、处置成本、其他潜在成本等。长期以来，风电项目投资者只注重降低初始投资成本，缺乏对风力发电机组运行可靠性的准确评估，导致后期运行和维护的高成本。因此，如果投资者在投资时考虑到运行维护成本，对其进行全面可靠的估算，找出度电成本与运行维护成本的最佳结合点，将有助于提高风电设备的经济性，从而实现项目全过程总投资最低，优化整个生命周期成本。

7.2.1.2 有利于增强风电设备的可靠性

近几年，风电产业的快速发展使对风电设备可靠性的要求逐渐提高，全生命周期成本管理思想是将设备的故障成本考虑在内，通过处理设备之前产生的故障数据，预测设备未来发生故障的情况。建立具有可靠参数的生命周期成本计算模型，有利于确保设备运行在高可靠性的水平上，减少设备故障造成的直接损失和间接损失，从而降低风电设备的总成本。

7.2.1.3 有利于提高风电产业的竞争优势

全生命周期成本分析有利于风电产业建立良好的市场基础，提高风力发电的经济效益和市场竞争力。但目前由于风电成本较高，风电仅是常规能源发电的替代品，因此在某些地区，弃风现象较为明显，这就造成了资源和能源的浪费。风电的市场竞争力不仅与自身的产业有关，还在很大程度上受常规能源的发电和运营状况的影响，所以必须尽快将常规能源的外部成本内部化，从而使风能在节能和环保上的优势得到体现，将能源发电产生的环境外部性在发电成本核算中予以体现，尤其是在国家大力倡导对可再生能源的扶持和要加大对环境保护的投入力度的背景下，更应对能源发电成本的核算方法予以完善。如果将外部环境成本考虑在发电成本核算之内，风电产业的竞争优势会逐渐凸显，有利于减少对传统能源发电（如火电）的使用，增加对风能等可再生能源的使用。

7.2.2 风电项目全生命周期成本构成分析

风电项目涉及设备及投资运行种类众多，结构复杂。一次性投资较大。以全生命周期为方向，对风电项目实施管控，有助于对风电项目完成精益化管理。为对风电项目的全生命周期成本有一个更好的分析，对风电项目进行分解，明确风电项目各个要素的费用是有必要的。成本要素分解需遵循以下原则：

一是为便于利用发电企业财务部门的财务数据，成本分解要与工作分解结构一致。

二是成本各个项目包含全生命周期内与发电项目相关的费用合计，既不能遗漏，也不能重复，并有确切的定义。

三是能对成本各个项目进行计算机管理，成本分解的程度可有所不同。

四是分解全生命周期成本依据的原则是各个成本项目可作为独立的计算单元，先由若干一级主成本项进行分解，再在各自的基础上，分解子成本项，逐层进行分解直至可计算出来。上一层的成本等于下一层所有成本之和，逐层累计，从而得出最终的全生命周期成本。

在明确风电项目成本之间的相互关系后，便于归类各项成本，从而得到合理的风电项目全生命周期成本的估算模型。风电项目全生命周期成本可分为初始投资成本、运维成本、报废成本和其他潜在成本，每一项成本还可以继续划分子成本项。

7.2.2.1 初始投资成本

初始投资成本一般指风电项目在正式投入运行之前耗费的建设成本。初始投资成本是影响风力发电成本最重要的因素之一，风电场建设成本占整个风电项目实际成本的70%左右，建设成本越大，风电成本就越大，分摊到每一年的折旧费用就越高。

建设期主要完成项目的整体建设，初始投资成本包括风电项目投资决策阶段成本、施工阶段成本，具体涉及的费用种类很多，主要有风机购置费、安装工程费、建筑工程费、预备费、建设期贷款利息费等。

（1）风机购置费。风电机组购置费一般占初始投资的 65% ~ 75%，主要包括购买风力发电设备、升压站主变及配套设备、控制保护设备及其他设备的费用以及投标采购途中产生的费用。

（2）安装工程费。安装工程费包括发电设备安装费、升压站变电设备安装费、控制保护设备等其他设备安装费等。

（3）建筑工程费。建筑工程费一般与装机容量有关，是建设项目时发生的费用。建筑工程费一般由风电项目建设用地费和管理费、交通工程费、设计勘察费、其他税费等组成。

（4）预备费。预备费主要包括基本预备费和价差预备费。基本预备费指风电场在建设过程的研究阶段可能发生的设计变更费用，弥补一般自然灾害造成的损失中工程保险未能补偿部分的预留费用。价差预备费是风电场建设期间因材料、风机设备价格或外汇汇率变化而预留的费用。

（5）建设期贷款利息费。我国风电产业自 20 世纪 90 年代以来开始朝着商业化的方向发展，投资来源渠道也有所改变，从我国政府拨款和外国政府赠款，转变为向银行贷款。在我国，大部分的风电项目建设所需资金都凭靠商业贷款。建设期贷款利息费是指风电场在建设期发生的长期借款引起的利息支出，即长期借款利息。贷款利息费是动态费用，与各地融资政策、政府法律法规相扣，也与风电场建设期长短及资金使用长短有关。

前期调研显示，我国已建设完成的风电项目的建设资金中，有 20% 来自风电企业的自有资金，约有 80% 来自银行借款，这就会产生一笔较为可观的利息费用。由此可以看出，借款利率越高，产生的利息费用越大，风力发电成本就越高，对风电企业产生不小的负担。

项目建设期借款形成的利息指借款取得的资金用于风电项目建设期、按规定投入生产后可计入固定资产的利息，即资本化利息，主要包括银行借款、其他债务资金借款及其他融资费用等。

我国会对风电场建设贷款利率提供一定的优惠政策，2015 年我国人民币贷款基准利率如表 7 - 1 所示。

风电场会随着所选风机设备种类、规格不同，初始投资费用有所不同。影响风电项目建设的因素还要看风电场地形地貌等特点，一般来说，国内风电场差别基本不大；升压站主变及配套设备技术比较成熟，价格相差也不大；征地补偿部分差价相对来说较大，因为各地综合地价标准不同，无法具体衡量。

表7-1 我国人民币贷款基准利率（2015年10月24日）

项目		年利率（%）
短期贷款	一年以内（含一年）	4.35
中长期贷款	一年至五年（含五年）	4.75
	五年以上	4.90
	贴现	以再贴现利率为下限加点确定

资料来源：中国银行网站。

7.2.2.2 运维成本

正如其他工业设备一样，风电机组也需要维修和保养，从风电项目投产发电开始到项目使用周期结束退出运营为止，整个期间花费的所有成本之和均属于运营费用。在风电项目发电成本中，运维费用占据很大的比重，风电设备使用初期，设备出现问题少，此时运维成本占项目总成本的10%~15%，但随着风机运行年限的增加，越来越多风机出现漏油等设备故障，在接近风机使用寿命时，其运维成本占项目总成本的20%~35%，与其他传统能源电力成本相比，风电的运维成本比例是最低的。不过随着设备技术的改进，风电机组可靠性不断提高，新型风机装机容量更大，风电场运维成本在目前的基础上能够有所降低。

运维成本主要由运行成本、维护成本、故障成本三部分组成。

（1）运行成本。运行成本指的是风电场运行期间所花费用的总和，包括管理费用、保险费用、材料费用。

管理费用包含两个方面：一是风电场日常检查及巡视人员的工资、福利费、培训费、补贴等，是维持、监控风电场正常运行发生的成本费用，在满足运行和维修需求的前提下，实现人员结构最优；二是内部管理费用，通过制定预算定额，严格执行费用审批制度，使费用得到有效控制。

保险费用指在风电项目的运行期内，为保证风电机组可靠运行，保证用户的安全，向保险公司支付的费用，包括工作人员和设备的保险费。

材料费用指风电场在日常定期维修、运行时所必需的材料、备品备件费和周转性材料摊销费。

（2）维护成本。维护成本指风电机组在运行一段时期后，设备的某些结构和功能的耐久性下降或失效，当下降至某一临界状态时，为恢复设备的可靠性，提高设备的运行效率，对风机进行检测维修所支付的费用。具体指对风电机组进行日常保养、检修以及对其零部件的替换产生的费用；在不中断发电的情况下，对设备的测试和专业大修理花费的费用。

风电场的主要设备为风力发电机组，在风力发电机组质保期内，由风机生产厂家保修。但是风机在经历高速增长期之后，到现在有很大一部分风机已经超出质保期。质保期满之后有三种选择：一是向原风机厂家购买延长质保服务，二是风电场内部技术人员组成维修队负责维修，三是向第三方维修公司购买维修服务。

（3）故障成本。故障成本产生的原因是风电场所在地极端风速变化，导致设备的组件非正常运行。组件出现故障产生故障维修费和故障损失费。

故障率为设备出现故障的概率，可参照以前年度的数据及状态资料来取得。如果是正在运行的风机设备的故障成本，可以参照过去实际花费的数据来计算。

故障维修费包括现场故障检修费和设备组件返厂发生的费用。现场故障检修费包括厂家和风电场的设备费、材料费、服务费及人工费；设备返厂修理费包括设备的运输费、吊装费和修理费及业主的验收费等。

故障损失费是风资源在符合发电的情况下，风机中断供电后，电网送出负荷不足，对电网和用户造成的直接或间接经济损失。

需要注意的是，风电项目在运营期内因流动资金的产生会形成财务费用。项目运营期的流动资金指流动资产扣除流动负债的剩余部分，是项目投入生产后用于购买备件材料、支付人员工资及其他费用需要的周转资金。然而，风电场发电的直接材料是风能，而风资源是无偿的，因此，风电项目所需的流动资金相对较少，形成的贷款利息费用也较少。

7.2.2.3 报废成本

风电项目的报废成本即在风电场的设备的经济周期结束后，对设备进行清理、拆除、销毁所支付的费用，该成本包括在报废过程中产生的人力和物力的费用（人工费、车辆使用费、用工器具使用费，以及风电项目废弃后，对环境的损耗、恢复所支付的费用等）。不同用途和类型的风电设备，它们的报废成本也有很大差别，进行清理和销毁所花费的资金以正值计入报废成本，由于此部分并没有确切的衡量指标，一般取安装费的70%～80%；同时，报废产生残值，这对风电项目来说是一种收入，可以冲销相关费用，则该部分以负值计入报废成本。

风电场废弃后，残余的风机设备等可回收利用，这部分剩余价值减去清理销毁费用为残值收益，一般为正值。

7.2.2.4 其他潜在成本

风力发电在一定程度上可以缓解当地的用电压力，带动当地经济和相关产业的发展。然而，风电项目的建设也会带来一定的负面影响，可能给社会带来不稳定的因素，影响经济运行或干扰周边居民正常的生活。例如，风电项目建设导致居民的迁移、农田的征用、交通的不便，且在风电项目正式投入运行之后，风电设备会产生噪声污染及电磁辐射，这会给当地居民的生活带来影响，由此影响当地的治安；风电项目在运营建设、生产发电、报废拆除过程中可能会给周边生态环境造成破坏。以上因素会导致额外潜在的成本支出。

7.2.3 风电项目外部成本分析

虽然风能属于清洁能源，但难以避免的是，风力发电的生产过程中会对环境产生一定的不利影响。例如：①风电噪声。风机设备的齿轮在彼此咬合的过程中会有很大的震动，同时风机叶片与空气之间的摩擦也会产生很大的噪声。②电磁干扰。风轮机会干扰许多通信频率，如飞机导航无线通信、电视广播等，但对国内已建成的风力发电场 200 ~ 1000 米范围内的通信设备调查表明，风力发电生产过程中产生的电磁干扰对无线电、电视广播及当地居民影响很小。③影响鸟类生活。鸟类在迁徙过程中很可能撞向风轮机或塔架，尤其在鸟类迁徙密集地区，致使鸟类受伤的风险加大。④破坏生态环境。风电场在建设过程中会产生土方填挖、植被碾轧及固体废弃物等情况，对生态环境造成污染。但这些影响与燃煤发电相比是微乎其微的，剩余的外部成本几乎为零，因此风力发电与传统能源电力相比，风电没有任何燃料成本、污染物排放成本，甚至运行成本也远远小于传统能源电力。

风力发电可以减少矿产资源的消耗，温室气体、污染物的排放等，具有较高的环境价值。在我国现有的电源结构中，火电是占比最大的传统能源，电力占比超过七成，因此风电环境价值的计算要以火电为依据。火电利用煤的燃烧将化学能转化为热能，热能通过蒸汽产生动能推动汽轮机转动产生电能，因此在燃煤发电的过程中会产生污染物的排放，如 SO_2、CO_2、NO_X、CO、粉煤灰、炉渣、悬浮颗粒物（TSP）等，如果风电代替一部分的火电，势必会减少污染物的排放。通过计算燃煤火电单位发电量产生的污染物的环境价值来估算风电的环境价值。

目前，我国风电使用率不高，是因为在风电项目建设前期投入较大，发电成本高使得风电电价与煤炭发电、天然气发电的电价相比依然偏高。但是，该结论的前提并不包括发电项目在运行过程中付出的环境代价，即并未将外部成本包含在内，而环境效益又是风力发电最典型的优势。与传统能源电力生产相比，虽然人们已经认识到了风力发电的环境效益，但环境效益这一优势并未在当前电力市场的电价得到反映。本书建议在电力行业中建立一个公平、全面的比较体系，将内外部因素全都考虑在内，以此来合理评价不同类型的电力生产没有考虑的成本收益。

如果将外部成本考虑到实际发电成本中后，就会冲击风电成本高于传统能源发电成本的情况，导致传统能源的发电成本大于风力的发电成本，与此同时，风电的成本相对稳定，降低了传统能源发电的市场竞争力。因此，将外部成本考虑在内，风电行业比传统能源发电行业更有优势，对全社会来说，使用风力发电要比使用传统能源发电经济实惠。

7.2.4 风电项目完全成本核算模型的约束条件

不同地区的风电场，其发电成本有略微的差别，本章选取某一特定的风电场，根据风电场的相关情况对发电成本进行研究。相同风电场内气候背景、风机设备型号等情况基本一致，构建风电项目完全成本模型，以此来计算风电场一年内的发电成本。模型的约束条件有以下几点：①该成本核算模型的研究对象是风电项目施工并网后的发电成本；②该成本核算模型测算的是某一具体的风电场，在确定的地点，气象背景条件基本一致的情况下，一批型号相同的风电机组同时开始运行、同时停止发电条件下的发电成本；③风电场经规划设计后，于当年完成建造，且在完成建造时转化为设备账面原始价值；④风电场的建设成本由所选风电场的风机型号及风电场的选址决定；⑤风电场每年的运行情况基本一致，设备故障损坏时可通过修理达到损坏前状态，并于损坏当年进行修理；⑥不考虑国家或地方政府对风电项目的补贴及国际清洁能源机制（Clean Development Mechanism，CDM）对新能源的补贴。

7.3 风电项目完全成本核算模型建立

7.3.1 模型建立的理论基础

在提出全生命周期成本定义之后，国内外学者们开始研究具体的风电项目成本估算模型，最初他们认为全生命周期成本只是包括初始投资成本和运维成本，没有考虑资本的时间价值。随着研究的深入，开始有学者在考虑资本的时间价值的基础上，把设备全生命周期发生的费用通过折算进行估算。

目前，国内外典型的全生命周期成本模型如下：

2005 年，Hamish 等学者提出全生命周期成本模型：

$$LCC = C_I + C_D + C_S(T) + C_{IN}(T) + C_R(T) \tag{7-1}$$

式中，LCC 为全生命周期成本；C_I 为初始投资成本的折现值；C_D 为项目设计费的折现值；$C_S(T)$ 为运维费用的折现值；$C_{IN}(T)$ 为检查费用的折现值；$C_R(T)$ 为项目处置费用的折现值。

2006 年，谢红胜、吴春诚提出基于威布尔分布的水电设备模型，以费用支出的时间为依据，表示为：

$$LCC = A_{ac} + C_{bo} + C_{sm} + C_{dc} \qquad (7-2)$$

式中，LCC 为全生命周期成本；A_{ac} 为设备购置费，是设备在运行前的购置费用，包括调研费、设计费、购置费、建造费、监造费、包装费、运输费和安装调试费等，为设备运行前一次性的投入；C_{bo} 为基本运营费；C_{sm} 为维修费；C_{dc} 为设备报废费。后三个费用是设备从正式投入运行到设备报废周期内所有的费用。

2015 年，学者赖奎和王钰提出改进的电力设备全生命周期成本模型：

$$Q_{LCC} = Q_{CI} + Q_{COM} + Q_{CF} + Q_{CD} \qquad (7-3)$$

式中，Q_{CI} 为初始投资成本，Q_{COM} 为运维成本，Q_{CF} 为故障损失成本，Q_{CD} 为废弃处置成本。

风力发电外部成本的计算要以火电为依据，在燃煤发电的过程中会产生污染物的排放，如果风电代替一部分的火电，势必会减少污染物的排放，因此，可通过计算燃煤火电单位发电量产生的污染物的环境价值来估算风电的外部成本（即环境价值）。

7.3.2 风电项目完全成本核算模型的特点

通过对以上成本模型理论基础的比较和分析，可以得出该模型有以下特点：①根据风电项目的特点，将项目全生命周期按阶段划分为几个易于计算的成本部分；②全生命周期成本中，成本划分的部分不同，全生命周期成本计算模型包含的内容和形式不同；③全生命周期成本模型的计算应基于现金流量的折现，通过分析项目的不同类型成本现金流来计算总的全生命周期成本现值；④风电外部成本的计算应建立在火电产生污染物排放的基础上。

7.3.3 风电项目完全成本核算模型的估算

从全生命周期的角度来看，风电项目全生命周期成本为自项目规划开始，到运行期、报废拆除为止，整个生命周期内发生的所有费用。本章根据全生命周期成本的相关定义及分类，在对风电项目进行分析的基础上，得出风电项目全生命周期内的成本主要包括初始投资阶段成本、运维阶段成本和报废处置阶段成本。

风电项目前期发生的风机购置费、安装工程费、建筑工程费、贷款利息费、预备费等为初始投资成本；运行管理期发生的运行成本、维护成本、故障成本为运维成本；报废处置期发生的残值收益为报废成本。

除此之外，还应考虑其他潜在成本，风电项目可能会对当地环境及相关产业造成影响，潜在成本作为隐性成本可以量化处理。

根据以上分析，风电项目全生命周期成本的模型可表示为：

$$LCC = CI + CO + CM + CF + OT - CD \tag{7-4}$$

式中，CI 为初始投资成本；CO 为运行成本；CM 为维护成本；CF 为故障成本；OT 为其他潜在成本；CD 为残值收益。

事实上，风电项目生命周期一般为 20 年，时期较长，因此必须将资金的时间价值考虑在内，将各个时期内发生的费用折算成现值。把初始投资成本作为一次性的成本，并把初始投资成本的产生时间作为基准年，将后面阶段发生的成本折算成现值，因此，风电项目全生命周期成本的现值模型可表示为：

$$LCC = CI + \sum_{t=1}^{T} \frac{CO_t + CM_t + CF_t + OT_t}{(1+r)^t} - \frac{CD_t}{(1+r)^T} \tag{7-5}$$

式中，LCC 为风电项目的全生命周期成本（净现值）；CI 为初始投资成本；CO_t 为第 t 年的运行成本；CM_t 为第 t 年的维护成本；CF_t 为第 t 年的故障成本；OT_t 为第 t 年的其他潜在成本；CD_t 为风电项目的回收残值；r 为折现率；T 为风电项目的生命周期。

风力发电外部成本模型的原理为：某区域由风电和火电共同供电，风能多发一度电，相应的火力少发一度电，这势必会减少一定单位的煤耗，而单位煤耗对应一定质量的污染物，单位质量的污染物有相应的环境价值标准，相加即可得到风力发电的外部成本（即环境价值），如图 7-1 所示。

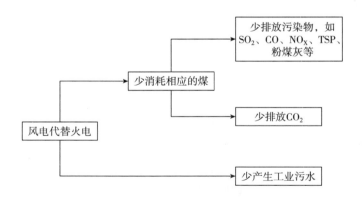

图 7-1 风电环境价值的量化原理

根据燃煤火电主要污染物的排放量及其环境价值，可以用以下公式求得风力发电的环境价值，即在相同的发电量下风电场节约的环境成本。

$$G = \sum_{i=1}^{N} E_i \times S_i \tag{7-6}$$

式中，E_i 为第 i 项污染物的排放量，单位为吨；S_i 为第 i 项污染物的环境价值，单位为元/吨；N 为污染物的种类数。

根据以上对风电项目全生命周期成本和外部成本的分析，可得出风电项目完全成本核算模型：

$$FC = LCC + G = CI + \sum_{t=1}^{T} \frac{CO_t + CM_t + CF_t + OT_t}{(1+r)^t} - \frac{CD_t}{(1+r)^T} + \sum_{i=1}^{N} E_i \times S_i$$

$$(7-7)$$

7.4 风电项目完全成本核算模型中相关费用的估算

7.4.1 初始投资成本的估算

初始投资成本 CI 包含以下几个方面：①风电项目在可行性分析阶段的研究费、规划费、设计费和项目前期准备费，为 $CI1$。②风机设备购置及安装费，主要包括风力发电设备、升压站主变压器及配套设备、控制保护设备及其他设备，为 $CI2$。③风电项目建设阶段土地的购买及改造费，具体包括风电基础设施、办公场所的建设费，为 $CI3$。④与风电项目建设相关的耕地补偿费、房屋拆迁费等，为 $CI4$。⑤与项目建设期有关的经营管理费，如贷款利息费、保险费等，为 $CI5$。

风电项目建设期一般为一年，所以不考虑费用的折现情况，根据以上分析，初始投资成本的估算公式为：

$$CI = CI1 + CI2 + CI3 + CI4 + CI5 \qquad (7-8)$$

一般来说，与项目有关的初始投资成本可能不会按照以上成本严格区分。如果只知道项目的总体投资，这个投资就包含了诸如研究费、设计费及相关的管理费等。初始投资成本 CI 的目的就是将建设期有关的一次投资全都归集到 CI 成本中。

7.4.2 运行成本的估算

风电项目的运行成本 CO 主要是监控风力发电运行期时发生的费用。在风电场设立专门的管理机构，对风电场的风机设备进行日常管理，可以保证风电场的正常运营。

运行成本主要包括两部分：一是日常维护费用及办公费用；二是风电场管理活动所需费用，包括技术人员和管理人员的薪资。

管理费用中主要是风电场人员的薪资，可以用以下公式简单估算：

$$CO_{1K} = r_1 \times T \tag{7-9}$$

式中，CO_{1K} 为第 K 年管理费用；r_1 为员工的平均薪资；T 为风电场的员工数。

根据调研分析，参考其他风电场对日常维护及办公费用的估算，为简化计算，日常维护成本由管理费用来估算，日常维护成本与管理费用存在比率系数在 $1.5 \sim 2.5$ 的比例关系，估算公式如下：

$$CO_{2K} = CO_{1K} \times f \tag{7-10}$$

式中，CO_{2K} 为第 K 年日常维护成本；f 为比例系数。

根据以上分析，第 K 年运行成本估算模型为：

$$CO_K = CO_{1K} + CO_{2K} \tag{7-11}$$

7.4.3 维护成本的估算

维护成本 CM 以风电设备及安装工程费为基数，由于风电机组均在室外运行且风速不同，所以恶劣的环境易使风电机组磨损严重，维护成本要从风电场的建设期就开始计提，计提比率在 $0.5\% \sim 2.5\%$ 呈阶段性变化，一般每五年提升 0.5%。根据风电运营费的综合单价进行计算，运营期间的维护成本估算模型如下：

$$CM_K = L \times S \tag{7-12}$$

式中，CM_K 为运营期第 K 年的维护成本；L 为设备维护成本费率；S 为风电设备及安装工程费。

7.4.4 故障成本的估算

故障成本 CF 包括故障维修费和故障损失费。由于我国大规模应用国产风电机组的时间不是很长，对风机设备发生故障的概率没有详细的数据统计，因此无法准确估算故障发生的成本。本章在对成本估算进行研究时，使用调查分析方法，根据拆除标准定额计算，用故障成本占初始投资成本的百分比来估算故障成本，公式如下：

$$CF = CI \times x_1 \tag{7-13}$$

式中，CI 为初始投资成本；x_1 为故障成本占初始投资成本的百分比。

7.4.5 残值收益的估算

残值收益 CE 指风电项目在报废阶段，经过清理残留的风机配件或可供出售的弃置材料获得的收益。残值收益可根据当前市场上相同机器设备的中标价格计算，也可根据市场上报废物品的回收价格测算。对于出售价格较低的设备，残值收益率一般按照购置设备的 5% 计算。为计算简便，本章使用常规预测方法进行残值收益的估算。

$$CE = CI \times f \qquad (7-14)$$

式中，CI 为建设期成本，即固定资产的原值；f 为残值率。

7.4.6 外部成本的估算

7.4.6.1 燃煤火电主要污染物排放量估算

在我国各类环境污染中，火力发电造成的污染是最主要的，对环境的破坏较严重，如经常出现的酸雨、异常变化的气候。一般来说，火力发电厂排放的污染物主要有烟尘、SO_2、NO_x、CO_2、CO 及粉煤渣、脱硫副产品等，SO_2 和 CO_2 分别是造成酸雨和温室效应的重要气体。

（1）CO_2 排放量估算。碳元素是煤炭含量中最高的元素，煤炭经过燃烧产生 CO_2。尽管 CO_2 的排放不会产生污染，但会造成全球气候变暖、海平面上升等一系列问题。燃煤发电过程中产生 CO_2 是不可避免的，CO_2 是燃煤发电产生最多的气体。燃煤电厂 CO_2 排放量估算公式如下：

$$G_{CO_2} = BQ \times E \times K_{CO_2} \times \lambda_{CO_2} \qquad (7-15)$$

式中，G_{CO_2} 为 CO_2 排放量，单位：千克（CO_2）/吨（煤）；B 为耗煤量，单位：千克；Q 为煤炭单位热值，单位：兆焦/千克；E 为单位热值的碳排放量，单位：吨/太焦耳；K_{CO_2} 为燃料的碳氧化率；λ_{CO_2} 为 CO_2 与 C 的摩尔质量比，约为 3.667。

据中国煤炭实测平均数值，煤炭单位热值为 21.2 兆焦/千克；单位热值的碳排放量为 24.74 吨/太焦耳；碳氧化率为 0.9，当耗煤量为 1 吨时，CO_2 的排放量为 $G_{CO_2} = 1 \times 21.2 \times 24.74 \times 0.9 \times 3.667 = 1730.97$ 千克。

（2）SO_2 排放量估算。火力发电排放污染最重的是硫化物（大部分硫化物为 SO_2，极少部分为 SO_3），煤炭中含有较多的杂质硫，影响燃煤 SO_2 排放最主要的因素就是硫，另一因素是烟气脱硫工艺中硫的转化效率。燃煤电厂 SO_2 排放量估算公式如下：

$$G_{SO_2} = B \times S_y \times K_{SO_2} \times \lambda_{SO_2} \times (1 - \eta) \qquad (7-16)$$

式中，G_{SO_2} 为 SO_2 排放量，单位：千克（SO_2）/吨（煤）；B 为耗煤量，单位：千克；S_y 为燃煤的基础含硫分子量；K_{SO_2} 为煤炭燃烧后，硫向着烟气硫的转化率；λ_{SO_2} 为 SO_2 与 S 的摩尔质量比，约是 2；η 为脱硫效率。

根据环保法的相关规定，燃煤基础含硫分子量应当小于等于 1%，因此取燃煤的基础含硫分子量为 1%，取火电厂耗煤量为 1000 千克，火电厂烟气硫的转化率为 90%，脱硫效率与火电厂是否安装脱硫装置有关，如果火电厂无脱硫装置，则脱硫效率为 0，这种条件下，SO_2 的排放量为 $G_{SO_2} = 1000 \times 1\% \times 90\% \times 2 \times (1-0) = 18$ 千克。

（3）NO_X 排放量估算。NO_X 是燃煤火电排放的第二大污染物，该气体形成的过程主要有两个：一是煤炭燃烧过程中，各种氮化合物受热分解后再氧化；二是空气中所含的氮气在高温条件下氧化。煤炭中氮的含量较高，因此煤炭燃烧的氮化合物受热分解氧化是生产 NO_X 的主要原因。燃烧过程排放的 NO_X 主要包括 NO、N_2O、N_2O_3 等，其中 NO 含量最高，约占 90%，因此用测算 NO 排放率的方法来测算 NO_X 的排放。燃煤电厂 NO_X 排放量估算公式如下：

$$G_{NO_X} = B \times N_y \times (\eta_N/m) \times \lambda_{NO_X} \times (1-\eta) \qquad (7-17)$$

式中，G_{NO_X} 为 NO_X 排放量，单位：千克（NO_X）/吨（煤）；B 为耗煤量，单位：千克；N_y 为燃煤的基础含氮分子量；η_N 为燃料氮的转化率；m 为燃料氮排放生成的 NO_X 占全部 NO_X 排放量的比重；λ_{NO_X} 为 NO_X 与 N 的摩尔质量比，约是 2.2；η 为脱氮效率。

取火电厂耗煤量为 1000 千克；燃煤的基础含氮分子量为 2.5%；燃料氮的转化率与含氮量有关，一般情况下取值为 25%；燃料氮排放生成的 NO_X 占全部 NO_X 排放量的比重为 80%；脱氮效率为 50%；则 NO_X 的排放量为 $G_{NO_X} = 1000 \times 2.5\% \times (25\%/80\%) \times 2.2 \times (1-50\%) = 8$ 千克。

俞海淼等学者给出了对于 NO_X、CO、粉煤灰、炉渣、悬浮颗粒物（TSP）的排放量，分别为 8.00 千克/吨、0.26 千克/吨、110.00 千克/吨、30.00 千克/吨、0.40 千克/吨。综合以上分析，燃煤火电厂污染物排放如表 7-2 所示。

表 7-2　燃煤火电厂污染物排放

污染物	SO_2	NO_X	CO_2	CO	TSP	粉煤灰	炉渣
排放量/（千克/吨）	18.00	8.00	1730.97	0.26	0.40	110.00	30.00

（4）工业污水排放量估算。2016 年全国水资源公报的数据显示，用于火力发电的水资源占全部工业用水的 36%，而风力发电则具有节约水资源的优势，并且不会产生工业污水。2000—2003 年全国火力发电厂耗水状况对比表显示，火力发电单位耗水量的污水形成率为 0.3，假设全社会发电机组的单位发电量的平均耗水率为 x，则单位发电量的污水排放量估算公式为：

$$P_w = 0.3 \times x \qquad (7-18)$$

根据资料统计，从 2000 年到 2010 年单位发电量的平均耗水率由 4.2 千克/千瓦时下降到 2.65 千克/千瓦时，预计到 2020 年平均耗水率为 2.3 千克/千瓦时，这里 x 取值为 2.27 千克/千瓦时，则 P_w = 0.3 × 2.27 = 0.68 千克/千瓦时。

7.4.6.2　燃煤火电主要污染物的环境价值

一直以来，评估风电行业的环境价值都是以燃煤火电作为标准的，因此需测得燃煤火电污染物的环境价值。

燃煤火电 SO_2 的环境价值一般是由湿法脱硫的治理成本间接获得，这也是目前技术最成熟、应用最广泛的脱硫工艺，即石灰石—石膏脱硫法，该方法可以使脱硫效率达到最大化，能够顺应火电产业发展政策，推进我国电力产业供给侧改革。以我国沙角发电厂、北京第一热电厂及浙江半山电厂为例，脱硫成本分别为 5.813 元/千克、5.95 元/千克、6.394 元/千克。这三家火电厂脱硫成本的加权平均值为 6.01 元/千克，所以本章取 6 元/千克作为 SO_2 的环境价值。

对于 CO，根据其防护成本及排污标准，CO 的环境价值取 1 元/千克。

NO_X 是光化学烟雾的主要成分，我国燃煤火电厂对其的防护大多使用选择性催化还原法，但由于该方法在运行期需使用催化剂、还原剂等原料，且运维费用较高，导致造价很高，因此一般对 NO_X 的环境价值取值为 8 元/千克。

虽然在总量排污收费标准中没有 CO_2 的收费项，燃煤火电厂也没有有效的防护手段，但因为其对温室效应造成极大的危害且在火电厂排放的污染物中份额占比较高，所以应该对 CO_2 的环境价值进行评估。由于国际上 20 美元/吨的碳排放的环境价值相对于中国较高，所以我们引入美国环境价值标准来对我国的 CO_2 环境价值进行估算。美国各污染物间的环境价值在比值上呈现一定的规律，因此可以通过 CO_2 的环境价值与其他污染物的环境价值的比例来推算 CO_2 的环境价值。在美国环境价值标准中，SO_2 和 CO_2 的环境价值分别是 1.938 美元/千克和 0.024 美元/千克，比例是 80.75∶1，而我国 SO_2 环境价值为 6 元/千克，推算出 CO_2 环境价值为 0.074 元/千克；NO_X 与 CO_2 环境价值比例是 348.8∶1，推算出 CO_2 环境价值为 0.023 元/千克；CO 与 CO_2 环境价值比例是 34.88∶1，推算出 CO_2 环境价值为 0.029 元/千克。测得三项平均值为 0.042 元/千克，所以本章取 0.042 元/千克作为 CO_2 的环境价值。

对于 TSP、粉煤灰、炉渣的环境价值，可参考我国对固体废弃物、危险废弃物及噪声的排污费征收标准，每千克固体废弃物的征收标准为：TSP 0.55 元，粉煤灰 0.03 元，炉渣 0.025 元。但我国通常以 4 倍价格来作为 TSP、粉煤灰、炉渣的环境价值，即分别为 2.2 元/千克、0.12 元/千克、0.1 元/千克。

由于燃煤火电产生的工业污水会对环境产生不小的破坏，国家近几年也不断上调工业污水处理费用，全国各地对于污水处理都非常重视，也经常为此举办有关污水处理费用到底该如何上涨的听证会议，其中上涨幅度最低的工业污水处理为 1 元/吨。本章将该数值作为计算火电工业污染的环境价值。

综上可得燃煤火电排放污染物的环境价值如表 7 – 3 所示。

表 7 – 3　我国燃煤火电排放污染物的环境价值

污染物	环境价值/（元/千克）
SO_2	6
NO_X	8
CO_2	0.042
CO	1
TSP	2.2
粉煤灰	0.12
炉渣	0.1
工业污水	0.001

7.5　风电项目完全成本核算模型中变量参数的选取

在计算风电项目完全成本的过程中涉及三个变量参数，分别是项目生命周期 T、折现率 r 和残值率 f。

7.5.1　项目生命周期 T 的确定

风电项目的生命周期对其全生命周期成本的影响很大。全世界风电项目的运营时期普遍不是很长，因此对于如何合理地确定风电项目的生命周期没有统一的结论。一般来说，风电项目的生命周期有以下几种计算方式：

（1）设计寿命：依据目前国家相关设计规定，我国风电项目的设计寿命为 20 年。

（2）自然寿命：从风电项目开始运营，直至项目结束、最终报废的整个时间过程。

（3）经济寿命：指风电项目从经济角度来看最合理的使用期限。设备使用后期维修费用会大大增加，经济寿命便可作为确定风电项目最优设备更新报废期的主要依据。

在对风电项目进行全生命周期成本分析时，可依据具体情况和分析需要，按照以上三种可能情况来选择要计算的生命周期。

7.5.2 折现率 r 的确定

折现率又称收益还原率，是依据复利计息的原理将今后有限期的货币资金进行折算的比率。从本质上讲，折现率是一个必须正视的参数。在对风电项目全生命周期成本进行估算时，为保证计算结果的合理性，应当选取反映社会资金长期使用情况的折现率来进行计算。

2006 年，国家发改委与建设部联合发布《建设项目经济评价方法与参数》（第三版），推荐折现率取值为 8%，对于不同类型的项目，结合其具体情况采取不同的折现率；对于收益长、实现效益的风险较小的项目，可以适当降低折现率。

依据我国现阶段的国情及经济发展状况，结合风电项目的实际情况，风电项目全生命周期成本的折现率取值为 8%。

7.5.3 残值率 f 的确定

残值率指固定资产报废时回收的残值与固定资产原值的比率。鉴于风电项目中风机设备与塔筒的投资占初始投资额的比重较大，因此残值率可以定得较高些，一般为 5% 左右。

7.5.4 分析结论

本节根据全生命周期成本的方法，对风电场从决策阶段到报废阶段这一过程的风电项目的成本进行分析，具体分为以下几个部分：初始投资成本、运维成本、报废成本及其他潜在成本。由于风力发电对环境的重要保护作用及优势，即它本身具备的节能减排效益可以降低发电过程中产生的污染问题，因此在计算风力发电的运行成本时，必须结合它具备的节能减排效益，综合考虑风电的经济性。

对风电项目全生命周期成本估算模型进行改进，并对这一模型进行假设分析以及各个阶段成本的估算；对比风电与燃煤火电，列出燃煤火电主要排放污染物的计算公式，将风能的环境价值在电力成本的核算体系中表示出来；并选取项目生命周期、折现率及净残值三个变量参数，建立起风电项目完全成本核算模型，为下节案例分析提供依据。

7.6 风电场案例分析

7.6.1 H风电项目简介

总体来说，我国风能资源丰富，主要集中分布于东北、西北、华北"三北地区"，经过短期的酝酿讨论，我国政府要求按照"融入大电网、建设大基地"这一思想对风电项目进行统一规划和建设。

H风电场位于鄂温克旗，占地面积约120平方千米，风电场中心距离呼伦贝尔市区大约86千米。鄂温克旗位于呼伦贝尔市东南，地处中高纬度，受地势影响，温带大陆性季风气候在此形成强大风力。本章选取H风电场作为风力发电成本的测算案例具有一定的代表性。

H风电场由HN电力公司负责开发，目前该公司规划的风电场已遍布内蒙古自治区呼伦贝尔市各旗市，在呼伦贝尔风电建设企业中，其风能资源拥有量居首位，成为该市风电产业建设的重点企业。HN电力公司实施的风电项目发展路线具有建设速度快、管理水平强、经营效率高的特点，公司已发展成为具有一定规模和实力的风力发电公司，并逐步成为集团公司风力发电领域的重点骨干企业。

该风电场共建设33个单机容量为1500千瓦的风力发电机组，总装机容量为49.5兆瓦，年平均上网利用小时2220小时，年上网电量共10989万千瓦时。配套建设一座220千瓦的变电站，拥有综合楼、控制楼、线路杆塔及35千伏的配电装置室，升压站内还建设围墙、道路、场区道路等。

该项目地处温带大陆性季风气候区，这一地区风能资源非常丰富，风速每天变化幅度相对较小，鄂温克旗气象站年平均风速约2.8米/秒。依据风电场风能资料的统计，场区70米轮毂高度年平均风速约为7.78米/秒，风功率密度约为478.3瓦/平方米。因此，该地区十分适用并网型风力发电，开发前景开阔，与已建设成的电站并网运行后，可改善当地电网电源结构，有利于促进地区可持续发展。

本节案例分析基于项目调研，在项目调研时走访HN电力公司，并在HN电力公司的带领下参观了HN公司风电项目之———H风电场，该电力公司为本章的研究提供主要的数据支撑。

7.6.2 风电项目风力发电机组机型比选

H 风电场的主要固定资产为风力发电机组，对风电项目所在地的气象站与场址区域风况特征进行分析后，认为该地区适宜选择 IEC Ⅲ 及以上的风电机组。本风电场位于内蒙古自治区的东北部，冬季寒冷漫长，根据气象站的统计数据，现场实测最低气温为零下 46.5℃，建议风电场选用低温型风电机组。

根据风电场附近气象站的气象资料及实地条件，结合风电场风能资源、机组国产化、地理位置需要、技术成熟程度等因素，本风电场选用单机容量为 1250 千瓦、1500 千瓦、1650 千瓦、2000 千瓦四种发电机组机型做方案比选。

各单机容量的风力发电机组技术参数比较如表 7 – 4 所示。

表 7 – 4　风电场各单机容量的风力发电机组技术参数比较

	技术参数	WTG1250kW	WTG1500kW	WTG1650kW	WTG2000kW
风轮	直径（米）	64	82.9	82	82.64
	扫风面积（平方米）	3217	5398	5278	5294
	转速（转/分）	13.5～20.3	9.7～19	11.3～20	6～19
	功率调节	变桨距	变桨距	变桨距	变桨距
	切入风速（米/秒）	4.0	3.0	3.0	3.5
	额定风速（米/秒）	14	11	11	12
	切出风速（米/秒）	25	20	25	25
发电机	型式	异步发电机	双馈异步发电机	双馈异步发电机	永磁同步发电机
	容量（千瓦）	1250	1500	1650	2000
	电压（伏）	690	690	690	660
	频率（赫兹）	50	50	50	50
	转速（转/分）	1007～1509	1000～2000	1000～1200	6～19
齿轮箱	变比	74.9	104.5	98.74	—
塔架	型式	钢制锥筒	钢制锥筒	钢制锥筒	钢制锥筒
	轮毂高度（米）	64.5	70	69.95	80
重量	风轮（吨）	32.9	35.4	36	42.5
	机舱（吨）	51	56	45	85
	塔架（吨）	102	117	116	150

从项目经济性来看，塔筒、风机基础及运输等费用会随着轮毂高度的增加而增加，而轮毂高度的增加会给风机设备的吊装和检修增加较大的费用，且厂家推

荐轮毂高度为 70 米左右最为合适，因此 WTG1500kW、WTG1650kW 优于其他两组风机设备。

各单机容量的风电机组上网电量对比如表 7-5 所示，可以看出与其他单机容量的风电机组上网电量及有关机型参数进行对比后，WTG1500kW 机组上网电量为 10989 万千瓦时，等效利用小时数为 2220 小时，发电量最高，因此本风电场拟定 WTG1500kW 机组。

表 7-5　各单机容量的风电机组上网电量对比

机型	WTG1250kW	WTG1500kW	WTG1650kW	WTG2000kW
单机容量（千瓦）	1250	1500	1650	2000
轮毂高度（米）	64.5	70	69.95	80
装机数量（台）	39	33	30	24
装机容量（兆瓦）	48.75	49.5	49.5	48
年理论发电量（万千瓦时）	14870	16570	16355	15630
尾流影响系数（%）	4.95	4.97	4.6	4.5
年上网电量（万千瓦时）	9750	10989	10770	10300
等效利用小时数（小时）	2000	2220	2175	2146

7.6.3　风电场完全成本计算

根据前文的分析，风电项目的完全成本除传统成本核算方法核算的初始投资成本及项目运行结束产生的成本外，还应包括项目投入使用之后产生的运行成本及维护成本。另外，根据发电项目外部成本内部化的原则，还需对风电项目对外部环境产生的外部成本进行研究，以便更好地发现产生影响风电成本的因素，从而更好地控制风电成本。

本部分将项目调研前期获得的初始投资成本、项目运行期第一年的管理费用及日常维护费用等风电基本项目数据运用到以下各成本的计算中。

7.6.3.1　初始投资成本计算

风电项目的初始投资成本是项目开发建设过程中资本投入形成的成本，是项目投入运行前一次性的全部投资成本。该风电场的项目建设期为一年，因此无须考虑建设期内各个费用的折现值。根据获取的项目资料，项目投资成本主要包括以下几个方面：风机购置费、设备安装工程费、建筑工程费、预备费、建设期贷款利息费等。

根据项目投资成本的构成及《风电场工程可行性研究报告设计概算编制办法

及计算标准》《风电场工程概算定额》等风电项目相关规范标准，针对本项目编制了初始投资成本计算，具体数据如表7-6所示。

表7-6　风电场初始投资成本计算　　　　　单位：万元

项目名称	金额
一、风电设备及安装工程费	38882.72
升压变电设备及安装工程	1536.05
通信和控制设备及安装工程	543.85
发电设备及安装工程	36504.15
其他设备及安装工程	298.67
二、建筑工程费	4583.82
发电设备基础工程	2130.99
房屋建筑工程	743.01
交通工程	1056.51
变配电工程	183.08
场内辅助工程	110.06
其他	360.17
三、其他费用	3222.93
建设用地费	1403.32
建设管理费	1104.91
生产准备费	195.43
勘察设计费	499.55
其他	19.72
四、预备费	933.79
五、建设期利息	1124.83
合计	48748.09

　　H风电场总初始投资成本为风电设备及安装工程费、建筑工程费、其他费用、预备费与建设期利息的总和，即38882.72 + 4583.82 + 3222.93 + 933.79 + 1124.83 = 48748.09万元。

　　在初始投资成本中，风电设备及安装工程费所占比重最高，接近初始投资成本的80%，其余建筑工程费、预备费等约占20%。因此，风电度电成本的高低在很大程度上决定于风电机组的价格，如果能在风机制造行业对风电机组加大投入力度，加快设备技术发展，尤其是在产品核心部件有所突破，以减少对发达国家的依赖程度，那么风机制造业就能在未来产业发展中取得成本优势，进而降低初始投资成本，同时风电度电成本也会有所降低。

7.6.3.2 运行成本计算

运行成本指风电项目运行期间发生的费用总和，主要包括管理费用（管理人员及技术人员的薪资）、日常维护和办公费用。该项目建设期为 1 年，运行周期为 20 年。

根据项目管理设计，运行期间各类员工人数共 20 人，人年均工资按 4 万元，通过计算得第一年管理费用为 80 万元，以后 19 年每年管理费用增长率为 6%；为简化计算，以管理费用估算日常维护和办公费用，日常维护和办公费用与管理费用存在比率系数在 1.5~2.5 的比例关系，在这里，比例系数取值 2.3，计算得第一年日常维护和办公费用为 104 万元，以后 19 年日常维护和办公费用增长率为 2%。H 风电场的运行成本计算如表 7－7 所示。

表 7－7　H 风电场运行成本计算　　　　　　　　单位：万元

运行期	管理费用	日常维护和办公费用	合计
1	80.00	104.00	184.00
2	84.80	106.08	190.88
3	89.89	108.20	198.09
4	95.28	110.37	205.65
5	101.00	112.57	213.57
6	107.06	114.82	221.88
7	113.48	117.12	230.60
8	120.29	119.46	239.75
9	127.51	121.85	249.36
10	135.16	124.29	259.45
11	143.27	126.78	270.04
12	151.86	129.31	281.17
13	160.98	131.90	292.87
14	170.63	134.54	305.17
15	180.87	137.23	318.10
16	191.72	139.97	331.69
17	203.23	142.77	346.00

续表

运行期	管理费用	日常维护和办公费用	合计
18	215. 42	145. 63	361. 05
19	228. 35	148. 54	376. 88
20	242. 05	151. 51	393. 56
合计	2942. 85	2526. 93	5469. 77

H 风电场运行成本为管理费及日常维护费的总和，即 2942. 85 + 2526. 93 = 5469. 77 万元。由表 7 - 7 可以看出，随着风电设备使用年限的增加，运行成本也逐年增加。

7. 6. 3. 3 维护成本计算

维护成本主要与风机设备的使用磨损程度及保养成本有关，且贯穿于项目整个生命周期。维护成本是基于整个系统层面进行综合考虑，不再逐一计算单个设备的维护成本。维护成本以风电设备及安装工程费 38882. 72 万元为基数，成本计提比率在 0. 5% ~ 2. 5% 呈阶段性变化，一般每五年提升 0. 5% （见表 7 - 8）。

表 7 - 8 H 风电场维护成本计算

运行期	成本费率（%）	维护费用（万元）
1	0. 5	194. 41
2	0. 5	194. 41
3	0. 5	194. 41
4	0. 5	194. 41
5	0. 5	194. 41
6	1	388. 83
7	1	388. 83
8	1	388. 83
9	1	388. 83
10	1	388. 83
11	1. 5	583. 24
12	1. 5	583. 24
13	1. 5	583. 24
14	1. 5	583. 24
15	1. 5	583. 24

运行期	成本费率（%）	维护费用（万元）
16	2	777.65
17	2	777.65
18	2	777.65
19	2	777.65
20	2	777.65
合计		9720.68

由表 7 - 8 可以看出，H 风电场维修成本合计为 9720.68 万元，前五年风机设备产生的维修费用较少，但随着风电项目运行年限的增加，设备老化程度也在发生不同变化，风机设备的维修率在逐年增加，产生的维护费用也随之提高，此费用在整个风电项目周期内也成为一笔重要的费用开支。

7.6.3.4 故障成本计算

故障成本指风电项目运行周期内发生故障形成的损失费用，一般与项目质量、使用磨损程度、寿命周期等因素有关。由于我国风电机组大规模应用的时期较短，对风机设备发生故障的概率没有具体的数据，所以对故障成本很难进行准确计算。

按照故障成本占风电设备及安装成本的百分比来进行故障成本的计算，以风电设备及安装工程费 38882.72 万元为基数，成本计提比率在 1% ~2.5% 呈阶段性变化。具体数据如表 7 - 9 所示。

表 7 - 9　H 风电场故障成本计算

运行期	成本费率（%）	故障费用（万元）
1	1	583.24
2	1	583.24
3	1	583.24
4	1	583.24
5	1	583.24
6	1	388.83
7	1	388.83
8	1	388.83
9	1	388.83

运行期	成本费率（%）	故障费用（万元）
10	1	388.83
11	1.5	388.83
12	1.5	388.83
13	1.5	388.83
14	1.5	388.83
15	1.5	388.83
16	2	777.65
17	2	777.65
18	2	777.65
19	2	777.65
20	2	777.65
合计		10692.75

从表7-9中可以看出H风电场维修成本合计为10692.75万元。

7.6.3.5 残值收益计算

目前H风电场的风机设备还在服役期，因此并未获得与报废处置相关的数据，且我国风电行业的项目暂时还未出现废弃的相关案例，但对国内外的文献研究后发现，大型的发电工程其初始投资成本占相当大的比重，在报废时剩余残值大于清理费用。因此，本书用剩余回收价值占初始投资成本的比例来进行计算，残值率取5%。具体数据如表7-10所示。

表7-10 H风电场残值收益计算 单位：万元

项目名称	金额
初始投资成本	48748.09
残值收益	2437.40

从测算数据看，本风电场残值收益合计为48748.09×5%=2437.40万元。

7.6.3.6 其他潜在成本计算

（1）产业政策的符合性。本风电项目符合国家对可再生能源利用的相关规定，可以减少煤炭等传统能源的消耗，符合地区经济发展规划和相关政策要求。

（2）项目所在地周边影响分析。经现场调研，该风电场范围内并无国家自然保护区、生态保护林、饮用水源地等其他环境敏感点。根据环保要求，风机设备的布置设计对居民点均避免 500 米以上。

（3）同类项目曾引发的社会稳定情况。经调研现场走访，至今未发生因建设风电场造成的社会群体事件，同类风电场的建设都得以顺利完成。

该项目的建设对于缓解当地用电、节能减排压力都起到积极的作用，也可以促进当地旅游、经济的发展，且项目本身仅在项目建设期间会产生噪声，不会产生其他污染，虽对附近居民产生一定的影响，但影响有限。该项目占用土地选取在空旷的山地和山脊，不涉及房屋拆迁、征用农田等，土地类型单一，周边也已建成多个风电场。

由以上调查得出结论：该风电场的建设和运行不存在其他潜在影响，因此其他潜在成本可按零计算。

7.6.3.7 外部成本计算

风电可以代替一部分火电，从而减少一定的耗煤量，进而减少燃煤产生的污染物的排放量，因此用每种污染物的环境价值来计算风电项目带来的正外部性。

H 风电场总装机容量为 49.5 兆瓦，年上网电量共计 10989 万千瓦时。中国电力企业联合会公布的数据显示，截至 2016 年 11 月，我国煤电机组平均供电煤耗为 313 克/千瓦时，根据 2017 年的数据可测算出，每年可减少标准煤 34285.68 吨的燃烧，折合原煤 70% 转化为标准煤，那么每年可减少 48979.54 吨原煤的燃烧。根据表 7-2 的每吨煤燃烧排放的 SO_2、NO_X、CO_2、CO、TSP、粉煤灰、炉渣的量，可以计算出 H 风电项目每年减少的排放量，再与每单位污染物减排量的环境价值相乘，进而得到装机容量为 49.5 兆瓦的风电场的环境价值，计算过程如表 7-11 所示。

同时由于风电替代了部分火电，所以火电产生的工业污水也会相应减少，根据式（7-17），得出单位发电量的污水排放量为 0.68 千瓦/千瓦时，则每年风电替代火电而减少的工业污水减排量为 0.68 × 10989 = 74725200 千克，根据表 7-11 中工业污水的环境价值 0.001 元/千克计算，可求出工业废水的环境价值。

表 7-11 列出了 49.5 兆瓦装机容量的风力发电的减排效益，计算得出风电场的减排效益为 0.12 元/千瓦时。而 H 风电场每年可减少原煤 48979.54 吨，2017 年全国平均煤炭价格为 550 元/吨，故风电场可节约煤炭价格为 26938747元，平均每千瓦时可节约煤炭 0.25 元。

将以上减排测算和节能效益的数据相加，即 0.12 + 0.25 = 0.37 元/千瓦时，得到风电项目的环境价值为 0.37 元/千瓦时，由此可以看出，风电项目的环境价值是巨大的，环境效益相当显著，对比分析出传统能源发电对外部环境造成的破坏更是不容忽视的。而多年来，我国电力企业并未将外部环境成本计在发电成本内，电力企业管理者也缺乏对环境保护的足够重视。如果电力生产成本能够从社会完全成本角度出发，将能源发电产生的外部成本考虑在内，那么传统能源发电（如火电）原本具备的低成本优势将不复存在，原本人们对风电高成本的印象也会逐渐改变，有助于推动可再生能源电力产业的发展。

表 7-11　49.5 兆瓦装机容量的风力发电的减排效益

项目	每吨原煤排放量（千克）	减排量（千克）	单位减排的环境价值（元/千克）	货币价值（元）
SO_2	18.00	881631.72	6	5289790.32
NO_x	8.00	391836.32	8	3134690.56
CO_2	1730.97	84782114.35	0.042	3560848.80
CO	0.26	12734.68	1	12734.68
TSP	0.40	19591.82	2.2	43102.00
粉煤灰	110.00	5387749.40	0.12	646529.93
炉渣	30.00	1469386.20	0.1	146938.62
工业废水		74725200	0.001	74725.20
合计				12909360.11

7.6.3.8　风电项目完全成本计算

在进行全生命周期成本计算时，以 H 风电场 49.5 兆瓦项目工程为对象，从社会完全成本角度出发，通过对以上参数进行处理，对 H 风电项目涉及的初始投资阶段、运维阶段及报废阶段的各个成本进行计算，结合具体的全生命周期成本的计算模型，得到风电项目运行 20 年的每年耗费成本的折现值。

H 风电项目建设期为 1 年，运行期为 20 年，折现率为 8%，通过计算和分析，得到 H 风电项目全生命周期成本的折现值如表 7-12 所示。

表 7-12　H 风电项目全生命周期成本的折现值　　　单位：万元

运行年数	初始投资成本	运行成本折现值	维护成本折现值	故障成本折现值	残值收益折现值	全生命周期成本折现值
0	48748.09	0	0	0	0	48748.09
1	0	170.37	180.01	360.03	0	710.41
2	0	163.65	166.68	333.36	0	663.68
3	0	157.25	154.33	308.66	0	620.25
4	0	151.16	142.90	285.80	0	579.86

续表

运行年数	初始投资成本	运行成本折现值	维护成本折现值	故障成本折现值	残值收益折现值	全生命周期成本折现值
5	0	145.35	132.31	264.63	0	542.30
6	0	139.82	245.03	245.03	0	629.88
7	0	134.55	226.88	226.88	0	588.31
8	0	129.53	210.07	210.07	0	549.67
9	0	124.74	194.51	194.51	0	513.76
10	0	120.18	180.10	180.10	0	480.38
11	0	115.82	250.14	250.14	0	616.10
12	0	111.66	231.61	231.61	0	574.88
13	0	107.69	214.46	214.46	0	536.60
14	0	103.90	198.57	198.57	0	501.04
15	0	100.28	183.86	183.86	0	468.00
16	0	96.82	226.99	226.99	0	550.80
17	0	93.51	210.18	210.18	0	513.86
18	0	90.35	194.61	194.61	0	479.57
19	0	87.33	180.19	180.19	0	447.71
20	0	84.44	166.84	166.84	-522.94	-104.81
总计	48748.09	2428.39	3890.28	4666.52	-522.94	59210.33
占比	82.33%	4.10%	6.57%	7.88%	-0.88%	100.00%

由表 7-12 可知，H 风电项目全生命周期成本为 59210.33 万元，初始投资成本、运维成本、故障成本的占比分别为 82.33%、10.67%、7.88%，残值收益是负值的原因是设备剩余价值大于清理费用。运维成本和故障成本受贴现率的影响，贴现后成本有所减少。从企业角度来看，应在项目前期选取修理成本低、故障率低或可靠性高的风机设备，以便于降低项目的全生命周期成本。

风电项目完全成本为全生命周期成本与外部成本之和，而风电与燃煤发电相比，外部成本几乎是微乎其微的，约等于零，因此，风电项目的完全成本为59210.33 万元。

7.6.3.9 净发电量计算

风电场共有 33 台风力发电机组，单机容量为 1500 千瓦，总装机容量为 49.5 兆瓦，年平均上网利用小时为 2220 小时。风电项目净发电量可用以下公式进行

·279·

计算：

$$E = \sum_{t=1}^{T} \frac{C \times H \times (1 - PCR)}{(1 + r)^t} \qquad (7-19)$$

式中，E 为项目的净发电量；C 为项目的装机容量；H 为项目年平均上网利用小时数；PCR 为项目用电率，取值为 2.46%；r 为折现率；T 为风电项目的生命周期。

经计算，风电项目净发电量为 105237.48 万千瓦时。

7.6.3.10 风电项目度电成本计算

H 风电场全生命周期成本为 59210.33 万元，净发电量为 105237.48 万千瓦时，因此度电成本为 0.56 元/千瓦时。

目前，我国燃煤火电的度电成本约为 0.48 元/千瓦时，考虑到燃煤火电带来的环境污染和经济损失后，燃煤火电的完全成本为 0.85 元/千瓦时，高于风电的度电成本 0.56 元/千瓦时，可以看出，风力发电的经济效益十分显著。但目前我国实行的燃煤火电的电价并未将对环境污染的经济损失考虑在内，即燃煤火电的环境成本是被忽视的，然而，燃煤火电会对生态环境和人类健康造成不可逆影响。政府对风电行业的补贴其实是为了保护环境所付出的代价，体现了风电的生态效益。所以，我们必须加快改造供电体系结构，提高风力发电在总发电量的比重，减少对环境产生的破坏。不可否认的是，相对于火力发电，风电行业的发展还不够成熟，技术成本仍是度电成本较高的重要原因，所以还要加大对风机设备研发的投入力度，支持风电先进技术的快速进步。

全球风能理事会的数据显示，我国风电度电成本为 6.7 美分/千瓦时，折合人民币约为 0.44 元/千瓦时，经测算，H 风电项目度电成本为 0.56 元/千瓦时。之所以测算的数据高于我国风电度电成本数据，是因为 H 风电场使用的风机设备成本较高，单位千瓦时投资约为 9848 元，而目前国内单位千瓦时投资在 7000~8000 元。

7.6.4 敏感性分析

7.6.4.1 敏感性分析理论

敏感性分析是一种定量描述输入变量对输出变量重要程度的模型。本部分采用单因素敏感性分析方法，主要目的在于研究各不确定因素对风电度电成本的影响程度，从而有针对性地提出一些有效利用其影响程度的具体建议措施。具体分析方法如下：

进行敏感性分析的前提是，选取不确定的影响因素，以确定各影响因素偏离标准情况的程度。在项目决策分析和评价过程中，敏感性分析不需要涉及所有因素，只需要分析主要的不确定因素。不确定因素的选取一般要结合该行业和项目的特点并参考相似的项目经验进行。

敏感性分析一般是针对不确定因素的不利变化进行的，为绘制敏感性分析图，还可以考虑不确定因素的有利变化。

通常选取 ±10% 和 ±20%。对那些不能用百分比表示的不确定因素，如寿命周期，可以采用延续一段时间来表示，如延续两年或四年。

敏感性系数为指标变化的百分比与不确定因素变化的百分比之比，据此，将分析的结果于敏感性分析表中予以体现。

7.6.4.2　敏感性分析结果

影响风电成本的因素有很多，如初始投资成本、运维成本、发电量、寿命期等，这些因素都会对风电成本的大小产生影响。假设其他因素不变，分别分析度电成本随某一因素变化的程度，进而得出各影响因素对风电度电成本的敏感程度。下面，在各因素分别变化 10% 和 20% 的情况下，计算风电项目度电成本的指标，结果如表 7-13 所示。

表 7-13　各因素对度电成本影响的比较

	-20%	-10%	基准	10%	20%
初始投资成本（万元）	38998.47	43873.28	48748.09	53622.90	58497.71
度电成本（元/千瓦时）	0.47	0.52	0.56	0.61	0.66
差异额	-16.47%	-8.23%	0.00%	8.23%	16.47%
运维成本（万元）	5054.93	5686.80	6318.67	6950.53	7582.40
度电成本（元/千瓦时）	0.56	0.56	0.56	0.57	0.57
差异额	-2.13%	-1.07%	0.00%	1.07%	2.13%
发电量（万千瓦时）	84189.98	94713.73	105237.48	115761.23	126284.98
度电成本（元/千瓦时）	0.70	0.63	0.56	0.51	0.47
差异额	25.00%	11.11%	0.00%	-9.09%	-16.67%
寿命期	16	18	20	22	24
度电成本（元/千瓦时）	0.54	0.55	0.56	0.57	0.58
差异额	-3.46%	-1.61%	0.00%	1.65%	3.09%

为便于直观观察度电成本的变化程度，以折线图的方式呈现变化趋势，如图 7-2 所示。

由敏感性分析可得出以下结论，在风电场其他因素不变的情况下，对度电成本影响最大的因素是发电量，与度电成本呈负相关；其次是初始投资成本；影响最小的是运维成本。对于风电场，运维成本大约占总成本的10%，从表7-13可以看出，运维成本的变化对于度电成本的影响并不像初始投资成本那样显著。

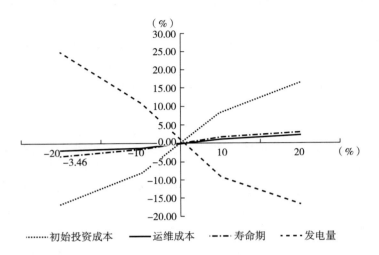

图7-2 风电项目度电成本敏感性分析

实际上，风力发电的外部效益具有显著性，尤其体现为环境效益，但是由于风电项目高投入、高成本的特性，在电力市场中风电和传统能源电力竞争较为困难，低收益的项目在竞争中难以吸引到投资。要使风电行业尽快发展，在建设风电项目时，一方面要考虑提高年发电量，努力降低初始投资成本（风电设备及安装成本），这二者对于降低风力度电成本最为重要；另一方面，国家必须考虑风电的环境效益，鼓励与扶持发展该行业，给予政策上的支持，如投资补贴等。

7.6.5　结果分析及结论

本节主要以H风电场项目为例，对风电项目全生命周期成本估算模型进行案例分析，并进行具体的度电成本计算，在不考虑政府补贴的情况下，得出风电度电成本约为0.56元/千瓦时，如果将外部成本考虑在内，火电的度电成本约为0.85元/千瓦时，每度风电相较火电便宜0.29元/千瓦时，大约节约成本34.12%，可以看出，风电项目具有明显的成本优势。在风电成本中占比最大的是初始投资成本，达到82.33%。

根据每阶段的成本构成，选择几个风电成本重要的影响因素进行了敏感性分析。敏感性分析是可以使决策者了解不确定因素对评价指标的影响程度，从而更好地进行决策，另外还能使决策者发现需要重点分析的敏感因素。敏感性分析具体计算了初始投资成本、运维成本、发电量、寿命期各因素对风电度电成本的影响程度，得出发电量、初始投资成本是对风电度电成本影响最大因素的结论。因此，为了降低风电度电成本，需要从提高发电量、降低初始投资成本两方面着手。

7.7　本章小结

　　本章主要是通过 H 风电场进行案例分析，从而对风力发电项目的成本核算进行研究。

　　首先，对风力发电成本核算的现状及问题进行了分析。风电项目传统的成本分为两部分：一部分是风电建设成本，包括前期风电场勘探、规划设计成本、风力发电机组购置成本、安装成本、调试成本、塔筒等成本、并网成本等；另一部分是运营维护成本。风电项目传统成本核算一方面缺少运行维护阶段的成本估算，另一方面缺少环境外部成本估算。

　　其次，构建风电项目成本核算模型。介绍风电项目完全成本构成因素，基于全生命周期成本理论和外部性理论提出风电项目完全成本计算模型，为风电项目管理者决策提供科学有效的依据。同时，对风电项目全生命周期成本估算模型进行改进，并对这一模型进行假设分析及各个阶段成本的估算，对比风电与燃煤火电，将风能的环境价值在电力成本的核算体系中表示出来，列出燃煤火电主要排放污染物的计算公式，选取项目生命周期、折现率及净残值三个变量参数，建立风电项目完全成本核算模型，为本章的案例分析提供依据。

　　再次，对风电项目完全成本核算模型中的相关费用进行估算，主要包括初始投资成本、运行成本、维护成本、故障成本、残值收益以及外部成本的估算。在风电项目中，与传统的成本分析思想相比，实施设备全生命周期成本的管理思想具有全过程、全成本、全系统等优点。通过对这些成本的估算，能够更好地发现影响风电成本的因素，从而更好地控制风电成本。

　　最后，以 H 风电场为例进行案例分析。对风电项目全生命周期成本估算模型进行案例分析，并进行具体的度电成本计算，根据每阶段的成本构成，选择几个风电成本重要的影响因素进行敏感性分析。具体计算了初始投资成本、运维成本、发电量、寿命期各因素对风电度电成本的影响程度，得出发电量、初始投资成本是对风电度电成本影响最大因素的结论。

第四部分

结论与展望

❽
对策与建议

　　为了在实现环境保护目标的同时，借助环境规制推动中国绿色全要素生产率的增长，本书给出一些政策建议，以期为当前新常态下的中国改善环境并保持经济可持续增长问题提供理论指导和政策建议。

8.1　重视经济增长质量的内涵

　　政府应该精准而且全面地理解经济增长质量的内涵，注重经济发展的各个维度，把握好环境规制与经济增长质量的关系，通过充分发挥政府治理的优势来有效进行环境污染的防范和规制。

　　经济增长的质量是包含多维度的一个概念，强调提高经济增长的质量意味着经济增长数量的提高更加必要，因为量变才能引起质变，也就是说，随着经济增长数量的增加，经济增长质量也会逐渐提高。政府首先应该将重点放在以下方面：鼓励技术和体制的综合创新；分享发展成果和提高全体人民的生活水平；协调和优化经济增长结构；稳定经济增长以及经济投资的有效性。在深入发展的道路上，最重要的是在提升经济增长质量的过程中，政府要谨慎考虑环境因素，制定法律法规等有效的环境规制政策，严格把控高污染行业和高能耗企业，采取提高污染控制费等有效的环境规制措施；同时发展新能源产业，并给予政策鼓励，激发科研人员对新能源研究的积极性，如发展电动汽车等新能源汽车以代替污染型能源汽车。

　　从分地区的经济增长质量来说，东部地区与中西部地区之间的经济增长质量的差距仍然在增大，这对于中央政府来说是一大挑战，政府应该努力缩减两者间的差异，继续加大对中西部地区的扶持，不能为了东部地区的高质量发展将高污染、高耗能产业向中西部地区转移，同时也要优化中西部地区的产业结构。东部发达地区应该在保持当前经济增长数量的情况下，鼓励高技能人才与低技能人才的同步发展，避免因高科技产业集聚而导致更多人失业的情况，稳定地提升经济增长质量。中西部地区应根据本地区的实际情况，合理利用资源优势，制定适合的规制政策，促进本地区的产业结构升级，加大本地区的科技创新力度，减少环境污染，在保持经济增长数量的同时加快经济的高质量增长。

8.2　优化环境规制工具组合

　　注重环境规制工具的创新与优化组合。政府为了达到一定的环境污染治理与减排的目标，必须制定相应的环境规制政策来限制社会主体的行为。然而，环境相关政策的制定并不仅仅是对规制工具的单一选择，环境政策能够发挥作用的前提是各种类型的环境规制工具能够协调配合使用，有必要充分发挥行政型、市场型和公众参与型环境规制工具的特点，使其产生最大的效用。

　　就目前而言，中国现有的环境规制政策体系较为单一，而且大多数地区是以政府强制执行的行政型环境规制工具为主，很多全国统一的环境规制政策工具在部分地区并不能发挥应有的作用。相比之下，一些发达国家在环境污染治理方面取得了良好的效果，这主要得益于环境规制政策的创新及规制工具的多样性，如北欧国家的环境税政策、日本的循环经济政策、美国的排污权交易政策等。因此，中国应该结合自身经济发展水平，有选择性地借鉴发达国家环境污染治理的成功经验，加快环境规制工具的创新与优化组合，避免因过度强调通过政府强制性治理环境污染而消除企业自主创新积极性的现象发生，应该使行政型环境规制工具与其他类型的规制工具相互配合，从而使政府更好地起到对环境污染治理的把控与引导作用。还要充分发挥市场机制对企业节能减排的激励作用，给予排污权交易、环境税、信息披露等规制工具施行的自主性与灵活性，以多重激励的方式加速推动企业的自主绿色环境行为。

8.3　完善环境规制政策体系

　　政府应该根据现有环境规制政策的实施效果和环境标准的执行情况，适时修正和完善环境相关政策体系，同时保证环境信息对公众的及时公开，并形成规范的环境规制社会监督体系。结合本书得出的结论，环境规制政策应注重完善以下两个方面：

一是健全排污收费制度。由本书的分析可知，以排污费征收为主的市场型环境规制在推动绿色全要素生产率增长方面具有显著的作用，因此应该进一步完善现有的排污费征收体系，提高市场信息灵敏度，保持排污费征收标准的灵活性，并且更大范围地推动排污权交易制度的实施，从而充分发挥市场型环境规制对绿色全要素生产率的积极作用。具体而言，政府一方面要加强对企业污染物排放的监督管理，加大对违反排放标准的高污染、高耗能的企业的惩戒力度，对污染小、低耗能、以绿色技术为主的清洁型企业给予一定的经济补偿，切实促进企业节能减排，提高企业的资源利用效率；另一方面要营造一个利用市场机制能够有效解决外部性问题的良好环境，进一步创新现有的制度体系与收费标准，并建立起一个完整、互通、及时的交易网络和体系。

二是建立有效的公众参与机制。现阶段公民的环保意识不强，参与环境污染治理活动的积极性不高且参与水平参差不齐，未能对中国经济主体的构成与企业的生产决策形成压力和影响力，公众参与型环境规制对绿色全要素生产率的促进作用并不理想。因此，政府要在环境保护工作中充分重视人民群众的重要性，积极引导公众主动参与环境保护、监督企业污染排放等行为。重点是要通过法律来保障公民对于环境污染情况具有最基本的知情权和监督权，并通过立法建立完善的环境参与体系和反馈机制，还要丰富、完善现有的公众参与方式从而降低公众参与成本，如利用网络媒体、座谈会、问卷调查等方式听取公众意见。对公众所反映的环境问题要切实付出行动，甚至组建专门的小组进行调查解决，使公民有动力参与到环境事件中来，这也有利于其他类型的环境规制工具发挥应有的效果。此外，政府不能忽视企业和非政府组织的力量，要充分发挥其在市场经济中的作用，鼓励企业和非政府组织自愿发起环保项目，从而有效带动环境政策的完善和环境规制工具的创新，这对公众环保意识的提升也有推动作用。

8.4 鼓励企业绿色技术创新

由本书对绿色全要素生产率的测算结果可以发现，绿色全要素生产率的提高很大程度上得益于技术进步和技术创新的增长，鼓励企业进行绿色技术创新对绿色全要素生产率的提升具有积极作用。但企业总的资本是有限的，技术创新势必要挤占一部分生产性投资，企业在创新初期往往表现出高成本、低收益的特征，再加上创新具有高风险性，此时还容易出现资源配置无效和规模不经济的现象，不利于企业竞争力的提升。不仅如此，技术具有一定的公共产品特性且能够带来正的外部性，当某一企业花费大量资本研发得到一项新技术，并利用该技术在市场中取得回报后，其他企业开始关注并逐渐意识到技术创新所能带来的巨大潜在效益，从而在已出现的新技术的基础上进行模仿、改进，这样一来，最初花费大量精力研发得到该项新技术的企业便失去了竞争优势，企业创新的积极性受到打击。为了避免这种情况，政府应该降低绿色企业的环境成本，加大对企业技术研发的补贴力度，降低绿色产品税费来鼓励绿色技术扩散；对新兴产业、清洁能源行业给予足够的支持，从绿色技术和管理制度两个方面鼓励企业进行自主创新；要加强对外商投资的引导，鼓励他们向绿色高新技术产业靠拢，降低污染密集型产业的比重。

8.5　实行差异化的环境规制政策

政府对于环境规制工具的选择要综合地区经济发展水平和不同类型规制工具的适用情况，以便充分发挥各类环境规制工具的优势。结合本书的实证分析结论来看，东部地区经济发展水平高，市场机制完善，企业自主交易成本低，而传统的以政府主导、强制性执行为主的行政型环境规制工具具有极小的灵活性，不能够发挥应有的效果。因此，政府应该强化市场型环境规制工具在当地的运用，如重点完善排污费征收体系等。中西部地区应该借助政府的强制性力量控制生态环境恶化，利用行政型规制工具见效快的特点，优化地区工业发展模式，避免一味地掠夺资源、追求经济利益而忽视环境资源的可持续发展，使生态脆弱区沦陷为"三高"产业转移的"避难所"，同时要确保行政型环境规制与其他规制工具的相互配合以发挥最大效用。此外，西部地区要注重强化绿色环保发展理念，健全公众参与和监督环境的保障机制，发挥公众参与型环境规制对绿色全要素生产率的正向作用。

此外，环境规制的标准应该被限制在一个合理的范围内，较高的环境标准虽然能够有效减少企业污染环境的行为，但如果企业为达到规定环境标准所付出的成本高于其所能承受的极限时，反而会给企业带来负担，造成巨大的经济代价。因此，我国各地区必须结合当地经济发展水平，选择适当的环境规制政策工具，使环境规制的强度保持在一个合理的范围内，且能够根据当地产业发展的实际情况进行动态调整，保持环境规制的灵活性和有效性，这样才能对地区的企业达到长期稳定的约束与激励并重的目标。例如，对于污染治理投资占比过高的地区，应该适度降低环境规制强度并给予企业一定的环境补贴，避免因严苛的环境规制给企业带来难以承受的财政负担，这样反而不利于当地经济的健康发展。而对于某些地区出现市场型环境规制工具——排污费征收强度尚未跨过"U"型拐点的现象，当地政府应该加大规制强度，以尽快跨过拐点。

8.6 优化现有的环境规制政策

本书的研究从某种程度上验证了适度的环境规制可以提升经济增长质量。通过本书的研究可知，高力度的环境规制并非一定能促进经济增长质量，因此政府在制定政策时，要因时因地而变，有选择地加强地区的环境规制政策，即优化现有的环境规制政策，从而充分发挥环境规制的"双赢"作用。环境规制的制定要与区域经济增长质量协同发展，政府不应该只把重点放在环境治理和环境建设方面，还要与国家的其他政策相结合。从宏观角度而言，中央政府应该加强引导机制，促进地方政府建立多种方式的环境治理协作机制，不断完善环境影响的评价机制，建立起能使环境治理向更好的方向发展的考核体系。

在经济较为发达的地区，地方政府的税收收入比较充足，这样政府会增加环境治理方面的财政支出；在经济欠发达的地区，为了首先发展经济水平，可能会有选择地放弃对生态环境的严格保护，降低地区环境标准，加大了提高经济增长质量水平的难度。环境规制政策必须结合我国各地区的不同的经济发展情况，动态地调整地区环境规制的力度，使其适应当地经济发展和生态环境的实际情况，以期实现对区域内的企业长期稳定约束和激励的目标。政府应该实施差异化的环境规制政策。具体而言，应该继续加大东部地区的环境规制强度，实施更加严格的环境政策；对于中西部地区，直接的环境规制影响并不显著，成本效应过高，政府应该适当地增加环境规制补贴，充分鼓励"绿色投资"，帮助企业完成转型。另外，政府应该高度重视环境规制的整体规划以及适度性，创造有利环境，以提高经济增长的质量，促使环境规制向有利于经济增长质量提升的方向发展。比如，改善区域基础设施，加强对环境技术人员的培训，使个人和企业均提高对环境概念的认识，树立起保护生态环境的理念，加速市场改革。

8.7 适度增加教育投资和培训

从本章的研究结果看，人力资本的适度提升是环境规制促进经济增长质量的重要动力之一。这说明，可以通过适度增加教育投资和培训、保障人才的引进和留用来提升人力资本，从而提升企业技术创新能力，缩短技术创新转化为生产力的时间；通过环境规制提高产业水平，促进经济增长质量。因此，政府要重视人力资本的作用，政府投资在人力资本积累中不可或缺，特别是教育和医疗极大程度依赖于政府财政支出。我国教育投入虽然在总量上投资巨大，但人均投入与世界平均水平却仍然存在巨大差距。因此，政府不仅需要适度增加教育方面的投资，还需要培养和发展创新型人才，提高人力资本的综合素质、劳动参与率和劳动生产率，扩大人力资本有效供给，加强人力资源市场管理，使个人内部知识可以将人力资本转化为生产力，在促进经济增长水平的同时提高经济增长质量。更重要的是，政府在增加教育和医疗财政投资的同时，还要注重城乡和地区之间的人力资本差异，要保证人力资本投资在区域和城乡之间能够均衡平稳地发展，提高劳动力素质，增加人力资本对环境规制与经济增长调节作用的贡献，推进中国经济增长方式转型升级。

对于东部地区，应该利用当前的有效资源，一方面把握好教育投资的适度性，不能过度投资导致浪费，另一方面要注重人力资本结构的改善和质量的提升，利用好东部地区良好的资源和地理优势，通过政府出资开展职业技能培训，鼓励大家积极参加职业技能学校等措施，来提高劳动者的素质和他们获取、掌握知识和技术的能力。进一步提高人力资本质量，培养出更多适合劳动力市场的人员。对于中西部地区，应减少基础性的教育投资，避免自身投资的成本带来相反的作用效果。反而应该加大高等教育和科研建设的投入，以省会及经济发展相对较快的城市为中心，建立以中心带动周围城市发展的研发技术科技群，以提高中西部地区整体的科技水平及自主创新能力。同时，中西部地区应向东部等发展较快的地区借鉴成果经验，建立健全劳动力市场和自主就业培训市场，从整体上提高劳动者素质和技能，从而不仅提高人力资本水平、改善人力资本结构，也有利于引进新型绿色产业，减少中西部地区的环境污染，为经济的高质量发展提供更好的环境。

❾
研究结论与未来展望

    本章对前文所得出的重要结论进行归纳，在指出文章不足之处的基础上提出了后期有待深入研究的方向。

9.1　研究结论

    通过前面的研究，本书主要得出以下结论：

    第一，不同类型的环境规制工具将促进绿色全要素生产率异质性增长。具体体现在以下三个方面：

    首先，中国整体及东部、中部、西部地区的绿色全要素生产率均呈上升趋势，且增长来源存在差异。中国整体绿色全要素生产率的提高主要依赖于技术进步，技术效率也表现为较强的正效应，规模效率和配置效率的变化在总体上对绿色全要素生产率的增加具有正向作用，但作用并不明显。分区域来看，各地区绿色全要素生产率的增长速度由高到低依次为东部地区、西部地区和中部地区，东部地区绿色全要素生产率增长的主要动因是技术进步和技术效率变化，其中技术进步的贡献最大，规模效率变化是阻碍该地区绿色全要素生产率增长的重要原因；中部地区的绿色全要素生产率之所以最低，与其在分析期间配置效率表现为负增长有关；西部地区的技术进步增长率和技术效率增长率是绿色全要素生产率增长的主要动因，相比于其他区域这两个因素的优势较小，但该地区规模效率变化率和配置效率变化率都表现为较强的正效应。

    其次，环境规制与绿色全要素生产率之间存在非线性关系。其中，行政型环境规制在中国整体和中部、西部地区对绿色全要素生产率的影响呈倒"U"型，且环境规制强度均未跨过拐点，仍表现为对绿色全要素生产率的促进作用；市场型规制工具对绿色全要素生产率的作用在中国整体和东部地区也表现为倒"U"

型结构，该环境规制强度目前未跨过曲线拐点，同样表现为对绿色全要素生产率的正向影响；公众参与型环境规制对中国整体和西部地区绿色全要素生产率的影响呈正"U"型结构，只不过公众参与型环境规制的强度在中国整体未跨过拐点，表现为对绿色全要素生产率的抑制作用，而在西部地区已跨过拐点，对绿色全要素生产率的增长具有显著的促进作用。

最后，环境规制促进绿色全要素生产率增长的动力来源不同。就行政型环境规制而言，其对中国整体绿色全要素生产率的促进作用主要来自该环境规制对技术效率和配置效率的提高，在中部地区该环境规制主要依赖于对技术效率的提高从而推动绿色全要素生产率的增长，在西部地区该环境规制对绿色全要素生产率的促进作用主要来自对技术效率、规模效率和配置效率增长的推动，但对技术进步的发展存在抑制作用；就市场型环境规制而言，其对中国整体绿色全要素生产率的促进作用得益于该环境规制对技术效率和规模效率的提高，在东部地区该环境规制对绿色全要素生产率的正向推动作用依赖于对规模效率的提高，在中部地区该环境规制对绿色全要素生产率的促进作用则主要来源于对技术进步与规模效率的提高；就公众参与型环境规制而言，其对中国整体绿色全要素生产率的负面作用来源于该环境规制对技术进步的抑制，而在西部地区该环境规制对绿色全要素生产率的促进作用主要来源于其对技术进步、技术效率、规模效率和配置效率增长的推动。

第二，环境规制对经济增长质量在不同地区有着不同的影响。主要体现在以下四个方面：

首先，我国经济增长质量整体呈上升趋势。本书构建的经济增长质量综合指标体系的测度结果表明，研究期间全国的经济增长质量总体上在波动中呈现上升趋势，东部地区和中西部地区都与全国保持了一致的增长趋势，都是在波动中持续增长。对比东部与中西部地区的经济增长质量综合指数，从 2004 年相差 0.492 到 2016 年相差 2.332，两个地区的差异是逐步在扩大的。

其次，经济发达地区政府对环境的重视程度更高。使用 Python 爬虫方法对我国省级政府工作报告进行分词处理，统计得到政府工作报告中与环境相关的词汇频数比例不断提升，尤其是 2008 年以后的占比明显有大幅增长，这与政府对环境问题的重视程度越来越高有相当大的吻合度。东部地区的环境规制力度整体大于中西部地区，这也说明越是经济发达的地区，政府对环境的重视程度越高，环境规制的力度也越大。

再次，从环境规制对经济增长质量的面板回归结果来看，环境规制与经济增长质量之间存在正向促进关系。具体而言，全国的环境规制强度每提高 1%，经济增长质量就提高 0.0359%。对于东部地区，环境规制会促进其地区经济增长质量的提升，环境规制的强度每提高 1%，环境规制与经济增长质量的回归系数会提高 0.0889%；对于中西部地区，环境规制对经济增长质量的正向影响是不显著的。

最后，从环境规制对经济增长质量的门槛回归结果来看，在环境规制与经济增长质量的关系中存在明显的人力资本门槛效应。其中，全国和东部地区存在人力资本的双门槛效应，中西部地区存在人力资本单门槛效应。具体而言，对于全国，在人力资本水平低于 0.6020 时，环境规制对经济增长质量具有不显著的促进作用；当人力资本水平提高并介于 0.6020 和 1.3730 之间时，环境规制对经济增长质量的作用也由不显著变为在 1% 的水平下显著；当人力资本水平提高至 1.3730 以上时，环境规制对经济增长质量的促进作用不再显著。对于东部地区，人力资本水平低于第一个门槛值 0.8580 时，环境规制对经济增长质量的促进作用在 10% 的水平下显著；当人力资本水平在 0.8580 和 1.3900 之间时，环境规制对经济增长质量产生的正向作用增强；当人力资本水平高于 1.3900 时，环境规制对经济增长质量的影响仍然为正向，但环境规制对经济增长质量的促进效应在 1% 的水平下是不显著的。对于中西部地区，当人力资本水平低于 1.1550 时，环境规制对经济增长质量具有不显著的促进作用；当人力资本水平提高至 1.1550 以上时，环境规制对经济增长质量产生了显著的抑制作用。

第三，补贴政策对西北地区风能和光伏发电企业绩效存在不同影响。主要表现在以下三个方面：

首先，补贴政策伴随着行业发展主要经历了四个阶段，且正处于转型升级阶段。在该阶段，风能和光伏发电的主要补贴政策为电价补贴政策和税收优惠政策。电价补贴政策受到财政限制而不能得到全面的落实，税收优惠政策的落实情况较好。补贴政策在一定程度上促进了风能和光伏发电的发展。

其次，西北地区风能和光伏发电企业效率较低，尤其是经济绩效比较低。西北地区风能和光伏发电电价补贴推迟发放加剧企业资金链压力；企业对补贴产生依赖以及乐观预期造成了过度投资的现象，且政府对发电项目权力的下放更是加剧了这一问题的产生。在这样的发展环境下，西北地区风能和光伏发电企业存在较高的弃风限电现象，经济绩效、社会绩效和环境绩效都不能呈现较好结果。

最后，补贴对企业经济绩效与环境绩效的提升均有促进作用，但是，补贴却并没有促进环境绩效向企业经济绩效转化。

9.2　不足之处与展望

第一，对环境规制指标的衡量有待进一步完善。一方面，受部分环境规制政策难以量化及数据来源的限制，在衡量行政型、市场型和公众参与型环境规制指标时，只选取了具有代表性的指标，不能充分、全面地反映三种环境规制类型的特点；另一方面，关于环境规制影响绿色全要素生产率的作用机制分析，笔者的深度和广度还远远不够，环境规制对绿色全要素生产率的影响是通过多种机制综合作用的，值得进一步研究。

第二，环境规制与部分经济增长质量的维度之间的关系有待进一步探究。本书构建的经济增长质量包含了经济增长的效率、经济结构、经济稳定性、经济增长的福利变化与成果分配和经济增长的生态环境代价五个维度，但是鉴于篇幅有限和研究的重点，没有分别探讨环境规制对这五个维度的直接和间接影响作用，这是本书的第一个不足之处，也是一个值得进一步研究的问题。

第三，相关研究样本有待扩大。本书在对补贴政策对西北地区风能和光伏发电企业绩效进行研究时，仅收集了西北地区企业的数据，还可以增加其他风能和光伏发电区域的数据，也可以将发电企业类型扩充到其他可再生能源进行研究，以扩大研究的实用性；此外，补贴的获取是企业与政府博弈的结果，可以基于此研究视角对行动者的意愿和行为展开博弈分析，进一步深入分析不同类型投资者对补贴作用的影响。

参考文献

［1］温湖炜，周凤秀．环境规制与中国省域绿色全要素生产率——兼论对《环境保护税法》实施的启示［J］．干旱区资源与环境，2019，33（2）：9-15.

［2］蔡乌赶，周小亮．中国环境规制对绿色全要素生产率的双重效应［J］．经济学家，2017（9）：29-37.

［3］朱金鹤，王雅莉．创新补偿抑或遵循成本？污染光环抑或污染天堂？——绿色全要素生产率视角下双假说的门槛效应与空间溢出效应检验［J］．科技进步与对策，2018，35（20）：46-54.

［4］Callan S J, Thomas J M. Environmental economics & management: Theory, policy, and applications［M］．北京：清华大学出版社，2012.

［5］Tietenberg T. Ethical influences on the evolution of the US tradable permit approach to air pollution control［J］. Ecological Economics, 1998, 24（2-3）: 241-257.

［6］Macho-Stadler I. Environmental regulation: Choice of instruments under imperfect compliance［J］. Spanish Economic Review, 2008, 10（1）: 1-21.

［7］Gilbert F. White. Science and policy for sustainable development［J］. Environment Science & Policy for Sustainable Development, 2010, 26（7）: 25-46.

［8］Copeland B R, Taylor M S. Trade and the environment: Theory and evidence［J］. Canadian Public Policy, 2013, 6（3）: 339-365.

［9］Khanna M, Quimio W R H, Bojilova D. Toxic release information: A policy tool for environmental protection［J］. Journal of Environmental Economics & Management, 1997, 36（3）: 243-266.

［10］Becker R A, Jr C P, Shadbegian R J. Do environmental regulations disproportionately affect small businesses? evidence from the pollution abatement costs and expenditures survey［J］. Journal of Environmental Economics & Management, 2013, 66（3）: 523-538.

［11］Meidinger E, Boyer B B. Privatizing regulatory enforcement: A preliminary assessment of citizen suits under federal environmental laws［J］. Social Science Electronic Publishing, 2014, 34（3）: 833 – 964.

［12］Arimura T H, Hibiki A, Katayama H. Is a voluntary approach an effective environmental policy instrument? A case for environmental management systems［J］. Journal of Environmental Economics & Management, 2008, 55（3）: 281 – 295.

［13］Baldwin R E. The political economy of protectionism［J］. Nber Chapters, 2009, 53（2）: 47 – 98.

［14］Kalt J P. The political economy of protectionism: Tariffs and retaliation in the timber industry［J］. Social Science Electronic Publishing, 1988（5）: 339 – 368.

［15］Leiter A M, Parolini A, Winner H. Environmental regulation and investment: Evidence from european industry data［J］. Ecological Economics, 2011, 70（4）: 759 – 770.

［16］Naso P. The porter hypothesis goes to China: Spatial development, environmental regulation and productivity［J］. Cies Research Paper, 2017, 10（2）: 124 – 135.

［17］Alpay E, Hari A, Ahearn M K A L. Gender issues in the university research environment［J］. European Journal of Engineering Education, 2010, 35（2）: 135 – 145.

［18］Walter I, Ugelow J L. Environmental policies in developing countries［J］. Ambio, 1979, 8（2/3）: 102 – 109.

［19］庇古. 福利经济学［M］. 上海: 上海财经大学出版社, 2009.

［20］约翰·梅纳德·凯恩斯. 就业、利息和货币通论［M］. 北京: 商务印书馆, 2005.

［21］Solangi K H, Islam M R, Saidur R, et al. A review on global solar energy policy［J］. Renewable & Sustainable Energy Reviews, 2011, 15（4）: 2149 – 2163.

［22］Dinçer F. The analysis on photovoltaic electricity generation status, potential and policies of the leading countries in solar energy［J］. Renewable & Sustainable Energy Reviews, 2011, 15（1）: 713 – 720.

［23］Ritschel A, Smestad G P. Energy subsidies in California's electricity market deregulation［J］. Energy Policy, 2003, 31（13）: 1379 – 1391.

［24］Cucchiella F, D'Adamo I, Gastaldi M. A profitability assessment of small – scale photovoltaic systems in an electricity market without subsidies［J］. Energy Conversion & Management, 2016 (129): 62 - 74.

[25] Canova A, Profumo F, Tartaglia M. LCC design criteria in electrical plants oriented to the energy saving [J]. IEEE Transactions on Industry Applications, 2003, 39 (1): 53 - 58.

[26] Steen B. Environmental costs and benefits in life cycle costing [J]. Management of Environmental Quality An International Journal, 2005, 16 (2): 107 - 118.

[27] Nilsson J, Bertling L. Maintenance management of wind power systems using condition monitoring systems [C]. Power Engineering Society General Meeting, IEEE, 2007.

[28] Laura C S, Vicente D C. Life - cycle cost analysis of floating offshore wind farms [J]. Renewable Energy, 2014, 66 (3): 41 - 48.

[29] Li C T, Peng H, Sun J. Life cycle cost analysis of wind power considering stochastic uncertainties [J]. Energy, 2014 (75): 411 - 418.

[30] Zakeri B, Syri S. Electrical energy storage systems: A comparative life cycle cost analysis [J]. Renewable & Sustainable Energy Reviews, 2015, 42 (C): 569 - 596.

[31] Lagaros N D, Karlaftis M G, Paida MK. Stochastic life - cycle cost analysis of wind parks [J]. Reliability Engineering & System Safety, 2015 (144): 117 - 127.

[32] Mangan S D, Oral G K. Assessment of residential building performances for the different climate zones of Turkey in terms of life cycle energy and cost efficiency [J]. Energy & Buildings, 2016 (110): 362 - 376.

[33] 马士国. 环境规制工具的选择与实施：一个述评 [J]. 世界经济文汇, 2008 (3): 76 - 90.

[34] 孙玉霞, 刘燕红. 环境税与污染许可证的比较及污染减排的政策选择 [J]. 财政研究, 2015 (4): 96 - 99.

[35] 黄清煌, 高明. 中国环境规制工具的节能减排效果研究 [J]. 科研管理, 2016, 37 (6): 19 - 27.

[36] 谢荣辉. 环境规制、引致创新与中国工业绿色生产率提升 [J]. 产业经济研究, 2017 (2): 38 - 48.

[37] 陈诗一. 能源消耗、二氧化碳排放与中国工业的可持续发展 [J]. 经济研究, 2009 (4): 41 - 55.

[38] 匡远凤, 彭代彦. 中国环境生产效率与环境全要素生产率分析 [J].

经济研究，2012（7）：62 - 74.

［39］Chambers R G，Chung Y，Färe R．Benefit and distance functions ［J］．Journal of Economic Theory，1996，70（2）：407 - 419.

［40］Chung Y H，Färe R，Grosskopf S．Productivity and undesirable outputs：A directional distance function approach ［J］．Microeconomics，1997，51（3）：229 - 240.

［41］王兵，吴延瑞，颜鹏飞．环境管制与全要素生产率增长：APEC 的实证研究 ［J］．经济研究，2008（5）：19 - 32.

［42］李小胜，安庆贤．环境管制成本与环境全要素生产率研究 ［J］．世界经济，2012（12）：23 - 40.

［43］涂正革．环境、资源与工业增长的协调性 ［J］．经济研究，2008（2）：93 - 105.

［44］王兵，刘光天．节能减排与中国绿色经济增长——基于全要素生产率的视角 ［J］．中国工业经济，2015（5）：57 - 69.

［45］吕康娟，程余，范冰洁．环境规制对中国制造业绿色全要素生产率的影响分析 ［J］．生态经济（中文版），2017，33（4）：49 - 52.

［46］谌莹，张捷．碳排放、绿色全要素生产率和经济增长 ［J］．数量经济技术经济研究，2016（8）：47 - 63.

［47］栗宝卿．促进可再生能源发展的财税政策研究 ［D］．财政部财政科学研究所，2010.

［48］奚烨．政府补贴扶持、技术创新与新能源产业绩效的研究 ［D］．南京财经大学，2015.

［49］姜达洋．战略性新兴产业发展悖论重解 ［J］．科技进步与对策，2014（5）：60 - 64.

［50］戚聿东，姜莱．中国新能源产业政府补贴优化方向研究 ［J］．财经问题研究，2016（11）：17 - 22.

［51］吴昱，边永民．新能源产业链激励政策及其补贴合规性——以太阳能光伏产业为例 ［J］．求索，2013（4）：1 - 4.

［52］何代欣．促进新能源产业发展的财税政策：评估与调适 ［J］．税务研究，2014（9）：6 - 10.

［53］曾鸣，段金辉．新能源补贴机制问题及对策 ［J］．中国电力企业管理，2015（11）：50 - 53.

［54］李琼慧，王彩霞．新能源发展关键问题研究 ［J］．中国电力，2015（1）：33 - 36.

［55］肖兴志，王伊攀．政府补贴与企业社会资本投资决策——来自战略性新兴产业的经验证据［J］．中国工业经济，2014（9）：148－160.

［56］周亚虹，蒲余路，陈诗一，方芳．政府扶持与新型产业发展——以新能源为例［J］．经济研究，2015（6）：147－161.

［57］丁芸．促进新能源产业发展的财税政策选择［J］．税务研究，2016（6）：14－19.

［58］唐安宝，李凤云．融资约束、政府补贴与新能源企业投资效率——基于异质性双边随机前沿模型［J］．工业技术经济，2016（8）：145－153.

［59］魏志华，吴育辉，曾爱民．寻租、财政补贴与公司成长性——来自新能源概念类上市公司的实证证据［J］．经济管理，2015（1）：1－11.

［60］彭中文，文亚辉，黄玉妃．政府补贴对新能源企业绩效的影响：公司内部治理的调节作用［J］．中央财经大学学报，2015（7）：80－85.

［61］陆国庆，王舟，张春宇．中国战略性新兴产业政府创新补贴的绩效研究［J］．经济研究，2014（7）：44－55.

［62］范云轩．财政支持、技术创新与新能源产业发展绩效研究［J］．扬州职业大学学报，2015（2）：22－27.

［63］韩天祥．全寿命周期成本（LCC）管理研究项目获奖情况［J］．华东电力，2005（5）：71－71.

［64］李欣．电站设备的全寿命周期成本管理及优化分析方法［J］．热力发电，2011，40（4）：17－19＋40.

［65］李景文，厉一梅，杨凡等．风电企业全寿命周期成本研究［J］．山东电力技术，2012（2）：25－29.

［66］袁岩．基于全寿命周期的电网建设项目成本控制研究［J］．中国新技术新产品，2015（6）：155.

［67］于治军．风电项目全寿命周期成本管理研究［J］．经营管理者，2016（27）：254－255.

［68］Kumbhakar S C, Lovell C A K. Stochastic frontier analysis［M］. Cambridge：Cambridge University Press, 2000：24－29.

［69］王留鑫，姚慧琴，韩先锋．碳排放、绿色全要素生产率与农业经济增长［J］．经济问题探索，2019（2）：142－149.

［70］植草益．微观规制经济学［M］．北京：中国发展出版社，1992：25－28.

［71］丹尼尔·F. 史普博．管制与市场［M］．上海：上海人民出版社，1999：16－17.

［72］王俊豪．政府管制经济学导论［M］．北京：商务印书馆，2001：125 – 136.

［73］陈振明．政策科学：公共政策分析导论［M］．北京：中国人民大学出版社，2003：56 – 78.

［74］顾建光．公共政策工具研究的意义、基础与层面［J］．公共管理学报，2006（4）：58 – 61，110.

［75］托马斯·思德纳．环境与自然资源管理的政策工具［M］．上海：上海人民出版社，2005：115 – 128.

［76］王小宁，周晓唯．市场化进程、环境规制与经济增长——基于东、中、西部地区的经验研究［J］．科学决策，2015（3）：82 – 94.

［77］冯志军，陈伟，杨朝均．环境规制差异、创新驱动与中国经济绿色增长［J］．技术经济，2017，36（8）：61 – 69.

［78］潘勤华，李樱，胡靖．环境规制方式及其强度对全要素生产率的影响——基于中国面板数据研究［J］．企业经济，2016（12）：13 – 18.

［79］王红梅．中国环境规制政策工具的比较与选择——基于贝叶斯模型平均（BMA）方法的实证研究［J］．中国人口·资源与环境，2016，26（9）：132 – 138.

［80］Ahmed，Elsadig M．Green TFP intensity impact on sustainable East Asian productivity growth［J］．Economic Analysis and Policy，2012，42（1）：67 – 78.

［81］Chen S，Hardle W K．Erratum to：Dynamic activity analysis model – based win – win development forecasting under environment regulations in China［J］．Computational Statistics，2014，29（6）：1543 – 1570.

［82］王兵，吴延瑞，颜鹏飞．中国区域环境效率与环境全要素生产率增长［J］．经济研究，2010（5）：95 – 109.

［83］高红．基于全寿命周期成本的风力发电项目决策研究［D］．长安大学，2012.

［84］陈晓川，方明伦．制造业中产品全生命周期成本的研究概况综述［J］．机械工程学报，2002（11）：17 – 25.

［85］云飞．涞源县配电网建设项目全生命周期成本与效益分析［D］．华北电力大学，2015.

［86］钟艳芳．变电站工程项目全寿命周期成本管理研究［D］．华北电力大学，2012.

［87］温鸿钧．由核电与煤电外部成本比较看核电价格之优势［J］．中国核工业，2005（4）：18 – 21.

［88］安艳丽. 风力发电运行价值分析与研究［D］. 河北农业大学，2011.

［89］Leiter A M, Parolini A, Winner H. Environmental regulation and invest-ment：Evidence from european industry data［J］. Ecological Economics, 2011, 70 (4)：759 - 770.

［90］刘和旺，郑世林，左文婷. 环境规制对企业全要素生产率的影响机制研究［J］. 科研管理，2016，37（5）：33 - 41.

［91］Bohringer C, Moslener U, Oberndorfer U, et al. Clean and productive? Empirical evidence from the German manufacturing industry［J］. Research Policy, 2008, 41 (2)：442 - 451.

［92］刘海英，谢建政. 排污权交易与清洁技术研发补贴能提高清洁技术创新水平吗——来自工业 SO_2 排放权交易试点省份的经验证据［J］. 上海财经大学学报，2016，18（5）：79 - 90.

［93］曾冰，郑建锋，邱志萍. 环境政策工具对改善环境质量的作用研究——基于 2001—2012 年中国省际面板数据的分析［J］. 上海经济研究，2016 (5)：39 - 46.

［94］Weitzman M L. Prices vs. Quantities［J］. Review of Economic Studies, 1974, 41 (4)：477 - 491.

［95］Milliman S R, Prince R. Firm incentives to promote technological change in pollution control［J］. Journal of Environmental Economics & Management, 2005, 17 (3)：247 - 265.

［96］马富萍，郭晓川，茶娜. 环境规制对技术创新绩效影响的研究——基于资源型企业的实证检验［J］. 科学学与科学技术管理，2011，32（8）：87 - 92.

［97］占佳，李秀香. 环境规制工具对技术创新的差异化影响［J］. 广东财经大学学报，2015，30（6）：16 - 26.

［98］彭星，李斌. 不同类型环境规制下中国工业绿色转型问题研究［J］. 财经研究，2016，42（7）：134 - 144.

［99］申晨，贾妮莎，李炫榆. 环境规制与工业绿色全要素生产率——基于命令控制型与市场激励型规制工具的实证分析［J］. 研究与发展管理，2017，29（2）：144 - 154.

［100］张江雪，蔡宁，杨陈. 环境规制对中国工业绿色增长指数的影响［J］. 中国人口·资源与环境，2015，25（1）：24 - 31.

［101］韩晶，陈超凡，冯科. 环境规制促进产业升级了吗？——基于产业技术复杂度的视角［J］. 北京师范大学学报（社会科学版），2014 (1)：148 -

160.

[102] 王班班, 齐绍洲. 市场型和命令型政策工具的节能减排技术创新效应——基于中国工业行业专利数据的实证 [J]. 中国工业经济, 2016 (6): 91 – 108.

[103] 陈玉龙, 石慧. 环境规制如何影响工业经济发展质量? ——基于中国 2004—2013 年省际面板数据的强波特假说检验 [J]. 公共行政评论, 2017 (5): 4 – 25.

[104] 张平, 张鹏鹏, 蔡国庆. 不同类型环境规制对企业技术创新影响比较研究 [J]. 中国人口·资源与环境, 2016, 26 (4): 8 – 13.

[105] Lowi T J. Four systems of policy, politics, and choice [J]. Public Administration Review, 1972, 32 (4): 298 – 310.

[106] Berman E, Bui L T M. Environmental regulation and productivity: Evidence from oil refineries [J]. Review of Economics and Statistics, 2001, 83 (3): 498 – 510.

[107] Lanoie P, Patry M, Lajeunesse R. Environmental regulation and productivity: Testing the porter hypothesis [J]. Journal of Productivity Analysis, 2008, 30 (2): 121 – 128.

[108] 黄清煌, 高明. 环境规制对经济增长的数量和质量效应——基于联立方程的检验 [J]. 经济学家, 2016 (4): 53 – 62.

[109] 王喜平, 刘哲. 环境规制与工业绿色增长效率——基于空间计量模型的实证 [J]. 兰州财经大学学报, 2018, 34 (2): 32 – 40.

[110] 弓媛媛. 环境规制对中国绿色经济效率的影响——基于 30 个省份的面板数据的分析 [J]. 城市问题, 2018 (8): 68 – 78.

[111] 杨朝均, 呼若青, 冯志军. 环境规制政策、环境执法与工业绿色创新能力提升 [J]. 软科学, 2018, 32 (1): 11 – 15.

[112] 查建平. 环境规制与工业经济增长模式——基于经济增长分解视角的实证研究 [J]. 产业经济研究, 2015 (3): 92 – 101.

[113] 翟丽, 王君萍, 甄建斌. 环境规制对区域生态效率的影响 [J]. 资源与产业, 2018, 20 (1): 55 – 60.

[114] Golusin M, Ivanovic O M, Filipovic S, et al. Environmental taxation in the European Union – Analysis, challenges, and the future [J]. Journal of Renewable and Sustainable Energy, 2013, 5 (4): 115 – 132.

[115] Bovenberg A L. Environmental tax policy and intergenerational distribution [J]. Journal of Public Economics, 1998, 67 (1): 1 – 24.

［116］曾婧婧，胡锦绣．中国公众环境参与的影响因子研究——基于中国省级面板数据的实证分析［J］．中国人口·资源与环境，2015，25（12）：62－69.

［117］刘新民，杜素珍，王松．环境规制对低碳经济发展的直接与间接效应分析［J］．山东科技大学学报（社会科学版），2016，18（4）：52－61.

［118］Campbell J L．Why would corporations behave in socially responsible ways? An institutional theory of corporate social responsibility［J］．Academy of Management Review，2007，32（3）：946－967.

［119］张德钢，陆远权．市场分割对能源效率的影响研究［J］．中国人口·资源与环境，2017（1）：65－72.

［120］Battese G E，Coelli T J．A model for technical inefficiency effects in a stochastic frontier production function for panel data［J］．Empirical Economics，1995，20（2）：325－332.

［121］单豪杰．中国资本存量 K 的再估算：1952~2006 年［J］．数量经济技术经济研究，2008，25（10）：17－31.

［122］Pittman R W．Issue in pollution control：Interplant cost differences and economies of scale［J］．Land Economics，1981，57（1）：1－17.

［123］Haynes K E，Ratick S，Cummings－Saxton J．Toward apollution abatement monitoring policy：Measurements，model mechanics，and data requirements［J］．Environmental Professional，1994（16）：292－303.

［124］Reinhard S，Lovell C A K，Thijssen G．Econometric estimation of technical and environmental efficiency：An application to dutch dairy farms［J］．American Journal of Agricultural Economics，1999，81（1）：44－60.

［125］Hailu A，Veeman T S．Environmentally sensitive productivity analysis of the Canadian pulp and paper industry，1959－1994：An input distance function approach［J］．Journal of Environmental Economics & Management，2000，40（3）：251－274.

［126］Murty S，Russell R R，Levkoff S B．On modeling pollution－generating technologies［J］．Journal of Environmental Economics & Management，2012，64（1）：117－135.

［127］Färe R，Grosskopf S，Lovell C A K．The measurement of efficiency of production［M］．Springer Netherlands，1985：56－72.

［128］Färe R，Grosskopf S，Jr C A P．Environmental production functions and environmental directional distance functions［J］．Energy，2007，32（7）：1055－

1066.

[129] 屈小娥，席瑶．资源环境双重规制下中国地区全要素生产率研究——基于 1996—2009 年的实证分析 [J]．商业经济与管理，2012，1 (5)：89 – 96.

[130] 刘瑞翔．探寻中国经济增长源泉：要素投入、生产率与环境消耗 [J]．世界经济，2013，36 (10)：123 – 141.

[131] Mundlak Y. Empirical production function free of management bias [J]. Journal of Farm Economics, 1961, 43 (1)：44 – 56.

[132] Balestra P, Nerlove M. Pooling cross section and time series data in the estimation of a dynamic model：The demand for natural gas [J]. Econometrica, 1966, 34 (3)：585 – 612.

[133] 武建新，胡建辉．环境规制、产业结构调整与绿色经济增长——基于中国省级面板数据的实证检验 [J]．经济问题探索，2018 (3)：7 – 17.

[134] 李佛关，郎永建．城镇化与全要素生产率提升关系实证研究 [J]．企业经济，2016 (2)：179 – 183.

[135] 刘赢时，田银华，罗迎．产业结构升级、能源效率与绿色全要素生产率 [J]．财经理论与实践，2018，39 (1)：118 – 126.

[136] 胡建辉．高强度环境规制能促进产业结构升级吗？——基于环境规制分类视角的研究 [J]．环境经济研究，2016，1 (2)：76 – 92.

[137] Campbell J L. Why would corporations behave in socially responsible ways? An institutional theory of corporate social responsibility [J]. Academy of Management Review, 2007, 32 (3)：946 – 967.

[138] Wüstenhagen R, Bilharz M. Green energy market development in Germany：Effective public policy and emerging customer demand [J]. Energy Policy, 2006, 34 (13)：1681 – 1696.

[139] 刘力昌，夏梦．国内电力定价机制改革研究与建议 [J]．开发研究，2015 (1)：133 – 136.

[140] 时璟丽．关于在电力市场环境下建立和促进可再生能源发电价格体系的研究 [J]．中国能源，2008 (1)：23 – 27.

[141] González P D R. Ten years of renewable electricity policies in Spain：An analysis of successive feed – in tariff reforms [J]. Energy Policy, 2008, 36 (8)：2917 – 2929.

[142] 陈政，杨甲甲，金小明，董楠，冷媛，吴鸿亮，杨俊，文福拴．可再生能源发电电价形成机制与参与电力市场的竞价策略 [J]．华北电力大学学报（自然科学版），2014 (2)：89 – 98，102.

［143］黄玲. 我国风电定价机制研究［D］. 中国地质大学，2011.

［144］陈媛. 我国可再生能源补贴政策的有效性研究［D］. 青岛大学，2013.

［145］朱苗苗. 德国可再生能源发展的经验及启示［J］. 经济纵横，2015（5）.

［146］马宇骏. 英国可再生能源政策发展及对我国的启示［D］. 华北电力大学，2011.

［147］孙金. 风电运行成本与价值分析［D］. 湖南大学，2012.

［148］纪武兵. 风电项目融资模式应用研究［D］. 华北电力大学，2014.

［149］关勇军，刘秀娜等. 研发直接补贴和税收优惠的理论依据及比较［J］. 会计之友，2012（22）.

［150］迟秀凯. 风力发电企业成本控制研究［D］. 华北电力大学，2011.

［151］谢建湘. 光伏发电成本控制的有效措施［J］. 中国市场，2014（35）：47 – 48.

［152］任百胜. 浅谈风电企业成本管控［J］. 财务与会计（理财版），2013（8）：49 – 50.

［153］Nola Hewit Dundas，Stephen Roper. Output additionality of public support for innivation：Evidence for irish manufacturing plants［J］. European Planning Studies，2010（1）：107 – 122.

［154］邵传林，邵姝静. 财政补贴政策对企业创新绩效的激励效果评价——来自微观层面的经验证据［J］. 西安财经学院学报，2015，28（6）：5 – 11.

［155］蔡书凯，刘二林，俞葵. 财政支持对中小企业后绩效的影响研究——以芜湖市中小企业为例［J］. 软科学，2016，30（11）：34 – 39.

［156］王泽清，蒋可意，周璇熠. 政府财政补助与上市公司业绩的关系——以浙江省为例［J］. 中国市场，2014（29）：6.

［157］黄珺仪. 中国可再生能源产业电价补贴政策绩效研究——基于省际面板数据的实证分析［J］. 价格月刊，2017（8）：11 – 16.

［158］柳光强，杨芷晴，曹普桥. 产业发展视角下税收优惠与财政补贴激励效果比较研究——基于信息技术、新能源产业上市公司经营业绩的面板数据分析［J］. 财贸经济，2015（8）：38 – 47.

［159］柳光强. 税收优惠、财政补贴政策的激励效应分析——基于信息不对称理论视角的实证研究［J］. 管理世界，2016（10）：62 – 71.

［160］冯发贵，李隋. 产业政策实施过程中财政补贴与税收优惠的作用与效果［J］. 税务研究，2017（5）：51 – 58.

[161] 文海，董安平，魏伟．可再生能源替代化石能源的价格政策选择 [J]．江西社会科学，2015，35（2）：47 – 51.

[162] Mirrlees J A. Dimensions of tax design：The mirrlees review [M]．Oxford：Oxford University Press，2010.

[163] 胡曲应．基于排污费视角的上市公司环境绩效对财务绩效的相关性研究 [R]．中国会计学会"环境会计与企业社会责任" 2011 学术年会会议论文，2011.

[164] 张长江．重污染行业上市公司环境绩效与财务绩效互动关系实证研究 [J]．生态经济，2016，32（11）：20 – 26.

[165] Aras G，Aybars A，Kuthu O．Managing corporate performance：Investigating the ralationship between corporate social responsibility and financial performance in emerging markets [J]．Productivity and Performance Management，2010，59（3）：229 – 254.

[166] 张文彬，李国平．国家重点生态功能区转移支付动态激励效应分析 [J]．中国人口·资源与环境，2015，25（10）：125 – 131.

[167] 肖雪梦，张应应．三种回归方法在消除多重共线性及预测结果的比较 [J]．统计与决策，2015（24）：75 – 78.

[168] 王春秀．AHP – 模糊综合评价法在岗位评价与绩效评价中的应用研究 [D]．华北电力大学，2005.

[169] 吴俊岩．可再生能源政策的区域差异、有效性与企业绩效影响 [J]．现代国企研究，2017（4）：4.

[170] Martinot E. World bank energy projects in China：Influences on environmental protection [J]．Energy Policy，2001（29）：581 – 594.

[171] 张黎明．基于全寿命周期成本管理的变电设备维修决策研究 [D]．浙江工业大学，2009.

[172] Low HW. Self – insurance in a life – cycle model of labour supply and savings [J]．Review of Economic Dynamics，2005，8（4）：945 – 975.

[173] 谢红胜，吴春诚，吴相林等．基于威布尔分布的水电设备费用模型研究 [J]．华中科技大学学报（自然科学版），2006（9）：54 – 56.

[174] 赖奎，王钰楠，胡泰等．改进全寿命周期成本及其在设备准入中的应用 [J]．广东电力，2015，28（11）：49 – 54.

[175] 吴宗，陈文颖．以煤为主多元化的清洁能源战略 [M]．北京：清华大学出版社，2001.

[176] 俞海森，周海珠，裴晓梅．风力发电的环境价值与经济性分析 [J]．

同济大学学报（自然科学版），2009，37（5）：704 – 708.

［177］韩买良. 火力发电耗水率预测模型及水资源分析［C］. 2014 第二届中国水利信息化与数字水利技术论坛论文集，2014：120 – 128.

［178］魏学好，周浩. 中国火力发电行业减排污染物的环境价值标准估算［J］. 环境科学研究，2003（1）：53 – 56.

［179］王瑜. 基于 LCOE 方法的中国风电成本研究［D］. 华北电力大学，2017.

［180］徐蔚莉，李亚楠，王华君. 燃煤火电与风电完全成本比较分析［J］. 风能，2014（6）：50 – 55.

［181］熊艳. 环境规制对经济增长的影响［D］. 东北财经大学，2012.

［182］宋马林，王舒鸿. 环境规制、技术进步与经济增长［J］. 经济研究，2013，48（3）：122 – 134.

［183］李胜兰，初善冰，申晨. 地方政府竞争、环境规制与区域生态效率［J］. 世界经济，2014，37（4）：88 – 110.

［184］吴明琴，周诗敏，陈家昌. 环境规制与经济增长可以双赢吗——基于我国"两控区"的实证研究［J］. 当代经济科学，2016，38（6）：44 – 54.

［185］武晓利. 环保技术、节能减排政策对生态环境质量的动态效应及传导机制研究——基于三部门 DSGE 模型的数值分析［J］. 中国管理科学，2017，25（12）：88 – 98.

［186］封福育. 环境规制与经济增长的多重均衡：理论与中国经验［J］. 当代财经，2014（11）：14 – 24.

［187］毕睿罡，王学斌，章元. 煤炭消耗、节能减排与经济表现——来自中国 245 个地级市的经验证据［J］. 上海经济，2018，285（6）：47 – 59.

［188］李强，王琰. 环境规制与经济增长质量的 U 型关系：理论机理与实证检验［J］. 江海学刊，2019（4）：102 – 108.

［189］李阳，党兴华，韩先锋，等. 环境规制对技术创新长短期影响的异质性效应——基于价值链视角的两阶段分析［J］. 科学学研究，2014，32（06）：937 – 949.

［190］陈诗一，陈登科. 雾霾污染、政府治理与经济高质量发展［J］. 经济研究，2018，53（2）：20 – 34.

［191］陈玉龙，石慧. 环境规制如何影响工业经济发展质量——基于中国 2004 – 2013 年省际面板数据的强波特假说检验［J］. 公共行政评论，2017，10（5）：1 – 25.

［192］Batabyal A A, Nijkamp P. Human capital use, innovation, patent protection, and economic growth in multiple regions ［J］. Economics of Innovation & New Technology, 2013, 22 (2): 113 – 126.

［193］Jorgenson A K. Consumption and Environmental Degradation: A Cross – National Analysis of the Ecological Footprint ［J］. Social Problems, 2003, 50 (3): 374 – 394.

［194］Mestieri, Martí, Schauer J , Townsend R M. Human capital acquisition and occupational choice: Implications for economic development ［J］. Review of Economic Dynamics, 2017: S1094202517300200.

［195］Solow R M. Technical change and the aggregate production function ［J］. Review of Economics & Statistics, 1957, 39 (3): 554 – 562.

［196］顾海兵. 宏观经济预警研究：理论·方法·历史 ［J］. 经济理论与经济管理, 1997 (4): 3 – 9.

［197］沈坤荣. 中国经济增长绩效分析 ［J］. 经济理论与经济管理, 1998 (1): 30 – 35.

［198］王利, 张炳发, 初凤荣. 关于对经济增长质量进行测度的探讨 ［J］. 技术经济, 1999 (8): 11 – 13.

［199］刘亚建. 我国经济增长效率分析 ［J］. 思想战线, 2002 (4): 30 – 33.

［200］武义青. 经济增长质量的度量方法及其应用 ［J］. 管理现代化, 1995 (5): 32 – 34.

［201］王积业. 关于提高经济增长质量的宏观思考 ［J］. 宏观经济研究, 2000 (1): 11 – 17.

［202］肖欢明. 基于绿色 GDP 的我国经济增长质量测度 ［J］. 统计与决策, 2014 (9): 29 – 31.

［203］彭德芬. 建立我国可持续发展指标体系的构想 ［J］. 科技进步与对策, 1999 (4): 18 – 19.

［204］钞小静, 任保平. 中国经济增长质量的时序变化与地区差异分析 ［J］. 经济研究, 2011, 46 (4): 26 – 40.

［205］任保平, 钞小静. 论中国经济发展新阶段的经济发展模式转型 ［J］. 福建论坛（人文社会科学版）, 2007 (7): 4 – 8.

［206］任保平. 经济增长质量：理论阐释、基本命题与伦理原则 ［J］. 学术月刊, 2012 (2): 63 – 70.

［207］何兴邦. 环境规制与中国经济增长质量——基于省际面板数据的实证分析 ［J］. 当代经济科学, 2018, 40 (2): 1 – 10.

［208］Marshall J F. Structure Studies on Vancomycin ［J］. Journal of Medicinal

Chemistry, 1965, 8 (1): 18 - 22.

［209］Thurow L C. Analyzing the American Income Distribution ［J］. American Economic Review, 1970, 60 (2): 261 - 269.

［210］王金营. 对人力资本定义及涵义的再思考 ［J］. 南方人口, 2001 (1): 47 - 52.

［211］陈建军, 杨飞. 人力资本异质性与区域产业升级: 基于前沿文献的讨论 ［J］. 浙江大学学报（人文社会科学版）, 2014, 44 (5): 149 - 160.

［212］Wang H, Schmidt P. One - Step and Two - Step estimation of the effects of exogenous variables on technical efficiency levels ［J］. Journal of Productivity Analysis, 2002, 18 (2): 129 - 144.

［213］Solow R M. Technical change and the aggregate production function ［J］. Review of Economics & Statistics, 1957, 39 (3): 554 - 562.

［214］吴振信, 谢晓晶, 王书平. 经济增长、产业结构对碳排放的影响分析——基于中国的省际面板数据 ［J］. 中国管理科学, 2012, 20 (3): 161 - 166.

［215］任保平, 李禹墨. 新时代我国高质量发展评判体系的构建及其转型路径 ［J］. 陕西师范大学学报（哲学社会科学版）, 2018, 47 (3): 105 - 113.

［216］何兴邦. 技术创新与经济增长质量——基于省际面板数据的实证分析 ［J］. 中国科技论坛, 2019 (10): 24 - 32.

［217］钞小静, 惠康. 中国经济增长质量的测度 ［J］. 数量经济技术经济研究, 2009, 26 (6): 75 - 86.

［218］干春晖, 郑若谷, 余典范. 中国产业结构变迁对经济增长和波动的影响 ［J］. 经济研究, 2011, 46 (5): 4 - 16.

［219］项俊波. 中国经济结构失衡的测度与分析 ［J］. 管理世界, 2008 (9): 1 - 11.

附　录

附录 1

附表 1　2004—2015 年中国各省份技术进步变动情况

附表 2　2004—2015 年中国各省份技术效率变动情况

附表 3　2004—2015 年中国各省份规模效率变动情况

附表 4　2004—2015 年中国各省份配置效率变动情况

附表 5　2004—2015 年中国各省份绿色全要素生产率变动情况

附录 2　风能和光伏发电企业绩效测算 TOPSIS 权重计算过程

1. 企业筛选

对西北能源局管辖的所有企业样本进行筛选，剔除无数据选项及主要数据存在遗漏的企业，具体删选结果如附表 6 所示。

附表 6　西北地区风能和光伏发电企业删选结果

2. TOPSIS 原始数据

根据测算指标体系，收集样本原始数据，如附表 7 所示。

附表 7　TOPSIS 分析原始数据

3. TOPSIS 数据标准化结果

对原始数据进行标准化处理，结果如附表 8 所示。

附表 8　TOPSIS 分析数据标准化处理结果

（1）加权矩阵。根据 AHP 层次分析结果，对标准化后的数据进行加权处理，结果如附表 9 所示。

附表 9　加权矩阵

（2）样本最优解及最劣解。样本最优解 d_j^+ 和样本最劣解 d_j^- 分别如附表 10、附表 11 所示。

附表 10　样本最优解 d_j^+

附表 11　样本最劣解 d_j^-

4. 最终结果

风能和光伏发电企业绩效测算结果如附表 12 所示。

附表 12　绩效测算结果

附录 3

附表 13　补贴政策对风能和光伏发电产业影响实证分析原始数据

后　记

　　本书从 2016 年开始着手构思、撰写大纲，分专题推进，围绕环境规制、补贴政策、新能源产业等问题开展了研究工作，取得了一些成果，课题组成员依托原有研究成果不断修改和完善，最终完成了本书的写作。

　　感谢苏怡、杨晶、辛萌、宋铁莉、刘巧、郝丛卉等同学，她们为本书的完成付出了时间和心血，在资料、数据搜集和更新方面做了大量基础性工作。宋铁莉对书稿进行了初步的整理、统稿，最后由我进行全面修改、加工和润色。本书借鉴和吸收了理论界和实际工作部门已有的研究成果，这些成果在参考文献和注释中都有说明，在此对这些专家表示感谢。如有遗漏之处，敬请谅解。

　　在本书的写作过程中，我的博士生导师任保平教授给予了积极的鼓励和支持；在大纲修改过程中，西安理工大学经济与管理学院张萌物教授、赵立雨教授、张之光副教授多次参与讨论，特别是张萌物教授、赵立雨教授在大纲完善方面提出了许多建设性意见。

　　本书的完成得到了西安理工大学经济与管理学院各位领导和同事的关心和帮助，还有学校相关处室领导对本书的出版给予了大力支持，在此表示衷心的感谢。

　　本书能够顺利出版，与经济管理出版社的诸位编辑老师，尤其是王光艳老师的辛勤劳动是分不开的，在此一并感谢。

　　感谢我的家人、朋友的关心、陪伴。多年来，父母、丈夫对我的默默支持和儿子的健康成长使我得以在工作中投入足够的精力；作为多年的挚友，张萌物教授在工作上引导我，生活上更像大姐一样关心并爱护我，是来自家人和朋友的爱滋养着我、鼓励着我，让我成长、强大。

　　感谢所有关心、爱护、支持和帮助过我的人，谢谢你们。

王　艳

2021 年 4 月于西安理工大学曲江校区